KB265315

요하문명과 예맥

문 안 식

한국고대사 전공(문학박사), 조선대학교 사학과 겸임교수, 한신대학교 학술원 연구교수

논저

『한국고대사와 말갈』(2003), 『백제의 흥망과 전쟁』(2006), 『후백제전쟁사연구』(2008), 『호남인의 기원과 문화원형』(2010) 외 다수

요하문명과 예맥

문 안 식 지음

2012년 12월 28일 초판 1쇄 발행

펴낸이 · 오일주
펴낸곳 · 도서출판 혜안
등록번호 · 제22-471호
등록일자 · 1993년 7월 30일

주 소 · ⑨ 121-836 서울시 마포구 서교동 326-26번지 102호
전 화 · 3141-3711~2 / 팩시밀리 · 3141-3710
E-Mail · hyeanpub@hanmail.net

ISBN 978-89-8494-460-2 93910

값 32,000 원

요하문명과 예맥

문 안 식 지음

혜안

책을 펴내면서

문명사적 전환의 시대를 살고 있다. 산업사회에서 지식정보사회로의 전환을 넘어, 새로운 가치와 질서 창조의 움직임이 여러 분야에서 일어나고 있다. 역사 연구도 마찬가지이다. 고조선을 비롯한 고구려 및 발해사 등을 한국사의 범주에서 제외하려는 거대한 프로젝트가 진행되고 있다.

G2시대의 전개에 따른 중국의 부상은 우리에게 기회이자 두려움 그 자체이다. 미래학자의 전망과 같이 언젠가는 모든 민족과 국가가 해체되고 인류가 한 울타리 속에 살아가는 날이 올 것이다. 현생 인류의 뿌리가 20만 년 전 아프리카에서 살았던 한 여성의 자궁으로 귀일되듯이, 수많은 갈등과 시련을 딛고 먼 훗날 다시 하나의 집단이 될 것이다.

그러나 세계 각지에서 소수 민족들이 추진하는 분리독립운동이 일어나고 있는 것이 현실의 상황이다. 중국 주변의 티베트를 비롯한 소수 민족들의 움직임은 유혈참극을 동반하기도 한다. 티베트와 위구르·몽골의 분리운동을 보면서 우리 민족의 장래가 떠오르는 것은 어쩔 수 없는 현상인지 모르겠다.

몽고와 여진 및 거란 등은 군사력을 바탕으로 중원을 정복한 북방의 강국들이었다. 그러나 이들은 역사 속으로 사라졌거나 소수 민족으로 전락하여 겨우 명맥을 유지하고 있을 따름이다. 역사와 전통을 망각한 집단에게 미래는 없다. 정체성을 상실하고 동화되어 가는 시간 만이 남아 있을 뿐이다.

중국 학계의 역사공정 8대 목표인 단대공정(하·상·주), 탐원공정(삼황오제), 서남공정(티베트), 동북공정(한반도), 서북공정(위구르·신장), 북방공정

6

(몽골), 남방공정(운남·태국·미얀마·베트남 접경지역), 해양변강공정(대만·오키나와·필리핀 해역)은 G2시대에 부합되는 새로운 역사관을 정립하는 데 필요한 국가적인 프로젝트이다.

중국 학계의 역사공정은 단순한 구호에 그친 것이 아니라, 막대한 예산과 유관 분야의 학자들을 동원하여 진행되고 있다. 중국사 연구는 블랙홀처럼 주변 국가의 역사를 빨아들여 일국사를 넘어 동아시아사 그 자체를 지향하고 있다.

우리 학계 역시 대책 마련에 부심하고 있다. 중국의 최고위층 인사들이 동북공정은 단순한 학술연구에 불과하고 국가적 차원의 사업이 아님을 거듭 밝혔지만 외교적 수사에 불과할 따름이다. 필자는 중국 당국의 동북공정 추진과 관련하여 백제사를 전공하기 때문에 국내외 학자들의 논전(論戰)을 관조하는 입장이었다.

또한 동북공정에 맞서 요하문명을 한국사의 범주로 받아들이기 위해 치열한 공방전을 전개한 국내 언론매체와 학자들의 고투(苦鬪)에 대해서도 아전인수(我田引水)에 불과하다는 비판적인 입장을 견지하였다. 그러나 요하문명을 연구하는 이형구 교수를 비롯한 여러 학자들의 글을 접하면서 인식 전환이 일어났다.

필자는 한국인의 기원과 문화원형 등에 대해 연구하고 집필하고 싶은 욕구가 솟아났다. 그리하여 지난 3년 동안 요하문명과 예맥·고조선·숙신 관련 논문을 작성하면서 한민족의 기원과 국가형성 및 문화원형 등에 대해 많은 고민을 거듭해 왔다.

한국인의 기원에 대해서는 시베리아를 비롯한 북방계통의 청동문화를 소유한 사람들이 남하하여 신석기시대의 전통을 유지한 집단을 흡수·융합하여 형성된 것으로 이해한다. 그러나 요하 유역 일대에서 영위된 흥륭와문화(興隆窪文化)와 홍산문화(紅山文化), 소하연문화(小河沿文化)와 하가점 하층문화(夏家店 下層文化) 등의 실체가 밝혀지면서 연구의 지평이 확대되고 있다.

필자 역시 한민족 형성의 주축이 된 예맥의 기원을 시베리아 방면에서 이주한 북방계 주민이 아니라, 요하문명을 영위한 요하 유역의 토착집단으로 이해하게 되었다. 예맥은 고조선의 방계적인 존재가 아니라, 요서와 발해만 연안 일대에서 오랜 동안에 걸쳐 요하문명을 계승한 채 독자적인 세력권을 유지하였다.

예맥은 춘추전국(春秋戰國)의 제(齊)와 연(燕), 그리고 산융(山戎)·동호(東胡) 등 북방종족과의 각축전에 밀린 끝에 요하를 건너 부여와 고구려를 건국한 집단의 선조였다. 예맥은 고조선과 더불어 한국 상고사의 서장을 찬란하게 수놓은 채 망각의 기억 너머로 사라져 간 역사적 실체로 인정할 필요가 있다.

본서는 예맥의 선대집단이 중원의 황하문명 및 양자강문명과 비교하여 전혀 뒤처지지 않은 요하문명을 영위한 사실을 규명하는 데 목적이 있다. 또한 이들이 요하를 건너 만주 방면과 한반도 일대로 이주하여 부여를 비롯한 여러 국가를 형성하는 과정을 밝히고자 한다.

한국사의 시·공간적 범위를 확대하기 위한 노력의 일환이다. 예맥의 뿌리를 찾기 위한 '다물(多勿)'의 첫 걸음이다. 다물은 잃어버린 옛 땅을 되찾자는 의미가 아니라 대륙을 활보하던 기상과 불굴의 정신을 회복하는 문화사적 전환을 의미한다.

본서의 간행은 연구 결과를 집대성한 정리 작업이 아니라 새로운 출발에 불과하다. 상고사와 고고학에 대한 식견이 부족한 상태에서 역량을 넘어서는 일이지만, 예맥의 기원과 성장 및 국가형성 과정을 정리해 보는 기회로 삼았다.

예맥이 요하를 건너 한 걸음 한 걸음 디딜 때마다 부여·고구려, 옥저·동예, 마한과 백제의 서장이 열렸다. 고조선 역시 요하문명을 영위한 한 갈래의 집단이 요하를 건너 숙신 단계를 거쳐 형성한 국가이다. 고조선을 비롯한 예맥(濊貊)과 한족(韓族)은 오랜 세월에 걸쳐 융화되면서 한민족 형성의 토대를 마련하였다.

본서에서는 요하문명과 연계하여 예맥의 기원과 문화원형 및 이주와 국가형성을 살펴보고, 다른 지면을 통해 한족(韓族)의 기원과 성장과정 등을 검토할 예정이다. 필자가 50세가 되기 전에 10권의 책을 발간하기로 결심한 지 10년이 지났다.

그동안 7권의 책을 간행하여 2권은 대한민국학술원 우수도서, 2권은 문화체육관광부 우수도서에 추천되었다. 분량과 권수만 늘린 것이 아니라, 백제사를 비롯하여 후백제사·영산강 유역의 고대사회와 문화 등의 연구에 일정 정도의 성과가 있었음을 인정해 준 결과로 자평한다.

험난한 시련과 인생 착오를 거치면서 전남문화예술재단에 자리를 마련 후 몇 편의 논문을 작성하고, 오래된 논문들을 첨삭하여 본서를 발간하게 되었다. 외롭고 힘든 학문 탐구의 노정 속에서 중국의 역사학자 호적(胡適)이 말한 "대담하게 학설을 세우고 치밀하게 실증해야 한다(大膽假說 小心求証)" 는 경구를 새삼 절실하게 떠올려 본다.

현대사회는 학문을 비롯한 모든 영역이 전문화 되고 있다. 역사학 역시 세분화 되어 특정 분야를 전공하는 학자들이 따로 있다. 필자는 백제사를 중심으로 한국고대사를 전공하고 있다. 필자가 고대사의 범위를 벗어나 상고사와 고고학 분야까지 연구하고 저술하는 것은 사실 능력 밖의 일이다.

필자는 무지(無知)를 탓하지 않고, 지적 호기심을 내세워 선사시대와 역사시대를 종횡으로 넘나들며 본서를 집필하였다. 선학과 동료의 질책과 관심을 부탁드린다는 말씀을 대신하여 향후 부족한 부분을 채우고 보완할 것을 약속드린다.

경모하는 이기동·이종범 교수님의 학은(學恩), 전남 무안에서 인생의 재충

전 기회를 갖도록 기회를 마련해 준 분들의 배려는 필설로 표현하기 어렵다. 전남문화예술재단의 전승호·심소연 선생의 고마움 역시 잊을 수 없다.

　인생 여정에 밝은 빛이 되어 주신 어머님과 아내 박소영, 두 딸 해정·인성에게도 감사 말씀 드린다. 끝으로 상업성이 없는 본서의 간행을 맡아 주신 도서출판 혜안 오일주 사장님과 편집부 여러분의 노고에 경의를 표하고자 한다.

2012년 겨울
문안식 배상

목 차

제3장 요하문명의 확산과 그 여파　98

　Ⅰ. 중원지역 확산과 상(商)의 건국　98
　　1. 상(商)의 기원과 종족 갈래　98
　　2. 상(商) 유민의 이주와 기자조선의 실상(實像)　107

　Ⅱ. 중국 동부지역 동이(東夷)의 실체와 종족 갈래　115
　　1. 동이의 기원과 문화원형　115
　　2. 동이의 쇠퇴와 토착기반 해체　120

　Ⅲ. 요동지역 확산과 숙신 · 고조선의 건국　124
　　1. 숙신의 기원과 문화원형　124
　　2. 고조선의 기원과 문화원형　136

제2부 예맥의 이주와 국가형성　151

제4장 예맥의 만주지역 이주와 부여 · 고구려 건국　153

　Ⅰ. 예족의 송화강 중류지역 이주와 부여 건국　153
　　1. 부여의 건국과 문화기반　153
　　2. 부여의 연맹체 형성과 대외관계의 변화　170

　Ⅱ. 맥족의 혼강 · 압록강 유역 이주와 고구려 건국　196
　　1. 고구려의 기원과 문화원형　196
　　2. 고구려의 성장과 영역 확장　212
　　3. 계루부의 성장과 왕실교체　226

제5장 예맥의 환동해지역 이주와 옥저 · 동예의 건국　242

　Ⅰ. 북옥저의 건국과 문화원형　242
　　1. 예족의 이주와 옥저 건국　242
　　2. 고구려·읍루의 각축과 북옥저의 쇠퇴　250

　Ⅱ. 남옥저의 기원과 대외관계의 변화　255
　　1. 임둔의 성장과 창해군 설치　255
　　2. 현도군의 퇴축과 낙랑 동부도위 설치　263
　　3. 남옥저의 자립과 고구려의 간섭　266

　Ⅲ. 예족의 동해안지역 이주와 동예 건국　273
　　1. 동예의 기원과 문화원형　273
　　2. 동예의 발전과 주변세력의 간섭　276

서 론

한민족의 기원과 국가형성 연구에 일부 변화 조짐이 나타나고 있다. 한민족 형성을 주도한 집단은 신석기시대가 끝난 후 알타이 방면에서 북방계통의 청동문화를 갖고 이주해 온 사람들로 이해해 왔다. 또한 한반도의 신석기문화를 대표하는 빗살무늬토기 역시 시베리아 방면에서 전파된 것으로 추정하는 소위 북방전래설이 주류를 이루고 있다.

그러나 최근 중국의 요하(遼河) 지류에 해당하는 노합하(老哈河) 유역과 대릉하(大凌河) 유역 일대에서 소하서문화-사해문화-흥륭와문화-홍산문화-소하연문화로 계승된 일련의 신석기문화가 조사되면서 인식의 전환이 일어났다. 이들 문화의 주요 요소였던 빗살무늬토기의 출현 역시 북방전래의 입장에서 벗어나 요하 유역 자생론의 관점에서 검토되고 있다.

한반도 신석기문화도 시베리아를 비롯한 북방지역이 아니라 요하 유역과 밀접한 관계를 맺고 전개되었을 가능성이 있다. 청동문화 역시 알타이 방면에서 이주한 집단의 영향을 받은 것이 아니라, 하가점 하층문화(夏家店下層文化)를 비롯한 요하 유역의 청동문화와 밀접한 관계를 유지하였다.

스웨덴의 람스테드가 100여 년 전에 창안한 우랄-알타이어의 개념은 일제 강점기를 거치면서 언어학을 넘어 역사와 문화를 비롯한 여러 학문 분야에 큰 영향을 미쳤다. 알타이어족의 개념 형성과 시베리아 일대의 찬란한 선사문화는 한민족의 발원지를 알타이 방면으로 인식하는 계기가 되었다. 그러나 요하 유역의 신석기문화와 청동문화의 면모가 드러나면서 한국 상고사와 고대사 연구 역시 영향을 받게 되었다.

요하 유역에서 조사된 발전 양상은 신석기시대를 거쳐 청동문화 단계로의 진입이 다른 어느 지역과 비교해도 뒤처지지 않는 면모를 보인다. 이들 문화를 영위한 사람은 시베리아 혹은 알타이 방면에서 이주해 온 것이 아니라, 내몽고 동남부와 요서 일대의 토착집단이 중심이 되었다. 이들은 후기 구석기시대 이래 내재적인 발전 과정을 거치면서 주변의 영향을 받아들여 수준 높은 요하문명을 형성하였다.

또한 요하 유역에서 신석기문화와 청동기문화를 영위한 집단이 오랜 기간에 걸쳐 다양한 방식으로 요동과 한반도 일대에 영향을 미친 사실도 드러나고 있다. 고조선의 활동 무대를 요동 일대가 아니라 요서 및 내몽고 방면에서 찾으려는 견해 역시 늘고 있다. 고조선이 B.C. 8세기를 전후하여 성립된 것으로 인식하는 기존의 통설을 부정하고, 하가점 하층문화 등과 연계하여 한국 상고사의 기원을 대폭 상향하려는 시도라고 할 수 있다.

하가점 하층문화를 비롯한 요하문명(遼河文明)을 한국 상고사의 범주에서 파악하는 견해도 없지 않다. 그러나 한민족의 기원을 북방전파론의 관점에서 이해하는 통설은 오랜 전통에 빛나는 철옹성을 구축한 채 상당 기간 동안 주류의 위치를 유지할 것으로 짐작된다.

사실 요하문명을 한민족의 선대 집단이 주체가 되어 영위한 것으로 볼 수 있는 직접적인 단서가 있는 것도 아니다. 또한 요서와 내몽고 동남부 및 하북 북부 등 광범위한 지역을 공간적 범위로 하는 요하문명을 단일 종족이 영위한 것도 아니었다.

요하문명은 하가점 하층문화가 소멸된 후 요서와 내몽고의 경계가 되는 노노아호산(努魯兒虎山)을 경계로 동서 사이에 지역 분화가 일어났다. 요서지역은 위영자문화(魏營子文化)를 거쳐 능하문화(凌河文化) 혹은 십이대영자문화(十二臺營子文化)가 일어났고, 내몽고 동남부지역은 하가점 상층문화가 형성되었다.

이들 중에서 능하문화를 영위한 집단이 문화 양상과 분포범위, 지리여건 등을 고려할 때 선진문헌(先秦文獻)에 보이는 예맥(濊貊 혹은 穢貊)과 관련이 있다. 예맥은 고조선의 방계적인 존재가 아니라, 요서지역을 중심으로 독자적인 역사와 문화전통을 형성한 채 요하문명의 주간(主幹)을 계승하였다.

중원 방면으로 진출하여 상(商)을 비롯하여 고죽(孤竹)과 영지(令支) 등을 건국한 집단 역시 하가점 하층문화에 기원을 두고 있다. 예맥은 능하문화를 토대로 하여 독자적인 발전을 이루면서 산융 등의 북방종족 및 제(齊)를 비롯한 중원제국(中原諸國)과 다양한 관계를 맺었다.

예맥은 B.C. 4세기를 전후하여 연(燕)에 밀려 토착기반이 해체될 때까지 요서를 비롯한 발해만 일대에 거주하면서 명멸을 거듭하였다. 예맥의 일부는 요하를 건너 동쪽으로 이주하여 부여와 고구려 및 옥저와 동예 등을 건국하였다. 그 외에 마한을 비롯한 삼한사회의 형성 역시 요녕지역에서 점토대토기를 비롯한 초기 철기문화를 가지고 이주한 집단이 큰 영향을 미쳤다.

따라서 고조선과 삼한(三韓) 중심으로 이루어진 한국 상고사 연구는 시·공간적 범위의 확대가 필요하다. 요하문명과 예맥의 상관성 검토는 상고사에 국한되지 않고, 부여와 고구려 등의 국가형성을 비롯한 고대사 범주에 속하기도 한다.

요하문명을 영위한 집단의 이주와 국가형성 등에 대한 규명은 한국사의 범위를 넘어 중국 및 북방지역을 망라한 광역 단위의 연구가 요망된다. 필자는 예맥의 기원을 요하문명에서 찾고 있지만, 요하문명을 예맥의 선대집단 만이 영위한 것으로 이해하는 것은 아니다. 요하문명을 영위한 여러 갈래의 집단은 중원과 요동 방면으로 이주하여 상(商)과 고조선 및 영지와 고죽 등의 건국에도 영향을 미친 것이 사실이다.

본서는 요하 유역에서 발전한 여러 유형의 석기문화의 출현과 문명형성 과정을 검토한 후 예맥의 기원과 문화원형을 규명하는 데에 목적이 있다. 요하문명을 영위한 집단이 요동과 한반도 및 중원 방면으로 이주하여 부여를 비롯한 여러 국가를 세운 과정에 대해서도 검토하였다.

본서의 구성은 '요하문명의 형성과 예맥의 기원', '예맥의 이주와 국가형성' 2부로 되어 있다. 제1부에서 검토한 내용을 간단히 정리하자면, 제1장은 요하문명의 기원과 여러 유형의 석기문화를 고찰하였다. 요하문명은 소하서문화(小河西文化)를 비롯한 여러 유형 석기문화의 발전을 거쳐 하가점(夏家店) 하층문화 단계에 이르러 형성되었다. 요하문명은 외부에서 청동문화를 가지고 이주한 집단이 아니라, 후기 구석기시대 이래 요하 유역에 거주해온 토착집단이 중심이 되어 형성되었다.

제2장은 예맥의 기원과 문화원형을 고찰하였다. 하가점 하층문화의 소멸을 전후하여 요하문명의 지역 분화가 일어났다. 노노아호산(努魯兒虎山)을 중심으로 서쪽지역은 산융(山戎)이 출현하여 하가점 상층문화를 영위하였고, 그 동쪽에서는 위영자문화(魏營子文化)를 거쳐 능하문화(凌河文化) 단계에 이르러 예맥이 등장하였다. 예맥은 고조선의 방계적인 존재가 아니라 요하문명에 뿌리를 둔 채 B.C. 4세기를 전후하여 연(燕)이 진출하기 이전까지 요서지역 일대에서 명멸을 거듭하였다.

제3장은 요하문명의 주변지역 확산과 그 여파에 대해 검토하였다. 요하문명은 요동지역으로 전파되어 마성자문화(馬城子文化)를 비롯한 여러 유형의 조기 청동문화가 형성되는 데 영향을 미쳤다. 요동 일대에서 처음으로 형성된 국가는 조기 청동문화 단계의 숙신이며, 고조선은 청동문화를 영위하던 여러 집단의 연합체로 출발하였다.

요하문명을 영위하던 다른 갈래에 속한 상족(商族)은 중원 방면으로 진출하여 하(夏)를 무너뜨리고 상(商)을 건국하였다. 상(商)이 멸망된 후 일부 유민이 요서지역으로 이주하였는데, 이들은 훗날 기자조선으로 불린 모체가 되었다.

한편 중국 동부 해안지역에도 동이(東夷)의 범주에 속한 종족들이 분포하였다. 이들은 예맥과 무관한 존재이며, 광동과 운남 및 사천 등지로 이주한 묘족의 선조였다.

제2부는 요서지역과 발해만 일대를 원주지로 하는 예맥이 B.C. 4세기를 전후하여 족적기반이 해체되는 배경, 그 일부가 중원과 요동 및 한반도 방면으로 이주하여 국가를 세운 과정을 검토하였다.

제4장은 예맥의 만주지역 이주와 부여·고구려 건국에 대하여 고찰하였다. 예맥은 연(燕)의 진출에 밀려 토착기반이 해체된 후 요하를 건너 이주하여 토착집단을 흡수, 동화하면서 부여와 고구려의 건국을 주도하였다. 예족은 부여를 세웠고, 맥족은 고구려를 세웠다. 고구려 건국을 주도한 집단은 소노부이며, 훗날 부여에서 예족이 내려와 계루부로 성장한 후 왕권을 장악하였다.

제5장은 예맥의 환동해지역 이주와 옥저·동예의 건국에 대해 고찰하였다. 예족은 장광재령 등을 넘어 환동해지역으로 진출하여 북옥저를 세웠다. 그 일부는 B.C. 3세기를 전후하여 한랭기를 극복하기 위해 동해안을 따라 남하하여 함흥 방면에 남옥저, 원산과 영흥 일대를 무대로 동예를 세웠다.

예족의 남하 이동은 남옥저와 동예를 세운 데 그치지 않고, 강릉에서 영일만에 이르는 동해안지역을 공간적 범위로 하여 남방 예국(濊國)이 들어서는 배경이 되었다. 또한 고구려의 옥저지역 진출에 밀린 집단이 동해안을 따라 남하하여 경주에 정착한 후 석씨집단이 되기도 하였다.

제6장은 예맥의 한반도 중남부지역 진출과 국가형성에 대하여 고찰하였

다. 요녕지방에서 세형동검과 점토대토기 등을 가지고 한반도 중남부 지역으로 이주한 집단은 마한을 비롯한 삼한사회 형성의 디딤돌을 마련하였다. 또한 고구려를 세운 맥족의 일부 집단은 한강 유역으로 내려와 백제를 세웠으며, 다른 갈래는 남·북한강 유역에 정착하여 영서예문화권(嶺西濊文化圈)을 형성하였다.

마지막으로 본론에서 살펴본 내용을 요약 정리하는 것으로 결론을 대신하였다.

제1부 요하문명의 형성과 예맥의 기원

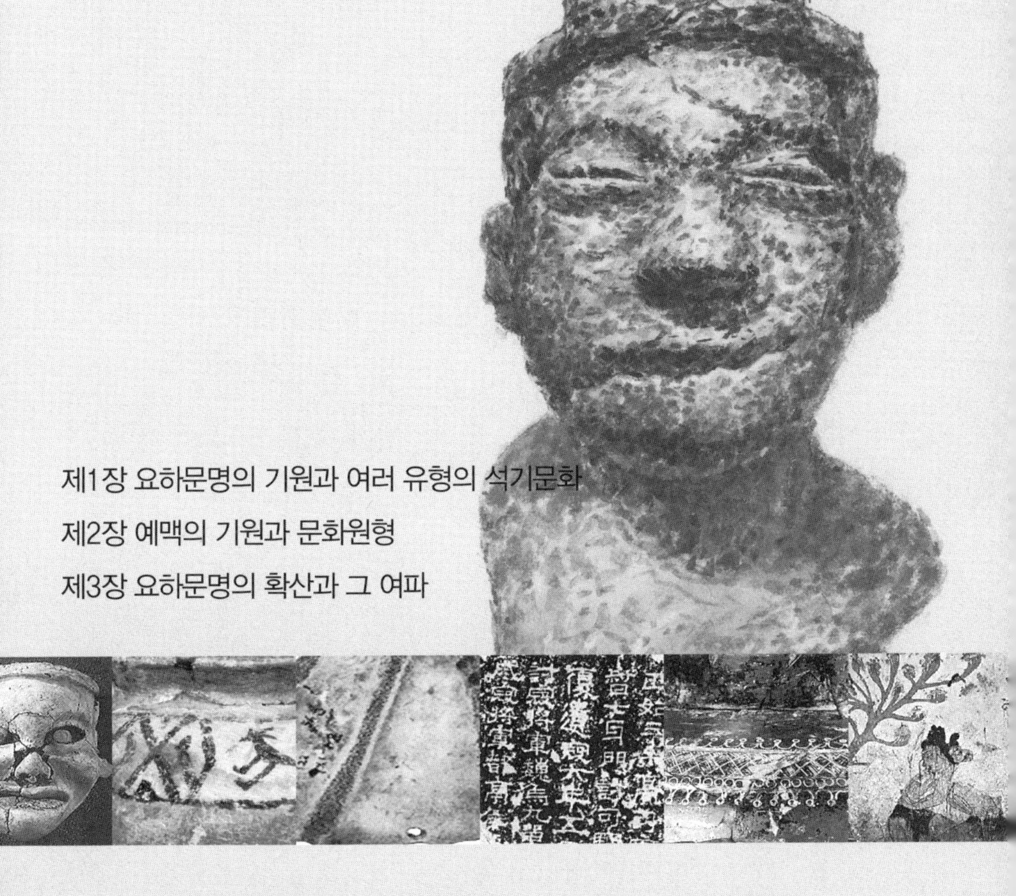

제1장 요하문명의 기원과 여러 유형의 석기문화

제2장 예맥의 기원과 문화원형

제3장 요하문명의 확산과 그 여파

제1장 요하문명의 기원과 여러 유형의 석기문화

Ⅰ. 요하 유역 석기문화의 발전과 문명형성의 여명

1. 정착생활의 시작과 토기의 사용

1) 구석기시대의 생활양상과 문화교류

인류가 공동의 조상에서 침팬지와 다른 진화 과정을 거치기 시작한 것은 600~700만 년 전 무렵이다. 인류의 진화 단계는 원인(猿人)·원인(原人)·구인(舊人)·신인(新人) 등을 거쳤다. 인류의 발전 과정에서 가장 큰 변혁은 300~360만 년 전에 등장한 '오스트랄로피테쿠스 아파렌시스'(일명 루시)의 출현이다.

오스트랄로피테쿠스는 파란트로푸스 및 진잔트로푸스와 함께 원인(猿人)에 속한다. 이들 세 종류의 원인(猿人)은 제1빙하기(100~85만 년 전) 이전에 살았던 가장 원시적인 인류에 속한다. 최초의 인류였던 원인은 아프리카를 벗어나 아시아와 유럽 대륙 등으로 퍼져 나갔다.

인류와 동식물은 빙하기가 되면 거의 전멸 상태에 이르렀고, 간빙기에 다시 적극적인 활동을 재개하는 현상을 보였다. 동북아시아 일대 역시 지난 1백만 년 동안 4번의 빙하기와 그 사이 3번의 간빙기를 거치면서 생활환경의 변화가 끊임없이 일어났다.

인류는 제1빙하기를 맞이하여 혹한 속에서 대부분 생사의 갈림길에 놓였다. 그 가운데 일부만 살아남았다. 인류는 50~40만 년 전을 전후하여 제2빙하기가 도래하면서 다시 큰 시련을 겪게 되었다.[1] 인류는 제2빙하기의 시련을 이겨내고 원인(猿人) 단계를 벗어나 원인(原人)으로 진보하였다.

원인(原人)은 제3빙하기(19~13만 년 전)[2]를 전후하여 구인(舊人)에 해당하는 네안데르탈인으로 진화하였다. 이들과 유사한 집단은 35만 년 전 유럽에 처음 나타났으며, 13만 년 전에 이르러 완전한 네안데르탈인이 출현하여 3만 년 전까지 살았다.

현생 인류의 직접 조상으로 알려진 신인(新人) 단계의 호모사피엔스 역시 네안데르탈인과 비슷한 시기에 출현하였다. 이들은 25~15만 년 전 아프리카에 처음 나타났다. 그 기원에 대해서는 아프리카 기원설과 다지역 기원설이 제기되었다.

전자는 초기 호모사피엔스의 화석이 아프리카 지역에서만 발견된 사실을 근거로 들고 있다. 10~5만 년 전에 아프리카를 떠나 중동과 아시아 및 유럽 일대로 이주한 것으로 이해한다. 이들은 이주 과정에서 여러 지역에 살고 있던 토착 집단을 대체하여 오늘날 현생 인류의 조상이 된 것으로 보고 있다.

---

1) 빙하기의 도래는 지구 공전궤도와 자전축의 기울기 변화와 관련이 있다. 지구가 태양에 가까울 때는 몇 천 년 동안 따뜻했고, 멀어졌을 때는 추워졌다. 지구의 자전축 역시 41,000년을 주기로 기울기가 변한다. 지구의 공전 궤도와 자전축의 기울기 변화가 합해져 추운 빙하기와 그렇지 않는 간빙기를 유발한 것으로 알려져 있다(Mithen, S., *After the Ice, A Global Human History*, Harvard Univercity Press, Cambridge, Massachusetts, 2003).

2) 현재 우리는 따뜻한 간빙기에 해당하는 OIS 1에 살고 있다. 마지막 빙하기는 OIS 2에 해당하는 2.4만~1.3만 년 전이었다. 5.9만~2.4만 년 전인 OIS 3은 비교적 따뜻했지만 지금보다는 훨씬 추웠다. OIS 4(7.4만~5.9만 년 전)는 빙하기였지만 OIS 2만큼 극심한 빙하기는 아니었다. OIS 5는 17.4만 년 이전까지 지속된 온난한 시기였다. 그 전부터 19만 년 전까지는 OIS 6 빙하기를 이루었으며, OIS 7은 다시 간빙기가 되었다(Pope, K. O. & Terrell, J. E., "Environmental setting of human migrations in the circum-Pacific region", *Journal of Biogeography* 35 : 1~25, 2008).

〈그림 1-1〉 네안데르탈인(좌)과 크로마뇽인(우)의 두개골 화석

후자는 호모사피엔스가 각지에 살고 있던 호모에렉투스에서 진화한 것으로 추정한다. 최근에 네안데르탈인의 미토콘드리아 DNA의 염기서열을 분석한 결과 호모사피엔스와는 유전적으로 전혀 다른 특성을 지닌 사실이 밝혀졌다. 양자를 서로 다른 종(種)으로 보아야 한다는 학설이 다수의 지지를 받게 되었다.[3]

인류는 오스트랄로피테쿠스(남방의 원숭이)를 시작으로 호모하빌리스(손쓴사람)와 호모에렉투스(곧선사람)를 거쳐 호모사피엔스(슬기사람)로 진화하였다. 이들이 살았던 대부분의 시기는 전기 구석기시대에 해당된다. 요하 유역에서 확인되는 전기 구석기시대의 대표적인 유적은 영구현(營口縣)의 금우산(金牛山) 동굴을 들 수 있다.

금우산 동굴유적은 영안향(永安鄕) 서전촌(西田村)에 자리한다. 동굴 내에서는 1만 점에 이르는 동물 뼛조각과 잿더미 등이 확인되었다. 또한 화덕과 유사한 시설이 조사된 것으로 볼 때 불을 관리하는 능력이 향상되었음을 알 수 있다.[4]

중기 구석기시대는 제3빙하기(20~10만 년 전)와 제4빙하기(4~1만 년 전) 사이의 간빙기에 해당된다. 사람들의 활동에서 달라진 점은 예리한 날의 깎개가 늘고, 홈날 칼과 톱니날 칼을 만들어 사용한 점이다. 또한 쌍날의 주먹도끼·주먹대패·밀개 등이 나타나며, 깎개·찌르개의 수가 늘어나고, 모룻돌떼기·부딪쳐떼기 등의 수법이 이용되었다. 그 외에 제작에 오랜

---

3) Krings, M., A. Stone, R.W. Schmitz, H. Krainitzki and S. paabo, 1997, Neandertal DNA sequences and the origin of modern humans. Cell 90.

4) 金牛山聯合發掘隊, 1978, 「遼寧營口金牛山舊石器文化的研究」, 『古脊椎動物與古人類』 16卷 2期.

〈그림 1-2〉 영구현(營口縣) 영안향(永安鄉)의 금우산 동굴 유적 전경

시일이 걸리는 석기가 등장하고 무덤 쓰기도 시작되었다.5)

요하 유역의 대표적인 중기 구석기시대 유적은 대릉하 유역에 위치한 객라심좌익(喀喇沁左翼) 합자동(鴿子洞) 동굴을 들 수 있다. 합자동 동굴 유적은 몽고족자치현 감소향(甘昭鄉)의 대릉하 서안(西岸)에 위치하며, 대형 동굴과 몇몇의 소형 동굴을 포함한다. 대형 동굴은 높이 20m·폭 12m·깊이 10m 정도이며, 유적은 6층의 층위를 이루고 있다. 동굴 내에서는 불에 탄 뼈·목탄·뗀석기·포유동물의 화석 등이 조사되었다.6)

중기 구석기시대는 4만 년 전을 전후하여 종식되었다. 후기 구석기시대는 4만 년 전을 전후하여 시작되어 12,000년 전 무렵까지 지속되었다. 제4빙하기(뷔름빙하기)와 시기적으로 일치된다. 뷔름빙하기는 후기 구석기시대의 말기에 해당하는 18,000~15,000년 이전 사이가 전성기였다.

인류는 마지막 빙하가 최전성기를 구가한 시기에 활동이 극도로 위축되었다. 유럽의 경우 두터운 얼음층과 동서로 길게 뻗은 산맥들이 사방으로 둘러싸여 고립되어 있었다. 아시아에 살던 사람들은 춥기는 하였지만, 비교적 긴 여름과 4계절의 구분이 있었고 대륙 전체에 빙하가 쌓이지는 않았다. 또한 산맥이 남북으로 뻗어 있어 대륙간 이동이 가능하였고, 산맥 주변으로는 얼음이 덮이지 않아 빙하의 영향을 덜 받았다.

한편 인류의 진보 과정에서 중기 구석기시대를 벗어나 후기 구석기시대로의 전환은 큰 변화를 수반하였다. 후기 구석기시대와 중첩되는 제4빙하기 동안 네안데르탈인과 같은 구인(舊人)은 전멸하고, 신인(新人)에 속하는 호모

---

5) 김상태, 2011, 「한국의 전기-중기 구석기시대 석기군 연구」, 강원대 박사학위논문.
6) 鴿子洞發掘隊, 1994, 「遼寧鴿子洞舊石器遺址發掘報告」, 『古脊椎動物與古人類』 13卷 2期.

사피엔스 사피엔스는 가혹한 자연환경을 극복하며 비약적 발전을 이루었다.

이들의 등장은 형질 인류학에서 '대전이(大轉移)'로 불린 만한 진보였다. 호모사피엔스 사피엔스는 미토콘드리아 DNA 분석 결과 85,000년 전 동(東)아프리카에 처음 출현하여 다른 대륙으로 이주한 것으로 이해한다.[7] 이들의 모계 조상은 약 20만 년 전에 아프리카에 살았던 한 여성으로 거슬러 올라간다.[8]

몸집은 그다지 크지 않았지만 활동적이었고, 유연한 인지기능을 가졌다. 이들의 등장은 도구의 전문화를 가져왔다. 인류는 후기 구석기시대에 이르러 발달된 타제석기와 세석기, 골각기와 낚시 및 활 등을 사용하였다. 또한 집터에서 화덕자리가 발굴되는 경우도 없지 않다. 그 외에 동굴벽화 같은 예술 활동에 종사한 흔적도 곳곳에서 확인된다.

동북아시아 역시 후기 구석기시대에 이르면 해당 유적의 조사 사례가 크게 늘어난다.[9] 요하 유역에서 확인되는 대표적인 후기 구석기시대 유적은 능원현(凌源縣) 초모산(草帽山) 서팔간방(西八間房)을 들 수 있다.[10] 또한 건평현(建平縣)에서도 후기 구석기시대를 살았던 사람의 어깨뼈 화석이 조사되었다.[11]

그 외에 요녕성 해성현 소호산(小孤山) 선인동(仙人洞) 동굴, 길림성 주가(周

---

7) Oppenheimer, S., "The Great Arc of dispersal of modern humans : Africa to Australia", Quaternary International doi : 10.1016/j.quaint.2008.05.015.

8) Cann, R.L., Stoneking, M. & Wilson, A.C., "Mitochondrial DNA and human evolution", *Nature* 325 : 31~6, 1987.

9) 동북아시아 일대의 후기 구석기시대 유적과 문화 양상에 대해서는 다음의 글을 참조하기 바란다. 배기동 1997, 「주변지역 구석기문화의 비교」, 『한국사』 2, 국사편찬위원회 ; 장용준, 2007, 「중국 동북지역 후기구석기 제작기술의 변천과 계통 연구」, 『동북아역사논총』 15, 동북아역사재단 ; 최몽룡·이헌종 편저, 1994, 「구석기시대의 연구 현황과 과제」, 『러시아의 고고학』, 학연문화사, 21~38쪽.

10) 遼寧省博物館, 1973, 「凌源西八間房舊石器時代文化地點」, 『古脊椎動物與古人類』 11卷 2期.

11) 吳汝康, 1961, 「遼寧建平人類上臂骨化石」, 『古脊椎動物與古人類』 3卷 4期.

家) 유방(油坊)·수산(壽山) 대교둔(大橋屯), 흑룡강성 황산(荒山)·앙앙계(昂昂溪)·십팔참(十八站) 유적 등에서 관련 유적이 조사되었다. 또한 연해주의 오시노브카·셀렘자 등에서도 후기 구석기시대 유적이 조사되었다. 한반도의 후기 구석기시대 유적은 함북 웅기 굴포리·부포리 및 평양 만달리 동굴, 덕천 승리산 등이 해당된다.

후기 구석기시대 사람들은 소형의 돌날을 사용한 석기(石刃石器)를 제작하였다.[12] 대고떼기 수법으로 작지만 더 날카로운 돌날을 가진 석기가 만들어졌다. 그 외에 돌날격지로 만든 긁개·밀개·찌르개·새기개 등의 석기가 등장하였다.

빙하기의 서늘한 기후에서 살던 불곰·사슴 등이 늘어남에 따라 사냥 기술이 개선되었다. 석기의 제작 기술이 개량되고 종류도 확대되었다. 동북아 일대의 후기 구석기문화는 돌날 석기 등에서 다른 지역과 구분되는 특징이 나타나기 시작하였다.

돌날을 이용한 석기는 중국 북방의 유목지역, 중국의 화북지역 및 동북지역(동북 3성), 연해주 사이의 지역별 차이와 특징이 나타난다. 돌날 석기의 지역별 차이는 후기 구석기시대 말기에 이르러 세석인(細石刃, 좀돌날 떼기)의 제작과 흑요석 석기군이 출현하면서 더욱 두드러진다.

중국·만주·시베리아·한국·일본 등의 후기 구석기문화는 서로 연결된 측면도 적지 않았다. 예컨대 길림성과 흑룡강성 및 연해주 일대의 세석인 기술은 서로 영향을 미친 사실이 확인되었다.[13] 동북아시아 일대에 살던 사람들은 광범위한 지역에 걸쳐 교류관계를 맺거나 교역활동을 전개하였다.

지형과 기후를 비롯한 생활환경은 오늘날과 큰 차이가 있었다. 마지막 빙하기 동안 지구의 온도는 평균 6℃ 정도 저온이었다. 기후 변화에 따라 빙하로 얼어붙은 물의 양이 달라졌기 때문에 해수면의 높낮이도 변했다.

---

12) 배기동 1997, 앞의 글, 263쪽.
13) 장용준, 2007, 앞의 글, 371쪽.

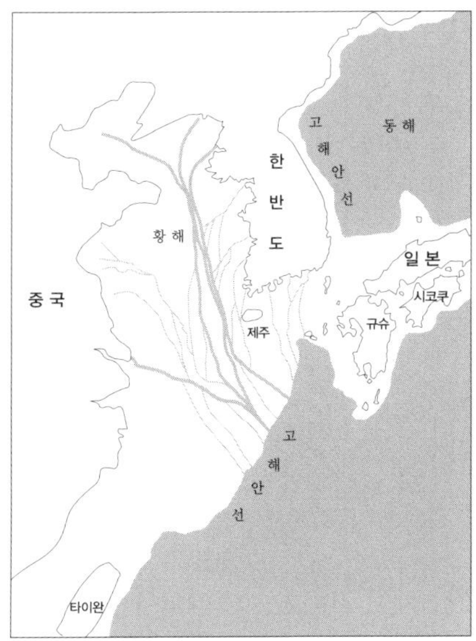

〈그림 1-3〉 최종 빙하기의 해안선과 강줄기 : 한반도와 중국 및 일본이 육지로 연결되었고, 요동반도에서 여러 갈래의 강줄기가 흘러나와 낮은 대지를 적셨다.

또한 표층 기온의 감소는 해수의 순환을 약화시켜 연간 13% 정도의 강수량이 감소하였다.[14]

중국 대륙과 한반도 및 일본은 육지로 연결되어 있었다. 황해는 바다가 아니라 표고 20~30m 정도의 완만한 평원지대였으며, 요동반도에서 흘러오는 여러 개의 강줄기가 주변 대지를 관통하였다. 빙하가 극심한 기간 동안 서해안의 해수면은 지금보다 150m 아래에 자리하였으며, 중국 동부해안과 서해안은 황토층을 이루었다. 또한 베링해협을 사이에 두고 있는 시베리아 최동단 추코카(Chukotka)반도와 알래스카의 최서단 스워드반도가 서로 연륙되어 도보로 아메리카로 건너갈 수 있었다. 최종 빙하기의 해안선과 강줄기는 <그림 1-3>과 같다.[15]

사람들은 사냥감을 좇아 동북아시아 일대를 자유롭게 왕래하였다. 그러나 빙하가 초래한 추위와 가혹한 자연환경 등으로 인해 활동 장애와 경제생활의 어려움은 피할 수 없었다. 이들은 식량을 찾아 이동 생활을 하며 동굴이나 토굴에서 살았다.

---

14) 김성중 외, 2006, 「마지막 최대 빙하기의 온도 및 물수지 변화 수치모델연구」, *J Korean Geophysical Society* vol.9, No2.

15) 박용안, 2001, 『한국의 제4기 환경』, 서울대출판부.

2) 조기 신석기시대의 전개와 토기의 사용

〈그림 1-4〉 제주 고산리 출토 무늬 없는 갈색 토기조각 : 원시 갈색 토기조각은 후기 구석기시대에서 신석기시대로 옮겨가는 과정을 알려주는 중요한 유물이다.

후기 구석기시대는 지금부터 12,000년 전을 전후하여 뷔름빙하기가 끝나면서 종식되었다. 인류는 빙하기가 끝나고 기온이 가파르게 상승하는 간빙기를 맞이하여 적극적인 활동과 이동을 개시하였다. 기온이 6℃ 정도 상승함에 따라 온난 다습해졌으며, 양극지방의 두꺼운 얼음이 서서히 녹아 내렸다.

기온이 상승하고 자유로운 활동이 가능해진 자연환경 속에서 원시농경과 목축에 의한 식량생산을 하게 되었다. 빙하가 녹으면서 툰드라와 스텝지역에는 삼림이 조성되었고, 매머드·순록·들소·말의 무리들은 이주하거나 멸종하였다. 순록과 매머드 등의 사냥이 어렵게 되면서 식량 생산에 적극 나서게 되었다. 또한 저장을 위해 토기가 등장하였다.[16]

인류는 신석기시대에 이르러 마을을 이루며 농사를 짓기 시작하였고, 토기를 제작하여 사용하는 등 정착생활 단계에 이르렀다. 그러나 구석기시대에서 신석기시대로의 전환이 생활환경의 개선과 삶의 질 향상으로 곧바로 이어진 것은 아니었다. 삼림지대가 확장되면서 새처럼 작은 동물을 사냥하거나 채집활동에 적극 나섰다.

사람들은 번성을 가능케 했던 주변 환경이 사라지면서 문화적 마비상태로 빠져들었다. 북유럽의 경우 인구가 감소하고, 집단의 규모가 더욱 작아졌다. 집단 사이의 거리 역시 더 멀어졌다. 도구들은 단순해지고, 다양성이 떨어졌으며, 정교하지 못하였다.[17]

---

16) 고든 차일드 지음·고일홍 옮김, 2011, 『인류사의 사건들』, 한길사, 76~81쪽.

17) Paul Mellars, "The Upper Palaeolithic Revolution", *The Oxford Illustrated Prehistory*

빙하기의 종식에 따른 혼돈을 극복하고 세련된 신석기문화를 영위하기까지 많은 시간이 필요하였다. 신석기시대에는 돌을 깨서 사용하던 방식에서 벗어나, 돌을 갈아서 만든 '마제석기'를 사용하였다. 토기의 사용을 통해 음식물 조리와 식량의 저장이 가능해져 생활이 윤택해졌다. 농업이 발전하면서 인구가 급격하게 증가하였고, 사회의 규모 역시 커졌다.

동북아시아 일대는 신석기시대의 시작이 곧바로 농업혁명으로 연결된 것은 아니었다.[18] 구석기시대의 문화전통이 빙하기의 소멸을 전후하여 끝나지 않고, 충적세 초기까지 일부 지속된 양상을 보였다. 이를 중석기시대라고 부르고 있다.[19]

중석기시대에 이르러 사람들은 상시적인 이주 생활에서 벗어나 정착 생활을 시작하였다. 그런데 중석기시대를 거치지 않고, 원시 혹은 조기 신석기시대로 전환된 증거들이 환동해지역을 중심으로 동북아시아의 여러 유적에서 확인된다.[20] 빙하기의 소멸 전후에 등장한 원시 고토기와 덧무늬토기 등이 주목된다.[21]

원시 고토기는 흑룡강 중류지역에 위치한 하바로프스크 부근의 가샤

---

of Europe.

18) 동북아시아의 대표적인 중석기시대 유적은 하북 泥河灣盆地의 유적(記者, 1998, 「泥河灣盆地考古發掘獲重大成果」, 『中國文物報』 第一版)과 대흥안령의 북쪽에 위치한 呼倫貝爾 평원의 海拉爾 松山 유적 등을 들 수 있다(安志敏, 1978, 「海拉爾的中石器遺存」, 『考古學報』 第三期).

19) 중석기시대는 모든 지역에 걸쳐 균일하게 존속한 것은 아니었다. 그 문화 내용 역시 후기 구석기시대와 구분하기 어려운 점이 많아 구석기시대에 포함시키거나 後舊石器時代로 부르기도 한다.

20) 최몽룡·이헌종 편저, 1994, 앞의 책, 30쪽.

21) 원시고토기가 출현한 시기는 후기 구석기, 중석기, 원시 신석기시대 등으로 보고 있다. 그러나 신석기시대의 개시를 보통 농경 및 정착과 직조의 시작, 토기의 출현 등을 기준으로 삼고 있기 때문에 원시 고토기가 제작된 시기를 원시 신석기시대로 보는 것이 타당한 것으로 판단된다. 또한 토기가 출현한 원시 신석기시대를 古新石器 단계로 파악하는 견해도 있다(임효재, 1994, 「한일 문화교류사의 새로운 발굴자료」, 『東亞文化』 32).

(Gasya)를 비롯하여 노보페드로브까(Novopetrovka), 쿠미(Khummi) 유적 등에서 출토되었다. 이들 유적에서는 플라이스토세 말기에 해당하는 13,000년 전에 제작된 원시적인 토기편이 조사되었다.

원시 고토기는 제작 방법이 대단히 조잡하고, 그릇을 만든 흙이 연질이어서 풍화·침식작용·지질변화 따위에 견디기 힘든 구조를 갖고 있다. 또한 후기 구석기시대의 돌날제작 전통이 그대로 이어져 내려왔으며, 세형몸돌·세형돌날·소형 양면석기·세석기 등과 함께 사용되었다.22)

일본에서도 하도(夏島) 패총과 복정(福井) 동굴 등에서 1950년대부터 비슷한 유물이 조사되었다.23) 일본에서 출토된 원시 고토기는 흑룡강 유역 등에서 발견 사례가 늘어나면서 신뢰성을 확보하게 되었다. 또한 제주도 고산리에서도 비슷한 시기에 만들어진 무늬 없는 갈색 토기편이 조사되었다.24)

이들 유적에서 출토된 원시 고토기는 후기 구석기시대를 이어 곧바로 조기 혹은 원시 신석기시대가 개시되었음을 말해준다. 최근 중국 남부 지방의 한 동굴에서도 18,000년 전에 만들어진 토기 파편들이 발견되어 관심을 끌었다.25)

인류의 역사 발전과정에서 토기의 발명은 최초의 혁명적인 사건에 해당되

---

22) Derev'anko·Medvedev, 1993, *E.Issledovanie pocelenia Gacya*, Novosibirk.

23) 일본에서 확인된 원시 고토기는 1953년에 발굴된 동경만 근처의 나가시마(夏島) 패총에서 B.P. 9,240±450년의 연대가 나왔으며, 1960년대에 조사된 후꾸이(福井) 동굴의 고토기는 B.P. 12,400±350년으로 확인되었다.

24) 고재원, 1994, 「제주도 고산리 세석기문화유적」, 제4기학회 학술대회발표회 발표요지.

25) 이스라엘 바르 일란대학의 엘리사베타 보아 레토 교수가 이끄는 발굴팀은 湖南省 道縣의 玉蟾岩 동굴에서 발견된 토기 파편을 17,500∼18,300년 전 것으로 추정하였다. 홍콩 중문대학의 트레이시 류 교수 역시 토기 제작이 특정지역에서 기원하여 다른 지역으로 전파된 것이 아니라, 러시아 연해주와 일본 및 남중국과 북중국의 각기 다른 환경에서 동시에 생산된 것으로 이해하였다(연합뉴스, 2009년 6월 13일 기사 참조).

며, 석기만 사용하던 구석기시대와 구분하는 척도가 된다. 따라서 토기가 등장하는 조기 신석기시대는 구석기시대와 큰 차이가 나는 새로운 문화 단계에 해당된다.

조기 신석기시대의 시작을 상징하는 원시 고토기는 후대로 내려오면서 덧무늬토기와 함께 사용되었다.[26] 덧무늬토기는 송화강의 북쪽 지류인 눈강(嫩江) 유역과 조아하(洮兒河) 유역, 흑룡강 중류지역, 우수리강 상류지역 등에서 조사되었다. 그 중에서 노보페드로브까 2호주거지에서 출토된 덧무늬토기의 연대는 B.P. 11,000~B.P. 9,000년까지 올라간다.[27]

일본에서도 홋카이도를 제외한 혼슈, 시코쿠, 규슈의 해안가와 내륙지방에서 덧무늬토기 관련 유적이 조사되었다.[28] 동북아시아의 여러 지역에서 확인되는 원시 고토기와 덧무늬토기의 존재는 후기 구석기시대의 문화 전통이 단절 없이 조기(혹은 원시) 신석기시대로 이어졌음을 의미한다.

양자의 계승관계는 원시 고토기와 덧무늬토기 외에 요서지역과 한반도 일대에서 조사된 여러 유적의 층위를 통해서도 확인된다. 후기 구석기시대에서 신석기시대로 이행하는 과정을 살펴볼 수 있는 유적은 능원현(凌源縣) 초모산(草帽山)에 위치한 서팔간방(西八間房)을 들 수 있다.[29] 또한 평남 상원의 룡곡 유적에서 출토된 인골을 통해서도 계승관계가 확인된다.[30]

---

26) 중부 흑룡강 유역을 포함하여 동북아시아 일대에서 조사된 덧무늬토기는 조기 신석기 혹은 원시 신석기와 관련이 있는 것으로 보고 있다(鄭澄元, 1991, 「중국 동북지방의 덧무늬토기」, 『한국고고학보』 26).

27) 최몽룡·이헌종, 1994, 앞의 책, 48쪽.

28) 규슈 나가사키의 福井洞窟, 愛媛縣의 上黑岩陰 유적 등에서도 B.P. 10,000년 전후에 제작된 것으로 추정되는 덧무늬토기가 확인되었다(江坂輝彌 外, 1967, 「愛媛縣 上黑岩陰」, 『日本の洞穴遺蹟』, 日本考古學協會洞穴調査委員會).

29) 遼寧省博物館, 1973, 「凌源西八間房舊石器時代文化地點」, 『古脊椎動物與古人類』 11卷 2期.

30) 후기 구석기인과 신석기인의 계승관계는 북한의 평남 상원군 룡곡동굴 유적을 통해 입증된다. 룡곡동굴 유적의 맨 아래층에서 후기 구석기시대 인류 화석(룡곡인)이 출토되었는데, 맨 위층에서는 신석기시대의 화석이 발견되어 양자 사이의 직접적인

후기 구석기시대를 벗어나 조기 신석기시대로 발전한 계기 역시 내재적 요인에서 찾을 필요가 있다. 주민의 이동이나 외부의 문화적 충격보다는 기후와 생활 여건 등의 변화에 의하여 촉발되었다.

원시 고토기와 덧무늬토기를 사용한 사람들은 시베리아를 비롯하여 북방지역에서 이주한 집단이 아니라, 동북아지역에서 후기 구석기문화를 영위하던 집단의 후손이었다. 현재 동북아시아에 살고 있는 사람들의 직계 조상의 기원은 후기 구석기시대의 전통을 계승한 채 조기 신석기문화를 영위한 집단으로 추정된다.

몽고인종은 안쪽 눈구석 주름과 밝은 피부, 비교적 편평한 형태의 얼굴을 하고 있다. 이는 후기 구석기시대를 살던 사람들이 빙하기 동안 아시아 북부를 뒤덮은 추운 기후에 적응하면서 형성된 것으로 이해한다.[31]

한반도의 신석기시대 기원 역시 빗살무늬토기를 갖고 외부에서 이주한 집단에 의해서가 아니라, 후기 구석기시대 말기부터 살았던 사람들의 내재적 발전을 통해 이루어졌다.[32] 후기 구석기시대를 거쳐 신석기시대로 이어진 발전 과정은 좀돌날몸돌의 제작기법을 통해서도 입증된다.

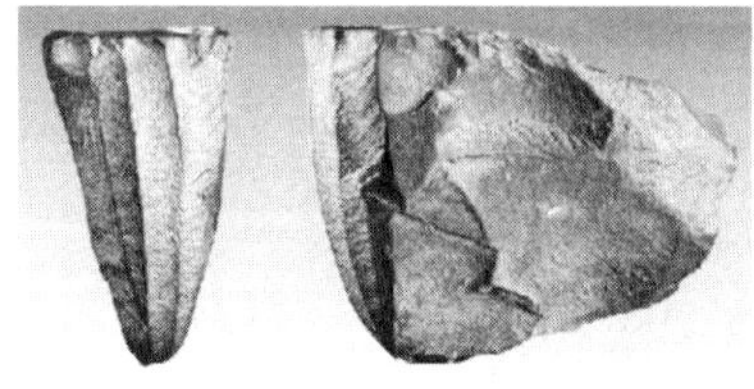

〈그림 1-5〉 단양 수양개유적에서 출토된 좀돌날몸돌

홍천 하화계리와 제주 고산리 유적에서는 후기 구석기시대의 좀돌날 제작방식이 신석기시대로 이어진 사실이 확인되었다. 좀돌날몸돌 외에 후기 구석기시대부터 제작된 슴베찌르개,

---

계승관계를 보여준다(전제헌 외, 1986, 『룡곡동유적』, 김일성종합대학 출판부, 43쪽).

31) Dale Guthrie, "The Mammoth Steppe and the Origin of Mongoloids and Their Dispersal", *Prebis-toric Mongoloid Dispersal*, edited by Takeru Akazawa(New York : Oxford University Press, 1996).

32) 李鮮馥, 1991, 「신석기·청동기시대 주민 교체설에 대한 비판적 검토」, 『한국고대사논총』 1 ; 崔楨苾, 1991, 「인류학 상으로 본 한민족 기원문제에 대한 비판적 검토」, 『한국상고사학보』 8.

유견식 찌르개 등이 함께 출토되었다.[33] 한반도와 마찬가지로 요하 유역
역시 동일한 양상을 띠면서 구석기시대를 벗어나 신석기시대로 접어든
것으로 짐작된다.

2. 신석기문화의 발전과 사회경제의 성장

1) 소하서문화의 형성과 전기 신석기시대의 전개

인류는 신석기시대에 이르러 마을을 이루고 농사를 짓기 시작하였다.
토기를 제작하여 사용하는 등 정착생활 단계에 이르렀다. 신석기문화에
기반한 생활양식의 변화는 중동 일대에서 시작된 후 여러 지역으로 확산된
것으로 이해한다.

중동지역은 이란 서부·이라크 북부·시리아·아나톨리아 남부·팔레스티나
등에서 B.C. 9000년 무렵 마제석기가 등장하였다. 또한 곡식 재배와 염소·양
등의 사육도 시작되었다. 유럽의 경우 B.C. 7000년 혹은 B.C. 6000년 무렵에
이르면 농업과 목축 등의 새로운 요소가 중동에서 유입되었다.

그러나 동북아시아 일대는 신석기시대의 시작이 곧바로 농업혁명으로
연결된 것은 아니었다. 신석기시대의 주요 유적은 대개 강가나 바닷가에
분포한다. 농경보다 어로와 수렵 등이 중요한 생계 수단이었음을 반증한다.
채집과 사냥 등을 여전히 지속하였으며, 농경이 점차 중요성을 띠어 갔다.

동북아지역이 후기 구석기시대를 벗어나 신석기시대로 접어든 과정은
소위 북방전래설(北方傳來說)을 통해 이해하였다. 그러나 연해주의 가샤
(Gasya)를 비롯하여 여러 유적에서 원시 고토기와 덧무늬토기 등이 조사되면
서 중동지역 기원론 혹은 북방전래설은 근거를 상실하게 되었다. 원시
고토기와 덧무늬토기를 사용한 집단은 후기 구석기문화를 계승한 집단으로
짐작된다.[34]

---

33) 김은정, 2005, 「동북아시아의 좀돌날몸돌 연구 동향」, 『한국구석기학보』 제12호.

송화강 유역과 흑룡강 유역 일대에서 원시 고토기와 덧무늬토기가 조사된 것과는 달리, 요하 유역은 관련 유물이 확인되지 않고 있다. 요하 유역에서 조사된 가장 빠른 신석기문화는 내몽고 오한기(敖漢旗)의 소하서(小河西) 유적에서 확인되었다.

소하서문화(小河西文化)는 B.C. 7000년 무렵에 시작되어 500여 년 동안 지속되었다.[35] 소하서문화는 1984년에 소하서촌과 목두영자향 등 10여 곳에서 관련 유적이 조사되면서 알려지게 되었다.

소하서문화는 맹극하(孟克河)·교래하(敎來河)·노합하(老哈河) 유역의 양안(兩岸)에 분포한다. 소하서문화의 유적은 맹극하(孟克河) 등의 하천바닥(河床)보다 30여m 높은 곳에 자리한다. 이들 유적은 후대의 흥륭와문화와 홍산문화보다 상대 고도가 조금 높은 지대에 자리한다.

소하서문화를 영위한 사람들은 절반쯤 지하로 파고 내려간 반지혈식(半地穴式) 주거지에서 살았다.[36] 이들은 채집과 목축 활동을 중심으로 하면서 원시 농경활동 역시 보조적으로 행하였다. 대표적인 유물은 요하문명을 상징하는 지자문(之字文) 평저토기문화가 등장하기 이전에 사용된 홍갈색의 가는 모래를 이용해 만든 평평한 질그릇을 들 수 있다. 그릇 모양은 원통형 항아리(筒形罐) 위주이며, 진흙으로 만든 그릇은 조사되지 않았다. 타제석기와 함께 마제석기를 비롯하여 세석기 역시 이용되었다.

---

34) 덧무늬토기의 기원은 일본 규슈의 轟式土器(廣瀬雄一, 1984, 「韓國隆起文土器論」, 『異貌』 11), 흑룡강 유역의 덧무늬토기(鄭澄元, 1991, 앞의 글) 등에서 찾고 있다. 그러나 덧무늬토기는 흑룡강 중류지역에서 출현하여 그 하류지역→송화강→우수리 강→연해주 지방을 경유하여 해안가를 따라 한반도 동해안지역으로 확산되었을 가능성이 높다. 또한 동해의 海流를 따라 일본열도의 北陸地域의 해안지방을 거쳐 내륙지방으로 퍼져 나간 것으로 보는 견해도 없지 않다(한영희, 1997, 「주변지역 신석기문화와의 비교」, 『한국사』 2, 국사편찬위원회, 539쪽).

35) 劉國祥, 2004, 『東北文物考古論文集』, 北京科學出版社, 3~57쪽.

36) 劉國祥 外, 2000, 「內蒙古喀喇沁旗發現大型小河西文化聚落」, 『中國文物報』 1月 16日, 1版 ; 이상균, 2004, 「중국 북방문화 학술회의 참가기」, 『한국 선사고고학회 뉴스레터』 8.

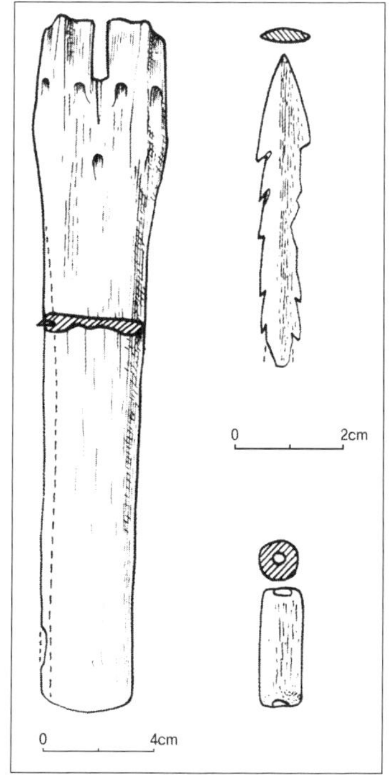

〈그림 1-6〉 소하서문화의 뼈로 만든 연장(骨器) : 오한기(敖漢旗) 우고토향(牛古吐鄉)의 천근영자촌(千斤營子村) 유적에서 출토

소하서문화는 요하 유역을 비롯한 동북아 일대에서 확인된 가장 빠른 신석기문화에 해당된다. 소하서문화가 확인되면서 중원계통의 앙소문화와 계통이 다른 요하 유역의 신석기문화가 독자적으로 형성된 것으로 볼 수 있는 근거가 마련되었다.

소하서문화는 황하 유역과 양자강 유역에서 조사된 가장 빠른 신석기시대 유적의 연대를 상회한다. 양자강 유역의 하모도(河姆渡) 유적은 방사성탄소연대 측정 결과 B.C. 5000년 무렵으로 확인되었다.[37] 황하 유역에 위치한 하북(河北)의 자산문화(磁山文化)[38]와 하남(河南)의 배리강문화(裴李崗文化)[39] 역시 B.C. 6000년을 전후하여 시작되었다.

소하서문화보다 앞선 시기의 유적과 유물이 조사될 가능성도 없지 않다. 그러나 확인되지 않은 자료를 가지고 요하 유역 신석기문화의 기원을 논의하는 것은 무리가 있으며, 현재까지

---

37) 양자강 유역에서 확인된 최초의 신석기문화는 하류지역에 위치한 절강성 여요현 河姆渡에서 조사되었다. 이 유적은 姚江 하안 구릉 기슭의 평지에 위치하며, 벼농사와 함께 개·돼지·물소 등을 사육하였다. 생산 공구는 骨器가 많고, 석기유물은 거의 확인되지 않았다.

38) 磁山文化는 B.C. 6000~B.C. 5000년 무렵에 존재했던 초기 신석기시대의 문화이며, 河北省 武安의 磁山에서 유적이 발견되어 자산문화라고 부르게 되었다. 자산문화는 河北省의 中南部 지역에서 동일한 특징을 지닌 유적들이 폭넓게 발굴되었다. 섬서성 지역에서 확인된 老官台文化와 하남성의 裴李崗文化 등과 함께 황하 유역의 초기 신석기문화를 대표하며 仰韶文化로 계승되었다.

39) 開封地區文物管理委員會·新鄭縣文管會, 1979,「裴李崗遺址一九七八年發掘簡報」,『考古』3期.

확인된 자료를 통해 볼 때 소하서문화가 시원에 해당된다.

2) 사해문화의 형성과 빗살무늬토기의 사용

〈그림 1-7〉 사해박물관과 주변지역 전경

소하서문화는 B.C. 6500년 무렵을 전후하여 사해문화(查海文化)로 계승되었다. 사해유적은 대릉하 상류에 자리한 요녕성 부신현(阜新縣) 사랍향(沙拉鄉) 사해촌(查海村)의 해발 310m 구릉에 자리한다. 부신의 중심지에서 25km 정도 떨어져 있으며, 사해촌 앞을 비포장 2차선 도로가 지난다. 그곳에서 마을을 지나 평원 사이를 가로질러 소로(小路)를 4km 정도 들어가면 사해 유적과 박물관에 이른다.

사해 유적은 요서지역 구릉 산지의 우측에 자리한 채 대릉하 유역 및 요하 하류의 평원과 접한다. 완만한 언덕의 남쪽 경사지에 위치하며, 북쪽은 약간 높고 평탄한 단구를 이루고 있다. 그 동북쪽으로 사해산(查海山)이 장벽을 형성하며, 북쪽은 내몽고의 초원과 마주한다.

사해 유적은 배수와 홍수 방지 및 방어에 유리한 구릉에 조성되었으며, 동서남북의 사방이 100m 정도 되는 1만m^2의 규모이다. 쓰레기 폐기 구덩이, 토기와 석기 및 옥기, 무덤 등이 조사되었다. 또한 주거지 60여 곳이 도시계획을 한 것처럼 규격화된 상태로 배열되어 있다. 사해문화를 영위한 사람들은 농경활동 위주의 씨족 부락을 이루었다.[40]

사해 유적이 자리한 대릉하 상류지역은 지금은 메마른 하천이 많은 상태이지만, 당시에는 강변을 따라 많은 주거지들이 들어설 만큼 온도가 높고

---

40) 遼寧省文物考古研究所(甸村·新言), 1994, 「遼寧阜新縣查海遺址 1987~1990年三次發掘」, 『文物』 11期 ; 李宇峰·顧玉才, 1988, 「阜新查海新石器時代遺址試掘簡報」, 『遼海文物學刊』 第1期, 遼寧省博物考古研究所.

습윤한 지역이었다. 정주 취락은 강이나 연중 마르지 않은 샘 근처에서만 유지될 수 있다. 사해유적 바로 옆으로 조그마한 메마른 개천이 흐르고 있는데, 당시에는 천연의 해자(垓字) 구실이나 식수원 등의 역할을 했을 것으로 짐작된다.

사해문화의 대표적인 특징 중의 하나로 납작밑 빗살무늬토기의 사용을 들 수 있다. 납작밑토기는 작은 국사발 모양으로 부피가 작은 음식물을 익히기에 적당하였다. 사해문화는 납작밑 빗살무늬토기와 옥기(玉器)가 사용되는 등 소하서문화에 비해 한 차원 높은 발전을 이루었다. 옥기의 사용은 다른 집단에 비하여 우월한 사회신분을 유지한 세력이 출현하였음을 의미한다.[41]

빗살무늬토기의 기원은 시베리아 계통의 캄케라믹이 만주지역과 한반도 일대로 전파되면서 시작된 것으로 보고 있다.[42] 빗살무늬토기는 시베리아 방면을 거쳐 요서와 내몽고지역으로 유입되지 않고, 요하 유역에서 먼저 제작되었을 가능성도 없지 않다.[43]

동북아지역은 B.C. 6000년을 전후하여 납작밑 빗살무늬토기를 사용하는 단계로 접어들었다. 대릉하 유역과 황하 하류지역에서는 동유럽이나 시베리아보다 1,000년 이상 앞선 유물이 여러 유적에서 확인되고 있다.

대릉하 유역 등의 빗살무늬토기는 B.C. 6000년에 출현하였으며, 동유럽과 시베리아는 B.C. 5000년 무렵에 등장하였다. 또한 시베리아의 빗살무늬토기는 무늬를 새기는 방법과 그릇 모양 등이 대릉하 유역 및 내몽고지역의 빗살무늬토기와 계통이 다르다고 한다.[44]

동북아지역은 황하 하류지역에 속한 하북(河北)의 자산문화와 하남(河南)

---

41) 韓建業, 2003, 『中國東北地區新石器時代文化硏究』, 文物出版社.
42) 橫山將三郎, 1939, 「朝鮮の史前土器硏究」, 『人類學・先史學講座』 9, 雄山閣.
43) 이형구, 1989, 「발해연안 빗살무늬토기문화의 연구」, 『한국사학』 10, 정신문화연구원.
44) 이형구, 1989, 위의 글, 73~75쪽.

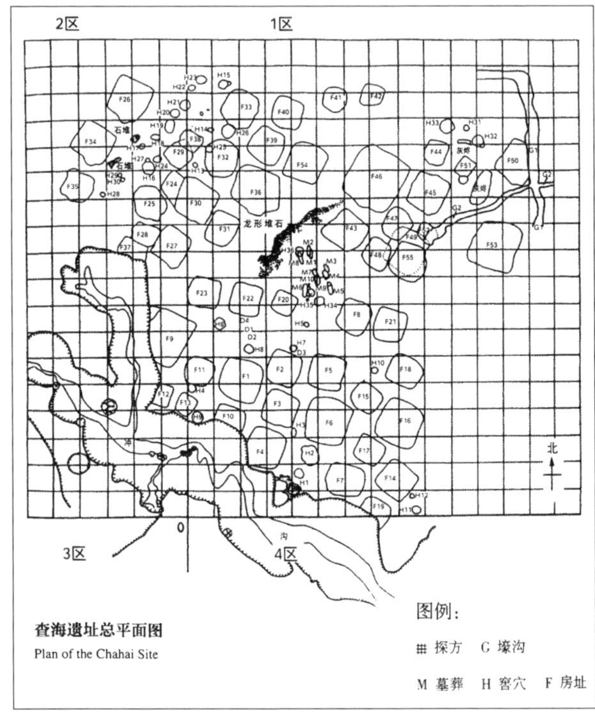

〈그림 1-8〉 사해유적 발굴지 평면도와 가운데 부분의 용 모양의 형상물(國家文物國, 2011, 『遼河尋根 文明溯源』, 文物出版社, 40쪽)

의 배리강문화에서 출토된 빗살무늬토기가 가장 오래된 것으로 알려져 있었다. 그러나 사해 유적 외에 흥륭와(興隆窪)에서도 비슷한 시기의 빗살무늬토기가 조사되었다.

자산문화와 배리강문화는 B.C. 6000년의 문화이며, 흥륭와 유적은 집자리에서 출토된 목탄을 이용한 C^{14}측정 연대가 B.C. 5290±95년으로 확인되었다.[45] 또한 흥륭와 유적에서는 지자형(之字形) 빗살무늬와 인자형(人字形) 빗살무늬 및 사선 빗살무늬와 교차형 빗살무늬 등이 함께 조사되었다.

요서 및 내몽고 동남부 일대에서 조사된 지자형(之字形)을 비롯한 여러

---

45) 中國社會科學院考古硏究所內蒙古工作隊, 1985, 「內蒙古敖漢旗興隆洼遺址發掘簡報」, 『考古』 10期.

형태의 빗살무늬토기의 기원은 한반도 유입설[46]·북방 시베리아설[47]·중국 하북 유입설[48] 등이 제기되었다. 또한 빗살무늬토기를 사용한 집단을 고아시아족,[49] 고시베리아족,[50] 알타이족[51] 등으로 보고 있다. 근래에 이르러 사해 유적과 흥륭와 유적 등이 위치한 요하 유역에서 자생한 것으로 보는 견해[52]가 점차 설득력을 얻고 있다.

〈그림 1-9〉 사해촌 입구에 세워져 있는 여신상 모습

사해문화를 영위한 집단은 납작밑 빗살무늬토기 외에 세석기(細石器), 옥기(玉器) 등을 사용하였다. 또한 규모가 19.7m, 폭 1~2m에 이르는 용(龍) 모양의 형상물이 발견되어 주목을 끌었다.[53] 사해 유적 입구에 여신상을 세워 '중화제일촌(中華第一村)'이라는 이름을 붙일 만큼 중요성을 인정받았다.

3) 흥륭와문화의 형성과 정착농경의 발전

흥륭와 유적은 내몽고 적봉시(赤峰市) 오한기(敖漢旗) 보국토향(寶國吐鄉) 흥륭와촌(興隆窪村)에 위치한다. 흥륭와 유적은 사해 유적에서 서북 방향으로 약 150km 떨어져 있다. 흥륭와촌은 대릉하 지류인 망우하 상류지역에 자리하

---

46) 藤田亮策, 1948, 『朝鮮考古學研究』, 高桐書院, 80~81쪽.

47) 三宅俊成, 1975, 『東北アジア考古學の研究』, 國書刊行會, 79쪽.

48) 安志民, 1979, 「裴李崗磁山和仰韶」, 『考古』 4期.

49) 김정학, 1966, 「고고학상으로 본 한국민족」, 『백산학보』 1 ; 김정배, 1973, 『한국민족문화의 기원』, 고려대 출판부, 161~179쪽.

50) 김원룡, 1986, 『한국고고학개설』, 일지사, 24쪽.

51) 도유호, 1960, 『원시고고학』, 과학원출판사, 77~83쪽.

52) 郭大順, 1985, 「以遼河流域爲中心的新石器文化」, 『考古學報』 4, 科學出版社, 437~443쪽.

53) 李宇峰·顧玉才, 1988, 「阜新查海新石器時代遺址試掘簡報」, 『遼海文物學刊』 第1期, 遼寧省博物考古研究所.

며, 지금은 내몽고에 편입되었지만 1979년 재편되기 이전까지만 해도 적봉(赤峰)과 함께 요녕성에 속하였다.

흥륭와촌 앞을 아스팔트 포장이 잘 된 2차선 도로가 지나가며, 입구에서 조와 옥수수 밭 사이의 소로(小路)를 따라 3km 정도 마을 방향으로 들어가면 유적에 도달한다. 흥륭와촌을 비롯한 주변의 해발고도는 480m 정도이며, 유적은 530m에 자리한다.

주변지역보다 불과 50m 높은 흥류와유적이 위치한 구릉의 전망과 시계(視界)는 현장을 방문하지 않으면 이해할 수 없을 만큼 탁월하다. 흥륭구산(興隆溝山)이 위치한 남쪽 방면을 제외하면 사방 5백리에 걸친 광활한 평원이 장쾌한 파노라마처럼 펼쳐져 있다.

구릉의 정상에 오르면 주변지역과 확연히 다른 느낌이 들며, 광활한 초원을 바라볼 수 있는 전망에 압도된다. 천손강림(天孫降臨), 천하명당(天下明堂)이라는 단어가 절로 떠오른다. 흥륭와문화를 계승한 홍산문화의 중심지였던 우하량 유적과 비슷한 느낌이 다가온다.

흥륭와 유적은 1982년 중국 사회과학원이 실시한 지표조사에 의하여 확인되었다. 그 다음 해에 이루어진 발굴조사를 통해 170여 기의 반지하식 집자리를 포함한 대규모 취락지가 드러났다. 또한 무덤 11기, 지하 저장시설 200기, 다량의 토기·석기 및 옥기·골기 등이 확인되었다. 그 외에 무덤 주위를 두르는 장식으로 일종의 종교시설에 해당하는 밑바닥이 없는 원통 모양의 질그릇 항아리(筒形陶罐)가 확인되었다.

또한 흥륭와 유적에서는 높이 30cm 정도의 돌로 만든 반인상(石造半人像) 2점이 조사되었다. 인물상의 모습은 이마가 돌출되고, 눈구멍이 깊고, 입술이 앞으로 나와 있다. 반인상(半人像)은 신령(神靈)의 전체 상징물로서 집터의 중심에 놓인 것으로 볼 때 가옥의 보호, 불신(火神), 풍요를 기원하는 신앙의 대상이었다. 또한 생식 및 성기능을 강조하는 대상물로 짐작된다.

〈그림 1-10〉 흥륭와 유적에서 출토된 돌로 만든 반인상(石造半人像). 오한기박물관 소장

〈그림 1-11〉 흥륭와 유적 전경 : 흥륭와 유적은 170여 기에 이르는 반지하식 집자리를 포함한 대규모 취락지로 이루어졌다. 중국 고고학계에서는 10대 고고학 발견의 하나로 간주하며, 중화 시조의 취락에 해당하는 화하제일촌(華夏第一村)으로 부르고 있다.

흥륭와 유적은 요하 유역에서 확인된 최초의 대규모 정착 주거지이며, 방어시설의 일종인 해자(垓字)의 원형도 조사되었다. 이들 유적은 흥륭와문화를 영위한 사람들이 B.C. 6000년 무렵에 집단 주거지를 만들어 정착 생활을 하였던 사실을 반영한다.54)

중국학계는 흥륭와 유적을 취락시설의 기원으로 파악하여 '화하제일촌(華夏第一村)'으로 부르고 있다. 흥륭와 문화의 취락 구조에서 가장 중요한 사실은 환호(環壕)의 존재를 들 수 있다. 환호취락은 큰 건물을 중심으로 하여 응집력을 갖춘 통일체를 이루었다. 취락의 보호를 위해 호구(壕溝)라고 불리는 방어시설을 둘렀는데, 훗날에 출현하는 성지(城池)의 연원이 되었다.

환호취락의 발전 과정을 3단계로 구분하여 기원을 흥륭와 유적에서 찾는 견해도 있다.55) 흥륭와 유적에서 확인된 환호는 현재 도랑만 남아 있지만, 당시에는 일정한 규모의 토루와 목책을 갖추었다. 환호취락은 홍산문화로 이어졌다. 홍산문화의 경우 확인된 유적 중에서 대략 1/10이 환호취락으로 밝혀졌다.56)

---

54) 楊虎·劉國祥, 1997, 「興隆窪文化居室葬俗及相關問題」, 『考古』 第1期.

55) 흥륭와 유적의 환호취락과 비슷한 제1단계 취락은 林西縣 白音長汗, 부신 査海를 비롯한 서요하 유역에서 확인되었다. 그 외에 하북성 遷西縣 東寨와 西寨에서도 조사되었다(嚴文明, 1994, 「中國環壕聚落的演變」, 『國學研究』 2卷, 北京大學出版社).

56) 朱永剛, 2003, 「中國東北先史環壕聚落的演變與傳播」, 『華夏考古』 1期.

소하서문화의 반지혈식 주거지는 흥륭와문화 단계에 이르러 집단주거지로 발전하였다. 흥륭와문화의 주거지는 주로 단기적인 정착 형태이며, 경제활동의 불안정성 및 넓은 활동 범위와 관련이 있다.[57] 흥륭와문화를 영위한 사람들은 야생 맷돼지와 사슴 등을 사냥하면서 어렵과 농업을 병행하였다.[58]

흥륭와문화를 영위한 사람들이 사냥·어로·채집 중심의 경제생활에서 벗어난 것은 아니었다. 곡물을 재배하는 농경활동과 가축 사육 등을 통해 식량자원을 늘리면서 수렵-채집경제가 점진적으로 소멸되고, 전형적인 식량생산 경제로 전환되어 갔다.

그러나 이들이 완전한 정착 생활을 한 것은 아니었다. 주민들은 농경에 적합한 지력(地力) 회복 등을 위해 비옥한 미개척지를 찾아 이동하였다가 다시 돌아오는 생활을 반복하였다.[59] 이런 주기가 몇 번 반복되면서 마을의 규모가 커지고, 주변에 방어 목적의 환호와 둑을 두르게 되었다.

흥륭와 유적을 남긴 사람들은 자급자족 형태의 단순한 경제생활을 하였다. 남자들은 경작지 개간, 가옥 건축, 가축 사육, 사냥 활동, 도구와 무기 제작 등을 하였다. 그 반면에 여자들은 조리와 방직, 토기와 장신구 등을 만들었다.

이들은 시베리아를 비롯하여 외부에서 이주해 온 것이 아니라 요하 유역에 오랜 동안 거주한 토착집단이 중심이 되었다. 대릉하 유역의 어렵문화 및 세석기문화의 전통을 계승한 집단의 후손이며, 다른 지역의 전기 신석기문화와 비교해도 전혀 뒤처지지 않는 발전된 면모를 보인다.

한편 흥륭와문화를 영위한 사람들은 빗살무늬토기 등을 가지고 요하를 건너 요동 및 한반도 서북지역과 동북지역, 연해주 일대와 흑룡강 유역 등으로 이주하였다. 동북아지역의 토기문화는 요하 유역에서 선도적 변용이

---

57) 蘇秉琦 主編, 1994, 『中國通史』 第二卷, 上海人民出版社, 353~354쪽.

58) 任愛君, 2008, 「古代西遼河流域遊牧文化起步的科學探源」, 『赤峰科學院報(漢文哲學社會科學版)』 1期, 9~10쪽.

59) 고든 차일드 지음·고일홍 옮김, 2011, 앞의 책, 101쪽.

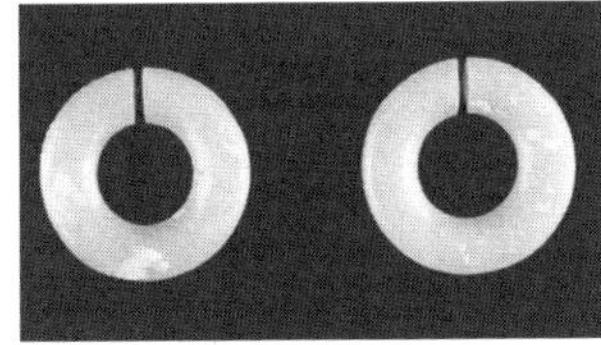

〈그림 1-12〉 흥륭와 유적에서 출토된 옥으로 만든 귀걸이(옥결, 玉結)

〈그림 1-13〉 임서(林西) 백음장한(白音長汗) 유적에서 출토된 납작밑 빗살무늬토기

일어나 요동반도를 거쳐 서북한, 동북한, 한반도 중남부 및 연해주 일대로 파급되는 축차적 변화가 일어났다.

이들이 한반도 방면으로 이주한 흔적은 빗살무늬토기의 무늬와 제작 기법이 유사한 면모를 통해 유추된다.[60] 흥륭와문화의 전파 과정은 빗살무늬토기 외에 내몽고 일대에서 출토된 것과 비슷한 옥(玉)으로 만든 귀걸이가 동해안 일대에서 확인된 사실을 통해서 입증된다. 옥결(玉結)은 고성 문암리[61]와 양양 오산리[62] 등에서 출토되었다.

빗살무늬토기와 옥기(玉器) 및 세석기를 문화적 특징으로 하는 집단은 요동을 거쳐 한반도와 연해주 일대로 이주하면서 새로운 문화 흐름을 주도하였다. 중국의 동북지방, 한반도의 동북지방과 서북지방 및 동해안, 연해주 일대를 납작밑토기문화권으로 보기도 한다.[63] 한반도 동북지방, 흑룡강 중·하류지역, 연해주 남부지역을 납작바닥의 심발형토기문화권으로 추정하는 견해도 있다.[64] 흑룡강 중·하류지역과 한반도 동북지역을 넘어 요서 일대까지를 평저형토기문화권으로

---

60) 예컨대 흥륭와 유적의 빗살무늬는 삿자리를 짜듯이 교차하면서 베푼 모양을 하고 있다. 한반도에서 출토되고 있는 深線紋 빗살무늬와 유사한 면모를 보인다. 곡선무늬 역시 요서지역의 채문토기와 접촉을 시사하며, 내몽고 임서현의 여러 유적에서 조사된 곡선무늬와도 관계가 있다(內蒙古文物工作隊編, 1964, 『新石器時代』, 內蒙古文物資料選集).

61) 국립문화재연구소, 2005, 『고성 문암리유적』.

62) 임효재·권학수, 1984, 『오산리유적』, 서울대학교 박물관.

63) 임효재, 2002, 『한국의 신석기문화』, 집문당, 31쪽.

64) 한영희, 1997, 앞의 글, 536쪽.

파악하기도 한다.[65)

　평저형과 지자형 빗살무늬토기를 사용하며 흥륭와문화를 남긴 사람들의 문화적 영향은 멀리 예니세이강 중류지역을 비롯한 시베리아 방면에서도 확인된다. 빗살무늬토기는 서쪽의 시베리아 방면에서 동방으로 전파된 것이 아니라, 그 반대 방향으로 퍼져 나갔을 가능성도 제기되고 있다.[66)

II. 요하문명의 형성과 발전

1. 요하문명의 시원과 홍산문화의 형성

1) 홍산문화의 기원과 분포 범위

〈그림 1-14〉 적봉에 위치한 홍산 전경 : 홍산은 적봉시 동북방에 인접하며, 철 성분이 많아 붉은 빛을 띠는 바위로 이루어졌다. 홍산을 중심으로 주변지역에서 많은 신석기시대 유적이 발견되고 있다.

요하 유역에서 흥륭와문화와 사해문화 등을 영위한 집단은 B.C. 4000년을 전후하여 홍산문화(紅山文化) 단계로 접어들었다. 홍산문화의 명칭은 내몽고 적봉 동북쪽에 위치한 홍산의 이름에서 기원하였다.

홍산의 산정(해발 700m)에 서면 적봉시를 비롯하여 주변의 초원지대가 한 눈에 펼쳐져

보이며, 그 중심부를 노합하가 유유히 흘러간다. 광활한 평원지대를 흐르는 노합하가 홍산문화를 잉태하며 문명형성의 젖줄이 되었다.

---

65) 馮恩學, 1991, 「東北平底筒形罐區系統研究」, 『北方文物』 第4期.

66) 薛志强, 2006, 「중국문화의 형성과 발전에서 홍산문화가 차지하는 특수한 지위와 영향」, 『동북아 평화 정착을 위한 한·중 국제학술회의』, 국학운동시민연합 자료집.

홍산문화는 1935년에 내몽골 적봉 홍산후(紅山後)에서 처음 조사되었다. '적봉 제1기문화'로 부르다가 1954년에 이르러 홍산문화로 정식 명명되었다. 요하 유역의 신석기문화는 소하서문화-사해문화-흥륭와문화를 거쳐 홍산문화로 계승되었다.[67]

홍산문화와 흥륭와문화의 계승관계는 흥륭와 유적에서 확인된 175기의 집자리 중에서 5기가 홍산문화 단계에 해당하는 사실을 통해서도 입증된다. 홍산문화는 B.C. 4000년을 전후하여 시작되어 1000년 동안 주변지역의 여러 문화와 다양한 관계를 맺으면서 발전하였다.

홍산문화의 분포지역은 북쪽으로 시라무렌하(西拉木倫河)를 넘어 내몽고 초원지대,[68] 동쪽으로 의무려산(醫巫閭山)[69]을 경유하여 동요하(東遼河) 서안(西岸),[70] 남쪽으로 발해 연안과 연산산맥을 넘어 화북평원 북부에 이른다.

홍산문화는 서쪽으로 하북성 상간하(桑干河) 상류 및 그 북쪽의 내몽고 오란찰포맹(烏蘭察布盟) 상도현(尙都縣) 일대에서 중원의 앙소문화와 조우하였다.[71] 홍산문화의 주요 유적 분포 상황은 <그림 1-15>와 같다.[72] 홍산문화의 중심지역은 노합하(老哈河)와 대릉하 유역 일대였다.[73]

---

67) 尹達, 1955, 「關于赤峰紅山後的新石器時代遺址」, 『中國新石器時代』, 三聯書店 ; 呂遵諤, 1958, 「內蒙古赤峰紅山古蹟調査報告」, 『考古學報』 第3期.

68) 內蒙古自治區文化局文物工作組, 1959, 「昭烏達盟巴林左旗細石器文化遺址」, 『考古學報』 第2期.

69) 요서와 내몽고 동남부 일대는 七老圖山이 북동쪽에서 시작하여 남서쪽으로 길게 뻗어 요서지역과 내몽고 초원지대를 가르는 경계가 되고, 중부에는 努魯兒虎山이 남북으로 뻗어 내리며 동부의 평원지대와 서부의 고원지대를 가른다. 그 동쪽에는 醫巫閭山이 자리 잡아 요서와 요동의 경계를 이루고 있다. 또한 남쪽의 의무려산에서 북쪽의 서요하에 이르는 내몽고 동남부 일대는 山丘가 적고 평원과 낮은 대지가 많은 지세를 이룬다. 이곳은 동서로 폭 100km의 구역이 있는데, 요하 以東의 松遼平原 으로 이어진다.

70) 齊永賀, 1965, 「內蒙古哲盟科左中旗新艾力的新石器時代遺址」, 『考古』 第5期.

71) 魏堅·富占軍, 1997, 「尙都縣毛勿素遺址」, 『內蒙古文物考古文集(2)』, 內蒙古文物考古研究所烏蘭察布博物館·尙都縣文物管理所(中國大百科全書出版社).

72) 水界를 통해 본 홍산문화의 분포권에 대해서는 다음의 글을 참조하였다. http://elpaso.egloos.com.

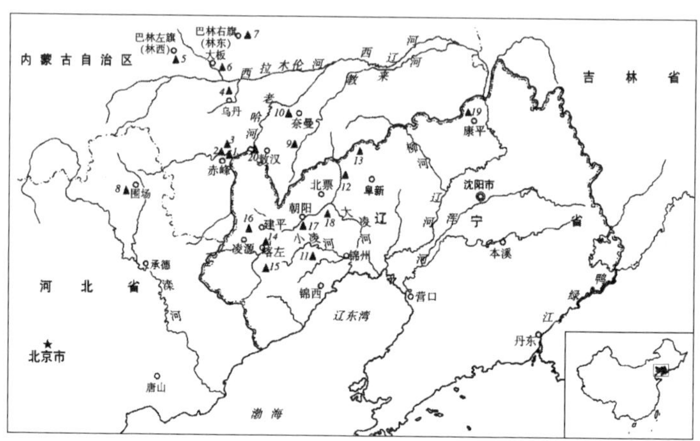

〈그림 1-15〉 홍산문화의 분포범위(國家文物國, 2011, 『遼河尋根 文明溯源』, 文物出版社, 22쪽)

홍산문화를 영위한 사람들은 정착생활을 하면서 촌락을 이룬 채 농경에 종사하였다. 당시 홍산 일대는 지금보다 훨씬 따뜻하고 농경에 적합한 습윤하고 온난한 지역이었다. 홍산문화는 수렵과 어로 및 채집 위주에서 벗어나 농업이 점차 중요한 위치를 차지하였다.[74]

벼농사와 밀농사를 경작한 것이 아니라 좁쌀 위주의 농경이 이루어졌다. 곡식을 가는 데 사용했던 석마반(石磨盤)과 석마봉(石磨棒) 등이 조사되어 농경생활을 반영한다. 그러나 농경활동이 그리 발전된 것은 아니었고, 수렵과 어로 및 채집 등이 여전히 경제활동의 중심이었다.[75]

---

73) 노합하는 요하 상류의 지류로서 寧城에서 시작하여 동북쪽으로 흘러 요하 본류와 만나면서 그 주변에 평탄한 저지대를 형성한다. 대릉하는 요하 상류의 남쪽, 하류의 서쪽에서 칠로도산이 서남쪽으로 뻗어 노노아호산과 만나는 지점에서 발원하여 동쪽으로 향하여 흐르다가 북표에서 동남쪽으로 꺾여 발해만으로 흘러든다. 또한 요하 상류와 대릉하 사이에는 노노아호산이 자리하여 현재 내몽고 자치구와 요녕성의 경계를 이루며, 두 강 유역은 인접한 채 산록지형으로 분리된다.

74) 지금부터 6000년 전까지는 기후가 따뜻했고, 6000년에서 5000년 전에 이르는 시기에는 木本花粉의 함량이 20%가 되지 못하였다. 침엽수 花粉 역시 증가하여 점차 추워지는 추세로 돌아섰음에도 불구하고 비교적 온난했으며, 5,000년 전에 이르러 건조하고 한랭해진 것으로 보고 있다(莫多聞 外, 2002, 「紅山文化牛河梁遺址形成的環境背景與人地官階研究」, 『第四期研究』 2期).

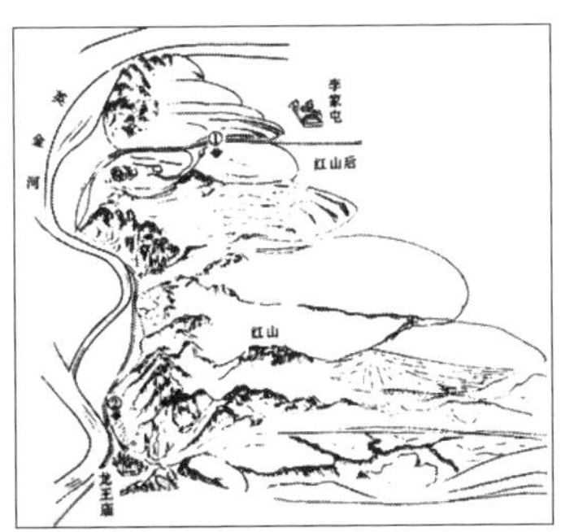

〈그림 1-16〉 홍산과 주변 유적지 분포 현황(郭大順, 2010, 『紅山文化』, 文物出版社, 10쪽)

홍산문화는 외부의 문화를 받아들여 한 차원 높은 발전을 이루었으며, 요하를 건너 다른 지역으로 전파되었다. 홍산문화의 남쪽에 위치한 연산산맥(燕山山脈) 일대는 조보구문화(趙寶溝文化)가 B.C. 4300년에 일어나 B.C. 4000년 무렵까지 지속되었다.

조보구문화의 대표적인 유적은 내몽고 오한기의 조보구(趙寶溝)·소산(小山)·남태자(南台子), 옹우특기(翁牛特旗) 소선덕(小善德), 임서현(林西縣) 수천(水泉), 하북성(河北省) 천안현(遷安縣) 안신장(安新莊)과 천서현(遷西縣) 동채(東寨) 등을 들 수 있다.

〈그림 1-17〉 조보구문화를 상징하는 봉황 모양의 토기

이들 유적이 조성된 시기는 빠른 조보구(趙寶溝)의 경우 B.C. 4270±85년이며,[76] 늦은 단계에 해당하는 소산(小山)은 B.C. 4110±85년 무렵이다.[77] 또한 조보구 유적에서는 봉황 조형물, 채도 존형기(尊形器), 신령도안(神靈圖案) 등이 출토되었다.[78]

홍산문화와 조보구문화의 분포 범위는 일부 겹치기도 하며, 인접한 상태에서 평행 발전한 것으로 보고 있다.[79]

---

75) 滕海鍵, 2006,「試論紅山文化經濟形態及其相關問題」,『紅山文化硏究』, 文物出版社, 182쪽.

76) 邵國田, 1991,「敖漢旗南台地趙寶溝文化遺址調查」,『內蒙古文物考古』第1期, 敖漢旗博物館.

77) 中國社會科學院考古硏究所內蒙古工作隊(楊虎·朱延平), 1987,「內蒙古敖漢旗小山遺址」,『考古』第6期.

78) 中國社會科學院考古硏究所內蒙古工作隊(劉晉祥·朱延平), 1988,「內蒙古敖漢旗趙寶溝一號遺址發掘簡報」,『考古』第1期 ; 張星德, 1991,「紅山文化分期初探」,『考古』8期.

79) 楊虎, 1994,「遼西地區新石器」,『文物』第5期.

홍산문화를 영위한 집단의 이주 흔적은 혼강 중류지역에 위치한 요녕성 통화시(通和市)의 만발발자(萬發撥子) 유적과 흑룡강성 요하현(饒河縣) 소남산(小南山) 유적을 통해서 입증된다. 혼강 유역으로 이주한 사람들 역시 내몽고 적봉 일대에서 확인된 제단과 비슷한 유적을 남겼다.[80]

소남산 유적은 중국과 러시아가 경계를 이루는 오소리강의 강변에 위치한다. 이곳의 무덤은 규모가 크고, 부장품도 풍부하며, 수장된 옥기의 수량이 매우 많기 때문에 피장자의 지위가 대단히 높은 것으로 보고 있다. 이를 일컬어 소우하량(小牛河梁) 혹은 오소리강(阿蘇江) 강변의 피라미드로 부르고 있다.[81]

2) 홍산문화의 발전과 순동(純銅)의 사용

홍산문화는 B.C. 3500년을 전후하여 전기와 후기로 구분된다. 전기 홍산문화(B.C. 4000~B.C. 3500)가 쇠퇴한 후 성격이 다른 후기 홍산문화(B.C. 3500~B.C. 3000)가 출현하여 발전하였다.[82] 후기 홍산문화 단계에 이르러 요하 유역은 순동(純銅)을 사용하기 시작하였다.

인류가 처음 발견한 금속은 붉은색의 순구리(紅銅)였는데, 천연동광(天然銅鑛)을 채굴하여 1000℃ 이상의 높은 열을 가해 제련하였다. 인류의 금속 사용은 B.C. 7000년을 전후하여 중동지역에서 시작된 것으로 알려져 있다.

---

80) 길림성 통화시 만발발자 유적에서 홍산문화의 담당자들이 요하를 건너 혼강유역으로 이주한 흔적이 확인되었다. 40여 기의 고대 제단과 마을 유적 및 수백 기에 이르는 적석총이 조사되었다(왕면후, 2001, 「통화 만발발자 유지에 관한 고고학적 고찰」, 『고구려연구』 12집).

81) 譚英杰, 1972, 「黑龍江饒河小南山遺址試掘簡報」, 『考古』 第2期.

82) 蘇秉琦, 1994, 「華人·龍的傳人·中國人—考尋根記」, 遼寧大學出版社 ; 張星德, 1991, 「紅山文化分期初探」, 『考古』 第8期. 이와는 달리 흥륭와문화를 홍산문화에 포함시켜 3시기로 구분하는 견해도 없지 않다. 제1기는 흥륭와, 2기는 서수천·홍산후, 3기는 동산취·우하량·사가자 유적 등이 해당된 것으로 보고 있다(秋山進午 編, 1995, 『東北アジアの考古學研究—日中共同研究報告』, 同朋舍).

그러나 순구리는 연하고 무르기 때문에 생산도구를 만드는 데는 적합하지 못하고 주로 장식품의 제작에 이용되었다.

순동의 약점을 개선하기 위해 비소를 합금한 방식이 활용되면서 청동기시대로 진입하게 되었다. 청동기시대로 접어든 후에도 초기와 중기에는 비소를 사용하였으며, 후기가 되어서야 주석 청동으로 대체되었다. 비소를 합금한 청동은 B.C. 4000년대 후반에 이르러 아나톨리아 지역에서 기원하였다.[83]

요하 유역은 중동과 근동에 비해 시기적으로 늦은 감이 있지만, B.C. 3500년을 전후하여 순동문화 단계에 이르렀다. 요하 유역 일대에서 순동시대를 거쳐 청동문화를 영위한 집단의 사회발전 정도는 동아시아의 다른 어느 지역과 비교해도 손색없는 면모를 보인다.

〈그림 1-18〉 흙으로 만든 도가니와 풀무관 조각 : 도가니와 풀무관은 구리를 제련한 증거이다. 본격적인 청동 도구가 사용되기 이전에 해당하는 홍동 제련에 이용되었다.

요서지역의 건평현(建平縣) 우하량(牛河梁)의 대형 적석총 정상부에서 조사된 도가니가 주목된다. 이 도가니는 순동을 주물하기 위해 흙으로 만들었으며, 청동이 사용되기 이전의 홍동(紅銅) 제련에 이용되었다.[84] 그 외에 높은 열을 내기 위해 바람을 불어 넣는 고풍관(鼓風管)이 확인되었다. 고풍관의 제작은 이집트의 벽화에 그려진 청동 제련 과정과 일치한 것으로 밝혀졌다.

우하량 제2지점 4호 적석총 내부에서도 홍동질(紅銅質)의 원시 청동으로 만든 귀걸이가 출토되었다.[85] 오한기(敖漢旗) 서태자(西台子) 유적에서는

---

83) 정석배, 2004, 『북방유라시아대륙의 청동기문화』, 학연문화사, 19~35쪽.

84) 오강원, 2005, 「중국 동북지역의 청동기 제작과 용범」, 『한국청동기 제작 용범』, 숭실대학교 한국기독교박물관.

85) 郭大順, 1994, 「赤峰地區早期冶銅考古隨想」, 『內蒙古文物考古文集』, 中國大百科全書出版社.

낚시 바늘을 만드는 데 사용한 주물틀(鑄型)이 확인되었다.86) 우하량을 비롯한 요하 유역의 여러 유적에서 확인된 도가니와 고풍관 등의 유물은 B.C. 3500년을 전후하여 순동의 제작이 이루어진 사실을 보여준다.

후기 홍산문화의 비약적 발전은 외부에서 유입된 종족의 이주와 문화 전파에 따른 도약 가능성을 상정케 한다. 홍산문화에 미친 외래문화의 영향은 지자문 빗살무늬토기의 제작과 소멸을 통해서도 입증된다. 지자문토기는 사해문화와 흥륭와문화 단계에서 출현하여 전기 홍산문화를 거치며 널리 사용되었다. 지자문토기는 홍산문화 중기에 이르러 중원에서 전파된 채도의 영향을 받고, 후기에 이르면 채도가 거의 대부분을 차지한다.87)

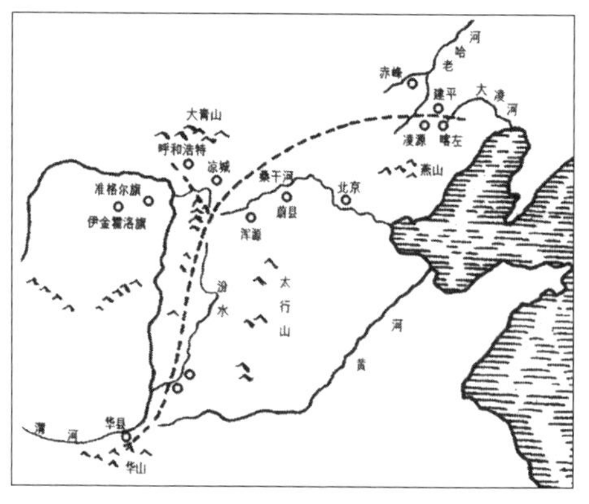

〈그림 1-19〉 Y자형 문화벨트 : 요하 유역은 중국의 고고학자 소병기(蘇秉琦)가 일찍이 지적하였듯이 Y벨트를 통해 중원과 중앙아시아 일대의 문화를 받아들였다(蘇秉琦, 2009,『中國文明起源』, 遼寧省人民出版社, 136쪽).

그러나 우하량 유적에서 출토된 다양한 유물들에는 흥륭와문화와 사해문화 이래 빗살무늬토기와 돼지 토템의 전통을 유지하던 토착집단이 외부의 문화를 받아들인 흔적이 남아 있다.88) 후기 홍산문화는 소하서문화 이래 요하 유역 일대에서 토착문화를 영위하던 집단이 외부의 문화를 받아들여

---

86) 楊虎, 1994,「遼西地區新石器-靑銅竝用時代考古文化序列分期」,『文物』5期.

87) 金英熙, 1995,「中國東北地域 新石器時代 ‘之’字文土器硏究」, 서울대 고고미술사학과 석사학위논문.

88) 이와 관련하여 홍산문화 유적에서 20여 개 이상 발견된 玉龍이 돼지 모양 혹은 곰 모양을 하는 사실이 주목된다. 이는 시베리아 바이칼지역에서 이주한 곰 토템을 지닌 집단의 등장을 반영한다. 또한 황하 중류지역에서 전파된 채도로 대표되는 앙소문화의 흔적이 조보구를 비롯한 여러 유적에서 확인되었다(蘇秉琦, 1990,「文化與文明」,『遼海文物學刊』第1期 ; 郭大順, 2001,『龍出遼河源』, 百花文藝出版社, 60쪽 ; 우실하, 2007,『동북공정 너머 요하문명론』, 소나무, 311~327쪽).

형성되었다. 또한 후기 홍산문화와 북방 초원문화 및 앙소문화의 접촉은 <그림 1-19>와 같이 소위 Y형 문화벨트를 통해 이루어졌다.[89]

후기 홍산문화는 토착주민이 외부에서 유입된 문화를 받아들여 한층 발전된 면모를 이루었다. 중원을 비롯한 외부 지역에서 유입된 문화의 영향을 받았지만, 자체적인 발전의 측면 역시 무시할 수 없다.[90] 이는 우하량(牛河梁)의 적석총 유적에서 출토된 다양한 유물을 통해 입증된다.[91]

우하량 유적은 요녕성 조양시 건평과 능원의 경계지점에 위치한다. 노합하와 대릉하의 사이에 위치한 노노아호산(努魯兒虎山) 끝자락에서 동서 방향으로 뻗어 있는 황토 구릉 위에 자리한다.[92] 우하량 유적은 50km^{2}의 범위 내에 제단과 여신묘 및 적석총을 포함하며, 해발 550~650m에 이르는 여러 구릉 위에 조성되어 있다.[93]

원형의 제단은 조상신과 하늘에 제사 지낸 장소이며, 여신묘(女神廟)는 지모신(地母神) 신앙을 대표한다. 여신묘는 우하량의 중심 산줄기 북산(北山)의 정상부에 위치하며, 홍산문화 유적의 중심 지점에 해당된다. 산정에서 보면 능원과 건창의 시가지가 한 눈에 굽어 보인다. 멀리 시가지를 감싸고 있는 노노아산맥과 그 여맥이 장관을 이루고 있다.

건창과 능원은 해발 400m 정도의 평원에 위치하며, 그 중심에 여신묘가 위치한 북산(北山)이 자리한다. 현재 우하량 유적의 허리 부분에 능원과 건창을 연결하는 도로가 조성되어 있는데, 해발 고도 570m 부근을 지나가고 있다. 그 도로에서 북산 정상까지 소로를 통해 차량으로 접근이 가능하며,

---

89) 우실하, 2007, 앞의 책, 147쪽.

90) 郭大順, 1994, 「赤峰地區早期冶銅考古隨想」, 『內蒙古文物考古文集』, 中國大百科全書出版社, 278~282쪽.

91) 郭大順, 2001, 앞의 책, 60쪽 ; 우실하, 2007, 앞의 책, 311~327쪽.

92) 遼寧省文物考古研究所, 1986, 「遼寧牛河梁紅山文化女神墓與赤石冢群發掘簡報」, 『文物』 8期 ; 朝陽市文化局·遼寧省文物考古研究所, 2004, 『牛河梁遺址』, 學苑出版社.

93) 遼寧省文物考古研究所, 1986, 「遼寧省牛河梁紅山文化'女神廟'與積石冢群發掘簡報」, 『文物』 第8期.

산정의 고도는 650m이다. 간선 도로와 산정의 고도 차이가 불과 80m 정도에 불과한데, 여신묘에 오르면 2000m 이상의 고산(高山)에 오른 것과 같은 시계와 전망이 확보된다.

〈그림 1-20〉 우하량 여신묘에서 출토된 여신상

여신묘는 남북 길이 18.4m, 동서 너비 7m 정도이다. 중(中) 자형의 전·후실과 측실로 구성된 다실 건물, 별도의 단실 구조물 등으로 이루어졌다.94) 흙으로 빚은 여신상은 요하 유역 외에 이집트·시리아·이란·지중해 주변과 동유럽·영국 등에서 조사되었다. 여신상은 곡식을 싹 틔우는 대지를 상징하는 '어머니 여신(大地母神)' 모습을 형상화 한 것으로 이해된다.

적석총은 우하량 유적의 16지점 중에서 13곳에 형성되어 있다. 하나의 언덕 위에 단독으로 있거나 둘 혹은 군집을 이룬다.95) 홍산문화의 여러 유적에서 확인되는 적석총은 우하량 외에 오한기(敖漢旗) 사가자 초모산(四家子 草帽山), 객라심기(喀喇沁旗) 하남동촌(河南東村) 등에서 확인되었다.

요하 유역의 토착집단은 우하량 유적에서 확인되듯이 대형 적석총을 축조하는 등 장족의 발전을 이루었다.96) 홍산문화의 적석총은 규모에서 볼 때 우하량의 적석총이 가장 크며, 다른 지역은 미치지 못한다.

---

94) 卜工, 1987, 「牛河梁祭祀遺址及紅其相關問題」, 『遼海文物學刊』 2期.

95) 우하량 2지점의 1호 적석총의 경우 중간에 동서 대칭의 대형 석관묘 2기가 위치한다. 그 남쪽에는 동서 방향으로 4줄의 석관묘가 배열되어 있다. 모두 27기의 석관묘가 확인되었는데, 단인장과 2차장·다인 2차장 등으로 구성되었다. 홍산문화를 대표하는 다양한 옥기가 다량으로 출토되었고, 석관의 바깥에 원형으로 돌을 돌린 채 원통형의 토기를 배열하였다(遼寧省文物考古研究所, 1997, 「遼寧牛河梁第二地點一號塚21號發掘簡報」, 『文物』 8期).

96) 遼寧省文物考古研究所, 1997, 「遼寧牛河梁第五地點1號塚中心大墓(M1)發掘簡報」, 『文物』 8期.

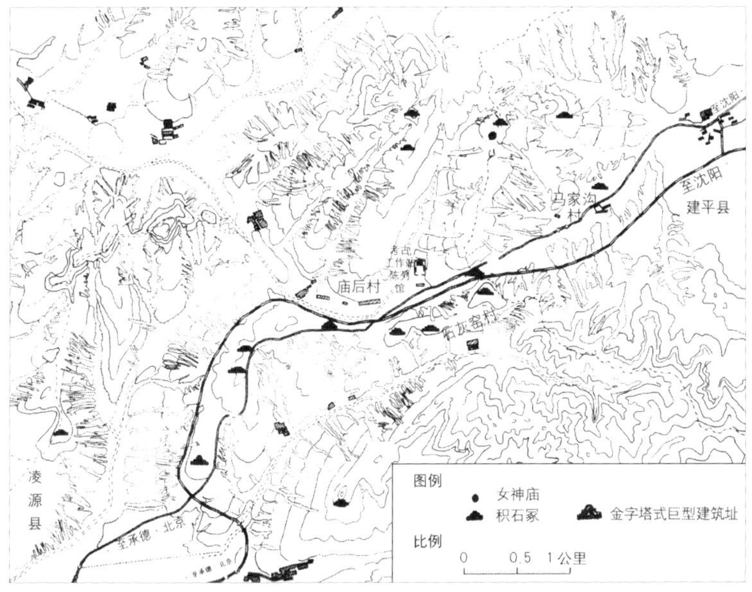

〈그림 1-21〉 우하량 유적지 전경(郭大順, 2009, 『追尋五帝』, 요녕성인민출판사, 90쪽)

우하량 유적의 조성 연대는 적석총에서 출토된 유물의 방사성탄소연대 측정 결과 B.C. 3500년 무렵으로 확인되었다. 우하량의 적석총은 다른 지역에서 전파된 돌무덤의 영향을 받아 만들어진 것이 아니라, 내재적인 발전을 거쳐 축조된 것으로 보고 있다. 예컨대 우하량 2지점의 1호 적석총에서 확인되는 수십 기의 석관은 알타이지방의 돌무지무덤보다 1000~1500년 앞선 시기에 만들어졌다.97)

한편 우하량 유적에서 확인된 적석총과 제단 및 신전(여신묘)을 국가형성에 필요한 3대 요소로 보는 견해도 없지 않다. 이를 통해 요하 유역의 토착집단이 원시씨족사회를 넘어 성방식(城邦式)의 고국(古國) 단계에 이른

---

97) 알타이지방에서 가장 이른 시기에 속하는 페시체르킨로크 돌무지무덤은 B.C. 2500~B.C.1200년 무렵에 축조된 것으로 알려졌다. 돌무지무덤의 기원과 그 중심지에 대해서는 다음의 글을 참조하기 바란다(이형구, 2004, 『발해연안에서 찾은 한국고대문화의 비밀』, 김영사, 101쪽).

것으로 이해하는 견해도 있다.[98] 홍산문화는 우하량 유적의 여신묘와 여신상 등을 통해 볼 때 남성 위주의 사회가 아니라, 여성이 중요한 역할을 수행한 모계사회였다.[99]

후기 홍산문화의 대표적인 유적은 우하량(牛河梁) 외에 적봉(赤峰) 홍산후(紅山後)[100]와 서수천(西水泉),[101] 객좌현(喀左縣) 동산취(東山嘴)[102] 등을 들 수 있다. 홍산문화를 영위한 집단이 국가형성 단계에 이르지 못한 것은 사실이다.[103]

그러나 후기 홍산문화는 동산취(東山嘴)와 우하량(牛河梁) 유적이 암시하듯이 사회 등급이 구분되고, 권력층이 출현하는 등 발전된 면모를 보인다. 요하 유역의 토착사회는 후기 홍산문화 단계에 이르러 문명형성의 서광이 비추기 시작하였다.[104]

한편 후기 홍산문화의 북쪽에서는 부하문화(富河文化)가 일어났다. 그 중심지는 적봉의 북쪽에 위치한 동료시(東遼市) 파림좌기(巴林左旗) 일대였다. 부하문화 유적은 부하구문(富河溝門)·금구산(金龜山)·양가영자(楊家營子)

---

98) 遼寧省文物考古研究所, 1986, 「遼寧省牛河梁紅山文化‘女神廟’與積石冢群發掘簡報」, 『文物』 第8期.

99) 신석기시대의 사람을 형상화한 소조품은 거의 여성상이며, 농경생활 위주의 모계씨족 사회 특징인 母神 숭배와 관련된다(조선사회과학원력사연구소, 1979, 『조선전사 — 원시편 — 』 1, 과학백과사전출판사, 157쪽).

100) 濱田耕作·水野淸一, 1938, 『赤峰紅山后』, 東方考古學叢書甲種 第六冊 ; 呂遵諤, 1958, 「內蒙古赤峰紅山考古調査報告」, 『考古學報』 3期.

101) 中國社會科學院考古研究所內蒙古工作隊, 1992, 「赤峰西水泉紅山文化遺址」, 『考古學報』 2期.

102) 郭大順·張克擧, 1984, 「遼寧省喀左縣東山嘴紅山文化建築群址發掘簡報」, 『文物』 11期.

103) 蘇秉琦, 1997, 『中國文明起源新探』, 商務印書館有限公司(香港).

104) 孫守道·郭大順, 1984, 「論遼河流域的元始文明與龍的起源」, 『文物』 6期, 11〜17쪽. 한편 중국 학계 일각에서는 요하문명을 세계 最古 문명으로 보고 있다(蘇秉琦, 1990, 『遼寧重大文化史蹟』, 遼寧美術出版社). 그러나 이 견해는 고고학의 실증적 절차에 문제가 있다는 비판에 직면해 있다(安志敏, 2003, 「關于牛梁遺址的重新認識」, 『考古與文物』 1期).

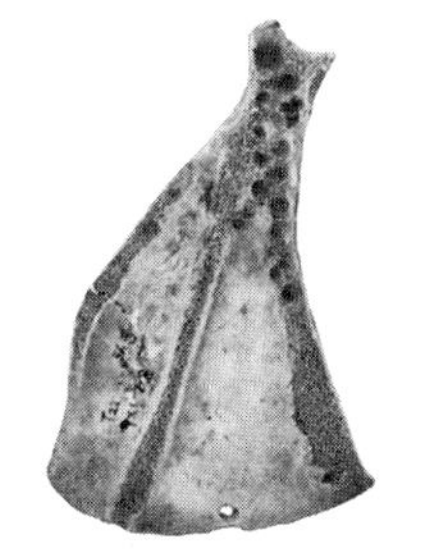

〈그림 1-22〉 건평 수천 유적의 복골 : 소와 사슴 등의 견갑골을 이용해 만들었으며, 주로 점을 치는 데 활용되었다.

등을 들 수 있다. 부하문화를 대표하는 전형적인 유적은 시라무렌하 이북지역에서 확인된다.

부하문화는 홍산문화와 마찬가지로 원시 농업을 영위하였으며, 수렵과 어로가 중요한 비중을 차지하였다. 또한 점을 치기 위하여 사용된 가장 오래된 복골(卜骨)이 확인되었는데, 소나 사슴 등의 견갑골을 이용하여 만들었다. 부하문화는 홍산문화와 밀접한 관계를 유지하였으나, 채도가 확인되지 않는 등 다른 점도 없지 않다.[105]

2. 요하문명의 형성과 국가의 성립

1) 소하연문화의 성장과 문자의 사용

요하 유역은 후기 홍산문화 단계에 이르러 여러 갈래의 집단이 이주하며 새로운 문화 형성의 단초가 마련되었다. 후기 홍산문화는 B.C. 3000년을 전후하여 쇠퇴하고 소하연문화(小河沿文化)가 일어났다.[106] 소하연문화는 오한기(敖漢旗) 소하연(小河沿) 마을에서 처음 확인되었으며, 이도만자(三道灣子)·사릉산(四棱山)·남대지(南臺地)·대남구(大南溝) 등이 대표적인 유적이다.

소하연문화는 후기 홍산문화와 마찬가지로 동석병용기(銅石倂用期)에 해당되며, 정착 농경생활을 영위한 성격이 강하다. 후기 홍산문화와 소하연문

---

105) 中國科學院考古硏究所內蒙古發掘隊(徐光冀), 1964, 「內蒙古巴林左旗富河溝文遺址發掘簡報」, 『考古』 第1期.

106) 소하연문화는 B.C. 30세기를 전후하여 시작되어 B.C. 24세기 무렵까지 대략 500~600년 정도 유지되었다. 소하연문화의 표본 수치는 B.P. 4345±80년, 수륜교정연대는 B.P. 4830±180년이다(遼寧省文物考古硏究所·赤峰市博物館, 1998, 『大南溝-後紅山文化墓地發掘報告』, 科學出版社).

화를 영위한 집단은 체질인류학적인 측면에서 볼 때 같은 계통의 사람들이었
다.107) 후기 홍산문화와 소하연문화 역시 부분적인 차이가 존재하지만 비슷
한 점이 적지 않다.108)

〈그림 1-23〉 채색으로 장식을 한 항아리(彩陶罐) : 옹
우특기(翁牛特旗) 대남구(大南溝)의 소하연문화 유적
에서 출토

소하연문화는 도기(陶器)를 대량으
로 사용하기 시작하였으며, 원시 문자
가 출현하는 등 문명 형성의 초입에
이르렀다. 옹우특기 대남구 석붕산(石
棚山)의 52호 묘에서 확인된 몸통 주위
에 7개의 부호가 새겨진 직통관(直筒
罐)이 참조된다. 문자가 새겨진 직통관
(直筒罐)은 배가 불룩하고, 2개의 귀가
약간 튀어나온 모양으로 만들어졌다.
그 용도에 대해서는 술단지 혹은 물
이나 기름을 담는 그릇으로 보고 있다. 단지에 새겨진 글자는 가장 이른
시기의 원시문자에 해당된다. 이를 각획부호(刻劃符號) 또는 도기문자부호(陶
器文字符號)라고 부르며, 의사를 표현하는 가장 원시적인 문자 형태로 보고
있다.109)

후기 홍산문화를 영위한 집단은 소하연문화에 이르러 문자를 사용하는
등 문명형성 단계에 이르렀다. 소하연문화는 후기 홍산문화의 분포 범위를
넘어 남쪽 방면으로 확대되었다.110) 남쪽 경계는 발해 연안 및 연산(燕山)을

---

107) 朱泓, 1998,「中國東北地區的古代種族」,『박물관기요』 13, 단국대 석주선기념박물관.
108) 복기대, 2002,『요서지역의 청동기시대문화연구』, 백산자료원, 76쪽.
109) 석붕산 유적에서 출토된 원통형단지의 기벽에서는 7자의 부호가 확인되었다. 象形文
    字와 指事文字(상형문자에 기호를 덧붙인 글자로 上·下·大 등이 있다)의 두 가지
    요소를 동시에 갖춘 連文 형태의 부호들은 漢文의 기원을 연구하는 데 매우 중요한
    자료로 활용되고 있다(遼寧省文物考古研究所·赤峰市博物館, 1998,『大南溝－後紅山文
    化墓地發掘報告』, 科學出版社). 그 외에 소하연문화를 계승한 하가점 하층문화 단계의
    적봉 蜘蛛山과 藥王廟, 寧城南山根, 北票 豊下 유적에서도 다량의 갑골이 출토되었다.

넘어 화북평원 북부 일대까지 미쳤으며, 북쪽으로는 시라무렌하에 이르렀다.[111]

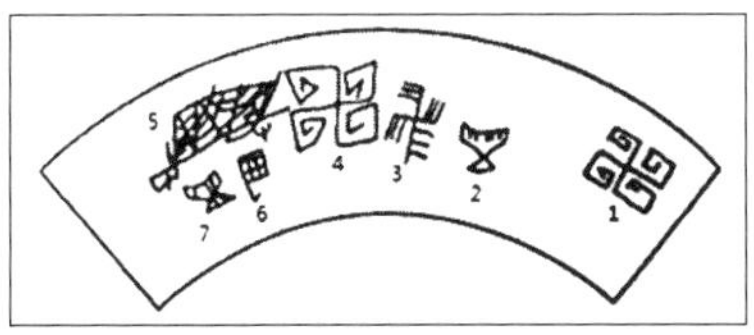

〈그림 1-24〉 석붕산 52호묘에서 출토된 도기문자 : 원통형 단지의 기벽에 새겨진 7자의 부호는 집과 주위 환경을 도식화 한 원시 문자로 보고 있다. 연문(連文) 형태의 부호들은 모종의 언어가 함축된 성문(成文)처럼 보여 한자의 기원을 연구하는 데 매우 중요한 자료가 되고 있다.

또한 소하연문화는 산동(山東)의 대문구문화(大汶口文化)를 비롯한 주변 지역의 신석기문화와 다양한 교류 관계를 맺었다.[112] 소하연문화와 대문구문화(大汶口文化)는 석기(石器)와 도기(陶器) 및 꽃무늬 등의 유물에서 비슷한 면모가 확인된다. 소하연문화 유적에서 출토된 구멍 뚫은 굽달린 접시와 주전자 및 다리가 높은 그릇 역시 대문구문화의 영향으로 보고 있다.[113] 소하연문화의 여러 유적에서 중원지역 용산문화의 영향을 받은 유물도 적지 않게 조사되었다.[114]

소하연문화는 흥륭와문화 및 홍산문화와 마찬가지로 요하를 넘어 요동지역과 한반도 일대에 영향을 미쳤다. 평북 신암리 유적에서 출토된 침선기하문(沈線幾何文) 장경호(長頸壺)가 주목된다. 신암리에서 출토된 장경호는 소하연문화 유적에서 확인된 주연채도(周緣彩陶)와 관련이 있는 것으로 보고 있다.[115]

---

110) 소하연문화에 대해서는 다음의 글을 참조하기 바란다(복기대, 2009, 「소하연문화에 관하여」, 『고조선단군학』 21, 고조선단군학회).

111) 郭大順·張星德, 2004, 앞의 책, 310쪽.

112) 山東省博物館, 1981, 『大汶口文化討論文集』.

113) 郭大順, 1989, 「大南溝的一种後紅山文化類型」, 蘇秉琦 主編, 『考古學文化論集(2)』, 文物出版社, 59~77쪽.

114) 四棱山 窯址에서 출토된 둥근테두리 하나에 29개의 뾰족모양(凸狀)이 장식된 平底罐(납작밑단지)은 半坡遺址에서 확인된 陶罐과 비슷하다. 또한 四棱山 窯址의 器座와 圈足(둥근밑 다리)은 廟底溝 유적에서 출토된 그릇을 많이 닮았다(中國科學院考古研究所內蒙古發掘隊, 1961, 「遼寧敖漢旗小河沿三種原始文化的發見」, 『文物』 12期, 1~12쪽).

115) 김원룡, 1986, 앞의 책, 177쪽.

2) 하가점 하층문화의 성장과 발전

요하 유역의 토착사회는 하가점 하층문화 단계에 이르러 소하연문화의 동석병용(銅石倂用) 혹은 순동시대(純銅時代)를 벗어나 조기 청동기시대로 진입하였다. 하가점 하층문화 유적에서는 청동 귀걸이·반지·지팡이 머리 장식 등의 소형 장식품이 주로 조사되었다.

하가점 하층문화는 지금까지 무려 2,000여 곳 이상에서 관련 유적이 확인되었다. 하가점 하층문화를 대표하는 유적은 적봉(赤峰)의 지주산(蜘蛛山)·흥륭와(興隆窪), 북표(北票)의 풍하(豊下), 건평(建平)의 수천(水泉)·대전자(大甸子), 오한기(敖漢旗)의 범장자(範杖子) 등을 들 수 있다.

하가점 하층문화의 유적 숫자는 흥륭와문화가 60여 곳에서 조사된 것과 큰 차이를 보인다. 홍산문화의 유적 역시 500여 곳에 불과하다. 하가점 하층문화는 전대와 비교할 때 인구수와 촌락의 규모 등에서도 차이가 나타난다.

요하 유역의 토착사회는 하가점 하층문화에 이르러 인구의 증가와 경제력의 확대, 청동기 사용 등을 통해 문명형성 단계로 나아갔다. 인류가 문명형성 단계로 접어든 것은 신석기시대를 벗어나 청동기사회가 시작되면서였다.

최초의 문명은 B.C. 3000년 무렵 근동과 이집트에서 등장하였다. 메소포타미아, 인더스강 유역, 황하 유역, 에게해 일대에서도 문명이 출현하였다. 이들 문명은 큰 강 유역에서 관개 농업의 발달, 청동기의 사용, 도시의 출현, 문자 사용 등을 수반하면서 국가형성으로 이어졌다.

중원지역 최초의 청동문화 흔적은 앙소문화(B.C. 5000~B.C. 3000)에서 확인된다. 서안 반파유적의 황동편(黃銅片), 황하 상류에 위치한 감숙성 마가요문화의 청동검(靑銅劍), 청해성의 동경(銅鏡) 등을 대표적인 사례로 들 수 있다.[116)

중원지역은 앙소문화를 거쳐 후기 신석기시대에 해당되는 용산문화(B.C.

---

116) 中國科學院考古硏究所, 1963, 『西安半坡』, 文物出版社 ; 北京鋼鐵學院冶金史祖, 1981, 「中國早期銅器的初步硏究」, 『考古學報』 3期.

3000~B.C. 2000)에 이르면 문명형성의 조짐이 확연히 드러난다. 용산문화 유적에서는 잔동추와 동련사, 공작석의 동편(銅片)과 동액(銅液)의 흔적, 동령(銅鈴) 등 다양한 청동 요소가 조사되었다. 용산문화를 거쳐 조기 청동기시대에 해당하는 이리두문화(二里頭文化, B.C. 1900~B.C. 1500) 단계에 이르면 최초의 국가 하(夏)가 등장한다.[117]

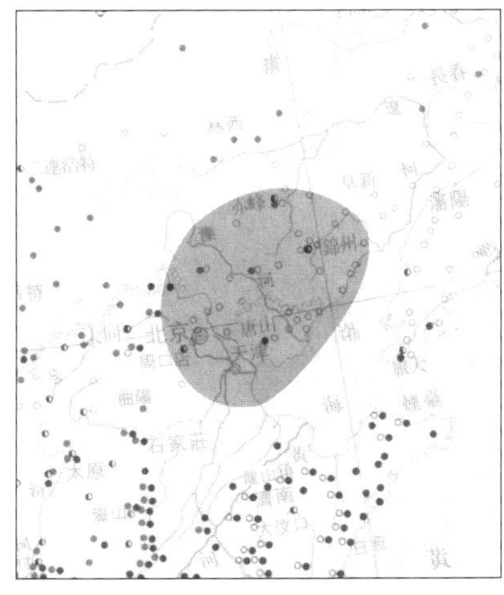

〈그림 1-25〉 하가점 하층문화의 분포지역 : 노합하와 대릉하 유역을 중심으로 요서와 내몽고 동남부 및 하북 북부지역 일대를 공간적 범위로 하였다.

요하 유역 일대의 토착사회 역시 비슷한 시기에 순동시대(純銅時代)를 벗어나 청동문화(靑銅文化) 단계로 접어들었다. 하가점 하층문화는 신석기시대에서 청동기시대로 이어지는 과도기에 해당된다.[118] 하가점 하층문화의 원류에 대해서 중원 계통의 용산문화(龍山文化)[119] 혹은 상(商)문화(文化)의 북방 변종[120] 등으로 이해한다.

중원 사람들은 하·상·주 3대에 걸쳐 만리장성 북쪽에서 흥망성쇠를 거듭한 집단에 대하여 자신들과는 다른 갈래로 인식하였다.[121] 내몽고 동남

---

117) 이리두문화는 방사성탄소연대 측정을 통해 B.C. 1900~B.C. 1500년 사이로 밝혀졌으며, 100년을 단위로 하여 4기로 구분하고 있다(夏商周斷代工程專家組, 2000, 『夏商周斷代工程1996~2000年段階成果報告』, 世界圖書出版公司 ; 中國社會科學院考古硏究所, 1999, 『偃師二里頭1959年~1978年考古發掘報告』, 中國大百科全書出版社, 392쪽).

118) 遼寧省博物館·昭烏達盟文物工作站·敖漢旗文化館, 1977, 「遼寧敖漢旗小河沿三種原始文化的發見」, 『文物』 12期.

119) 鄭紹宗, 1962, 「有關河北長城地域原始文化類型的討論」, 『考古』 第12期.

120) 何賢武, 1987, 「試論遼西地區古代文化的發展」, 『中國考古學六次年討論文集』, 文物出版社, 38~49쪽.

121) 『後漢書』 권85, 東夷列傳75, 序文.

부와 요서 및 하북성 북부지역 일대에서 하가점 하층문화를 영위한 집단의 원류를 중원 방면에서 구하기는 어려운 실정이다.

하가점 하층문화는 사해문화와 흥륭와문화 이래 홍산문화와 소하연문화를 거치면서 발전한 요하 유역의 토착문화 전통 위에서 형성되었다.[122] 요하 유역의 청동문화는 중원을 비롯한 외부 지역에서 유입된 것이 아니라 내재적인 발전의 결과였다.[123] 후기 홍산문화와 소하연문화의 전통을 계승하였다.[124]

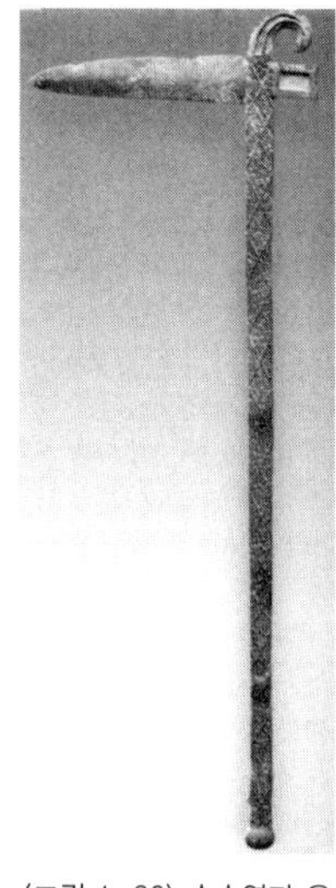

〈그림 1-26〉 수수영자 유적에서 출토된 청동으로 자루를 만든 창(銅柄戈)

하가점 하층문화는 중원지역의 이리두문화(二里頭文化), 산동지방의 악석문화(岳石文化) 등과 병립한 조기 청동기문화에 해당된다.[125] 우하량의 전산자(轉山子) 유적에서 확인된 야동로(冶銅爐)와 4호 적석총의 동환(銅環), 오한기 서태(西台) 유적의 도범(陶范) 등의 유물이 참조된다. 요녕성 금현(錦縣, 凌海市)의 수수영자(水手營子) 무덤에서 출토된 청동으로 자루를 만든 창(銅柄戈)은 하가점 하층문화의 청동 제작 수준을 대표한다.[126]

객라심(喀喇沁) 동산취(東山嘴) 유적에서도 청동 제련 덩어리 4점이 조사되었다. 청동 덩어리를 방사성탄소연대로 측정한 결과 B.C. 2000년 무렵으로 밝혀졌으며, 구리를 주성분으로 주석과 납이 혼합되었다. 또한 청동

---

122) 李經漢, 1979, 「試論夏家店下層文化的分期和類型」, 『中國考古學會第一次年會論文集』, 文物出版社 ; 郭大順, 1987, 「豊下遺址陶器分期再認識」, 『文物與考考古論集』, 文物出版社 ; 劉觀民·徐光冀, 1981, 「內蒙古東部地區靑銅時代的兩種文化」, 『內蒙古文物考古』 創刊號.

123) 郭大順, 1994, 앞의 글, 278~282쪽.

124) 李延祥 等, 1999, 「牛河梁冶銅爐壁殘片硏究」, 『文物』 12期 ; 楊虎, 1994, 「遼西地區新石器~銅石併用時代考古文化序列與分期」, 『文物』 5期.

125) 李伯謙, 1989, 「先商文化探索」, 『慶祝蘇秉琦考古五十五年論文集』, 文物出版社.

126) 齊亞珍·劉素華, 1991, 「錦縣水手營子早期靑銅時代墓葬及銅柄戈」, 『遼海文物學簡』 第1期.

〈그림 1-27〉 하가점 하층문화의 구리 칼(銅刀) : 북표(北票)의 강가둔(康家屯) 유적 출토

기의 주조에 사용된 흙으로 만든 용범(鎔范)도 확인되었다.[127]

대전자(大甸子) 유적에서는 나무 자루에 청동(靑銅)으로 만든 덮개를 부착한 돌도끼가 조사되었다. 내범과 외범을 조합하는 공법을 채용하여 벽체의 기물을 주조할 만큼 발전했음을 보여준다.[128] 청동 외에 금과 납 등의 금속제품도 등장하였다. 대전자 무덤에서 확인된 황금은 지금까지 알려진 가장 오래된 유물이다. 연패(鉛貝)와 연질(鉛質)의 덮개도 조사되었다.[129]

황금을 좋아하는 전통은 훗날 유라시아와 중앙아시아에 살던 초원민족들의 영향을 받아 본격화되었다. 그 이전에는 옥이 중요한 귀금속이었으며, 흥륭와문화와 홍산문화 유적에서 다량으로 발견되는 옥은 그 사실을 반영한다.

하가점 하층문화는 북방지역에서 유입된 청동문화의 영향을 받기도 하였다.[130] 적봉 사분지(四分地)·북표 강가둔(康家屯)·오한기 대전자(大甸子)·영성 소유수림자(小楡樹林子)·흥성 선영사(仙靈寺) 유적 등이 참조된다. 북방계통의 유물은 오브강 상류의 노보시비르스크와 예니세이강 상류의 미누신스크 일대에서 성행한 청동문화와 관련이 있다.[131]

---

127) 李恭篤, 1983, 「內蒙古赤峰縣四分地東山嘴遺址試掘簡報」, 『考古』 第5期.

128) 劉晉祥, 1975, 『敖漢旗大甸子遺址1974年試掘簡報』 第2期, 中國科學院考古硏究所遼寧工作隊 ; 劉觀民, 1992, 「內蒙古赤峰市大甸子墓地述要」, 『考古』 第4期.

129) 趙匡華, 1998, 「金屬貝幣與金屬包陰的檢測報告」, 『大甸子-夏家店下層文化遺址與墓地發掘報告』 附錄三, 科學出版社.

130) 요하 유역에서 확인되는 북방계 유물은 거푸집과 소형 청동기 등이 중심을 이루고 있다. 북방지역의 주요 청동문화는 초기 아파나시에문화, 중기 오쿠네보문화·크로토보문화·안드로노보문화, 후기 카라수크문화 등이 대표적이다. 이에 대해서는 다음의 글을 참조하기 바란다. 최몽룡 외, 2003, 앞의 책, 247~255쪽.

131) 田廣林, 2004, 『中國東北西遼河地區的文明起源』, 中華書局, 110~119쪽.

그러나 북방 계통의 청동 유물이 주민의 이주를 반영하는 것은 아니다. 청동 유물은 유목집단의 정착생활을 의미하지 않고, 유목민들이 신속하게 장거리를 이동하면서 단기간 정착하거나 현지 주민과 접촉한 결과를 반영한다. 북방계 청동유물은 무기와 공구 및 장식품이 주종을 이루며, 원거리 교류를 통해 무계획적으로 보급되었다.

3) 문명의 형성과 국가의 출현

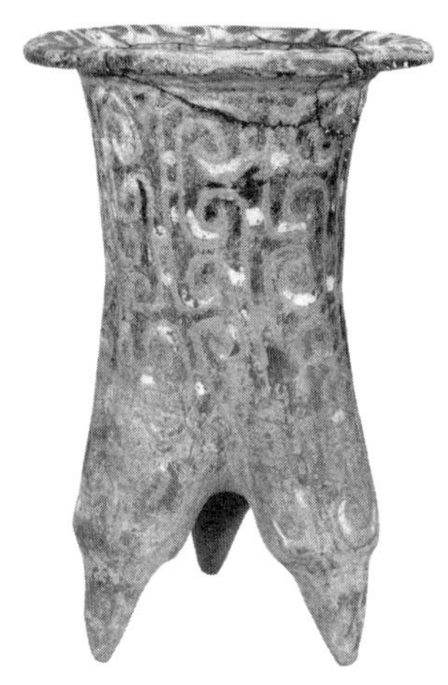

〈그림 1-28〉 하가점 하층문화의 그림이 그려진 질그릇 솥. 오한기(敖漢旗) 대전자(大甸子) 묘지 출토

하가점 하층문화를 영위한 집단은 초원에 살던 유목민이 아니라, 농경생활을 하며 성곽(城郭)에 거주한 정착민이었다. 이들은 어로·수렵문화 전통을 유지한 채 농경활동을 병행하였다. 흥륭와문화와 홍산문화 시기의 수렵과 어로 위주의 경제활동에서 벗어나 농경이 점차 중요한 위치를 차지하였다.

북표(北表)의 풍하(豊下)[132]와 건평(建平)의 수천(水泉)[133] 유적의 구덩이에서 확인된 대량의 곡물을 통해 입증된다. 곡물 외에 농경과 관련된 삽·호미·칼 등의 농구가 여러 유적에서 확인되어 농경활동이 성행하였음을 보여준다.

현재 적봉지역의 연 강수량은 300mm에 불과해 사시사철 건조한 편에 속한다. 당시의 요하 유역은 대전자(大甸子) 묘지 1117호 무덤에서 획득한 식물표본 샘플을 분석한 결과, 삼림과 초원 및 소택과 농전(農田) 등이 공존한 사실이 밝혀졌다.[134] 기온은 현재의 6~8℃보다 3℃ 정도 높았으며, 고온

132) 遼寧省文物幹部培訓班, 1976, 「遼寧北票縣豊下遺址1972年春發掘簡報」, 『考古』 第3期.
133) 遼寧省博物館·朝陽市博物館, 1986, 「建平水泉遺址發掘簡報」, 『遼海文物學刊』 第2期.

다습하여 농경에 적합한 조건을 갖추었다.[135]

〈그림 1-29〉 오곡에 속하는 조의 생육 모습(오한기 사해박물관 입구) : 하가점 하층문화를 영위한 사람들은 조를 재배하여 주식으로 삼았다.

사람들은 반지하식 수혈 가옥이나 자연석을 이용하여 벽을 쌓은 집에 살았다. 이들은 타제 돌호미와 마제 돌칼, 돌삽 등을 이용하여 경작하였다.[136] 비교적 온난하고 습윤한 기후 환경 속에서 적응력이 강한 조(栗)를 심고 가축을 기르면서 농목(農牧)을 병행하였다. 하천 부근의 낮은 대지와 높고 낮은 구릉에 축조된 성곽에 거주하였다.[137]

하가점 하층문화를 영위한 집단은 두 유형의 사람들로 구분된다. 제1형은 동아유형(東亞類型)으로 황하 유역 방면의 인종에 가깝고, 제2유형은 북아유형(北亞類型)으로 장성지대(長城地帶)와 동북지대(東北地帶)의 주민들과 관련이 있다.[138]

---

134) 孔昭宸 外, 1998, 「內蒙古自治區赤峰市距今8,000～2,400年間環境考古學的初步硏究」, 『大甸子-夏家店下層文化遺址與墓地發掘報告』附錄二, 科學出版社.

135) 王立新, 2007, 「大山前遺址發掘資料所反映的夏家店下層文化的經濟形態與環境背景」, 『邊疆考古硏究』6. 한편 B.C. 3000년 무렵부터 기온이 내려가기 시작하여 내몽고지역의 생업 환경이 반농반목으로 변하였고, 내몽고 중남부지역의 노호산문화와 주개구문화가 동쪽과 남쪽으로 확산된 것으로 이해하는 견해도 있다(田廣金, 1997, 「論內蒙古中南部史前考古」, 『考古學報』2期).

136) 하가점 하층문화는 금속 가공술로 이행하는 초기 단계에 출현하여 고리·칼·자루 같은 작은 물건들을 소량 생산하였다. 주민들은 정주생활을 하면서 농경을 경제적 기반으로 삼았으며, 주로 기장을 수확하여 부족한 식량을 보충하기 위해 가축을 기르고 사슴 등을 사냥하였다(니콜라 드코스모著/이재정 譯, 2005, 앞의 책, 77쪽).

137) 中國科學院考古硏究所遼寧工作隊, 1976, 「敖漢旗大甸子遺址1974年試掘簡報」, 『考古』2期.

138) 潘其風, 1998, 「大甸子墓地出土人骨硏究的硏究」, 『大甸子-夏家店下層文化遺址與墓地發掘報告』附錄一, 科學出版社.

하가점 하층문화를 담당한 사람들을 고동북유형(古東北類型)과 고화북유형(古華北類型)으로 구분하기도 한다. 전자가 하가점 하층문화를 영위한 집단이며, 요서지역을 비롯하여 동북아 일대에서 가장 빠른 문화주민에 해당된다.

후자는 고화북유형(古華北類型)으로 일컬어지는 사람들로 보조적인 집단이 되었다. 이들은 하북성·산서성·섬서성 및 내몽고 동남부의 장성연선(長城沿線) 지역에 분포하였는데, 동아몽골인종과 북아몽골인종이 섞인 혼혈인종으로 보고 있다.139)

당시는 성곽과 방어벽을 설치하는 등 사회적 긴장감이 높아진 상태에 놓여 있었다. 이들은 빈번해진 집단 사이의 전쟁에 대한 방어수단으로 성곽 등을 축조하였다. 여러 유적에서 돌과 뼈로 만든 화살촉 등 다양한 무기가 출토된 것으로 볼 때 전쟁이 자주 일어났음을 알 수 있다.140)

성곽은 토성보다는 석성(石城)의 숫자가 압도적으로 많다. 내몽고 동남부 지역은 석성 유적이 수천 곳에 이르며, 오한기 경내에도 맹극하 유역과 교래하 유역에서 각각 400여 곳과 500여 곳에 이르는 관련 유적이 확인되었다.141)

적봉 일대에서도 43개 소에 달하는 성곽 유적이 조사되었다. 영금하에 연하여 한 줄로 분포된 소석성보대(小石城堡帶)는 연진시대(燕秦時代)의 성곽과 평행하거나 중복된 모습이며, 1천여 년 후에 출현하는 장성(長城)의 원형으로 보고 있다.142) 요하 유역에서 확인되는 것과 비슷한 형태의 석성은

---

139) 朱泓, 1998, 「中國東北地區的古代種族」, 『박물관기요』 13, 단국대 석주선기념박물관.

140) 岡村秀典, 1995, 「遼河流域新石器文化の住居形態」, 『東北アジアの考古學研究』, 日中共同研究報告, 198~205쪽.

141) 하가점 하층문화 단계의 石城은 내몽고 적봉의 英金河와 陰河·錫伯河·老哈河 유역, 敖漢旗의 孟克河와 敎來河 유역, 요녕성의 대릉하 유역, 노합하 상류에 위치한 하북성의 平泉 일대에 분포한다(加藤瑛二, 2002, 『中國文化の考古地理學的研究』, 一誠社).

142) 蘇秉琦, 1999, 『中國文明起源新探』, 三聯書店, 151~153쪽.

〈그림 1-30〉 적봉 초두랑진(初頭郞鎭)의 삼좌점산성 전경 : 하가점 하층문화 단계에 조성된 삼좌점산성 일대에는 집터와 적석총, 제사터와 수로가 조성되어 있다. 또한 야산의 정상(해발 694m)에는 치(稚)가 13개 설치된 성벽이 남아 있다. 산성의 해발 고도는 높은 편에 속하지만, 주변 마을을 지나는 도로에서 10여 분 정도 걸으면 쉽게 올라 갈 수 있다. 현재 축조가 거의 마무리 된 인허댐(陰河水庫)의 우측 둑과 접하고 있다.

내몽고 중부지역의 신석기시대 유적에서도 확인된다.[143] 요하 유역에서 확인되는 석축의 원형 주거지, 주거지를 연결하는 뜰담, 토기가마 역시 주개구 문화를 비롯한 내몽고 중부지역의 후기 신석기시대 혹은 초기 청동기시대의 요소와 밀접한 관련이 있다.[144]

하가점 하층문화의 성곽은 내몽고 중부지역의 영향을 받아 축조되었을 가능성이 높다.[145] 이들 유적의 분포상태는 큰 성을 중심으로 작은 성들이 모여 있는 '성군(城群)'의 형태를 이룬다. 성곽의 배열 상태를 보면 하나의 큰 성을 중심으로 작은 성들이 모여 있다.

산마루의 석성은 규모가 작고, 평지의 토성은 규모가 큰 편에 속한다. 구릉형 거주지에는 초소와 같은 역할을 하는 석성(石城)이 축조되었고, 평지의 촌락은 흙을 다져 만든 토성(土城) 내에 위치하였다. 큰 촌락의 면적은 5만~10만m², 중간은 2만~4만m², 작은 마을은 1만~2만m²에 이른다.

적봉 윤가점 북성자성(北城子城)의 경우 면적이 46,000m²에 이르며, 동서와 남북의 길이가 각각 235m와 245m 정도이다. 적봉의 교외에 위치한 지가영자

---

143) 서길수, 2008, 「하가점하층문화의 석성 연구」, 『고구려발해연구』 31. 한편 내몽고 중남부지역에서 확인되는 石城의 기원을 중원지역 앙소문화 단계에 해당하는 정주의 西山 유적과 용산문화의 石家河와 陶寺 유적 등에서 구하기도 한다(이재현, 2008, 「요서지역 문명 및 초기국가 형성에 관한 연구현황과 문제점」, 『중국 동북지역 고고학 연구현황과 문제점』, 동북아역사재단, 52쪽).

144) 이재현, 2009, 앞의 글, 52쪽.

145) 岡村秀典, 1995, 「遼寧省阜新縣南梁石城遺跡考古測量調査」, 『東北アジアの考古學硏究』, 同朋舍.

성(遲家營子城)은 면적이 100,000㎡이며, 600여 곳에 이르는 집자리가 확인되었다.[146]

읍락 주변에 위치한 대형의 무덤과 제사 유적은 권력집단의 등장을 반영한다. 하가점 하층문화를 영위한 집단은 생산발전 수준, 취락 규모, 계층분화가 이루어진 사회구조, 연쇄식 석성보군(石城堡群) 등을 고려할 때 중원지역의 하(夏)와 필적할 만한 수준에 이르렀을 가능성이 있다.[147]

〈그림 1-31〉 적봉 성자산산성의 내성과 외성 : 살력파향(薩力巴鄕)과 마니한향(瑪尼罕鄕)의 경계에 자리하며, 오한기(敖漢旗) 박물관에 축소된 모형이 설치되어 있다.

고국(古國)[148] 혹은 초기국가[149] 단계에 이른 것으로 보는 견해도 있다. 이들 견해는 씨족 부락보다 더 높은 형태의 안정적이고 독립적인 정치체제를 이룬 것으로 이해한다.[150] 성읍국가 혹은 도시국가를 의미하는 초기 국가의 수준을 넘어 특정 지역을 통치하는 '방국(方國)' 단계에 이른 것으로 이해하는 견해도 없지 않다. 방국은 영토의 방어를 위한 성곽이 구축되고, 사회등급의 분화와 예제(禮制)가 완성된 고도로 발전된 단계에 해당된다.[151]

---

146) 徐光冀, 1986, 「赤峰英金河, 陰河流域的石城遺址」, 『中國考古學研究』, 文物出版社.

147) 郭大順·張星德 著/김정열 역, 2008, 『동북문화와 유연문명(상)』, 동북아역사재단, 601쪽.

148) 郭大順, 1994, 「赤峰地區早期冶銅考古隨想」, 『內蒙古文物考古文集』, 中國大百科全書出版社.

149) 복기대, 2002, 앞의 책, 97~98쪽.

150) 蘇秉琦, 1986, 「遼西古文和古城古國」, 『文物』 8期.

151) 方國은 왕의 출현, 초기 관료기구의 정비, 신분의 계층분화, 혈연조직의 상존 등의 요소를 갖춘 단계를 말한다. 그러나 통치권이 안정되지 못하고 지배영역도 넓지 않았다. 집단 사이의 전쟁이 빈발했지만 비교적 안정적인 상태를 이루었으며, 종속관계를 형성하지 못한 것으로 보고 있다(王巍, 2004, 「中國古代國家形成論綱」, 『考古學研

하가점 하층문화를 초기 문명을 넘어 문명이 고도로 발전한 국가단계에 도달한 것으로 생각하는 견해도 있다.[152] 그 외에 혈연중심의 부락사회에서 벗어나 부락 상호간의 통합 형태인 도읍(都邑)을 거쳐 고대국가 단계에 도달한 것으로 보기도 한다.[153]

그러나 하가점 하층문화의 여러 유적에서 확인된 성곽의 규모, 취락구조 형태와 계층분화 등을 중원의 하(夏)와 비교하는 것은 무리가 따른다.[154] 석축과 토축은 해당 지역에서 구하기 쉬운 재료를 선택한 것에 불과하고,[155] 전시 피난처로서 석성(石城)을 축조한 것이 아니라 일상생활의 장소인 취락에 돌담장을 둘러 방어시설로 활용하였을 가능성이 있다. 고대국가의 출현을 의미하는 행정제도와 관리의 존재, 중앙과 지역의 구분, 화폐의 유통과 법률의 제정 등이 확인되지 못한 한계도 없지 않다.[156]

성벽의 축조 역시 대규모 노동력을 일시에 동원하여 이루어진 것이 아니라, 장기간에 걸쳐 보수와 유지가 행해졌다. 또한 취락 내의 거주민이 자발적으로 구축했을 가능성이 높다.[157] 요하 유역 등에서 확인된 성곽의 축조를 B.C. 3000년 무렵에 갑자기 나타난 기후의 한랭화에 따른 사회 변화에서 원인을 찾기도 한다.[158]

究會50周年紀念國際シンポジウム—文化の多樣性と21世紀の考古學』). 한편 요하문명을 영위한 집단의 국가발전 단계를 古國—方國—帝國의 순차적 모델을 통해 고찰하기도 한다(蘇秉琦, 1994, 「華人・龍的傳人・中國人—考尋根記」, 遼寧大學出版社).

152) 劉國祥, 2006, 「西遼河流域新石器時代至早期靑銅器時代考古學文化槪論」, 『遼寧師範大學學報(社會科學版)』 第1期.

153) 張光直 著/윤내현 옮김, 1989, 『상문명』, 민음사, 454쪽 ; 王震中, 2005, 『中國古代文明的探索』, 雲南人民出版社, 454쪽.

154) 김정열, 2006, 「얼리터우를 넘어서—중원의 국가기원에 대한 고고학적 탐색」, 『한국고고학보』 60.

155) 秋山進午 編, 1995, 『東北アジアの考古學研究—日中共同研究報告』, 同朋舍出版.

156) 岡村秀典, 1995, 「遼寧省阜新縣南梁石城遺跡考古測量調査」, 『東北アジアの考古學研究』, 同朋舍.

157) 이재현, 2009, 앞의 글, 54쪽.

158) 田廣金, 1997, 「論內蒙古中南部史前考古」, 『考古學報』 2期.

제2장 예맥의 기원과 문화원형

Ⅰ. 요하 유역 청동문화의 기원과 종족 갈래

1. 하가점 상층문화의 형성과 산융(山戎)의 등장

하가점 하층문화는 1000년 가까운 기간 동안 성행하다가 B.C. 14세기를 전후하여 쇠퇴하였다.[1] 하가점 하층문화 시기에는 현재의 평균기온 6~8℃ 보다 3℃ 정도 높았으며 고온 다습하여 농경에 적합한 기후였다. 그러나 하가점 일대는 B.C. 15세기를 전후하여 한랭화가 초래되면서 평균 강수량이 300mm에 불과한 고원 평지로 변모되었다.[2]

내몽고 동남부 일대는 농경에 기초한 정주생활이 어렵게 되었다.[3] 기온이 내려가고 토질이 건조해지면서 유목과 목축 중심의 경제생활로 바뀌게 되었다. 하가점 하층문화는 기후변동에 따른 생활환경의 변화에 의하여 소멸되었다.

내몽고 동남부 일대는 초원지대로 변모한 후 말을 이용한 유동성이 강한

---

1) 하가점 하층문화는 B.C. 2400년 무렵부터 B.C. 1400년까지 대략 1000년 동안 지속되었 다(中國社會科學院考古研究所內蒙古發掘隊, 1971, 「內蒙古赤峰藥王廟, 夏家店遺址試掘簡 報」, 『考古』 第2期 ; 李經漢, 1979, 「試論夏家店下層文化的分期和類型」, 『中國考古學會第 一次年會論文集』, 文物出版社).

2) 복기대, 2002, 앞의 책, 23~28쪽.

3) 喬曉勤, 1992, 「關於北方遊牧文化起源的探討」, 『內蒙古文物考古』 第1~2期, 21~25쪽.

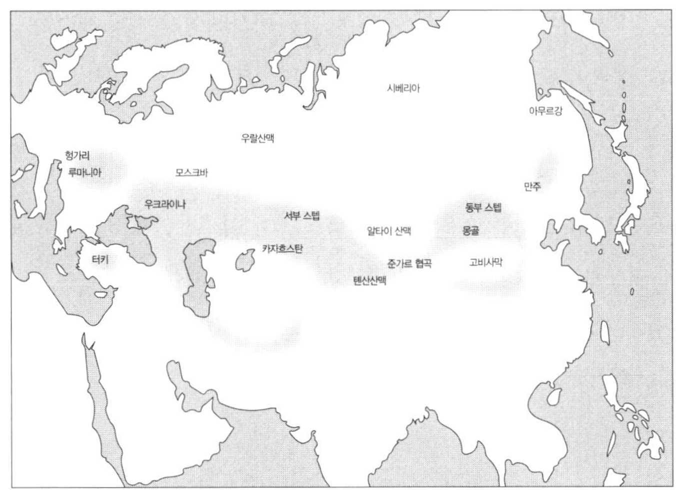

〈그림 2-1〉 북방 유라시아 초원지대의 분포 양상. 중부 유럽에서 시베리아를 거쳐 중국 동북지역
의 송눈평원 일대까지 펼쳐져 있다.

집단이 등장하였다.4) 내몽고 동남부 일대는 서고동저(西高東低)의 고원성 초원이 펼쳐져 있다. 이곳의 초원은 강수량이 적어 목축업과 밭작물에 유리하며, 해발 고도가 최저 500m 이상이다. 또한 해발 2000m 이상의 고산지대(高山地帶)도 적지 않다.5)

유라시아의 북방 초원지대는 위도 상으로 볼 때 북위 40도에서 60도에 걸쳐 있다. 서쪽의 유럽 동부에서 동쪽으로 아시아 만주지역까지 약 6,400km

---

4) 하가점 하층문화의 소멸 원인은 기후 변화 외에 B.C. 2천년기 중엽에 말을 이용한 유동성이 강한 민족이 몽골고원에 진출하여 일어난 것으로 보기도 한다(林澐, 1997, 「中國東北地域과 北아시아 草原地帶의 初期 文化交流에 對하여」, 『博物館紀要』 12, 단국대 중앙박물관, 5~44쪽).

5) 내몽고자치구는 122만km²에 동서 2400km, 남북1700km, 평균 고도가 해발 1500m에 이르는 초원지대이다. 초원은 식생 상태에 따라 풀이 약간 자라는 황막 초원, 메마른 관목이 성기게 자라는 沙地疏林, 키 낮은 풀들이 자라는 典型 초원, 키가 큰 풀이 자라는 습윤한 草甸 초원, 수생식물이 자라는 습지 초원 등으로 구분된다. 내몽고자치구는 동에서 서를 향해 동북부의 습지초원인 훌룬베르(呼倫貝爾)와 커르친(科爾沁), 동부의 초전초원인 실링고르(錫林郭勒), 중부와 남부의 전형적인 초원인 울란차프(烏蘭察布)와 오르도스(鄂爾多斯), 서부의 황막초원 아라산(阿拉善) 등 6개의 초원이 맞붙어 있다.

의 넓은 범위에 분포한다. 동부 초원은 알타이산맥에서 대흥안령까지 동서 2,400km, 남북 600~800km의 지대에 걸쳐 있다. 그 반면에 서부 초원은 다뉴브강 유역의 헝가리 평원에서 알타이산맥까지 동서 4,000km, 남북 320~950km에 걸쳐 있다.[6)]

내몽고 동남부 일대는 초원을 통해 유목민이 이주하면서 하가점 상층문화로 불리는 새로운 문화가 일어난 것으로 보고 있다. 분포 범위는 동쪽으로 철리목맹(哲里木盟) 나만기(奈曼旗), 서쪽으로 승덕(承德)·준화(遵化), 남쪽으로 적봉(赤峰)·오한기(敖漢旗)·영성(寧城), 북쪽으로 시라무렌하에 이르렀다.[7)]

하가점 상층문화의 유적은 대부분 산곡(山谷) 사이에 위치한다. 남산근 등의 대형 무덤이 위치한 요하 상·중류가 중심지역이다. 출토 유물은 홍갈색 토기·소면(素面) 토기가 대표적이고, 청동제 공구와 무기 등도 있다. 하가점 하층문화와 상층문화 사이의 계승관계는 잘 보이지 않고, 일부 중첩관계가 확인된다.[8)]

하가점 상층문화는 하가점 하층문화가 소멸되고 곧바로 시작된 것이 아니라 400여 년이 흐른 후 형성되었다. 두 문화를 영위한 집단은 같은 갈래가 아니라 양자 사이에 주민의 교체가 일어났다. 오르도스와 내몽고 중남부 일대의 주개구문화가 하가점 하층문화에 상당한 영향을 미친 것은 사실이다.[9)]

---

6) 최몽룡 외, 2003, 『시베리아의 선사고고학』, 주류성.

7) 水野淸一·濱田耕作, 1938, 『赤峰紅山後』 東方考古學叢刊 甲種 六冊, 東亞考古學會 ; 中國科學院考古硏究所內蒙古工作隊, 1974, 「赤峰藥王廟夏家店遺址試掘報告」, 『考古學報』 1期.

8) 劉觀民·徐廣冀, 1981, 「內蒙古東部地區靑銅時代兩種文化」, 『內蒙古文物考古』, 5~14쪽.

9) 朱開溝文化는 오르도스 지역을 중심으로 내몽고 중남부지역과 산서성과 섬서성 북부일대에서 B.C. 21세기부터 B.C. 14세기까지 성행하였다. 주개구문화와 하가점 하층문화를 영위한 집단은 다양한 교류관계를 유지하였는데, 하가점 하층문화에 보이는 뱀 무늬나 마름모무늬가 내몽고 중남부지역에서 전파된 것으로 보고 있다(田

하가점 상층문화를 영위한 집단은 B.C. 21세기부터 B.C. 14세기에 걸쳐 인접 지역에서 주개구문화(朱開溝文化)[10]를 영위하던 사람들이 아니었다. 오르도스 일대에서 이주한 것이 아니라 더 멀리 떨어진 곳에서 이동해 온 것으로 보고 있다.

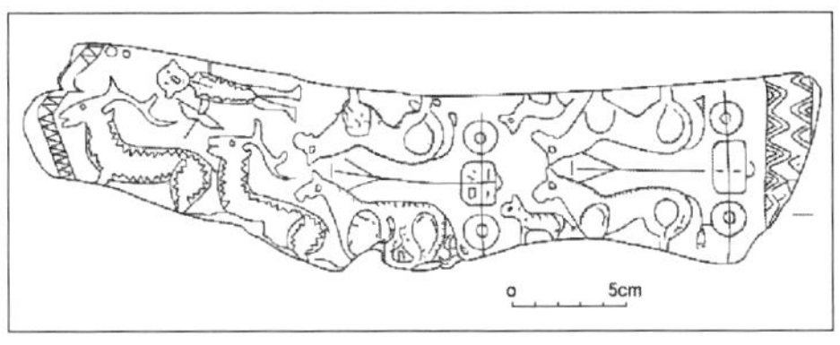

폰틱 초원에서 시작된 유목 목축생활 풍습이 알타이산맥을 가로질러 몽골 초원으로 전파된 것으로 이해한다.[11] 시베리아-중앙아시아　계통의 청동문화가 B.C. 14세기～B.C. 13세기 무렵에 신강성 서부와 감숙성을 거쳐 유입되었으며, 그 주체를 산융(山戎) 등의 북방종족으로 이해하는 견해도 있다.[12]

〈그림 2-2〉 요녕 남산근 유적 제102호 무덤 출토 뼈조각 : 하가점 상층문화를 영위한 집단은 남산근 유적에서 출토된 뼈조각에 여러 동물들이 새겨진 것을 통해 볼 때 수렵을 통한 유목활동이 활발했음을 알 수 있다.

산융은 B.C. 11세기 무렵에 출현하여 B.C. 6세기까지 명멸을 거듭한 요하 유역 청동문화의 담당자였다.[13] 산융은 요하의 지류에 해당하는 노합하 유역을 중심으로 청동문화를 꽃피웠다. 그 중심 연대는 대표 유적인 임서현(林西縣) 대정(大井) 동광(銅鑛)의 경우 B.C. 8세기～B.C. 6세기 사이로 밝혀졌다.[14]

廣金·郭素新, 1988, 「鄂爾多斯式靑銅器的淵源」, 『考古學報』 第3期).

10) 內蒙古文物考古硏究所, 1988, 「內蒙古朱開溝遺址」, 『考古學報』 3期.

11) Inner Asia : A Syllabus (Bloomington : Indiana University Press, 1987. 3rd rpt), pp.1～5.

12) 中國科學院考古硏究所內蒙古工作隊, 1974, 「赤峰葯王廟夏家店遺址試掘報考」, 『考古學報』 第1期.

13) 『史記』 오제본기에는 요순시대에 북방에 山戎·發·息愼이 있었다고 하였으며, 흉노열전에는 요순 이전부터 산융·獫狁·葷粥이 北蠻에 거주하였다는 기록이 남아 있다. 산융은 당시 중국인들이 산과 계곡 사이에 살고 있는 오랑캐라는 의미로 사용하였다. 『일주서』의 왕회해편에 의하면 산융을 山夷라고 하였는데, 산융이 산간지방에 거주하는 종족이었음을 의미한다.

14) 中國社會科學院考古硏究所編, 1992, 『中國考古學中碳十四年代數据集』, 文物出版社,

　그러나 하가점 상층문화를 영위한 집단은 후대의 흉노(匈奴)와 같이 기동
성이 강한 유목민은 아니었다. 산융(山戎)의 종족 명칭이 암시하듯이 대부분
산과 계곡 사이에 거주하던 정착민에 가까웠다.[15) 산융은 하가점 하층문화를
영위하던 사람들이 온도가 내려가고 수원이 말라 농경이 어려워진 후 산과
계곡에서 살게 된 집단이었다.

　농경과 목축을 병행하였으며, 중원의 상(商)·주(周)와 상호 영향을 미쳤으
나 뚜렷한 경계가 있지 않았다. 여러 유적에서 청동창·청동단검·청동칼
등이 출토된 것으로 볼 때 전사집단의 성격도 띠었다.[16) 내몽고의 영성(寧城)
남산근 3호묘(M3)에서는 재갈멈치, 재갈, 종과 방울, 머리 장식과 마면(馬面)
같은 마구(馬具)가 출토되었다. 그 외에 말을 탄 사냥꾼 두 명이 토끼를
쫓는 모습을 장식한 등자 모양의 청동 고리가 조사[17)되어 유목집단의 특징을
잘 보여준다.

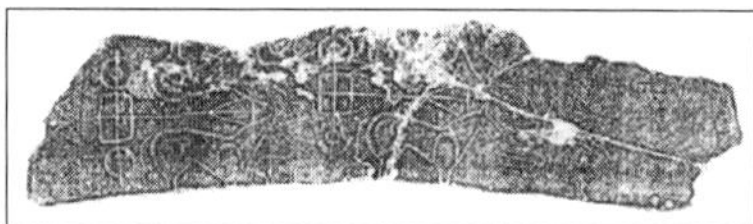
〈그림 2-3〉 골판(骨板)에 새겨진 쌍두마차의 모습 : 남
산근 석곽묘에서 출토된 골판에는 2마리의 말이 끄는
쌍두마차 2량이 그려져 있다.

　남산근 102호 석곽묘에서 출토된
B.C. 9세기~B.C. 8세기 무렵의 차마
녹문(車馬綠文) 수렵인물(狩獵人物) 골
판(骨板)에도 2마리의 말이 끄는 쌍두
마차 2량이 그려져 있다.[18) 하가점 상
층문화 유적에서는 북방 스키타이 계통의 부장품도 조사되고 있다.[19) 그

111~144쪽.

15) 하가점 상층문화를 영위한 산융 등의 족속은 후대의 흉노와 같은 강한 유동성을
　　띤 전형적인 유목민이 아니라, 하가점 하층문화 단계에 축조된 성곽을 계속 활용한
　　정착민이었고, 집단 거주를 하는 등 정착생활을 하였다. 또한 유동성이 강한 유목민이
　　아니었기 때문에 장기간에 걸쳐 이용한 집자리·무덤·움 등이 확인되고 있다. 그들의
　　생활 경제 역시 유목에 의존하지 않고, 농업·목축·공업 활동을 병행하였다(복기대,
　　2002, 앞의 책, 167~169쪽).

16) 니콜라 드코스모著/이재정 譯, 2005, 『오랑캐의 탄생』, 황금가지, 16쪽.

17) 中國社會科學院考古研究所內蒙古工作隊, 1975, 「寧城南山根遺址發掘報告」, 『考古學報』
　　第1期.

18) 李逸友, 1959, 「內蒙古昭烏達盟出土的靑銅器調査」, 『考古』第6期.

외에 서주(西周)의 의례용 청동기와 오르도스 양식의 유물, 백금보문화의
영향을 받은 유물 등이 확인되었다.[20]

그러나 하가점 상층문화는 북방에서 이주한 특정 종족이 남긴 문화가
아니라, 요하 유역의 토착세력이 주변의 다양한 문화를 받아들여 형성되었
다. 하가점 하층문화의 소멸과 상층문화의 출현을 촉발한 기후 변화는
요서와 내몽고 동남부 일대에 국한되지 않고, 중국의 서북부와 중북부
등 광범위한 지역에서 진행되었다.

이들 지역은 기후 변동에 따른 생활환경의 변화와 신구 문화의 교체가
동시에 이루어졌다. 중국의 서북부는 하가점 상층문화와 비슷한 시기에
감숙성을 중심으로 신점문화(辛店文化)가 발전하였다. 신점문화는 감숙성과
청해성 일대를 중심으로 형성된 마가요문화(馬家窯文化, B.C. 3300~B.C.
2000)[21]와 제가문화(齊家文化, B.C. 2500~B.C. 1500)를 계승하였다. 신점문
화는 B.C. 1500년 무렵에 시작되어 500여 년 동안 영위되었다.

중국 서북부지역은 신점문화의 형성을 전후하여 농경-목축 혼합경제에서
목축생활 위주로 생활환경이 변화되었다.[22] 중국의 서북지역과 마찬가지로
중북부지역(내몽고 북부와 중부, 산서성 북부와 섬서성 북부 및 오르도스)에
서도 동일한 변화가 일어났다.

중북부 일대는 제가문화와 비슷한 시기에 주개구문화(朱開溝文化)[23]가

---

19) Wu En, "New Chinese Archaeological Discoveries Regarding Ancient Northern Tribes",
    Paper Cpresented at the workshop "Chinese and Their Northern Neighbors", University
    of Pittsburgh, April 5~7, 1991.

20) 니콜라 드코스모/이재정 역, 2005, 앞의 책, 93쪽.

21) 마가요문화는 甘肅省 외에 靑海省과 四川省의 북부 및 寧夏의 남부 등지에서 유적이
    발견되었는데, 仰韶文化 廟底溝 유형의 영향을 받아 彩陶가 발달하였다.

22) 齊家文化는 기장과 조 등의 농경과 가축사육을 중심으로 하였는데, 여러 유적에서
    동물 뼈가 대량으로 발견되고 있다. 또한 大何莊과 泰魏家 유적에서는 말을 사육한
    흔적과 양 등의 목축업이 발달한 양상이 보인다(胡謙盈, 1980,「試論齊家文化的普通類
    型及起源流」,『考古與文物』第3期).

23) 주개구문화는 B.C. 18세기에 구리 팔찌·귀걸이·구리환 등이 보이는 조기 청동문화가

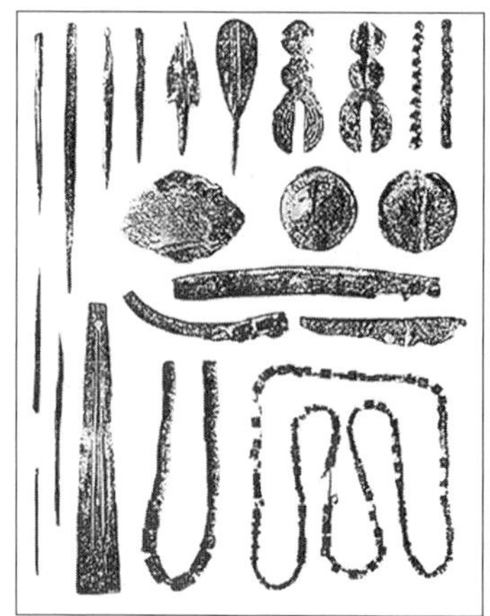

〈그림 2-4〉 하가점 상층문화 관련 유물 : 내몽고 적봉시 하가점 유적에서 출토된 다양한 종류의 유물

영위되었다. 주개구문화를 영위한 사람들은 농사를 지으며 기장을 주식으로 삼았고, 양과 돼지 및 소를 길렀다. 주개구문화는 서차유형(B.C. 12세기~B.C. 11세기), 노우만유형(B.C. 10세기~B.C. 9세기), 도홍파랍유형(B.C. 6~B.C. 5세기), 서구반유형(B.C. 4세기~B.C. 3세기)으로 계승되었다.[24]

서차유형과 노우만유형은 전형적인 유목생활 이전의 농경-목축 단계에 해당되며, 융(戎) 혹은 적(狄) 등의 북방종족이 영위한 문화이다.[25] 이들 집단은 내몽고의 곽현요자(崞縣窯子) 유적을 통해 볼 때 말을 길러 희생(犧牲) 등의 용도로 사용하였지만, 고도로 발달된 기마문화를 가지고 있지는 않았다. 전형적인 유목문화는 B.C. 6세기 무렵에 시작된 도홍파랍(桃紅巴拉)과 모경구(毛慶溝) 유형 단계에 출현하였다.[26]

중국의 북방사회는 B.C. 6세기를 전후한 시기에 이르면 농경-목축 단계를 벗어나 기마 유목생활로 바뀌게 되었다. 기마 유목생활의 기원에 대해서는 주민 이주 외에 기후 조건의 변화에 따른 토착집단의 점진적인 유목화를

시작되었고, B.C. 15세기에 蛇文鬲(빗살무늬 종류)과 단검 및 동도가 나타난다. 또한 묘를 축조할 때에 양을 희생하여 매장하는 등 목축문화의 성격을 띠고 있으며, B.C. 13세기에는 양·말·사슴·뱀·용을 장식한 청동도 등이 출현하였다. 그러나 B.C. 11세기에 이르러 용이 사라지고 대신 새머리가 장식되었으며, 춘추시기에는 雙鳥回首蝸角式(칼자루 끝 장식이 둘로 갈라져 서로 마주 보는 것) 단검이 출현하였다. 그 외에 다양한 장식과 문양 및 야수문 패식이 등장하였다(內蒙古考古文物研究所, 1988, 「內蒙古朱開溝遺址」, 『考古學報』 第3期).

24) 田廣金·郭素新 編著, 1986, 『鄂爾多斯靑銅器』.

25) 許成·李進增, 1993, 「東周時期的戎狄靑銅文化」, 『考古學報』 第1期.

26) 田廣金, 1976, 「桃紅巴拉的匈奴墓」, 『考古學報』 第1期.

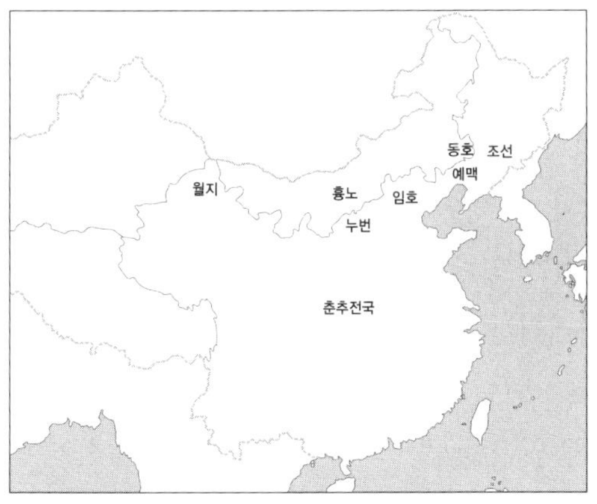

〈그림 2-5〉 동아시아 여러 나라의 분포 현황(B.C. 400년 무렵)

들 수 있다. 유목-목축의 등장을 농업-목축을 영위하던 주민들이 중원 사람들과 다르다는 문화적·종족적 자각이 일어난 결과로 보기도 한다.[27]

초원지대에 산재되어 있는 초기 유목민 집단을 정치적·군사적으로 통합한 것은 흥노였다. 흥노는 B.C. 4세기 말에 이르러 독립된 정치단위로 등장하였다.[28] 흥노의 기원은 시베리아 예니세이강의 남쪽에 위치한 오스티약(Ostyak), 이란계, 투르크 계통의 집단 등으로 보고 있다. 그 외에 몽고와 관계없는 별도 세력, 훈족과 투르크 및 몽골족을 포함하는 타타르족 등으로 이해한다.

그러나 중국의 서북부와 중북부 일대는 생활환경의 변화에도 불구하고, 오랜 시기에 걸쳐 토착문화를 발전시켜 온 집단이 존재하였다. 제가문화와 주개구문화 등의 농경-목축 위주의 생활양식이 유목-목축으로 전환된 것은 기후 변동에 따른 건조화의 결과였다.[29]

상대(商代)와 주대(周代)의 귀방(鬼方)·곤이(昆夷)·험윤(玁狁), 춘추시대의 융(戎)과 적(狄), 전국시대의 호(胡)가 흥노와 동일한 갈래에 속한 것으로 보고 있다. 귀방(鬼方)·곤이(昆夷) 등은 티베트인의 조상으로 분류되는 강족(姜族)과 혈연관계가 있고, 임호(林胡)와 누번(樓煩) 만이 흥노와 관련이 있는

---

27) 王明珂, 1994, 「鄂爾多斯及其隣近地區專化遊牧業的起源」, 『中央研究院歷史語言研究所集刊』 65-2.
28) 『說苑』 卷1, 1a.
29) 喬曉勤, 1992, 「關於北方遊牧文化起源的探討」, 『內蒙古文物考古』 第1~2期.

것으로 이해하는 견해도 있다.

흉노를 고비사막 남북에서 활동하던 혼유·귀방·험윤·융·적·호를 포함한 혼성집단으로 추정하기도 한다. 이와는 달리 중원의 북방에서 활약하였던 훈육(獯粥)·견융(犬戎) 등에서 흉노가 기원하였으며, 터키어 계통의 언어를 사용한 것으로 보는 견해도 없지 않다.[30]

흉노는 중앙아시아 혹은 시베리아 방면에서 이주해 온 집단이 아니라 상대(商代)와 주대(周代)의 귀방(鬼方)·곤이(昆夷) 등에서 기원하였을 가능성이 높다. 귀방(鬼方)·곤이(昆夷) 등의 정착민이 기후변동에 따라 생활환경이 바뀌면서 흉노 등의 유목집단으로 변모하지 않았을까 한다.

하가점 상층문화가 일어난 내몽고 동남부지역에서도 비슷한 양상이 전개되었다. 내몽고 동남부지역은 한랭화가 초래된 이후 농경지가 거의 사라지고 초원지대로 변모되었다. 요하 중·상류지역은 농경활동이 어렵게 되면서 수렵과 목축의 중요성이 부각되었다. 시라무렌하 북쪽에 위치한 임서현(林西縣) 관지향(官地鄕) 대정촌(大井村)에서 출토된 야생 동물 뼈 등을 통해 입증된다.[31]

요하 중·상류지역은 농경활동 자체가 이루어지지 못한 것은 아니지만, 사회경제에서 점차 부차적인 역할로 전락되었다. 이들 지역은 생활환경이 바뀐 후 하가점 하층문화 단계와는 다른 면모를 보이게 되었다. 유목민들은 대규모의 취락과 성곽 축조 등을 통해 영역국가로의 성장이 어렵게 되었다.

이들은 통일된 정치집단을 이루지 못한 채 산과 계곡 사이에 흩어져 살게 되었다. 하가점 상층문화는 초기에는 적봉(赤峰) 하가점(夏家店)·지주산(蜘蛛山), 옹우특기(翁牛特旗) 대포자(大泡子), 극십극등기(克什克騰旗) 용두산

---

30) 흉노의 기원에 대한 연구사 정리는 다음의 글을 참조하기 바란다(林幹, 1988, 『匈奴史料彙編』, 中華書局, 1~3쪽).

31) 대정 유적에서는 사슴·노루·야생말·여우·곰·토끼 등 대량의 야생 동물 뼈가 조사되었으며, 가축은 양 한 종류밖에 확인되지 못하였다(中國社會科學院考古硏究所內蒙古隊(楊虎·朱延平), 1984, 「內蒙古敖漢旗周家地墓地發掘簡報」, 『考古』 第5期).

(龍頭山) 등 요하 중·상류지역을 무대로 '용두산유형'이 발전하였다. 그러나 B.C. 8세기에 영성(寧城)과 건평(建平) 등 남쪽지역으로 중심지를 옮긴 후 '남산근유형'이 등장하였다.[32)

남산근유형은 영금하(營金河) 유역에 위치한 영성 소흑석구(小黑石溝)와 남산근 등이 대표적인 유적에 해당된다. 이들 유적에서 병기·공구·용기·의기·위세품·차마구 등이 출토되는 것으로 볼 때 청동기 제작과 보급이 크게 발전하였음을 알 수 있다.[33)

하가점 상층문화는 초기에는 목축과 수렵이 주요한 경제 수단이었으며, 남쪽으로 중심지를 옮긴 후 농업의 비중이 증대되었다.[34) 하가점 상층문화를 영위한 집단은 전형적인 유목민이 아니라 정착민에 가까웠다. 이들은 인골 조사 결과 북아시아 몽골 인종이 아니라, 동아시아와 북아시아인의 혼혈 유형에 속한 것으로 파악되었다.[35)

하가점 상층문화는 북방 유목민이 내몽고 동남부 지역으로 이주하여 이룩한 것이 아니라, 토착집단이 주변지역의 영향을 받아 형성하였다. 하가점 상층문화가 하가점 하층문화를 비롯한 요하 유역의 토착문화를 계승한 면모는 토기 문양(文樣) 등을 통해서도 드러난다.

하가점 상층문화를 영위한 집단은 짐승을 형상한 동물무늬 장식품을 많이 사용하였다. 동물장식이 카라스크 후기와 스키토-시베리아의 후기 유형에 속하는 것은 사실이다.[36) 그러나 남산근 유형의 청동문화에서 확인되는 새·거북·뱀 등의 모티브와 같이 홍산문화 시기부터 전해져 온 요하

---

32) 朱永剛, 2004,「夏家店上層文化向南的分包態勢與地域文化變遷」,『慶祝張忠培先生七十歲論文集』, 科學出版社.

33) 秋山進午, 2004,「赤峰市寧城小黑石溝と南山根遺跡」,『東北アジア民族文化研究』, 同朋舍.

34) 郭大順·張星德, 2008, 앞의 책, 878쪽.

35) 朱泓, 1989,「夏家店上層文化居民的种族類型及其相關問題」,『遼海文物學刊』第1期.

36) 강인욱, 2005,「구계유형론과 중국 동북지방의 고고학」,『한국고고학보』56, 한국고고학회.

유역의 전통을 계승한 측면도 적지 않다.[37]

또한 하가점 하층문화와 상층문화 사이에 보이는 가장 현저한 차이는 승문회도(繩文灰陶)가 무늬 없는 홍갈도(紅褐陶)로 변한 사실을 들 수 있다. 이를 통해 종족 교체가 이루어진 것으로 보기도 한다.[38] 그러나 양자는 모두 대족(袋族)에 실족근을 붙인 격(鬲)이 발달하였다. 정착 농경에 종사하며 흙벽돌이나 석괴(石塊)를 이용하여 주택을 지은 공통점도 발견된다. 문화의 분포지역 역시 중복되는 등 차이와 공통점이 함께 존재한다.[39]

양자 사이의 차이보다 공통점을 강조하여 하가점 상층문화를 영위한 집단을 산융으로 보고, 상인(商人)이 중원을 차지한 후 원주지에 남은 유민으로 이해하는 견해도 없지 않다.[40] 하가점 상층문화는 북방 초원 유목문화 외에 중원 농경문화의 영향을 받았다.[41] 비파형동검으로 상징되는 요서지역의 청동문화와 송눈평원의 백금보문화(白金寶文化) 역시 적지 않은 영향을 미쳤다.[42]

2. 위영자문화의 형성과 분포지역

하가점 하층문화는 B.C. 14세기를 전후하여 쇠퇴하였으며, 300~400년의 과도기를 거쳐 하가점 상층문화가 출현하였다. 요하 중·상류지역 및 대릉하·소릉하 유역 일대의 청동문화는 하가점 상층문화에 속하고, 그 주인공을

---

37) 이재현, 2008, 앞의 글, 221쪽.

38) 中國科學院考古硏究所內蒙古發掘隊, 1961, 「內蒙古赤峰藥王廟, 夏家店遺址發掘簡報」, 『考古』第2期.

39) 魯作文, 1981, 「關于夏家店上層文化與文化的幾個問題」, 『文物』第2期.

40) 郭大順·張星德, 2008, 앞의 책, 947쪽.

41) 朱永剛, 1998, 「東北靑銅文化的發展段階與文化區系」, 『考古學報』第2期.

42) 하가점 상층문화의 전기 유적에 속하는 翁牛特旗의 大泡子 무덤과 내몽고 克什克騰旗의 龍頭山 유적에서 백금보문화의 전형적인 특징을 갖춘 篦點文 토기가 조사되었다(郭大順·張星德, 2008, 앞의 책, 867쪽).

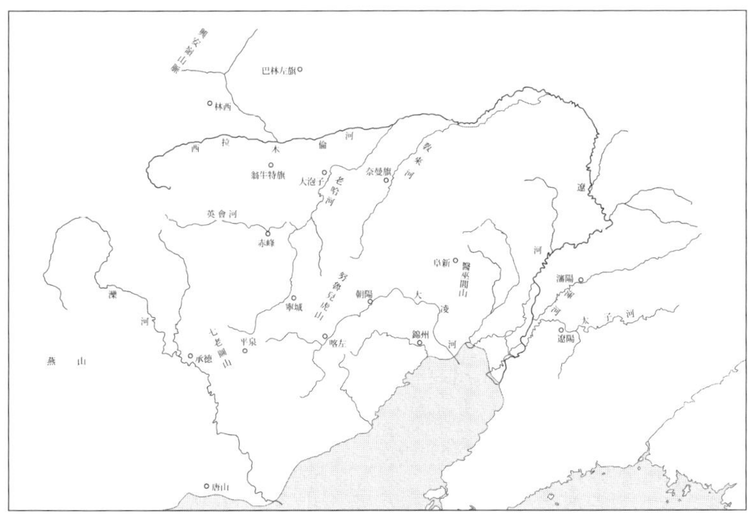

〈그림 2-6〉 요서지역 산맥과 주요 하천 위치도

산융(山戎) 등의 북방종족으로 이해하는 것이 일반적이다.[43)]

그러나 하가점 상층문화의 분포 범위와 담당자의 성격 등에 대해서 의견 차이가 없지 않다. 요서와 내몽고 동남부 일대는 노노아호산(努魯兒虎山)을 경계로 자연·지리 환경 및 주변과 접촉 양상이 달라 하가점 하층문화 단계에도 지역적인 차이가 존재하였다.[44)]

노노아호산은 적봉의 홍산과 하가점에서 동쪽으로 대략 150km쯤 떨어진 곳에서 산맥에 가까운 형태를 이룬 채 요녕성과 내몽고 자치구의 경계가 된다. 하가점 하층문화의 소멸을 전후하여 노노아호산을 경계로 동부지역과 서부지역의 문화 담당자가 달라지고, 문화양상마저 확연한 차이를 보이기 시작하였다.

노노아호산의 서부에 위치한 평균 700m 이상의 고원지대가 펼쳐진 내몽고

---

43) 靳楓毅, 1982·1983,「中國東北地區含曲刃靑銅短劍的文化遺存(上·下)」,『考古學報』1 期·4期.

44) 복기대, 2002, 앞의 책, 70쪽.

동남부 일대는 산융이 거주하였다. 그 반면에 노노아호산과 발해만으로 둘러싸인 평원지대에 해당하는 능하 유역과 발해만 연안지역은 농경에 기반을 둔 별도의 문화가 전개되었다.

이들 지역은 해발 고도가 평균 200m 정도이며, 그 가운데로 대릉하와 소릉하가 흘러 발해만으로 유입된다. 대륙성 기후와 해양성 기후가 교차되는 특징을 지니며, 해안과 접하고 있어 해로를 통한 교류활동이 활발하게 전개되었다. 능하 유역과 발해만 일대의 경제 활동은 구릉성 평지를 활용한 농업이 중심이 되었다.[45] 그 서쪽에 위치한 내몽고 동남부 및 요하 상류지역과는 확연한 차이를 보인다.

하가점 하층문화가 소멸된 후 내몽고 동남부 일대는 산융이 주인공이 되었고, 요서와 발해만 일대는 토착민과 여러 지역에서 이주해 온 집단이 공존하였다. 하가점 상층문화는 내몽고 동남부와 하북성 동북부에 주로 분포하며, 능하 유역과 발해만 연안은 위영자문화(魏營子文化)가 B.C. 14세기[46] 혹은 B.C. 12세기[47]를 전후하여 출현하였다.

위영자문화는 서쪽의 오르도스문화와 동쪽의 고대산문화(高臺山文化)의 영향을 받아 형성된 것으로 이해한다.[48] 위영자문화를 북방계통의 청동문화가 내몽고 중부~산서 북부를 거쳐 하북성 북부와 요서의 서부지역으로 파급된 것으로 보는 견해도 있다.[49]

---

45) 복기대, 2002, 앞의 책, 227쪽.

46) 董新林, 1993, 「魏營子文化初步研究」, 北京大考古學界碩士學位論文.

47) 郭大順, 1987, 「試論魏營子類型」, 『考古學文化論集』 1, 文物出版社, 82쪽.

48) 朱永剛, 1997, 「中國 東北地域 靑銅器文化의 發展段階와 文化系統」, 『박물관기요』 12, 단국대 중앙박물관, 131~143쪽.

49) 오강원, 2006, 앞의 책, 426쪽. 이와 관련하여 요서와 내몽고 동남부 및 요동일대에서 확인되는 馮家村-灣柳街 유형의 청동문화가 참조된다. 이들 유형의 유적은 綏中縣 馮家村, 興城 楊河, 法庫 灣柳街, 撫順 望花, 新民 大紅旗 등에서 확인된다(烏恩, 1985, 「殷至周初的北方靑銅器」, 『考古學報』 2期). 대표 유물은 북방식단검, 환두도와 공내척, 공내과 등의 무기를 들 수 있다. 그 외에 三齒器와 도끼, 銅鉋 등이 있다. 이들 문화는 자바이칼호의 판석묘문화(吳恩岳斯圖, 2007, 『北方草原考古學文化硏 究』, 科學

상(商)의 유민 일부가 난하(欒河) 유역과 요서 일대로 북상하여 하가점 하층문화를 대체하면서 위영자문화가 형성된 것으로 보는 견해도 없지 않다.[50] 고대산문화가 부신과 고륜 일대에서 의무려산을 넘어 대릉하 유역으로 전파되어 위영자문화 형성에 영향을 끼친 것으로 보기도 한다.[51] 그러나 위영자문화는 의현(意縣) 향양령(向陽嶺) 유적을 통해 볼 때 하가점 하층문화, 고대산문화, 장가원(張家園) 상층문화(上層文化), 중원문화 등 여러 갈래의 요소들이 결합된 양상이 확인된다.[52]

위영자문화는 비파형동검문화가 출현하기 이전의 문화이며, 지속적인 발전을 이루지 못하고 단기간에 걸쳐 영위되었다. 조양(朝陽)의 위영자(魏營子) 유적에서 확인된 하가점 하층문화와 비파형동검문화 사이에 별도의 문화층이 존재하는 사실이 참조된다.[53]

위영자문화는 분포 범위가 상대적으로 협소하고, 조사된 유적마저 얼마 되지 않아 특징을 잘 알 수 없다. 위영자문화는 하가점 하층문화가 소멸된 이후 객좌(喀左)와 조양(朝陽)을 중심으로 대릉하 유역의 한정된 지역에 걸쳐 영위되었다. 위영자문화를 비롯한 요하 유역의 청동문화 분포양상은 <그림 2-7>과 같다.[54]

出版社), 천산산맥 이남에 분포한 團坊 3기문화(沈勇, 1993, 「團坊三期文化初論」, 『北方文物』 3期), 張家園 상층문화(李伯謙, 1994, 「張家園上層類型若干問題研究」, 『考古學問題研究(2)』, 北京大學出版社) 등의 영향으로 보고 있다.

50) 송호정, 2003, 앞의 책, 113쪽. 중원계 청동예기를 주요 갖춤새로 하는 馬敞溝-山灣子 유형은 대릉하 상류지역에 주로 분포한다. 이와 관련하여 喀左海島營子 馬敞溝, 平房子 北東村, 山灣子 유적 등을 들 수 있다(遼寧省博物館, 1974, 「遼寧喀左縣北東村出土的殷周靑銅器」, 『考古』 6期).

51) 이는 1989년에 발굴된 요녕성 부신에 위치한 평정산 유적을 통해 입증된다. 평정산 유적은 위영자문화의 유적 가운데 가장 북쪽에 위치하는 것으로 3기의 문화층이 존재하는데, 고대산문화의 영향이 짙은 유물이 수습되었다(遼寧省文物考古研究所·吉林大學考古學系, 1992, 「遼寧阜新平頂山石城址發掘報告」, 『考古』 第5期, 399~420쪽).

52) 董新林, 1993, 「魏營子文化初步研究」, 北京大考古學系碩士學位論文.

53) 遼寧省博物館文物工作隊, 1977, 「遼寧朝陽魏營子西周墓和古遺址」, 『考古』 第5期.

54) 송호정, 2008, 「고태산문화를 통해 본 요서와 요동의 역사·문화적 관계」, 『요하유역의

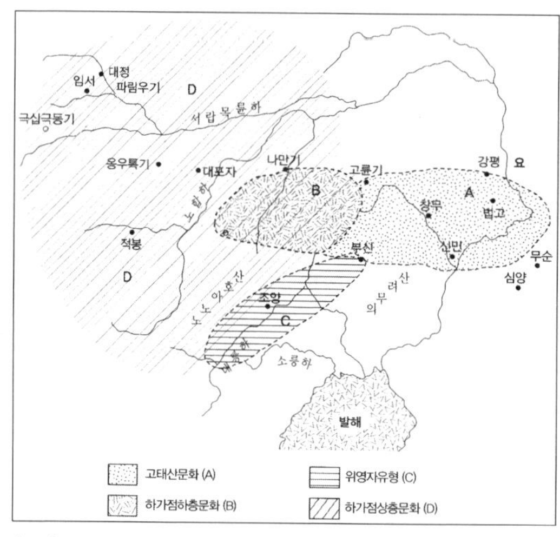

〈그림 2-7〉 요하 유역의 청동문화 분포양상

위영자문화의 거주 형태는 하가점 하층문화에서 보이던 대형의 성곽이나 집단 거주지가 확인되지 않는 등 퇴화 현상이 나타난다. 위영자문화는 집자리와 무덤 및 단단한 질그릇을 통해 볼 때 유목 생활이 아니라 정주문화의 성격을 지녔다.[55] 위영자문화와 하가점 하층문화 사이에는 소량이지만 토기와 석기 등 서로 중첩되는 유물이 많고, 토기 형태 및 문양 등이 일부 계승된 양상도 확인된다.[56]

II. 예맥의 거주지역과 문화원형

1. 능하문화의 형성과 예맥의 등장

위영자문화는 B.C. 11세기를 전후하여 쇠퇴하고 비파형동검과 다뉴세문경을 공반하는 새로운 문화가 출현하였다. 비파형동검과 다뉴세문경을 전형적 특징으로 하는 요서지역의 청동문화를 능하문화(凌河文化)[57]라고

초기 청동기문화』, 동북아역사재단.

55) 복기대, 2002, 앞의 책, 217쪽.

56) 郭大順, 1986, 「試論魏營子類型」, 『考古學文化論集』 1, 79~98쪽.

57) 능하문화라는 개념은 王成生이 대릉하와 소릉하 유역 일대에서 출토되는 청동단검이 하가점 상층문화에서 출토되는 유물과 차이가 있는 사실에 주목하여 凌河類型이라 명명한 것에서 기원한다(王成生, 1981, 「遼河流域及隣近地區短劍鋌曲刀短劍研究」,

부르고 있다.

능하문화는 위영자문화가 소멸된 후 B.C. 9세기 중엽 무렵에 출현하여 B.C. 4세기를 전후하여 중원지역의 철기문화가 전파되기 이전까지 영위되었다. 능하문화는 하가점 상층문화와 동일한 유형이 아니라 고유한 양식이며, 위영자문화의 많은 요소를 계승한 채 여러 지역의 문화를 받아들였다.[58]

능하문화의 분포 범위는 동쪽의 의무려산에서 서쪽의 노노아호산 산록에 이르며, 북쪽의 부신 일대에서 남쪽의 요녕성 남부와 하북성 동북부의 접경지역에 이른다. 그 반면에 하가점 상층문화는 노합하-시라무렌하 일대가 중심지이며, 내몽고 동남부와 서요하 상류지역의 문화유형으로 구분한다.[59]

능하문화는 위영자문화와 시간적으로 연결되고 분포 범위 역시 비슷한 양상을 보인다. 능하문화는 구릉과 평평한 들판을 이용한 농경활동이 경제생활의 중심이 되었다.[60] 능하문화는 하가점 하층문화와 위영자문화를 계승하였다. 능하문화의 유적에서 출토되는 질그릇과 나무덧널 움무덤·돌넛널 움무덤 등의 무덤 양식을 통해 입증된다.[61]

『會刊』, 遼寧省考古博物館學會成立大會論文集). 郭大順 역시 능하유형을 하가점 상층문화의 한 유형으로 이해하였다(郭大順, 1987, 앞의 글, 92쪽). 복기대는 대릉하와 소릉하 일대의 청동문화를 다른 지역과 구분하여 능하문화라고 하였다(복기대, 2002, 앞의 책, 3쪽).

58) 복기대, 2002, 앞의 책, 262~263쪽.

59) 시라무렌하 유역의 공병식 단검문화는 B.C. 9세기 화북평원 동북지역에 해당하는 冀北의 공병식 直刀劍과 오르도스 동검문화, 카라스크문화의 영향을 받아 형성되었다(鳥恩, 1978, 「關于我國北方的靑銅短劍」, 『考古』 5期). 한편 적봉지역의 하가점 상층문화에서 출토되는 銎柄式短劍과 대·소릉하 유역의 短鋌式短劍은 별도의 단검 형태이며, 두 지역을 하나의 문화권을 묶는 것은 문제가 있다고 한다(朱永剛, 1987, 앞의 책, 111쪽 ; 翟德芳, 1988, 「中國東北方地區靑銅短劍分群硏究」, 『考古學報』 第3期, 288~289쪽).

60) 복기대, 2002, 앞의 책, 227~234쪽.

61) 능하문화는 위영자문화의 후기 단계에 성행하였던 나무덧널무덤(목곽묘)을 계승하여 돌덧널 움무덤(토광목곽묘)를 축조하였다. 또한 위영자문화의 질그릇과 화상구·남구문·삼관전자·하탕구 등에서 발견된 능하문화의 큰 아가리 단지와 보시기 등은

큰 규모의 유적은 아직 발견되지 않았고, 집자리 한 곳이 조사되었을 뿐이다. 무덤은 나무덧널 움무덤, 돌덧널 움무덤, 움무덤 등이 축조되었다. 금서시(錦西市) 태집둔(邰集屯) 소황지(小荒地)에는 성곽 유적이 남아 있다.[62]

능하문화를 영위한 집단은 내몽고 동남부 일대에서 하가점 상층문화를 담당한 산융(山戎) 등과 갈래가 달랐다.[63] 이들은 유목생활을 하던 집단이 아니라 정착생활을 하던 농경민에 가까웠다. 능하문화를 영위한 집단은 십이대영자 혹은 오금당 유형의 비파형동검문화를 영위한 집단과 관련이 있다.

비파형동검은 넓은 지역에 걸쳐 출토되고 있다. 북쪽의 요하 상류에 위치한 영성현(寧城縣)과 오한기(敖漢旗)에서 남쪽으로 하북성 서북부의 승덕(承德) 및 연산산맥 이남의 탁현(涿縣)과 망두(望頭)에 이른다. 동쪽으로 압록강을 건너 한반도와 일본 구주지방, 서쪽으로 의무려산을 넘어 내몽고 동남부지역에서 조사되었다. 그 외에 동북 방면의 연해주 일대에서도 비파형동검이 확인되었다.[64]

비파형동검을 처음 사용한 집단에 대해서는 산융(山戎),[65] 동호(東胡)[66]

양식적인 측면과 재질이나 불의 온도, 손으로 만든 것이 공통적인 양상을 띠고 있다(복기대, 2002, 앞의 책, 255쪽).

62) 소황지에 자리한 성곽은 전체 길이 900m, 높이 5m, 밑변 넓이 14m, 정상부 넓이 2.8m 정도이다.

63) 朱貴, 1960, 「遼寧十二台營子靑銅短劍墓」, 『考古學報』 第1期 ; 靳楓毅, 1982·1983, 「中國 東北地區含曲刃靑銅短劍的文化遺存(上·下)」, 『考古學報』 4期·1期.

64) 郭大順·張星德, 2008, 앞의 책, 896~897쪽.

65) 秋山進午, 1953, 「中國東北地方の初期金屬文化の樣狀」(上)(中)(下), 『考古學雜誌』 53-4, 54-1, 54-4 ; 王成生, 1981, 앞의 글, 92~99쪽. 한편 이강승은 요서지역의 하가점 상층문화는 동호, 대릉하 이동의 요녕식 동검문화는 산융이 영위한 것으로 보고 있다(이강승, 1979, 「遼寧地方의 靑銅器文化」, 『한국고고학보』 6).

66) 朱貴, 1960, 「遼寧朝陽十二台營子靑銅短劍墓」, 『考古學報』 第1期 ; 孫守道·徐秉琨, 1964, 「遼寧寺兒堡等地靑銅短劍與大伙房石棺墓」, 『考古』 第6期 ; 秋山進午, 1968, 「中國東北地方の初期金屬文化の樣相(上)」, 『考古學雜誌』 53卷 4號 ; 靳楓毅, 1987, 「夏家店 上層文化及其族屬問題」, 『考古學報』 第2期.

등으로 보고 있다. 동호(東胡)를 북방종족이 아니라 맥(貊) 혹은 발(發)을 거쳐 호맥(胡貊)과 동호(東胡)로 연결되고, 동호가 다시 예맥의 선조가 된 것으로 파악하는 견해도 있다.[67]

능하 유역 및 발해만 연안 일대에서 조사되는 비파형동검을 근거로 요서지역을 고조선의 영역으로 추정하는 견해도 제기되었다.[68] 이와는 달리 요서지역의 비파형동검문화는 산융과 동호, 요동지역의 비파형동검문화는 예맥이 각각 영위한 것으로 보는 견해도 있다.[69] 요동 일대에서 비파형동검문화를 영위한 집단은 고조선이며, 요서지역의 비파형동검문화는 산융이 영위한 것으로 이해하기도 한다.[70]

한편 비파형동검은 출토지역에 따라 오르도스식유형, 남산근유형(南山根類型), 십이대영자유형(十二臺營子類型), 오금당유형(烏金塘類型) 등으로 구분한다.[71] 그 형태에 따라 청동곡인단검(靑銅曲刃短劍), 요녕식단검(遼寧式短劍), 정자형단검(丁字型短劍), 동북계동검(東北系銅劍) 등 다양한 명칭으로 부르기도 한다.

그런데 비파형동검의 출토지역과 형식은 종족 분포와 밀접한 관련이 있다. 내몽고 동남부지역 일대에 분포한 남산근유형은 비파형동검과 오르도스식 동검이 공반하며, 꺽창·도철문 용기(饕餮紋容器)와 같은 중원계 청동기 역시 확인된다.

대릉하 유역에서 주로 조사되는 십이대영자유형[72]은 동물장식 청동기가

---

67) 박진욱, 1987, 「비파형단검문화의 발원지와 창조자에 대하여」, 『비파형단검에 관한 연구』, 과학백과사전출판사 ; 황기덕, 1987, 「료서지방의 비파형단검문화와 그 주민」, 『비파형단검에 관한 연구』, 과학백과사전출판사.

68) 윤내현, 1994, 「고조선의 건국과 민족형성」, 『고조선연구』, 지식산업사, 100~109쪽.

69) 靳楓毅, 1982·1983, 앞의 글 ; 林澐, 1980, 앞의 글, 158~159쪽 ; 이청규, 1995, 「청동기를 통해 본 고조선」, 『국사관논총』 42, 19~23쪽.

70) 송호정, 2003, 앞의 책, 110쪽.

71) 林澐, 1980, 「中國東北系銅劍初論」, 『考古學報』 第2期, 158~159쪽.

72) 吳恩岳斯圖, 2007, 『北方草原考古學文化研究』, 科學出版社.

출토된 것으로 볼 때 북방 청동문화의 영향을 부정할 수 없다. 또한 비파형동검과 말재갈, Y자형동기, 십자형(十字型)동기를 비롯하여 Z자형 다뉴동경이 조사되는 등 요동지역 청동문화와 깊은 관련을 맺고 있다.[73]

오금당유형은 발해 연안에서 주로 발견되며, 비파형동검과 방패·투구 등과 함께 중국식 꺾창을 공반한다.[74] 기하문 선형동부(扇形銅斧) 등 요동지역 비파형동검문화와 유사한 유물이 출토되며, 위의 두 유형과 달리 북방계 요소가 보이지 않고 중원문화의 영향이 현저하다.[75]

오르도스식 동검문화의 담당자는 북적(北狄)·북융(北戎),[76] 내몽고 동남부 지역의 유병식동검문화 담당자는 산융으로 이해된다. 그 반면에 십이대영자유형·오금당유형의 담당자는 능하 유역과 발해만 연안 일대에 거주하던 집단이었다.

능하 유역과 발해만 연안 일대에서 십이대영자유형·오금당유형의 비파형동검문화를 영위한 집단은 다름 아닌 능하문화의 담당자들이었다. 능하문화를 영위한 집단은 수준 높은 청동문화를 바탕으로 고조선에 비견될 정도의 발전된 사회경제 생활을 영위하였다. 대릉하 유역에 위치한 조양 일대에서 능하문화의 유적과 유물이 다수 발견되는 것은 권력의 중심지 형성과 문화의 번성을 의미한다.[77]

능하문화를 영위한 집단은 선진문헌(先秦文獻)에 활동 기록이 남아 있는

---

73) 비파형동검을 부장하는 십이대영자문화를 고조선 혹은 동이족의 선대집단과 연결하여 이해한다(이청규, 1995, 「청동기를 통해 본 고조선」, 『國史館論叢』 4). 또한 조양 일대를 고조선의 초기 중심지로 이해하는 견해도 있다(林炳泰, 1991, 「고고학상으로 본 濊貊」, 『한국고대사논총』 1, 가락국사적개발연구원).

74) 錦州市博物館, 1960, 「遼寧錦西烏金塘東周墓調査記」, 『考古』 5期.

75) 이청규, 1993, 「청동기를 통해 본 고조선」, 『國史館論叢』 42, 10~12쪽 ; 이청규, 2005, 「青銅器를 통해 본 古朝鮮과 주변사회」, 『북방사논총』 6, 35~38쪽.

76) 북방문화는 하북성 북부, 산서 북부에서 내몽고 중부를 거쳐 寧夏에 이르는 지역을 범위로 하였는데, 그 주체를 狄人으로 보고 있다(韓嘉谷, 1994, 「軍都山山東周墓談山戎, 胡, 東胡的考古文化歸屬」, 『內蒙古文物考古文集』).

77) 복기대, 2002, 앞의 책, 274쪽.

예맥으로 추정된다. 예맥은 시베리아를 비롯한 북방지역에서 이주한 집단이
아니라, 요서와 내몽고 동남부 일대에서 요하문명을 영위한 집단에 뿌리를
두고 있다.[78]

2. 예맥의 종족 갈래와 분포지역

1) 예맥의 성장과 발전

　예맥의 기원은 시베리아 일대에서 남하한 알타이족의 이주에서 구하는
것이 일반적이다.[79] 알타이족은 원주지로부터 서쪽으로 중앙아시아를 지나
동유럽까지 연결되고, 북쪽으로는 시베리아의 레나강 유역에 이르는 광범위
한 지역에 거주하였다.

　알타이 계통의 언어를 사용한 사람들은 중앙아시아와 동북아시아의 광범
위한 지역에 분포하였다. 예맥 역시 퉁구스족(만주족 포함), 몽고족, 터키족을
포함한 광의의 알타이집단에 속한 것으로 이해한다. 동북아시아에 거주한
집단은 알타이산맥[80]의 서쪽지역에서 청동문화가 일어나 동쪽으로 전파되
는 과정에서 이주한 것으로 추정한다.

　알타이어족의 개념 형성과 중앙아시아 일대의 찬란한 청동문화의 위용은
예맥의 기원지를 시베리아 일대로 인식하는 계기가 되었다. 그러나 예맥은
북방에서 남하한 집단이 아니라, 요하문명을 영위한 집단에 뿌리를 두고
있을 가능성이 높다.

　요하 유역에 거주하던 토착집단은 홍산문화와 소하연문화를 거쳐 하가점

---

78) 문안식, 2011, 「선진문헌에 보이는 예맥의 갈래와 문화원형」, 『사학연구』 103, 38쪽.

79) 김정배, 1973, 앞의 책, 154쪽.

80) 알타이산맥은 몽골공화국(외몽고)과 중국의 신강 위구르 자치구를 가르는 경계선을
　　따라 해발 4000m에 이르는 준봉들이 이어지고 있다. 그런데 천산산맥에 위치한
　　해발 304m의 준가르 협곡과 알타이산맥의 해발 430m의 이르티슈 협곡 등은 각각
　　카자흐고원과 중앙아시아로 연결되는 통로 역할을 하면서 문화교류의 가교가 되었
　　다.

하층문화 단계에 이르러 사회경제가 발전하면서 국가형성 단계로 진입하였다. 하가점 하층문화를 영위한 집단의 종족 명칭 혹은 국명(國名)에 대해서는

> A. 주(周)의 감지(甘地)사람과 진(晉)의 염가(閻嘉) 사이에 염(閻)의 토지를 두고 다툼이 일어났다.… 주(周) 천자(天子)가 첨환백(詹桓伯)을 진(晉)에 보내 질책하기를, "우리 주(周)는 하대(夏代)에 후직(後稷)의 공으로 위(魏)·태(駘)·예(芮)·기(歧)·필국(畢國)이 우리의 서토(西土)가 되었다. 무왕(武王)이 상(商)과 싸워 이긴 후에는 포고(蒲姑)·상엄(商奄)으로 동토(東土), 파(巴)·복(濮)·초(楚)·등(鄧)으로 남토(南土), 숙신(肅愼)·연(燕)·박(亳)으로 우리의 북토(北土)를 삼았다."[81]

라고 하였듯이, 주(周)의 무왕(武王)이 숙신(肅愼)·연(燕)·박(亳)을 북토(北土)로 삼았다는 내용이 참조된다. 사료 A는 서주(西周)가 숙신을 비롯한 여러 집단을 복속한 사실을 의미하는 것이 아니라, 이들과 북방 경계를 이룬 사실을 지적한 것으로 짐작된다.

이들 중에서 하가점 하층문화를 영위한 사람들과 관련이 있는 집단은 연(燕)과 박(亳)을 들 수 있다. 연(燕)은 오늘날의 북경 일대를 중심으로 하가점 하층문화의 연남유형(燕南類型) 혹은 대타두유형(大坨頭類型)을 영위하던 집단이 중심이 되었다.[82]

박(亳) 역시 연(燕)과 마찬가지로 중원의 북방에 위치한 집단이었다. 박은 다른 문헌에는 보이지 않고, 『좌전(左傳)』에 일부 기록이 남아 있다. 박(亳)은 하가점 하층문화를 영위한 집단 혹은 중심지의 명칭이었다. 박(亳)은 후대에 이르러

> B. 산융(山戎)·발(發)·숙신(肅愼)을 일컬어 동북이(東北夷)라 칭한다.[83]

---

81) 『左傳』 昭公 9年.

82) 曹定云, 1998, 「商族淵源考」, 『中國商文化國際學術討論會論文集』, 中國大百科全書出版社, 123쪽.

83) 『史記』 五帝本紀, 集解.

라고 하였듯이, 산융(山戎)과 발(發)로 분화되었다. 사료 B와 같이 숙신은 계속 보이지만 연(燕)과 박(亳)이 더 이상 나타나지 않는 사실을 통해 유추된다.

발(發)은 A에 보이는 박(亳)과 밀접한 관련이 있다. 박(亳)과 발(發)의 고대음도 각각 박(bak)과 퐡(piwat) 혹은 퐡(pwat)으로 비슷하다.[84] 그러나 박(亳)과 발(發)은 동일한 집단이 아니라 문화와 분포지 등이 일부 달랐다.

발(發)은 박(亳)의 이칭(異稱) 혹은 오기(誤記)가 아니라 선후관계를 이루었다. 박(亳)은 하가점 하층문화를 영위하면서 내몽고 동남부와 요서 일대에 거주하였으며, 발(發)은 박(亳)에서 분화된 특정 집단으로 짐작된다.[85] 발(發)은 후대에 이르러 예(濊)와 맥(貊)으로 분화되었다.[86]

예맥은 만맥(蠻貊)과 호맥(胡貊)처럼 중원의 북방에 거주하던 이민족의 범칭으로 이해한다.[87] 그러나 예맥은 북방 이민족의 범칭이 아니라 정치적 실체가 있는 집단이다. 예맥은 요서지역을 비롯하여 하북성과 산서성의 북부지역에 거주하였다. 이들은

> C. 규구(葵丘)의 회맹 때에 주(周)의 천자가 대부(大夫) 재공(宰孔)을 파견하여 환공(桓公)에게 고기(胙)를 보내며… 환공이 말하기를, "내가 승차(乘車)로 회합함이 세 번이고, 병차(兵車)로 회합함이 여섯 번이니, 모두 아홉 차례나 제후들을 규합하여 천하를 바로 잡았다. 북쪽으로는 고죽(孤竹)·산융(山戎)·예맥(穢貉)에 이르러 진하(秦夏)를 사로잡았다"라고 하였다.[88]

---

84) 郭錫良, 1986, 『漢字古音手冊』, 北京大學出版社, 24쪽.
85) 이와는 달리 發과 貊을 같은 족단을 달리 기록한 同音異寫이며, 肅愼과 燕의 사이에 자리한 貊人으로 보기도 한다(佟冬, 1998, 『中國東北史』 第一卷, 吉林文史出版社). 또한 發은 貊과 발음이 비슷하며, 發은 貊의 異稱으로 이해하는 견해도 있다(孫進己·馮永謙, 1989, 『東北歷史地理』Ⅰ, 黑龍江人民出版社).
86) 문안식, 2011, 앞의 글, 29쪽.
87) 노태돈, 1999, 「고구려의 기원과 국내성 천도」, 『한반도와 중국 동북3성의 역사와 문화』, 서울대 출판부, 315~317쪽 ; 余昊奎, 2002, 「高句麗 初期의 梁貊과 小水貊」, 『韓國古代史研究』 25, 103~115쪽.
88) 『管子』 권8, 小匡20.

라고 하였듯이, 제(齊)의 환공(桓公)과 관중(管仲)이 활약한 B.C. 7세기 무렵에 실체가 드러난다.

예맥은 춘추시대(春秋時代)에 앞선 서주(西周) 초기에 이미 존재하였을 가능성도 없지 않다. 『일주서(逸周書)』와 『시경(詩經)』에 따르면

> D-1. 성주(成周)의 회맹(會盟)에서… 서쪽을 바라보고 있는 것은 북방(北方)에 거주한다. 직신(稷愼)은 대진(大塵)을 가지고 왔다. 예인(穢人)은 전아(前兒)를 가지고 왔다. 전아는 미후(彌猴)와 같은데, 서서 다니고 그 소리는 어린아이와 비슷하다.… 발인(發人)은 록(鹿)을 가지고 왔는데 사슴처럼 빨리 달린다.[89]
>
> 2. 저 웅대한 한성(韓城) 연사(燕帥)가 완성해 주었네. 네 선조가 명을 받아 백만(百蠻)을 관리하였도다. 왕이 한후(韓侯)에게 다시 명을 내리니 추(追)와 맥(貊)을 복속하여 북국(北國)을 어루만지는 명을 받아 그 백(伯)이 되시니, 성을 쌓고 해자를 파고 밭을 경작하고 세금을 정하였으며, 왕에게 담비가죽과 붉은 표범·누런 말곰 가죽 바치었네.[90]

라고 하였듯이, 예인(穢人)과 발인(發人) 및 추(追)[91]와 맥(貊) 등 여러 명칭이 혼용되어 있다.

사료 D에 보이는 예맥이 종족의 명칭인지 아니면 거주지 혹은 지명에 해당되는지 잘 알 수 없다. 예와 맥을 합쳐 예맥으로 부르지 않고, 각각 기록한 것으로 볼 때 별도의 집단이었을 가능성이 높다. 예(穢)와 맥(貊)의 명칭은 중원 사람들이 주변의 집단을 이적시(夷狄視)하는 데서 생겨났다.

예(穢)는 한자로 쓰면 '더럽다'는 의미의 비칭(卑稱)이며, 물가에 사는 수달(水獺)에 해당된다. 맥(貊)은 정약용이 일찍이 『아방강역고(我邦疆域考)』 예맥(薉貊) 편에서 오소리라고 하였는데, 너구리에 해당되는 것으로 보기도

---

89) 『逸周書』 권59, 王會解.

90) 『詩經』 大雅 韓奕.

91) 追와 濊의 관계는 시대에 따른 同音異寫이며, 追와 濊는 동일한 집단을 가리키는 것으로 보고 있다(金廷鶴, 1964, 「韓國民族形成史」, 『韓國文化史大系(1)』, 411~414쪽 ; 이성규, 2002, 「문헌에 보이는 한민족문화의 원류」, 『한국사1』, 165쪽.

한다.92) 그러나 예를 '쇠' 즉, 태양 또는 철(鐵)로 추정하는 견해도 있다.93)

사료 D-1에 기록된『일주서(逸周書)』의 내용은 서주(西周) 문왕(文王)·무왕(武王) 시기부터 춘추시대 영왕(靈王)·경왕(景王)까지에 걸쳐 일어난 일련의 사실이 기록되어 있다.94) 또한 사료 D-2는 서주(西周) 선왕(宣王)의 재위(B.C. 827~B.C. 782) 때에 한후(韓侯)를 재책명한 내용을 싣고 있다.

이와 같이 예와 맥은 서주 초기부터 문헌 기록에 등장한다. 그러나 선진문헌(先秦文獻)에 기록된 예맥의 분포지에 대해서는 잘 알 수 없는 형편이다. 예맥의 분포지는 사료 C에 보이듯이 환공이 북쪽으로 정복사업을 펼쳐 고죽(孤竹)과 산융(山戎) 외에 예맥(穢貊)에 이르렀다는 내용을 통해 유추된다.

예맥은 중원의 입장에서 볼 때 고죽(孤竹) 및 산융(山戎) 등과 함께 북방에 위치하였으며, 군사작전을 전개할 때도 동시에 출군할 수 있는 지리적 관계를 이루었다. 예와 맥은 생활 습속과 문화가 비슷하였으며, 지리적으로 가까운 곳에 위치하였기 때문에 양자를 합하여 '예맥'으로 부르지 않았을까 한다.

환공이 직접 이끈 제군(齊軍)의 북벌(北伐)은 산융이 주요 공략 대상이었다. 산융의 중심지는 시라무렌하 유역과 노합하 유역 등 요하 상·중류 일대였다. 또한 고죽국은 천안현(遷安縣)·노룡현(盧龍縣)을 비롯한 하북성 북부 일대에 자리하였다.

고죽은 상대(商代) 후기에 이르러 중원의 선진문화를 받아들여 농업과 수공업이 발전하였으며 목축업의 수준도 높았다.95) 그럼에도 불구하고 고죽은 중원 사람들에 의하여 동일한 갈래로 받아들여진 것이 아니라 이족(異族)의 거주지 사황(四荒)으로 인식되었다.96) 고죽은 서주(西周)를 거쳐 춘추시

---

92) 주채혁, 2008,『순록 유목제국론』, 백산자료원, 54쪽.
93) 김운회, 2006,『대쥬신을 찾아서』, 해냄출판사.
94) 羅家湘, 2006,『逸周書硏究』, 35쪽.
95) 佟冬, 1998,『中國東北史』第一卷, 吉林文史出版社, 166쪽.

대(春秋時代)에 이르러 연(燕)과 산융(山戎)의 압박을 받아 쇠약해졌다.[97]

환공은 산융을 제압하기 위해 고죽과 영지 등에 대한 군사작전을 병행하였다. 산융은 B.C. 8세기 무렵에 이르면 산동성 임치(臨淄) 부근까지 남하하여 제(齊)를 공격할 만큼 세력이 강성해졌다. 『회남자(淮南子)』에

> E. 제나라 환공의 시대 천자는 초라해지고 약해졌으며 제후들은 서로 공격하였다. 남쪽의 야만인과 북쪽의 오랑캐가 침입하여 중국의 존망이 위기에 놓였다.… 환공은 중국의 재난과 이적(夷狄)들의 반란을 걱정하였다.[98]

라고 하였듯이, 중원제국(中原諸國)은 산융 등의 압박을 받아 매우 어려운 상황에 처하였다.

산융은 대릉하 상류지역에 위치한 능원(凌源)·객좌(喀左) 일대를 중심지로 삼고, 승덕(承德)를 거쳐 북경 부근으로 진출하였다. 산융은 연산(燕山)을 넘어 하북 북부지역으로 남하하여 연(燕)·제(齊)와 각축전을 벌였다. 산융은 B.C. 706년에 제(齊)를 공격하여 교외(郊外)에서 전투를 벌였으며, B.C. 664년에는 연(燕)을 공격하였다.

산융은 B.C. 662년에 다시 연을 공격하였고,[99] 연(燕)은 제(齊)에 구원을 요청하였다.[100] 환공은 산융을 비롯한 북방의 위협세력을 제거하기 위해 대대적인 군사작전을 전개하였다. 환공은 B.C. 658년에 산융을 비롯한 고죽·영지 등을 정벌하여 북벌을 성공리에 마무리하였다.[101] 산융의 약화는 남산근유형(南山根類型)에 비해 문화 능력이 저하된 남산유형(南山類型) 단계로

---

96) 『爾雅』 권11.

97) 『國語』 권6, 齊語, 韋昭 注.

98) 『淮南子』 권21.

99) 『史記』 권110, 匈奴列傳 50.

100) 『史記』 권32, 齊太公世家 2.

101) 『鹽鐵論』 권6, 攻伐 ; 『國語』 권6, 齊語.

전환되는 사실을 통해 입증된다.[102]

한편 환공의 북벌에 대해『좌전(左傳)』에는 산용만이 언급되어 있고,『국어(國語)』제어(齊語) 편에는 영지(令支)와 고죽(孤竹)이 추가되어 있다. 환공의 북벌은 산용의 공략에 그치지 않고,[103] 예맥에 대해서도 일정한 영향을 미쳤다.[104]

예맥의 위치에 대해서는

> F-1. 중도에 진공(晉公)을 구하고, 적왕(狄王)을 사로잡았으며, 호맥(胡貊)을 물리치고 도하(屠何)를 패배시켰다. 이로써 기병을 활용한 오랑캐를 비로소 굴복시켰다. 북으로 산용(山戎)을 정벌하고, 영지(令支)를 제압하였으며, 고죽(孤竹)을 참하니 구이(九夷)가 비로소 복종하니 바닷가(海濱)의 제후(諸侯) 중에서 와서 복종하지 않는 자가 없게 되었다.[105]
>
> 2. 드디어 북으로 산용을 정벌하고 영지를 쳤으며, 고죽을 참하고 남으로 돌아오니 바닷가의 제후들 중에서 복종하지 않는 자가 없었다.[106]

라고 하였듯이, 바닷가를 언급한 사실이 주목된다. 사료 F에 언급된 바닷가(海濱)는 하북성 북부와 요서지역의 우측에 위치한 발해만 일대를 가리키는 것으로 짐작된다.『여씨춘추(呂氏春秋)』에도

> G. 비빈(非濱)의 동쪽은 이예(夷穢)의 고장이다.[107]

---

102) 오강원, 2007, 앞의 글.

103) 하가점 상층문화는 초기에는 적봉 夏家店·蜘蛛山, 翁牛特旗 大泡子, 克什克騰旗 龍頭山 등 북부지역에서 '용두산유형'이 성행하였다. 그러나 B.C. 8세기~B.C. 7세기 무렵에 이르러 寧城과 建平 등 남쪽지역의 '南山根類型'이 성장한 것으로 보고 있다(복기대, 2002, 앞의 책, 174쪽).

104) 양재영, 2009,「동주시기 중국 동북지역 북방민족 연구」,『고구려의 등장과 그 주변』, 동북아역사재단, 359쪽.

105)『管子』권8, 小匡20.

106)『國語』권6, 齊語.

107)『呂氏春秋』권12, 置郡覽.

라고 하였는데, 비빈(非濱)=북빈(北濱)[108]의 동쪽을 이예(夷穢)의 고장으로 기술하였다.

북빈(北濱)은 중원 북방의 해안지방을 가리키며, 이예(夷穢)로 지칭된 집단은 예맥을 의미하는 것이 아닐까 한다. 북빈(北濱)은 중원 동북방의 해안지역에 국한되지 않고, 능하 유역을 비롯한 요서지역과 발해만 일대를 망라한 것으로 짐작된다.[109]

2) 장성(長城) 연변지역 예맥의 실체와 종족갈래

예맥은 요서와 발해만 일대 외에 산서성 북부를 비롯한 장성 연변지역에도 별도의 집단이 거주하였다. 이들은 호맥(胡貊) 등으로 불리기도 하였다. 호맥(胡貊)은 『한서(漢書)』 조착(晁錯)전에

> H. 호맥(胡貊)의 땅은 그늘 쌓인 곳에 나무껍질이 세 치, 얼음 두께가 여섯 자다. 사람들은 고기를 즐겨 먹고 짐승의 젖을 마시며, 새와 짐승의 털로 빽빽한 옷을 입고, 추위를 잘 참는다.[110]

라고 하였듯이, 유목과 수렵생활을 영위하던 종족이었다. 호맥(胡貊)은 요서 일대의 예맥과 무관한 존재이며, 동이(東夷)에 속한 존재가 아니라 북적(北狄) 계통이었다.

이들은 오르도스식 동검문화를 영위하던 북적(北狄)·북융(北戎)의 일파가 아니었을까 한다. 호맥은 난하(灤河) 유역의 영지 및 고죽과 갈래가 다른

---

108) 高誘의 注에 의하면 ‘非疑當作北 猶言北海之東也 東方曰夷穢 夷國名’이라고 하였듯이, 非는 北의 誤字로 추정된다.

109) 北濱은 北海之濱을 의미하며, 『孟子』 離婁章句 편에 의하면 “孟子曰伯夷辟紂北海之濱”이라는 구절이 남아 있다. 백이가 은거해 살던 지역은 하북성 노룡현 일대의 고죽국이며, 北海之濱은 고죽국과 인접한 해안지방을 비롯하여 발해만 일대와 그 인근의 해안지역을 가리키는 것으로 짐작된다.

110) 『漢書』 권49, 爰盎晁錯19.

집단이며, 내몽고 동남부와 하북 북부 일대의 산융 및 중원의 연(燕)·제(齊)와
도 구별되는 존재였다.

호맥(胡貊)은 맥(貊)으로 불리기도 하였는데

〈그림 2-8〉 중국 영하회족자치구 하란산의 암각화 : 흉노 계통의 유목민이 사냥에서 사슴 등의 동물이 잘 잡히기를 기원하는 암각화를 남겼다.

I-1. 진문공(晉文公, 재위 B.C. 636~B.C. 627)이 위(衛)를 치는데, 위(衛)의 성곽까지 이르렀다.… 이 말에 문공이 두려워하여 군대를 돌이켜 나라로 돌아오니 맥인(貊人)이 진(晉)을 공격하고 있었다.[111]

2. 조양자(趙襄子) 4년(B.C. 454)… 양자(襄子)는 3일 동안 목욕재계한 후에 친히 대나무 토막을 가르니 안에 붉은 글씨로 "조무술(趙毋卹)아… 그는 하종(河宗)을 모두 다 차지하여 휴혼(休溷)과 제맥(諸貊)의 지역까지 이를 것이며, 남쪽으로 진나라의 다른 성읍을 정벌하고, 북쪽으로는 흑고(黑姑)를 멸할 것이다"라고 쓰여 있었다. 양자(襄子)는 재배하고 삼신(三神)의 명을 받아들였다.[112]

라고 하였듯이, 춘추전국 때에 조(趙)와 위(魏)를 비롯한 중원의 북방국가와
대립하였다. 사료 I-1에 언급된『설원(說苑)』의 저작 연대는 전한(前漢) 때이지
만, 고사(故事)의 시점은 진 문공(晉 文公)의 재위 시기(B.C. 636~B.C. 627)에
해당된다.

맥인(貊人)이 진(晉)을 공격한 사실을 전하는 사료 I는 산서성 북쪽에서
벌어진 사건을 전하고 있다. 맥(貊)은 춘추시기에 산서성 북쪽에서 활동하였
고, 전국 초기에도 조(趙)의 북쪽에 해당하는 산서(山西)와 하북(河北) 일대에
계속 거주하였다.[113]

---

111)『說苑』권13, 權謀.

112)『史記』권43, 趙世家13.

113) 박준형, 2001,「'濊貊'의 形成過程과 古朝鮮」,『學林』22.

산서 북부지역에서 활약하던 맥인(貊人) 혹은 호맥(胡貊)은 요녕성 일대의 맥인(貊人)과 동일한 갈래로 보는 견해도 있다. 요녕지역의 예맥이 서주(西周) 초기에 서진(西進)하여 일정 기간 동안 존속하다가 사라져간 것으로 이해한다.[114] 그러나 산서 북부지역에서 활약한 맥인(貊人)은 요녕지역의 예맥과는 무관한 존재이며, 북적(北狄)에 속한 호맥(胡貊)의 일파였을 가능성이 높다.

사실 적(狄)과 맥(貊)은 모두 중원의 북쪽에 위치하였다. 적(狄)은 정북(正北), 맥(貊)은 동북(東北)에 거주하였다. 적인(狄人)은 하북 북부·산서 북부·내몽고 서남부·영하(寧夏) 일대에 거주하였다. 호맥(胡貊) 혹은 맥(貊)은 산서 북부 일대에 거주하면서 조(趙)와 대립하였다.

맥(貊)의 어원(語源)에 대해서 공자(孔子)는 '나쁘다는 것을 말하며 악(惡)한 것을 칭한다'라고 하였다.[115] 공자를 비롯한 중원 사람들은 호맥(胡貊)·맥(貊)을 북방에 거주하는 위협집단으로 인식하였다.

산서 북부의 호맥(胡貊)과 요서지역의 예맥(穢貊)을 동일한 집단으로 혼동한 사례도 일부 있다. 『설문해자(說文解字)』에

> J. 다섯 부류의 적인(狄人)은 북방에 위치하였다. 이순(李巡)이 말하기를 "오적(五狄)은 그 첫 번째를 일컬어 월지(月支)라 하며, 두 번째가 예맥(穢貊)이며, 세 번째가 흉노(匈奴)이며, 네 번째가 비우(單于)이며, 다섯 번째를 일컬어 백옥(白屋)이라 한다"라고 하였다.[116]

라고 하였듯이, 예맥(穢貊)을 동이(東夷)가 아니라 북적(北狄)의 갈래로 파악한 견해도 없지 않다. 사료 J에 보이는 예맥(穢貊)은 요서 일대에 거주한 집단이 아니라 호맥(胡貊)을 혼동한 것으로 짐작된다.

---

114) 박준형, 2008, 「濊·貊의 분포 양상과 그 이해」, 『고대 영동지역 문화적 정체성의 탐구』 발표문, 강릉대 인문학연구소.
115) 段玉裁 著, 1977, 『說文解字經』, 臺灣 蘭臺書局.
116) 段玉裁 著, 1977, 『說文解字經』, 臺灣 蘭臺書局.

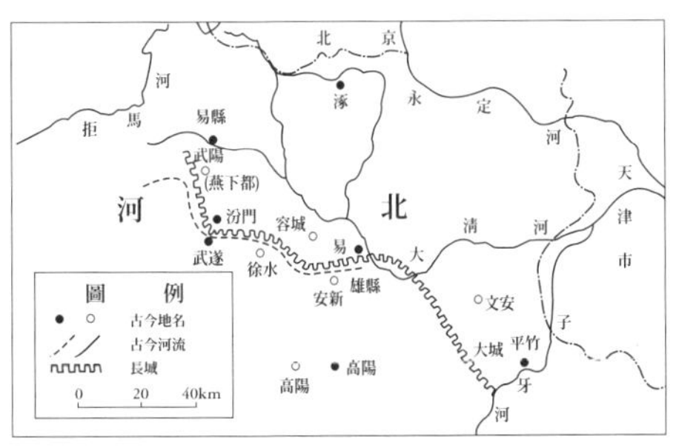

〈그림 2-9〉 장성 연변으로 이주한 예맥의 분포지역 : 장성 연변 지역으로 이주한 예맥은 산서 북부와 하북성 중남부 일대에 주로 거주하였다.

발해만 연안과 능하 유역을 비롯한 요서 일대의 예맥(穢貊)과 산서 북부의 호맥(胡貊)은 종족 갈래가 다른 별도의 존재였다. 그런데 산서 북부의 호맥(胡貊)과 다른 갈래의 예맥이 하북성 중남부 일대에 거주한 흔적이 남아 있다.

북위(北魏)의 역도원(酈道元, A.D. 469~527)이 저술한 『수경주(水經注)』에

K. 또 동북으로 장무현(章武縣) 서쪽을 지나고 또 동북으로 평서현(平舒縣) 남쪽을 지나 동쪽으로 바다에 들어간다. 청(淸)·장수(漳水)는 장무현의 고성(故城) 서쪽으로 지나가는데 옛 예읍(濊邑)이다. 지독(枝瀆)이 나오는데 예수(濊水)라 한다. 동북으로 참호정(參戶亭)을 지나 2개의 지류(支流)로 나뉜다.… 또 동북으로 2개로 나뉘는데 한 물줄기는 오른쪽에서 나와 전(澱)이 되고, 다른 한 줄기는 호지(呼池)로 들어가는데 이를 예구(濊口)라고 한다(청·장수는 섞여 동쪽으로 흘러 바다로 들어간다).117)

라고 하였듯이, 한대(漢代)에 세워진 발해군(勃海郡) 장무현(章武縣) 일대에 예(濊)와 관련된 지명이 남아 있다. 예읍 등은 북경과 천진의 아래쪽에 위치한 문안(文安)·대성(大成)·임구(任丘) 일대에 해당된다.

하북성 중남부에 위치한 예읍(濊邑) 등의 지명은 예족이 중원지역에 장기간 거주한 사실을 반영한다.118) 이들 지역에 거주하던 예족(濊族)은 북방의 예맥(穢貊) 일파가 모종의 사건에 휘말려 남쪽으로 이주하였을 가능성이 높다.

---

117) 『水經注』 권10, 濁漳水.

118) 이성규, 2003, 「고대 중국인이 본 한민족의 원류」, 『한국사시민강좌』 32, 일조각, 115~116쪽.

제3장 요하문명의 확산과 그 여파

Ⅰ. 중원지역 확산과 상(商)의 건국

1. 상(商)의 기원과 종족 갈래

중원지역은 전기 신석기시대에 해당하는 노관대문화(老官臺文化, B.C. 7000~B.C. 5000)를 거쳐 중기 신석기시대의 앙소문화(仰韶文化)로 이어졌다. 또한 앙소문화는 후기 신석기시대에 해당하는 용산문화(龍山文化)로 계승되었다.

용산문화는 B.C. 3000년 무렵에 시작되어 B.C. 2200년까지 800년 동안 영위되었다. 그 대표적인 유적은 하남 신밀(新密) 신채(新砦)[1]·등봉(登封) 왕성강(王城崗)[2]·산서 양분(襄汾)의 도사(陶寺) 유적[3] 등을 들 수 있다. 용산문화를 토대로 하여 최초의 국가였던 하(夏)가 건국되었다.

하(夏)는 용산문화를 거쳐 이리두문화(二里頭文化) 단계에 이르면 한층 발전된 모습을 보인다. 이리두문화는 B.C. 1900년 무렵에 시작되어 B.C. 1500년까지 400여 년 동안 지속되었다.[4] 이리두문화는 석기(石器)를 주로

---

1) 趙春靑 等, 2004, 「河南新密新砦遺址發現城牆和大型建築」, 『中國文物報』 3期.

2) 方燕明, 2006, 「登封王城崗城址的年代及相關問題探討」, 『考古』 9期.

3) 解希恭, 2007, 『襄汾陶寺遺址硏究』, 科學出版社.

4) 趙芝荃, 1987, 「論二里頭遺址爲夏代晚期都邑」, 『華夏考古』 2期 ; 張雪蓮, 2007, 「新砦-二

사용하고 청동기를 보조로 활용하는 동석병용(銅石併用) 혹은 조기 청동기시대에 해당된다.[5]

〈그림 3-1〉 청동 솥 : 이리두 유적에서 출토되었으며, 청동 주조업이 매우 발달하였음을 알려준다.

이리두의 명칭은 하남성 서부 낙양분지(洛陽盆地)의 동쪽에 위치한 언사시(偃師市)라는 이름에서 기원하였다. 이리두문화는 문명 형성에 유리한 자연 조건과 지정학적인 조건을 갖춘 낙양분지를 중심으로 일어났다.

낙양분지는 중국을 양분하는 동남부의 평원지대와 서북부의 고원·산악지대를 연결하는 요충지에 위치한다. 낙양분지를 비롯한 황하 중류지역은 아열대와 온대 기후가 교차하였으며, 속작(粟作)과 도작(稻作) 농업이 모두 가능하였다. 황하와 그 지류를 흐르는 풍부한 수원(水源), 하천 주변의 두터운 퇴적 토양은 농업생산에 유리한 천혜의 조건을 이루었다.

이리두 유적 등에서 출토된 유물은 권력을 장악한 지배자, 발달한 행정조직, 대규모 토목공사를 추진할 수 있는 사회경제적 여건이 구비되었음을 보여준다. 그 외에 청동기 등을 제작하는 전업적인 장인 집단도 존재하였다.[6] 이리두 유적의 발굴은 전설상의 왕조로 알려진 하(夏)를 역사적 실체가 있는 국가로 인정하는 계기가 되었다.

중국학계는 하(夏)의 건국 연도를 구체적으로 B.C. 2070년으로 확증하기에 이르렀다.[7] 이리두문화를 영위한 집단의 국가형성은 무덤의 크기와 부장

里頭-二里崗文化考古年代序列的建立與完善」, 『考古』 8期.

5) 中國社會科學院考古研究所二里頭工作隊, 2005, 「河南洛陽盆地2001年~2003年考古調查報告」, 『考古』 5期.

6) 杜金鵬 外, 1999, 「試論偃師商城小城的幾個問題」, 『考古』 2期 ; 雛衡, 1990, 「夏文化研討的回顧與展望」, 『中原文物』 2期. 한편 이리두문화를 夏代의 후기 유적이 아니라, 상의 초기 유적으로 보는 견해도 없지 않다(河南城文物考古研究所, 2001, 『鄭州商城』, 文物出版社, 1003~1020쪽).

7) 李學勤 主編, 1997, 『中國古代文明與國家形成研究』, 雲南出版社 ; 夏商周斷代工程專家組, 2000, 「夏商周年表」, 『夏商周斷代工程1996~2000年段階成果報告(簡本)』, 世界圖書

〈그림 3-2〉 이리두 유적에서 조사된 궁전 모습

유물에 반영된 빈부격차, 거대한 종묘 및 궁전의 조영, 청동기와 골기의 사용, 질그릇 제조를 포함하여 전문화된 수공업에 종사하던 사람들의 존재 등을 통해 입증된다.[8]

이리두문화는 언사 이리두를 비롯하여, 등봉현(登封縣) 왕촌(王村)·정주 낙달묘(洛達廟)·낙양 동간구(東干泃)·신향(新鄕) 노왕분(潞王墳) 등에서 확인되었다. 이들 유적의 분포를 통해 볼 때 하(夏)의 영역은 이락(伊洛) 유역을 중심으로 북쪽의 산서성 남부에서 남쪽의 하남성과 호북성의 경계지역, 동쪽의 하남성 동부에서 서쪽으로 산서성과 하남성의 경계에 이르는 30만km^2 정도였다.[9]

그러나 고고학상의 문화영역과 국가의 강역이 반드시 일치하는 것은 아니다. 황하 중류지역을 중심으로 이리두문화권이 형성되었지만, 그 범위가 하(夏)의 영역을 직접 반영한 것으로 보기는 어렵다.[10] 하(夏)의 도읍으로 알려진 짐심(斟尋)을 확증할 수 있는 증거가 확인된 것도 아니다.[11]

出版公司 ; 吳耀利, 2001,「中國文明的基源與形成」,『中原文物』4期.

8) 中國社會科學院考古硏究所, 1999,『偃師二里頭1959年~1978年考古發掘報告』, 中國大百科全書出版社.

9) 鄒衡, 1980,「夏文化分布區域內有關夏人傳說的地望考」,『夏商周考古學論文集』, 文物出版社.

10) 중국학계의 고고학 성과를 고대사 연구에 어느 정도 활용할 것인가에 대해서는 의견 차이가 적지 않다. 중국 학자들은 후기 신석기문화를 문헌에 언급된 소위 전설시대와 연관시켜 재해석하는 경향이 있다. 서양 학자들은 인류학계의 국가형성 이론을 중국의 고고학 자료에 비판적으로 적용시켜 그들 나름의 고대국가 형성 모델을 창출하고 있다. 이에 대해서는 다음의 글을 참조하기 바란다(심재훈, 2003,「고대 중국 이해의 상반된 시각 : 疑古와 信古논쟁」,『역사비평』65).

11) 중국문명의 형성을 지나치게 '자생론'적인 관점에서 고찰하려는 시도와는 달리 전차와 도기, 밀과 보리 등이 서역에서 전래된 것은 주지의 사실이다. 그 외에 28宿의 관념이나 성벽의 건축법 역시 상당할 정도로 서역 등지와 유사한 사실이 드러나고 있다(민후기, 2008, 앞의 글, 186쪽). 또한 夏의 기층문화를 성격과 시기가 다른 하남 용산문화와 이리두문화를 합성하여 夏代積年을 맞추고 있는 사실에 대한

이리두문화가 하(夏)의 만기(晩期)와 상(商)의 조기(早期) 사이에 중첩된 사실 역시 드러나고 있다. 이리두 유적을 하(夏)의 중심취락 혹은 도읍 유적으로 단정하기 어렵고, 하(夏)를 계승한 상(商)의 조기(早期) 유적이었을 가능성도 없지 않다.[12) 중원지역이 본격적인 청동문화 단계에 도달한 것은 전기 청동기시대에 해당하는 이리강문화(二里岡文化)가 시작된 이후이다.[13)

이리강문화는 B.C. 1600년을 전후하여 시작되어 200여 년 동안 지속되었다.[14) 하(夏)와 상(商)의 관계에 대해서는 연속성과 일체성을 강조하는 일원론,[15) 양자의 부동성(不同性)과 비연속성을 강조하는 이원론[16)이 제기되었다. 그러나 하(夏)가 멸망한 직접적인 원인은 동방에서 중원 방면으로 들어온 상족(商族)의 침입이었다.

중국은 신석기시대에 6개 이상의 계통과 기원을 달리하는 다원적인 문화가 확인되었다.[17) 황하 중류지역의 토착집단이 앙소문화－용산문화－이리두문화를 거치면서 하(夏)를 건국하였고, 상(商)은 하북 방면에서 중원으로 진출한 집단이 중심이 되었다.

비판도 없지 않다(劉緖, 2001, 「有關夏代年和夏文化測年的幾点看法」, 『中原文 物』 2期).

12) 이리강문화에 기반하여 중원지역 토착집단이 세운 국가의 명칭은 처음에는 商이라 불렀다. 상족의 시조는 契라는 인물인데, 요순시대에 백성을 교화하고 후에 禹를 도와 치수에 공을 세워 商에 책봉되었기 때문에 商이라 부르게 되었다. 契의 14대손 湯王이 夏의 걸왕을 물리치고 商을 건국하였으며, 수차례 도읍을 옮겼다가 19대 盤庚이 B.C. 1300년 무렵에 殷으로 옮겨 마지막 紂王까지 273년간 유지되었다. 商 외에 殷으로 부르기도 하였다. 殷의 명칭은 周가 商을 멸한 후에 그 유민을 경멸해 사용하던 호칭에서 연유한 것으로 보고 있다. 그 외에 수도였던 殷에서 기원한 것으로 이해하는 견해도 있다.

13) 河南省文物考古研究所, 2001, 『鄭州商城』, 文物出版社.

14) 夏商周斷代工程專家組, 2000, 『夏商周斷代工程1996～2000年段階成果報告』, 世界圖書出版公司.

15) 夏鼐, 1980, 『中國文明的起源』, 文物出版社, 82～100쪽.

16) 李先登, 2000, 「夏文化與中國古代文明起源」, 『中原文物』 3期.

17) 嚴文明, 1987, 「中國前史文化的統一性與多樣性」, 『文物』 3期 ; 최진묵, 2008, 「고고학 자료에 기초한 하와 상 전기 연대」, 『하상주단대공정』, 동북아역사재단, 185쪽.

상(商)을 건국한 집단의 중원지역 진출은 무력 정벌을 동반하였다. 이리두 유적의 최상층에서 화살촉과 함께 해체된 유골이 다량 출토된 사실이 참조된다.[18] 상(商)의 탕왕은 이윤(伊尹) 등의 도움을 받아 하(夏)의 걸왕을 명조(鳴條)에서 격파하였다. 하와 상의 왕조교체 후 문화변천이 일어났다.[19]

이리두 일대는 3만 명이 거주하던 도읍에서 소규모의 촌락으로 전락되었다.[20] 이리두에서 동쪽으로 6km 떨어진 언사(偃師)에 성벽을 갖춘 도시가 만들어졌다.[21] 상은 다시 동쪽으로 75km 떨어진 정주(鄭州)로 이주하여 약 1,700m의 토벽으로 둘러싼 상성(商城)을 세웠다.

상(商)은 전대의 하(夏)와 마찬가지로 성곽과 왕궁을 중심으로 규모가 큰 도시국가를 이루었다. 상성의 성문 밖에서는 청동기·도기(陶器)·골기(骨器)를 만드는 장인의 공장과 주거지가 발굴되었다.[22] 상의 건국을 전후하여 이리강문화가 시작되면서 본격적인 청동문화 단계에 이르렀다.

이리강 유적은 규모가 25km^{2}에 달하며, 방사성탄소연대 측정에 의하여 B.C. 1620년 무렵에 조성된 것으로 밝혀졌다. 이리강 유적은 하층과 상층의 2기층으로 구분되며, 도철 문양과 승문 문양의 회도가 주로 조사되었다. 청동기는 이리두문화 단계의 제례용과 위신재 성격을 벗어나 큰 솥·2층 밥솥·대야·술잔 등의 그릇, 칼·갈고리 창·화살촉 등의 무기류가 출토되었다.[23]

상의 지배층은 정주 주변에 황토로 판축한 장방형의 토성을 축조하여 내부에 거주하였다. 궁궐이 조영되고, 예제(禮制)와 종묘시설이 정비되었다.

---

18) 中國社會科學院考古研究所, 1999, 앞의 책, 38~40쪽.

19) 李伯謙, 2002, 「關于早期夏文化-從夏商周王朝更迭與考古學文化變遷的關係談起」, 『夏文化論集(下)』, 834쪽.

20) 趙芝荃, 1987, 「論二里頭遺址爲夏代晚期都邑」, 『華夏考古』 2期.

21) 中國社會科學院考古研究所, 1999, 『偃師二里頭1959年~1978年考古發掘報告』, 中國大百科全書出版社.

22) 河南省文物考古研究所, 2001, 『鄭州商城』, 文物出版社.

23) 河南省文物研究所, 1989, 「鄭州商代二里崗期鑄銅遺址」, 『考古學集刊』 6.

청동 악기가 출현하고, 정보 전달을 할 수 있는 갑골문자가 출현하였다. 도시가 만들어지고 성곽 등이 체계적으로 축조되었다. 청동 주조 기술과 정교함은 다른 지역과 비교할 수 없을 만큼 뛰어났다.

〈그림 3-3〉 정주(鄭州)의 상성(商城) 성벽 : 상성(商城)의 전체 면적은 25km², 성벽의 길이는 7km에 이른다.

한편 선상문화(先商文化)는 태항산맥의 동쪽에 위치한 하남성 북부와 하북성 남부의 충적평원에서 발전한 하칠원문화(下七垣文化)로 이해한다.[24] 하칠원문화의 취락은 태항산맥과 황하 하류 사이에 위치한 하천의 구릉 위에서 주로 조사되었다. 흙을 다져서 만든 항토식 성벽으로 둘러싸여 있는데, 남부의 휘위(輝衛) 유형과 북부의 장하(漳河) 유형으로 구분한다. 장하 유형의 주민들이 하남성 동부로 이주하였고,[25] 이리강문화 단계에 이르러 상(商)을 건국한 것으로 이해한다.[26]

상(商)의 건국세력을 산동과 강소 일대에서 악석문화(岳石文化)를 영위한 집단으로 보는 견해도 있다. 중원의 첫 국가였던 하(夏)와 대립한 이(夷)를 상족(商族) 및 산동 방면에서 악석문화(岳石文化)를 영위한 집단의 연합체로 이해한다.[27]

이와 같이 상을 건국한 집단의 갈래와 문화 양상 등에 대해서는 여러 견해 차이가 있다. 하가점 하층문화가 연산(燕山)을 넘어 중원지역에 영향을 미친 사실 역시 부정할 수 없다. 하가점 하층문화를 영위한 집단은 하북

---

24) 李伯謙, 1989, 「先商文化探索」, 『慶祝蘇秉琦考古五十五年論文集』, 文物出版社.

25) 張立東, 1996, 「論輝衛類型」, 『考古學集刊』 10.

26) 劉莉·陳星燦, 著/심재훈 譯, 2006, 『중국고대국가의 형성』, 학연문화사, 103쪽.

27) 이성규, 1991, 「先秦文獻에 보이는 '東夷'의 성격」, 『한국고대사논총』 1, 한국고대사회 연구소.

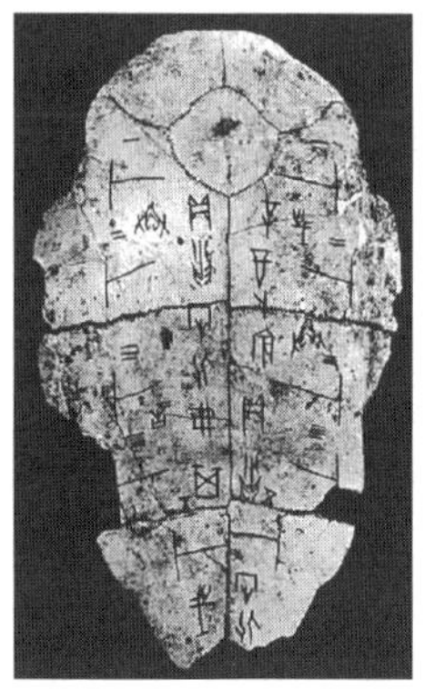
〈그림 3-4〉 은허 유적에서 발굴된 갑골문자

북부지역으로 진출하여 하북 용산문화(B.C. 3000~B.C. 2200)를 대체하고 대타두문화(大坨頭文化)를 형성하였다.28)

대타두문화는 경진지구(京津地區, 북경과 천진)와 장가구(張家口) 일대를 중심으로 B.C. 22세기에 시작되어 B.C. 14세기 무렵까지 지속되었다. 하북지역의 후기 신석기문화의 전통을 계승한 채 하가점 하층문화를 비롯한 주변지역의 문화를 받아들여 형성되었다.29) 대타두문화(大坨頭文化)를 영위하던 집단과 오늘날의 북경 일대를 중심으로 형성된 선연(先燕)의 연관성을 거론하기도 한다.30)

대타두문화가 선상문화(先商文化)와 밀접한 관련이 있는 것으로 보는 견해도 없지 않다.31) 연산 일대에서 하가점 하층문화를 영위하던 집단이 중원으로 이주하여 상(商)을 건국하였고, 원거주지에 남은 사람들이 연국(燕國)의 핵심 성원이 된 것으로 이해하기도 한다.32) 이와 같이 상족(商族)의 기원지는 하북성 남부,33) 발해만의 서북 해안지역,34) 하북 북부35) 및 중국 동북36) 등으로 이해하고 있다.

---

28) 하가점 하층문화와 대타두문화의 관계에 대해서는 다음의 글을 참조하기 바란다(복기대, 2008, 「고고학 성과로 본 동북아시아 고대문화」, 『동아시아고고학』 제17집).

29) 복기대, 2009, 「대타두문화에 대한 일고찰」, 『고문화』 61, 한국대학박물관협회.

30) 曹定云, 1998, 「商族淵源考」, 『中國商文化國際學術討論會論文集』, 中國大百科全書出版社, 123쪽.

31) 郭大順, 1998, 「北方古文化與商文化的起源」, 『國際商文化國際學術討論會論文集』, 中國大百科全書出版社.

32) Guo Da-shun, "Northern-Type Bronze Artifacts Unearthed in the Liaoning Region, and Related Issues," in Sarah M. Nelson(1995), pp.182~205.

33) 丁山, 1960, 『商周史料考證』, 龍門聯合書局, 14~42쪽.

34) 翦伯贊, 1951, 「諸夏的分布與鼎鬲文化」, 『中國史論文集(一)』, 國際文化服務社, 48~69쪽.

35) 顧頡剛, 1934, 「古代地域的擴張」, 『禹貢半月刊』, 第1卷 第2期.

사실 상(商)을 건국한 집단은 중원지역의 토착집단이 아니라 외곽에서 이주해 온 사람들이 중심이 되었다.[37] 상의 원주지는 문헌을 통해 볼 때 박(亳)이었다. 그 위치에 대해서는 하남성(河南城) 정주(鄭州) 상성(商城)과 언사(偃師) 상성(商城) 등으로 추정한다.[38] 그 외에 하북성 장하(漳河)[39] 혹은 북경[40]으로 보는 견해도 있다.

『세본(世本)』에 보이는 번(蕃)[41]을 박(亳)의 이칭으로 이해하고, 유연(幽燕)에 인접한 지역으로 추정하기도 한다.[42] 상족이 내몽고 극십극등기(克什克騰旗)의 시라무렌하 하원(河源)[43] 혹은 유연(幽燕)[44] 등에서 기원한 것으로 이해하는 견해도 없지 않다.

그런데 상(商)의 도읍이었던 은허(殷墟) 유적에서 하가점 하층문화 계통의 유물들이 조사되어 요하문명과 황하문명의 접촉을 시사한다. 상의 건국집단을 연산(燕山) 일대에서 하가점 하층문화를 영위하던 사람들 중에서 중원 방면으로 이주한 무리로 보기도 한다.[45]

---

36) 傅斯年, 1935, 「夷夏東西說」, 『慶祝蔡元培先生六十五歲論文集』, 國立中央硏究員歷史語言硏究所集刊外編 第1種.

37) 한편 서구학계는 단대공정이 문헌자료, 청동기 명문 등의 자료를 다룬 방식, 방사성탄소연대 측정법 등 여러 문제가 있음을 지적하며 강한 의구심을 표명하고 있다(David S. Nivison, 2002, "The Xia-Shang-Zhou Chronology Project : Two Approaches to Dating", *Journal of Eeat Asian Archaeology*).

38) 鄒衡, 1978, 「鄭州商城即湯都亳說」, 『文物』 2期 ; 安金槐, 1961, 「試論鄭州商代遺址」, 『文物』 4·5合.

39) 鄒衡, 1980, 『夏商周考古學論文集』, 文物出版社, 210~218쪽.

40) 曹定云, 1998, 「商族淵源考」, 『中國商文化國際學術討論會論文集』, 中國大百科全書出版社, 117~125쪽.

41) 『世本』은 사마천이 『史記』를 편찬할 때 인용된 여러 기초 자료 중의 하나였는데 중도에 散佚되었다. 宋代와 明代에 여러 사서에 흩어져 있는 자료를 모아 輯補하였으나 전해지지 않고 있다. 淸代 중기에 輯補한 것이 현전하며, 1957년에 商務印書館에서 『世本八種』을 出版하였다.

42) 丁山, 1960, 『商周史料考證』, 龍門聯合書局, 16~17쪽.

43) 金景芳, 1978, 「商文化起源于我國北方說」, 『中華文史論叢』 第7輯.

44) 于志耿·李殿福·陳連開, 1985, 「商族起源于幽燕說」, 『歷史研究』 第5期.

은허 발굴을 지휘했던 부사년(傅斯年)은 "상(商)은 동북에서 와서 흥했으며, 상이 망하자 다시 그들의 원향(原鄕)인 동북으로 갔다"[46]는 의견을 피력하였다. 소병기(蘇秉琦) 역시 상(商)의 선대(先代)가 장성 부근의 연산(燕山)부터 북쪽의 백산흑수(백두산과 흑수) 일대까지 거주한 것으로 추정하였다.[47]

은허에서 조사된 유물 중에 하가점 하층문화와 유사한 면모를 보이는 출토품이 적지 않다.[48] 이를 토대로 하여 상대(商代) 청동기 문양의 원류를 하가점 하층문화의 채도(彩陶)로 보기도 한다.[49] 은허에서 발굴된 중소 규모의 귀족 무덤에서 출토된 인골 역시 황하 중·하류 지역에 거주하던 한족(漢族)과 다른 양상을 보인다. 은허 유적의 인골은 북아시아와 동아시아 사람들이 혼합된 동북방 인종의 전형적인 특징을 갖고 있다.[50]

또한 상(商)은 하(夏)·주(周)·진(秦)의 역법과는 달리 은력(殷曆)을 사용하였으며, 옷 색깔 등에서 흰색을 좋아하였다.[51] 그 외에 상족(商族)은 동북 방향을 숭상하는 신앙을 갖고 있었다.[52] 상의 은력 사용과 흰색 애호 및 동북 방향을 숭상하는 생활방식은 중원인과는 차이를 보인다. 상족(商族)이 중국의 동북지역에서 성행한 하가점 하층문화와 모종의 깊은 관련이 있음을 시사한다.

---

45) Guo Da-shun, "Northern-Type Bronze Artifacts Unearthed in the Liaoning Region, and Related Issues," in Sarah M. Nelson, 1995, pp.182~205.

46) 傅斯年, 1935, 「夷夏東西說」, 『慶祝蔡元培先生六十五歲論文集』, 國立中央研究員歷史語言研究所集刊外編 第1種, 1093쪽.

47) 蘇秉琦, 1999, 『中國文明起源新探』, 三聯書店, 153쪽.

48) 傅斯年, 1935, 앞의 글, 1093쪽.

49) 劉觀民·徐光冀, 1989, 「夏家店下層文化彩繪紋飾」, 『慶祝蘇秉琦考古五十五年論文集』, 文物出版社.

50) 潘其風, 1989, 「我國靑銅器時代居民人種類型的分布和演變趨勢」, 『慶祝蘇秉琦考古五十五年論文集』, 文物出版社.

51) 『禮記』 檀弓上 조에 의하면 夏는 黑色을 숭상하여 군사행동 때에 黑馬를 탔고, 제사 때는 검은 빛 희생물을 바쳤다. 이와는 달리 商은 白色을 주로 사용하였고, 周는 赤色을 숭상하였다.

52) 楊錫璋, 1989, 「商人尊北方位」, 『慶祝蘇秉琦考古五十五年論文集』, 文物出版社.

2. 상(商) 유민의 이주와 기자조선의 실상(實像)

상(商)은 B.C. 1600년 무렵에 건국하여 B.C. 1046년 무렵까지 500년 이상 동안 유지되었다. 상은 B.C. 1300년 무렵에 이루어진 은허(殷墟) 천도를 전후하여 전기와 후기로 구분한다. 전기의 중심지는 언사(偃師)와 정주(鄭州) 일대였으며, 후기는 반경(盤庚)이 은허(殷墟)로 수도를 옮긴 후 8대 12왕에 걸쳐 254년 동안 유지되었다.

상(商)은 은허로 천도한 이후 여러 분야에 걸쳐 장족의 발전을 이룩하였다. 무정왕(B.C. 1250~B.C. 1192) 때에 이르면 서북방의 귀방(鬼方)을 복속하고, 토방(土方)을 격퇴하여 북으로 쫓아냈다. 또한 동쪽에 위치한 인방(人方)과 섬서성 기산현(岐山縣) 일대의 위수(渭水) 유역에 위치한 주방(周方) 복속을 추진하였다.[53]

상의 영역은 동쪽의 산동성 제남(濟南)에서 서쪽의 섬서성 기산현(岐山縣), 북쪽의 하북성·산서성에서 남쪽의 회하(淮河) 유역에 이르렀다. 또한 상이 하북성 일대로 진출하면서 하가점 하층문화의 연남 유형 혹은 대타두문화는 소멸되었다.

중원왕조의 하북지역 진출은 상대(商代)에 이르러 본격화 되었다. 상(商)의 하북(河北) 진출은 기록이 남아 있지 않아 정확한 실상을 알 수 없는 형편이다. 다만 북경 방산현(房山縣) 유리하(琉璃河) 유적 등을 통해 유추된다.[54]

상(商)은 B.C. 11세기 무렵에 이르러 북경 부근까지 영역을 확장하였다.[55]

---

53) 先周文化는 섬서성 보계현 일대에서 확인되고, 후대에 해당하는 서주 초기의 유적은 산서성 치현 부근에서 주로 조사되고 있다(劉軍社, 2003, 『先周文化硏究』, 三秦出版社).

54) 河北 蔚縣 유적은 하가점 하층문화의 상층에서 이리강 상층문화가 확인되며, 盧龍 東敢各莊 遺址와 唐山市 古冶의 商代 遺址에서도 하가점 하층문화와 商의 문화가 함께 조사되었다. 그 외에 北京 琉璃河에서도 商의 진출을 반영하는 문화층이 확인되었다. 이들 유적은 이리강문화 단계부터 상 말기까지 商族이 하북 울현과 북경 일대에 진출하였음을 의미한다. 유리하 유적은 燕國의 초기 근거지이며, 서주 초기의 城址와 200여 기의 묘지가 함께 조사되었다(裵眞永, 2002, 「周初 燕國 分封址 연구 동향」, 『中國史硏究』 15).

〈그림 3-5〉 상(商)의 영역과 주변집단의 분포 양상

상족(商族)의 거주지로 알려진 동가림촌(董家林村)과 황파촌(黃坡村)에서는 각각 동서 850m에 달하는 고성(古城)이 확인되었다.[56] 경진지구와 하북 북부 지역에 위치한 고죽(孤竹) 역시 상의 세력권에 포함되었다. 상과 고죽은 혼인관계를 맺는 등 밀접한 관계를 유지하였다.[57]

고죽은 계(契)를 시조로 하는 상(商)과 같은 조상을 가진 동성국(同姓國)이었다. 계(契)는 자(子)를 성(姓)으로 삼았는데, 후대에 이르러 은씨(殷氏)·래씨(來氏)·송씨(宋氏)·치씨(稚氏)·북은씨(北殷氏)·목이씨(目夷氏) 등으로 분가되었다. 이들 중에서 목이씨(目夷氏)가 고죽국을 세운 묵이씨(墨夷氏) 혹은 묵태씨(墨胎氏)에 해당된다.[58]

상(商)은 연(燕)과 고죽 등이 위치한 하북 일대를 직접 통치하지 않고 봉건제를 활용하였다.[59] 그러나 주(周)가 상(商)을 무너뜨리고 중원의 패권을 차지한 후 변화가 일어났다. 주족(周族)은 상(商)의 서쪽 변경에 거주하였는데, 무정(武丁) 복사(卜辭)에 따르면 원래 주방(周方)이라 하였다.

문왕(文王) 때에 섬서성(陝西省)의 기산(岐山) 부근에서 서안(西安)의 풍(豊)

---

55) 王彩梅, 1987, 「燕國歷史遡源與夏家店下, 上層文化」, 『華夏文明』 1期.

56) 北京市文物考古隊, 1979, 「建國以來北京市考古和文物保護工作」, 『文物考古工作三十年』, 3～4쪽.

57) 金岳, 1992, 「孤竹國探源」, 『遼海文物學刊』 第1期.

58) 孟古托力, 2003, 「孤竹國釋論」, 『中國東北邊疆硏究』, 中國社會科學出版社.

59) 봉건제는 서주에서 처음 시작된 것으로 이해한다. 그러나 상대에 봉건제가 이미 시행되었으며, 갑골문에 새겨진 '甸', '伯', '侯', '子', '男' 등은 명문을 통해 입증된다. 제후는 商王에게 朝勤과 貢納의 의무를 졌고, 왕의 명에 따라 出征과 제사에 참여하였다.

으로 옮겼다. 문왕은 상(商)이 전란 등으로 피폐해진 틈을 이용하여 다시 장안으로 근거지를 옮겼다. 주(周)는 무왕 때에 이르러 맹진(孟津)에서 황하(黃河)를 건너 하남성 급현(汲縣)의 목야(牧野)에서 상군(商軍)을 대파하였다.

무왕은 은허(殷墟)로 입성하여 주왕(紂王)을 죽이고 상을 무너뜨렸다.[60] 무왕은 상(商)을 제압한 후 30만 명 이상의 백성을 사로잡아 노(魯)와 연(燕) 등의 제후국에 분배하였다.[61] 또한 상(商)의 지배층 일부를 포섭하여 관직을 주면서도 엄격한 통제를 하였다.[62]

주(周)는 서쪽에 있던 제후국의 백성을 하북 일대로 이주시켰다. 무왕은 동생 소공(召公) 석(奭)을 연(燕)의 제후로 책봉하는 등 봉건제를 실시하였다. 무왕은 연왕(燕王) 책봉과 사민(徙民)을 통해 선연(先燕)의 토착전통을 와해하고 새로운 지배관계를 창출하였다.

하북지역은 토착문화 전통이 약화된 채 동북이(東北夷)의 범주에서 벗어나 중화(中華)의 일원이 되었다. 주(周)의 영역은 동쪽으로 안휘·강소·절강 북부, 서쪽으로 섬서와 사천에 이르렀다. 또한 남쪽은 호남과 강서에 이르렀고, 북쪽은 하북을 넘어 요녕의 일부지역까지 확대되었다.[63]

한편 상(商)의 유민 중에서 주(周)의 지배를 거부하고 다른 지역으로 이주한 무리도 적지 않았다. 이들 중에는 조선왕에 책봉된 것으로 전해지는 기자(箕子)도 포함되었다. 기자의 동래(東來)를 전하는 사료는 선진문헌(先秦文獻)에 남아 있지 않고, B.C. 3세기 이후에 편찬된 사서에 전한다.

『논어』와 『죽서기년(竹書紀年)』 등의 일부 문헌에 기자와 관련된 내용이

---

60) 『史記』 周本記 武王 11年 12月.

61) 무왕이 주왕을 격파하고 중원을 차지한 시기에 대한 정확한 연대를 알 수 없는 실정이며, 가장 빠른 견해는 B.C. 1130년이고 가장 늦은 견해는 B.C. 1018년으로 보고 있다(민후기, 2008, 「하상주단대공정중의 '武王克商年'과 '商代 後期 年代學'에 대한 검토와 비판」, 『하상주단대공정』, 동북아역사재단).

62) 杜正勝, 1979, 「周代封建的建立」, 『歷史言語研究所集刊』 51, 500~501쪽.

63) 이성규, 1999, 「중국문명의 기원과 형성」, 『講座中國史』 1, 66~75쪽.

전혀 없는 것은 아니다. 다만 기자가 조선으로 갔다는 기록은 없고 존재만 언급되어 있을 뿐이다. 최근에 요서와 내몽고 일대에서 상·주시대의 청동예기(靑銅禮器)가 조사되면서 기자조선과 관련된 여러 논의가 일어나고 있다.

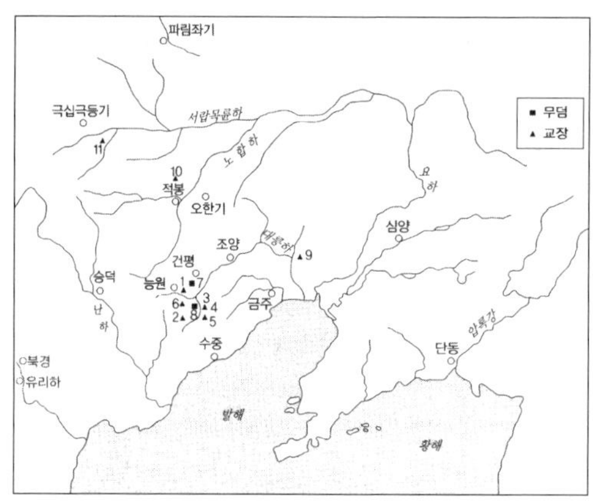

〈그림 3-6〉 요서와 내몽고지역 상·주시대의 청동예기 출토지역

청동예기는 제사나 향연 혹은 장례 등의 의례에 사용된 물품이며,[64] 요녕성 객좌현(喀左縣)을 중심으로 지금까지 11곳에서 조사되었다. 요서지역에서 조사된 상·주시대의 청동예기 출토지역은 <그림 3-6>에 제시되어 있다.[65] 청동예기는 대부분 용도가 명확하지 않은 구덩이에서 확인되었으며, 일부 지역의 경우 무덤에서 출토되었다.

청동예기가 조사된 구덩이는 제사갱(祭祀坑)[66] 혹은 저장갱(貯藏坑)[67] 등으로 보고 있다. 객좌현의 북동촌에서는 '기후(箕侯)'라는 명칭이 새겨진 솥이 조사되었는데, 기자조선의 실체를 반영하는 유물로 거론되고 있다. 또한 북동촌(北洞村)의 고산(孤山)에서도 고죽(孤竹)이라는 명칭이 새겨진 청동예기가 출토되었다. 이를 고죽국이 요서지역에 존재한 사실을 입증하는 증거로 보기도 한다.[68]

---

64) 청동예기는 수장층의 정치적 합법성을 보증하는 조상 숭배의식의 매개체, 부와 권력을 상징하는 위세품으로 활용되었다(Chang, K. C., *Art Myth, and Ritual*, Harvard Univercity Press, Cambridge, Mass, 1982).

65) 김정열, 2008, 「요서지역 출토 상·주 청동예기의 성격에 대하여」, 『요하유역의 초기청동기문화』, 동북아역사재단.

66) 郭大順·張星德, 2008, 앞의 책, 812쪽.

67) 烏恩岳斯圖, 2007, 『北方初元考古學文化研究』, 科學出版社, 110쪽.

68) 고죽국은 지금의 하북성 遷安을 비롯한 발해 연안이 중심지였다. 그 영역은 동으로

중원 계통의 청동예기가 요서 일대에 매장된 배경에 대해서는 주민의 이주를 들고 있다.[69] 상(商)의 멸망 이후 유민들이 북상한 것으로 이해하는 견해도 있다.[70] 청동예기는 상말주초(商末周初)에 북경 일대에 거주하던 집단이 대릉하 유역으로 이동한 사실을 증명한다.[71] 또한 청동예기에 다양한 종족과 국명이 기록된 사실을 통해 볼 때 여러 집단이 함께 이동했을 가능성도 없지 않다.[72]

〈그림 3-7〉 대릉하 유역에서 조사된 청동예기 : 객좌현 북동촌에서 1973년 농부가 땅을 경작하는 도중에 조사되었다.

이들의 이주는 '연후(燕侯)의 상사(賞賜)를 받는' 등의 문구가 새겨진 명문이 발견된 것으로 볼 때 연후와 모종의 관계를 맺고 추진되었다.[73] 청동예기(靑銅禮器)를 소유한 채 북으로 이주한 집단은 은허를 비롯한 수도 부근이 아니라, 북경 일대에 거주하던 사람들이 중심이 되었다.

청동예기는 요녕 외에 산동 일대에서도 확인되었다. 산동성 황현(黃縣) 남부촌(南部村)에서 8점의 기기(箕器)가 출토되었고, 연대시(烟臺市) 남쪽 교외에서도 기후정(箕侯鼎)이 조사되었다. 따라서 기자를 비롯한 상(商)의 유민들은 요녕 외에 산동 방면으로도 이주하였을 가능성이 높다.

한편 '기후(箕侯)' 등의 명칭이 새겨진 청동예기는 기자조선과 관련 있는 것으로 보는 것이 일반적이다.[74] 해당지역의 토착세력 수장에게 증여한

<hr>

요녕성 홍성현, 북으로 요서 북표시 일대와 내몽고 오한기 서남부까지 미친 것으로 보고 있다(金岳, 1981, 「亞微曇名文考釋」, 『遼寧省考古博物館學會成立大會會刊』).

69) 李學勤, 1990, 「北京, 遼寧出土靑銅器與周初的燕」, 『新出靑銅器硏究』, 文物出版社, 46~53쪽.

70) 魏凡, 1994, 「從考古學上再論東北商文化問題」, 『遼寧大學學報』 6期.

71) 廣川守, 1995, 「大凌河流域の殷周靑銅器」, 『東北アジアの考古學硏究』.

72) 劉淑娟, 1991, 「山灣子商周銅器靑銅器斷代及銘文簡釋」, 『遼海文物刊』 2期.

73) 晏琬, 1975, 「北京遼寧出土靑銅器與周初的燕」, 『考古』 5期.

〈그림 3-8〉 기후(箕侯) 글자가 새겨진 솥. 산동성 연대시(烟臺市)에서 출토되었다.

것으로 보는 견해도 없지 않다.[75] 그러나 기자를 비롯한 상(商) 유민의 이주에도 불구하고 요서 일대가 중화세계에 편입된 것은 아니었다.

중국 학계의 경우 기자의 초봉지(初封地)를 요서 일대로 보고, 점차 한반도 방향으로 이동해 간 것으로 추정하는 이동설(移動說)이 주류를 이루고 있다. 기자조선의 중심지가 B.C. 12세기 무렵에는 대릉하 유역(객좌)에 있었으나, 요하 유역을 거쳐 B.C. 2세기 초에 대동강 유역(평양)으로 옮긴 것으로 이해한다.[76]

또한 기자조선이 처음부터 끝까지 평양에 위치한 것으로 파악하는 견해도 있다.[77] 기자가 한반도 남부지역으로 이주하여 먼저 진(辰)을 세웠고, 그 후 평양 방면으로 북상하여 고조선을 건국한 것으로 생각하는 견해도 있다.[78]

맥인(貊人)의 갈래인 양이(良夷)가 세운 고조선, 기족(箕族)이 이주하여 건국한 기자조선으로 구분하는 견해도 있다. 전자는 한반도의 선주민이

---

74) 기자 집단의 이동에 대해서는 다음의 글을 참조하기 바란다(천관우, 1974, 「箕子考」, 『동방학지』 15 ; 이형구, 1991, 「大凌河流域의 殷末周初 靑銅器文化와 箕子 및 箕子朝鮮」, 『한국상고사학보』 5). 그러나 기자집단의 이동을 입증하기 위해 거론되는 고고자료에 대해서 확대해석과 시간적 차이를 고려하지 않는 문제점을 지적하기도 한다(김정배, 1996, 『韓國古代의 國家起原과 形成』, 고려대출판부, 13~14쪽 ; 기수연, 1992, 앞의 글, 8쪽). 또한 요서지역의 청동예기가 기자조선과 관련 없는 것으로 보는 견해도 있다(송호정, 2005, 「대릉하유역 殷周靑銅禮器 사용집단과 箕子朝鮮」, 『한국고대사연구』 38).

75) 烏恩岳斯圖, 2007, 위의 책, 107~111쪽.

76) 張博泉, 1985, 『東北地方史稿』, 吉林大學出版社.

77) 李健才, 2000, 「評"箕子朝鮮傳說考"」, 『高句麗歸屬問題研究』, 吉林文史出版社 ; 張碧波, 2000, 「箕子探研」, 『博物館硏究』 第3期.

78) 劉子敏, 2003, 「關于考"辰國"與"三韓"的探討」, 『社會科學戰線』 6期.

북한지역에 세웠으며, 후자는 상·주교체기에 객좌 일대에 봉해진 기자집단
이 한반도로 이주하여 토착 고조선을 흡수한 것으로 이해한다.[79]

그러나 대릉하 유역에서 조사된 청동예기는 상(商) 유민의 이주를 반영할
뿐이고, 토착문화를 해체하여 중원 사람이 중심이 된 국가가 성립된 것은
아니었다. 중원계통의 청동예기를 소유한 상나라 유민들의 이주는 요하를
넘지 못하고 요서(遼西) 일대에 머물렀다.[80]

청동예기를 소유한 집단의 이주 혹은 예기(禮器)의 증여는 상말주초(商末周
初)로 한정되지 않고, 상대(商代) 중기부터 서주(西周) 중기까지에 걸쳐 이루어
졌다. 중원양식의 청동예기는 서주 전기 이후부터 서주 중기 이전에 집중되었
고, 서주 중기를 분수령으로 더 이상 요서지역으로 유입되지 않았다.[81]

청동예기의 요서 유입을 북경의 연후(燕侯)와 요서지역 토착세력의 상쟁
과정에서 전쟁이나 약탈 등을 통해 전파된 것으로 보기도 한다.[82] 요서의
능하지역과 발해만 연안 일대는 위영자문화가 소멸된 이후 중원지역의
청동문화와는 성격이 다른 능하문화(혹은 비파형동검문화)가 영위되었다.

하북 북부지역 역시 중원 계통과 다른 북방계통의 청동문화가 영위되었다.
북방계통의 청동문화는 동남구문화(B.C. 9세기 초~B.C. 8세기 중반)-낙타
량문화(B.C. 8세기 후반~B.C. 7세기)-옥황묘문화(B.C. 6세기~B.C. 5세기)
-포대산문화(B.C. 4세기 전후)로 계승되었다.

이들 문화는 하가점 상층문화 및 중원의 연·제문화와 현격한 차이가
존재하며, 북방지역의 청동문화와 유사한 면모를 띠고 있다. 북경 군도산에
서 출토된 B.C. 8세기~B.C. 6세기 무렵의 청동 유적이 주목되는데, 중원
사람들과 구별되는 융족(戎族)의 고분으로 밝혀졌다.[83]

---

79) 佟冬 外, 1987, 『中國東北史』, 吉林大學出版社.

80) 이형구, 1990, 「한국민족문화의 시베리아기원설에 대한 再考」, 『동방학지』 69.

81) 김정열, 2009, 「요서지역 출토 상·주 청동예기의 성격에 대하여」, 『요하유역의 초기
    청동기문화』, 동북아역사재단, 85쪽

82) 김정열, 2009, 위의 글, 119쪽.

북경의 군도산을 비롯하여 그 인접지역은 직인비수식(直刃匕首式) 청동단검을 주요 특징으로 하는 옥황묘문화(玉皇廟文化)의 세력권이었다. 하북 북부지역은 동남구문화 등을 영위한 북방종족이 성쇠를 거듭하였고, 능하지역과 발해만 연안 일대는 하가점 하층문화의 전통을 계승한 예맥이 위영자문화-능하문화를 거치며 오랜 동안에 걸쳐 존속하였다.

그 반면에 요동지역에서 고태산문화와 마성자문화 등의 조기 청동문화를 영위한 집단은 숙신이었다. 숙신은 비파형동검문화의 출현을 계기로 하여 고조선으로 계승되었다. 따라서 고조선의 시작을 주나라 무왕에 의한 기자의 조선왕 책봉에서 구하는 사료를 그대로 믿는 것은 문제가 없지 않다.

중원의 사가(史家)들은 요동지역 진출을 상말주초(商末周初)의 기자 책봉과 연관시켜 정통성을 표방하였다. 고조선이 연(燕)·진(秦)·한(漢)의 동방침입에 의해 요동지역을 내주고 한반도 방면으로 밀려나면서 인식의 변화가 일어났다.

기자조선이 선진문헌에는 보이지 않고, 한대(漢代) 이후에 편찬된 사서(史書)에 처음 등장하는 사실이 주목된다. 기자조선에 관한 기록은 복생(伏生)이 분서갱유로 소실된 내용을 조착(晁錯)에게 전해준 29편의 금문(今文)『상서(尚書)』에 처음 보인다.

무왕(武王)이 상(商)을 멸망시키고 감옥에 갇힌 기자를 석방하였으나, 조선으로 달아나자 조선왕에 봉했다는 기록이 남아 있다. 기자는 책봉을 받은 후 신하의 예를 차렸으며, 무왕을 만나 홍범구주(洪範九疇)를 전했다고 한다.

『사기(史記)』송미자세가(宋微子世家)에도 무왕이 상(商)을 정복한 뒤 기자를 방문하여 백성을 편안하게 하는 방도를 묻자, 홍범9주를 지어 바쳤다는 기록이 남아 있다. 무왕이 기자를 조선왕으로 봉하였으나, 기자가 신하의 예를 갖추지 않았다는 내용은 『상서(尚書)』의 기록과 차이가 있다.

---

83) 靳風毅, 1992,「軍都山山戎文化墓地的發現及埋葬制度特徵」,『北京文物與考古』第 3輯, 北京市 文物研究所.

『한서(漢書)』지리지 연조(燕條)에도 상(商)이 쇠퇴한 후 기자가 조선으로 가서 백성들에게 예의와 농사·양잠·베짜기 기술을 가르쳐 범금팔조(犯禁八條)가 시행된 내용이 남아 있다. 그 외에『삼국지(三國志)』한전(韓前)에는 위만에게 왕위를 빼앗긴 준왕(準王)을 기자의 후예로 기술하고 있다.

이와 같이 기자의 동래(東來)는 선진문헌에는 보이지 않고, B.C. 3세기 이후에 편찬된 사서에 기록이 남아 있다. 그러나 기자 동래와 관련된 사료의 내용은 허구이며, 중화주의(中華主義) 관점에서 고조선의 출발을 설정한 것에 불과하다.[84]

Ⅱ. 중국 동부지역 동이(東夷)의 실체와 종족 갈래

1. 동이의 기원과 문화원형

중원지역은 상대(商代)에 이르러 청동문화가 만개하였다. 중원의 외곽지역에 위치한 여러 집단 역시 장족의 발전을 이루었다. 중원의 동북쪽과 동쪽 방면에는 동북이(東北夷)와 동이(東夷)의 갈래에 속한 집단이 존재하였다.

동북이(東北夷)에 속한 집단은 산융(山戎)·발(發)·숙신(肅愼)이 해당되며,[85] 고죽과 영지 등도 동일한 갈래에 포함되었다. 산융(山戎)과 발(發) 및 고죽과 영지 등이 자리한 지역은 요하문명이 만개한 하가점 하층문화의 영역이었다. 연산(燕山) 이남의 경진지구(京津地區) 역시 하가점 하층문화의 연남 유형이 영위되었다.

동이(東夷)는 상(商)의 동쪽과 동남쪽에 해당하는 산동과 강소 북부 일대에

---

84) 서영수, 1988, 「고조선의 위치와 강역」,『한국사시민강좌』2 ; 이기백, 「고조선의 국가형성」,『한국사시민강좌』2.

85)『史記』五帝本紀, 集解.

분포하였다. 이들을 부여 및 고구려 등과 종족적으로 밀접한 관계가 있는 집단으로 이해하는 견해도 있다. 알타이 방면에서 동쪽으로 이주한 집단의 일부는 산동반도 쪽으로 내려가고, 다른 한 갈래는 요동지역을 거쳐 한반도 방향으로 이주한 것으로 보고 있다.[86]

한국 학자들은 산동과 강소 일대의 동이를 한민족(韓民族)의 계보와 연결시켜 활동무대를 과시하려는 측면이 있다. 중국 학자들 역시 산동성과 강소성 북부 일대에 거주하던 동이와 부여·고구려·삼한 등을 동일한 갈래로 파악하려는 견해가 점증하고 있다.[87] 한족(漢族) 형성의 일익을 담당한 산동 및 강소의 동이와 요동·한반도 방면의 동이를 동일한 계통으로 파악하여 중국사의 범위를 확대하려는 의도에서 비롯되었다.

그러나 선진시대(先秦時代)에 산동과 강소 북부 일대에서 활약한 동이와 요동 및 한반도 방면의 동이는 갈래가 다른 집단이었다.[88] 산동과 강소 일대의 동이는 북신문화(北辛文化)－대문구문화(大汶口文化)－산동 용산문화(龍山文化)를 거쳐 악석문화(岳石文化)를 영위하였다.[89]

북신문화는 B.C. 6000년을 전후하여 산동과 강소 북부 지역을 중심으로 형성되었다. 북신문화는 대문구문화로 계승되어 B.C. 4300년~B.C. 2500년에 걸쳐 유지되었는데, 100여 곳에 이르는 유적이 조사되었다. 대문구문화는 산동성 중부의 태산(泰山) 일대가 중심이 되었다.

그 분포 범위는 동쪽의 황해(黃海)에서 서쪽으로 노서북평원(魯西北平原), 북쪽의 발해의 남안(南岸)에서 남쪽으로 강소의 회하 북부까지 해당된다.

---

86) 呂振羽, 1935, 『史前時期中國古代文化』, 北平人文書店 ; 김상기, 1948, 「韓·濊·貊 移動考」, 『史海』 1.

87) 劉子敏, 1996, 『高句麗歷史硏究』, 延邊大學出版社.

88) 이성규, 1991, 「先秦文獻에 보이는 '東夷'의 성격」, 『한국고대사논총』 1, 한국고대사회연구소 ; 기수연, 1992, 「東夷의 개념과 실체의 변천에 관한 연구」, 『백산학보』 42.

89) 嚴文明, 1989, 「東夷文化的探索」, 『文物』 9期.

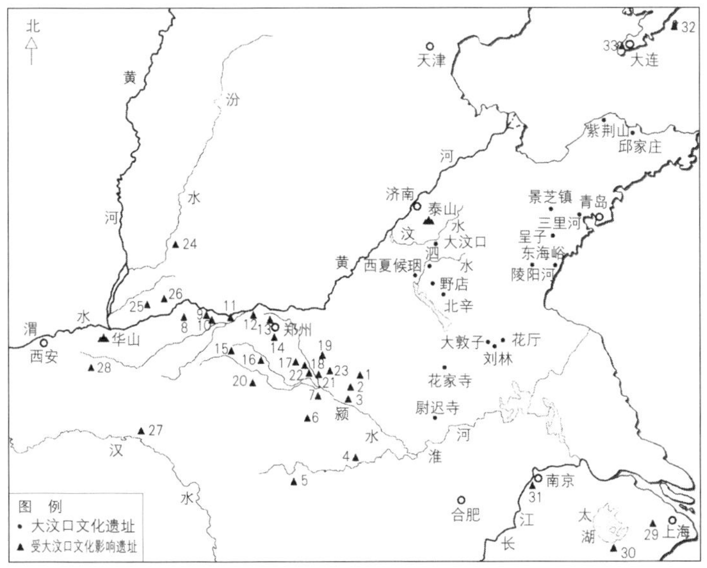

<그림 3-9> 대문구문화 유적과 그 영향을 받은 유적 분포도(郭大順, 2009, 『追尋五帝』, 요녕성인민출판사, 42쪽)

또한 안휘성과 하남성 일대에서도 대문구문화와 비슷한 특징을 지닌 유물이 조사되었다.

산동 용산문화는 B.C. 3000년~B.C. 2000년 무렵까지 유지되었는데, 하남과 섬서 등에 분포한 중원 용산문화와는 다른 면모를 보인다. 대문구문화를 계승한 산동 지역에서는 흑도(黑陶)가 발달하였지만, 앙소문화를 계승한 중원지역에서는 회도(灰陶)가 주류를 이루었다.

산동 용산문화는 악석문화로 계승되어 B.C. 1900년부터 B.C. 1500년 무렵까지 존속되었다. 악석문화의 분포 범위는 산동성과 강소성, 안휘성의 북부, 하남성 동부 등에 걸쳐 있다. 그 대표적인 유적은 산동성 동악석(東岳石)을 비롯하여 사수(泗水)의 윤가성(尹家城), 모평(牟平)의 조격장(照格莊) 등을 들 수 있다.

산동과 강소 일대의 토착문화는 중원지역의 앙소문화 및 그 후계 문화와 비교해도 뒤처지지 않는다. 산동 일대는 북신문화와 대문구문화를 거치면서 농업, 수공업 및 목축업이 발전하였다. 대문구문화 단계에 이르러 문자가 사용되기 시작하였다.

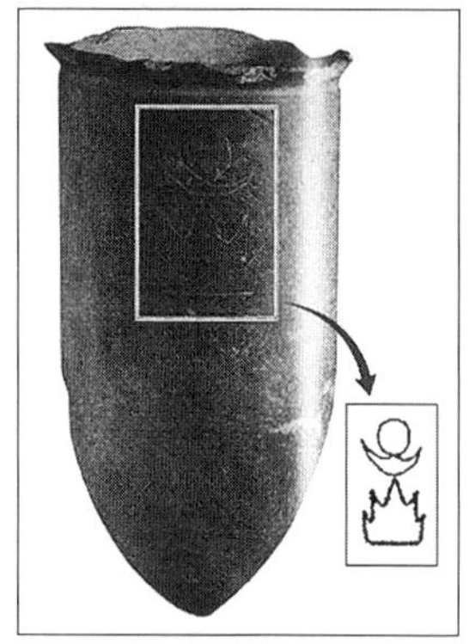

〈그림 3-10〉 문자가 새겨진 도기(陶器) : 산동성 추평현의 대문구 유적에서 도기에 새겨진 중국 최초의 글자가 조사되었다.

대문구 유적에서는 중국 최초의 도기(陶器) 문자로 알려진 '대문구도문(大汶口陶文)'이 조사되었다. 산동 용산문화 단계에 해당하는 추평현(鄒平縣) 정공촌(丁公村) 유적에서도 '용산도문(龍山陶文)'이 확인되었다.90) 그 외에 중국 최초의 성곽인 성자애용산고성(城子涯龍山古城)이 산동성에서 조사되었다.91)

산동과 강소성 일대의 동이 집단은 중원문명과 비견될 정도로 사회경제가 발전하였고, 문자와 성곽 등이 출현하는 등 문명 단계에 이르렀다.

상(商)이 정주 일대의 전기 도성을 버리고, 황하를 건너 안양(安陽) 소둔촌(小屯村)의 은허(殷墟) 일대로 옮겨간 원인 중의 하나가 바로 동이의 압박이었다.

상대(商代)에는 동이(東夷)라는 명칭이 사용되지 않고, 시(尸)·동시(東尸)·인방(人方) 등으로 불렀다.92) 상(商)의 영역 밖에는 독립적인 위상을 가진

---

90) 山東大學歷史系考古專業, 1992, 「山東鄒平丁公遺址第二,三次發掘簡報」, 『考古』 6期. 한편 도자에 글을 새긴 陶文 외에 뼈에 새긴 骨刻文도 일찍부터 사용되었다. 골각문은 서안의 고문화유적을 비롯하여 산동성 중부와 내몽고의 적봉 등에서 조사되었다. 골각문은 용산문화 단계에 생겨났으며, 중국 초기 문자인 갑골문보다 대략 1000년 정도 앞섰다고 한다(류펑쥔, 2010, 「중국 최초의 문자 골각문」, 『천손문화의 첫 터전, 동북아의 상고사 문화 원류를 찾아서』, 국학원 2010 한·중국제학술회의).

91) 李濟, 1934, 『城子崖』, 中央硏究員歷史言語硏究所.

92) 商代에 만들어진 갑골문에는 尸가 동이를 지칭하는 전문 문자였다. 尸와 東尸는 후대에 이르러 人方으로 통일되었다. 그 이유는 尸의 갑골문이 人의 모양에서 약간 다리 하나만 구부러진 모양인데, 점차 자형이 작아지는 한자의 변화단계에서 人과 구별되지 않기 때문에 단순화시켜 人과 똑같이 쓰되 방향을 뜻하는 方을 붙여

적대적인 집단이 존재하였다.93) 이들에 대해 갑골문에서는 방(方)이라 하였는데, 상의 통치권에서 벗어나 있던 집단을 가리킨다.94)

동이(東夷)와 상(商)은

> A. (하나라) 걸(桀)이 포악해지니 제이(諸夷)가 내지(內地)로 침입하여 왔는데, 은(殷)의 탕왕이 혁명하고 난 뒤 이들을 정복하여 평정했다. 중정 때에 이르러 남이(藍夷)가 침입하였다. 이로부터 복종하고 배반하기를 3백여 년간 계속하였다.95)

라고 하였듯이, B.C. 15세기 중엽 이후 300여 년 간에 걸쳐 치열한 대립을 펼쳤다. 무정왕(B.C. 1250~B.C. 1192) 때에 동이 정벌의 가부를 결정하기 위해 점을 친 기록이 갑골문에 남아 있기도 하다.96)

상의 동이지역 진출은 황해연안과 양자강 하류지역에서 산출되는 소금을 비롯한 해양자원, 구리와 주석 및 납 등의 천연자원을 획득하기 위해 추진되었다.97) 상은 산동의 서부에 위치한 제수(濟水)와 사하(泗河) 유역을 장악하여 남방 진출의 거점으로 활용하였다.98) 상(商)은 사수 등의 수로(水路)를 통해

구별하였다(김경일, 1998,「人方 관련 卜辭를 통해 고찰한 東夷 명칭의 기원」,『중국학보』 38권).

93) 東夷를 산동·강소 북부 일대에서 악석문화를 영위한 집단과 燕山의 남쪽에서 하가점 하층문화를 영위한 집단의 연합세력으로 보는 견해도 있다(張光直, 1986,『考古學專題六講』, 文物出版社, 110~132쪽).

94) 商은 사방영역을 北土·西土·南土·東土로 구획하였으며, 大邑商으로 불리던 河南省 安陽 서북에 위치한 小屯村 일대를 통치의 중심이 되는 직할지역으로 삼았다. 상의 직할지역의 범위는 西周의 王畿 정도였으며, 그 도성을 '爲'라 하였다. 또한 北土와 西土는 각각 내몽고 및 감숙성 일대와 접경하였고, 東土는 山東地帶에 미쳤으며, 南土는 河南과 湖北의 경계에 이르렀다. 그 범위 너머의 서방과 북방에는 土方·H方·羌方·P方·周方, 남쪽에는 巴方, 동북쪽에는 人方이 위치하였다. 또한 위치를 알 수 없는 下危·龍方·基方·孟方·召方·井方·缶 등이 존재하였다(이의활, 2000,「『甲骨文合集』의 方國地理에 관한 주요卜辭 考釋」,『중국어문학』 36, 영남중국어문학회).

95)『後漢書』 권85, 東夷列傳75, 序文.

96) 島方男, 1958,『殷墟卜辭硏究』, 中國學硏究會(東京).

97) 劉莉·陳星燦 著/심재훈 譯, 2006,『중국 고대국가의 형성』, 학연문화사, 132쪽.

98) 商의 산동 서부지역 진출을 반영하는 이리강 상층문화 유적이 濟水와 泗河유역

양자강 하류지역으로 진출하였다.99)

상은 양자강 유역으로 진출하여 호북성 반룡성(盤龍城)100)과 강소성 오성(吳城)101) 등을 축조하였다. 그러나 상(商)의 영향력 행사는 단기간에 불과하였고, 그 범위는 감강(竷江) 유역에 한정되었다.102) 상의 진출에 맞서 동이의 반격도 치열하게 펼쳐졌다.

2. 동이의 쇠퇴와 토착기반 해체

중원왕조와 동이의 충돌은 주초(周初)에 이르러 더욱 격화되었다. 동이의 주도권을 장악한 집단은 회수 유역에 자리한 회이(淮夷)였다. 무왕(武王)의 사후에 왕족 사이에 분란이 조성되어 '삼감(三監)103)의 난(亂)'이 일어나자, 회이는 상의 유민과 연대하여 적극적인 군사행동을 펼쳤다.

무왕이 사망한 후 주공(周公)이 어린 성왕(成王)을 보좌하면서 섭정하고 있었다. 주공(周公)은 삼감의 난이 발생하자, 소공(召公) 석(奭)과 함께 왕실

일대에서 20여 곳 이상 조사되었다(張學海, 1989, 「論四十年來山東先秦考古的基本收穫」, 『海岱考古』 1). 泗河 유역에서 발견되는 이리강문화의 陶器는 악석문화를 대체하였으나, 그 영향력은 동쪽으로 갈수록 약화되고 토착적인 특성이 강화된다(高廣仁, 2000, 「海岱區的商代文化遺存」, 『考古學報』 2期).

99) 蒙文通, 1998, 「南下水道交通」, 『故地甄微』, 巴蜀書社.

100) 陳賢一, 1983, 「盤龍城商代二里岡期墓葬陶器初探」, 『中國考古學會第四次年會論文集』, 文物出版社, 48~56쪽.

101) 江西省文物考古研究所 外, 1995, 「江西樟樹吳城商代遺址第八次發掘簡報」, 『南方文物』 1期, 5~21쪽.

102) 이와는 달리 강소성 동북부 일대는 萬年 類型으로 불린 토착문화가 주로 발전하였다(江西省文物工作隊 外, 1989, 「江西萬年類型商文化遺址調查」, 『東南文化』 4·5期, 37쪽). 오성 유형과 만년 유형은 이리강문화 단계에 다른 문화를 유지하였지만, 商代 후기에 이르러 융합되기 시작하였다. 두 유형의 문화는 西周까지 각각 독립문화로 발전하여 越 문화의 전신이 되었다(李家和 外, 1990, 「江西萬年類型商文化研究」, 『東南文化』 3期, 142~160쪽).

103) 무왕은 商을 무너뜨린 후 遺民을 통제하기 위해 紂王의 아들 武庚을 내세웠다. 무왕은 무경을 감시하기 위해 管叔과 蔡叔 및 霍叔을 管(河南 鄭州), 蔡(河南 上蔡), 霍(山西 霍州)의 제후로 봉하였다. 이들을 三監이라 하였다.

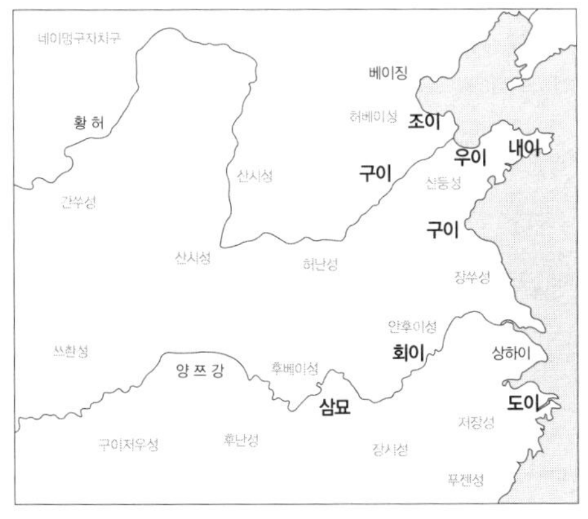

〈그림 3-11〉 중국 동부 해안지역 동이의 분포지역

및 제후들을 단속하며 반란의 진압에 나섰다. 주공(周公)의 형제였던 관숙(管叔)은 처형되었으며, 채숙(蔡叔)은 멀리 유배되었다. 곽숙(霍叔) 역시 모든 지위에서 물러나는 처벌을 받았다.

그러나 삼감의 난에 동참한 회이(淮夷)와 연합한 상(商)의 유민들의 저항이 거세 진압에 3년이 소요되었다. 주공(周公)은 난(亂)을 진압한 뒤 삼감(三監)을 폐지하고, 상(商)의 영토를 둘로 나누어 상의 유민에 대한 통제를 강화하였다.

주공은 상의 왕족과 자신의 일족을 송(宋)과 위(衛)의 제후로 책봉하였다. 무경(武庚)은 주(周)의 군대에 사로잡힌 뒤 주살(誅殺)되었다. 그의 숙부(叔父)였던 미자계(微子啓)는 송(宋, 河南 商丘)의 제후로 책봉되어 상(商)의 제사를 잇게 되었다.

한편 주공은 삼감의 난을 진압한 후 동이지역으로 진출하여 제후국을 두었다. 주공은 백금(伯禽)과 태공망 여상(呂尙)을 각각 노(魯, 山東省 曲阜)와 제(齊, 山東省 臨淄)의 제후로 책봉하여 산동 일대를 맡겼다. 담(郯)·거(莒)·서(徐) 등의 동이집단 역시 서주에 복속되고 말았다. 주공은 산동 방면의 동이를 평정한 후 봉건제를 실시하면서 상(商)의 유민을 이주시켰다. 동이는 서주와 제후국의 회유책과 강경책으로 인해 토착 문화전통이 약화되어 갔다.104)

동이는 산동 등의 황하 하류지역을 잃었지만, 회수와 사수 유역은 유지하였다. 회이(淮夷)를 대신하여 서이(徐夷)가 두각을 나타내기 시작하였다.

---

104) 중원의 하·상·주 3대와 海岱文化 및 濟魯文化의 관계에 대해서는 다음의 글을 참조하기 바란다(高廣仁·邵望平, 2005, 『海岱文化與濟魯文明』, 江蘇敎育出版社).

서이는 서주의 3대 강왕(康王, 재위 B.C. 1026~B.C. 996) 때에 이르러 구이(九夷)를 거느리고 황하 유역으로 진출하는 등 강성을 자랑하였다.

서이(徐夷)의 영역은 사방 500리에 이르렀고, 36국이 조공할 만큼 두드러진 성장을 하였다.[105] 서이는 산동과 강소 일대에 산재한 동이 소국들에 대한 주도권을 장악한 채 주(周)와 그 제후국에 맞설 만큼 강성을 자랑하였다. 그 외에 내이(萊夷)가 제(齊)와 치열한 각축전을 펼치는 등 두드러진 활약을 보였다.

내이(萊夷)는 B.C. 6세기 전반에 이르러 제(齊)에 복속되고 말았다. 회이(淮夷) 역시 노(魯)와 대립하였으나 점차 밀접한 관계로 변화되면서 동화되었다. 사수 유역에 거주하던 동이집단 역시 남만(南蠻) 계통의 초(楚)와 오(吳)에 의해 복속되었다.

동이는 진(秦)의 통일 후, 일반 군호로 편성되면서 소멸되기에 이르렀다.[106] 그러나 동이의 일부는 진(秦)의 지배를 피해 다른 지역으로 이주하였다. 귀주성을 중심으로 호남·사천·광서·운남 등 중국 남부 및 베트남·라오스·태국 등에 거주하는 묘족(苗族)이 주목된다.[107]

묘족은 중원의 황제(皇帝) 집단에 밀려 황하 중부지방에서 서남 방면으로 쫓겨난 치우(蚩尤)의 후손이라는 전설을 가지고 있다.[108] 황제를 한족(漢族)

---

105) 『後漢書』 권85, 東夷列傳75, 序文.

106) 『後漢書』 권85, 東夷列傳75, 序文.

107) 오늘날 묘족은 호남성·호북성·귀주성·광서성 장족자치구·사천성·운남성 등 중국 남방지방에 주로 거주하며, 화북지방과 연해지방에서도 일부가 흩어져 살고 있다. 그 외에 1995년 현재 베트남 50만, 라오스 30만, 태국 13만, 미얀마 1만 명 등이 살고 있어 '아시아의 집시', '유랑의 민족'으로 불리기도 한다. 묘족은 1995년 현재 중국 내에 738만 명이 거주하며, 그 중 122만 명이 귀주성 첸동난자치주에 살고 있다. 묘족은 漢族에 밀려 양자강 중·하류지역을 떠나 남쪽과 내륙 방면으로 이주하였다.

108) 신석기시대의 고고문화와 황제·염제·치우·삼묘 집단 등의 관계에 대해서는 다음의 글을 참조하기 바란다(劉寶山, 2003, 『黃河流域史前考古與傳說時代』, 三秦出版社). 한편 화하족은 지금의 섬서성 황토고원, 묘만족은 중국 남부 일대, 동이족은 산동성과 강소성 북부 일대에 거주한 것으로 보는 것이 일반적이다. 이들 중에서 묘만족의

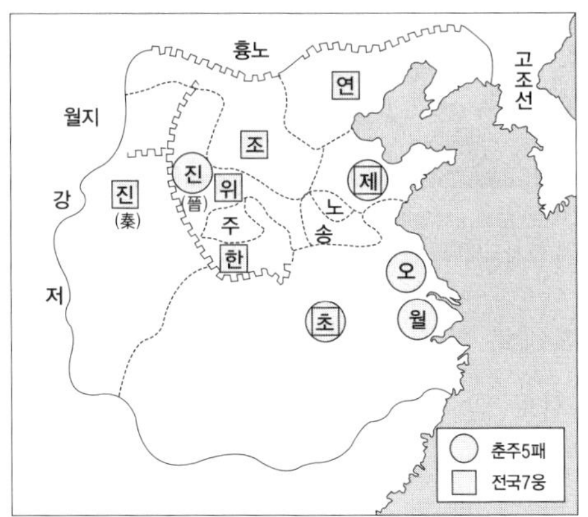

〈그림 3-12〉 춘추전국시대 지도 : 중국 동부 해안지역에 거주하던 동이의 존재가 사라지고, 오와 제가 산동과 강소 일대를 장악하였다.

의 수장, 치우(蚩尤)를 묘족(苗族)의 추장으로 이해하기도 한다.109) 그러나 치우는 황제와 각축전을 펼친 전설상의 인물이 아니라 동이의 군호(君號)였을 가능성이 높다.

치우 설화는 전국시대에는 부정과 긍정의 양면적 인식이 존재하였고, 전한(前漢) 초에 이르러 『사기』가 편찬되면서 황제에게 패배하여 살해된 인물로 정리되었다. 그러나 진대(秦代)를 거치며 족적기반이 해체된 묘족을 중원의 역사 내로 포섭하기 위한 여러 가지 노력이 펼쳐졌다.110) 한(漢)의 고조(高祖) 유방이 축관에게 명하여 장안에 치우의 사당을 짓고, 사관(祠官)·축관(祝官)·무녀(女巫)를 둔 사실이 주목된다.111)

치우는 이족(異族)의 선조(先祖)로서 경시된 것이 아니라, 염제와 황제에 비견되는 존재로 격상되었다. <그림 3-13>의 화상석(畫像石)112)에 보이듯이 경배하는 대상이 되었다. 중원 사람들은 동이집단을 자신들과 계통

시조를 치우로 보지만, 남방 묘족의 영수가 아니라 동이족의 수장으로 보는 견해도 없지 않다(徐旭生, 1939, 『中國古史的傳說時代』, 里仁書局).

109) 林惠祥, 1935, 『中國民族史』, 商務印書館.

110) 王孝廉 譯, 1988, 『黃帝的前說－中國古代神話研究』, 臺北時報文化出版公司 ; 王獻堂, 1985, 『炎帝氏族文化考』, 齊魯書社出版 ; 王孝廉, 1992, 「湛湛姜水－亂神蚩尤與楓木信仰」, 『水與水神』, 臺北三民書局.

111) 『史記』 권28, 封禪書.

112) 畫像石에 그려진 치우의 모습은 『史記』에 묘사된 내용과 일치한다. 머리는 구리요, 몸은 쇠요, 쇠와 모래를 먹고, 산과 강의 형태를 마음대로 바꾸며 안개를 일으킬 수 있는 능력을 가진 괴물의 형태를 따르고 있다. 이에 대해서는 다음의 글을 참조하기 바란다(朱錫祿 編著, 1992, 『嘉祥漢畫像石』, 濟南).

〈그림 3-13〉 화상석(畵像石)에 새겨진 치우의 모습 : 치우의 모습이 새겨진 화상석은 산동성 가상현(嘉祥縣)의 무씨사당(武氏祠堂)에서 조사되었다.

및 출자(出自) 등의 차이는 있지만, 황제와 치우 때부터 밀접한 관계를 유지한 채 중원의 역사 속에 편입된 존재로 받아들이게 되었다.

Ⅲ. 요동지역 확산과 숙신 · 고조선의 건국

1. 숙신의 기원과 문화원형

요하문명은 요동지역으로 전파되어 토착사회의 성장에 큰 영향을 미쳤다. 요서에서 요동 방향으로의 문화전파는 신석기시대부터 활발하게 이루어졌다. 요하 유역에서 기원한 빗살무늬토기와 옥기(玉器) 등의 전파를 통해 확인된다.

요하 유역의 납작밑 빗살무늬토기와 비슷한 유형이 심양(審陽) 신락(新樂) 유적을 비롯하여 요동반도의 상마석(上馬石)·신금(新金) 탑사둔(塔寺屯) 등에서 조사되었다.[113] 토기 외에 내몽고 일대에서 출토된 것과 비슷한 옥으로 만든 귀걸이 역시 요동을 거쳐 한반도 동해안까지 전파되었다. 옥결(玉結)은 고성 문암리,[114] 양양 오산리[115] 유적 등에서 확인되었다.

또한 흥륭와문화를 영위한 집단이 요하를 건너 흑룡강성 일대로 이주한 흔적이 조사되었다. 요녕성 통화시(通和市)의 만발발자(萬發撥子) 유적[116]과

---

113) 旅順博物館·長海縣文化館, 1981, 『長海縣廣鹿島大長山島具丘遺址』, 考古學報, 1981年 第1期.

114) 국립문화재연구소, 2005, 『고성 문암리유적』.

115) 임효재·권학수, 1984, 『오산리유적』, 서울대학교 박물관.

흑룡강성 요하현(饒河縣) 소남산(小南山) 유적[117]을 통해 입증된다. 그 외에 홍산문화(紅山文化) 단계의 여러 문화 요소 역시 요동 일대에서 조사되었다.[118]

문화교류는 하가점 하층문화를 비롯한 조기 청동문화 단계로 접어든 이후 더욱 활발해졌다. 요동 일대는 시베리아 방면에서 전파된 북방 청동문화의 전파에 앞서 B.C. 20세기를 전후하여 조기 청동문화 단계로 진입하였다. 조기 청동기시대는 덧띠새김무늬토기를 비롯하여 청동 화살촉, 청동 단추, 청동 고리, 청동 낚시바늘 등 소형 청동기와 장신구 등을 사용하였다.[119]

요동 일대의 조기 청동문화는 하가점 하층문화를 영위한 집단과 접촉을 통해 형성되었다. 하가점 하층문화를 영위한 집단 중에서 요하 유역을 벗어나 주변 지역으로 이주하는 무리도 생겨났다. 이들의 이주 배경과 관련하여 B.C. 2000년을 전후하여 세계적인 기온 저하와 강수량의 변화 등이 참조된다.

중국의 서북지역에 해당되는 감숙·청해 일대 역시 농업에서 목축으로 경제형태가 변화되었다.[120] 이들 지역은 생태환경의 돌발적 변화에 따라 농경문화에 기반한 제가문화(齊家文化)가 쇠퇴하고, 목축 위주의 신점문화(辛

---

116) 왕면후, 2001, 「통화 만발발자 유지에 관한 고고학적 고찰」, 『고구려연구』 12집.

117) 郭大順·張星德, 2008, 앞의 책, 515쪽.

118) 郭大順, 1994, 「赤峰地區早期治銅考古隨想」, 『內蒙古文物考古文集』, 中國大百科全書出版社.

119) 요동반도 于家村 적석총에서는 화살촉, 단추, 고리, 낚시 바늘 등 소형 청동기가 출토되었다. 우가촌유적의 C[14]측정 연대는 B.C. 1500~B.C. 1300년으로 추정된다 (許明綱·劉俊勇, 1981, 「旅順于家村遺址發掘簡報」, 『考古學集刊(1)』, 中國社會科學出版社). 요동반도 남단 羊頭窪遺蹟에서도 B.C. 15세기 무렵에 제작된 것으로 추정되는 청동제 장식이 출토되었다. 북한의 평북 용천군 신암리 청동기시대 유적에서 출토된 刀子와 단추 역시 B.C. 15세기 무렵에 제작된 것으로 보고 있다(리순진, 1965, 「신암리 유적 발굴 중간보고」, 『고고민속』 3기).

120) 水濤, 2000, 「論甘靑地區靑銅器時代文化和經濟形態轉變與環境變化的關係」, 『環境考古研究』 2, 科學出版社.

店文化)가 출현하였다.[121]

또한 황하 하류지역의 용산문화 역시 돌발성 홍수에 의해 고립되면서 발전이 중단되고 악석문화(岳石文化)로 대체되었다.[122] 기온 하강과 돌발 홍수 발생 등에 따른 생태환경 변화는 요하 유역에서도 일어났다.[123] 생태환경의 변화에 직면하여 다른 지역으로 이주하는 집단이 생겨났다.

하가점 하층문화를 영위하던 집단 중에 남쪽으로 이주하는 무리가 발생하였다.[124] 중원 방면 외에 요동지역으로 이주한 집단도 존재하였다. 이들의 이주는 요동반도 남단에 조성된 적석총을 통해서도 입증된다.[125] 요동반도 일대의 적석총은 B.C. 15세기를 전후한 시기에 축조되었다.

적석총은 대련(大連) 우가촌(于家村)의 노철산(老鐵山)과 장군산(將軍山) 등에서 확인되었다. 한 무덤 안에 수십 개의 무덤곽이 조성된 집단 묘제의 성격을 갖고 있다.[126] 적석총은 신석기시대 말기 혹은 금속문화가 보급되던 선동검기(先銅劍期)에 출현하였다.[127]

우하량의 적석총 유적이 B.C. 3500년 무렵에 축조된 것과 비교하여 시기적

---

121) 夏正楷·楊曉燕, 2003, 「靑海喇家遺址史前災難事件」, 『科學通報』 11期.

122) 夏正楷 外, 2003, 「我國中原地區3500aBP前後的異常洪水事件及其氣候背景」, 『中國科學』 9期.

123) 기온 하강이 신석기문화의 쇠락과 종말에 미친 영향에 대해서는 다음의 글을 참조하기 바란다(쓰可楨, 1972, 「中國近五天年來氣候變遷的初步研究」, 『考古學報』 1期 ; 吳文祥·劉東生, 2001, 「4000aB.P.前後降溫事件與中華文明的誕生」, 『第四紀研究』 5期).

124) 孔昭宸 外, 1996, 「內蒙古自治區東·中部8100~3000aBP的植被和氣候」, 『中國氣候與海面變化及其趨勢和影響(中國歷史氣候變化)』, 山東科學技術出版社.

125) 고조선의 기층문화와 하가점 하층문화의 관계에 대해서는 다음의 글을 참조하기 바란다(한창균, 1992, 「고조선의 성립배경과 발전단계 시론－고고학 발굴자료와 연구성과를 중심으로」, 『국사관논총』 33).

126) 中國社會科學院研究所, 1996, 『双陀子與崗上』, 科學出版社, 64~66쪽.

127) 선동검기는 비파형동검문화가 시작되기 이전에 소형의 금속제품을 사용하던 시기를 의미한다. 생활 속에서 금속제품을 認知하였거나 그 일부를 사용하던 단계를 말한다 (지병목, 2005, 「高句麗 成立期의 考古學的 背景」, 『연구총서』 1, 고구려연구재단, 66쪽).

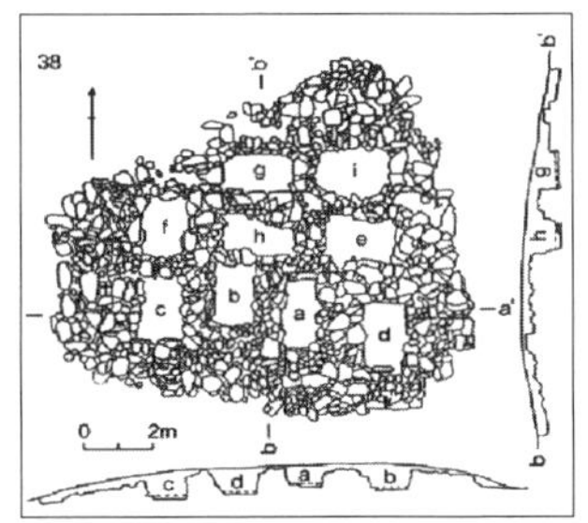

〈그림 3-14〉 장군산 적석총의 석곽묘 분포 현황 : 북한과 중국의 공동조사를 통해 내부에 9개의 석곽묘가 조성된 것으로 확인되었다.

〈그림 3-15〉 하가점 하층문화의 붉은색 토기 : 하가점 하층문화와 고대산문화에서 발견된 비슷한 모양의 홍도는 양자의 밀접한 교류관계를 반영한다.

으로 뒤처진다. 적석총의 조성 방식과 성격 역시 우하량 적석총과 큰 차이가 있다. 그럼에도 불구하고 요동반도 일대에서 적석총을 축조한 사람들과 하가점 하층문화를 영위한 사람들은 혈연적으로 연결될 가능성이 있다.

하가점 하층문화를 영위한 사람들은 요하 중류지역과 요동 방면으로 이주하여 고대산문화(高臺山文化), 쌍타자문화(雙砣子文化), 마성자문화(馬城子文化) 등을 형성하였다. 고대산문화를 영위한 집단의 경우 형질인류학적인 측면에서 볼 때 장성연선(長城沿線) 일대에서 하가점 하층문화를 영위한 '고화북유형'의 사람들과 동일한 종족으로 밝혀졌다.[128]

고대산문화는 신민시(新民市) 고대자향(高臺子鄕) 고대자촌(高臺子村)의 동편에 위치한 해발 89m 구릉에서 처음 확인되었다. 고대자촌 유적은 주변지역이 해발고도 50m 내외의 광활한 평원지대를 이룬 것과는 달리 약간 높은 구릉에 위치한다. 사방을 전망할 수 있는 시계(視界)가 확보되고, 배수 등에 유리한 취락 형성 조건을 갖춘 지역에 자리한다.

고대산문화는 요하의 지류에 해당하는 류하(柳河) 양안(兩岸)을 중심으로 분포한다. 고대산문화의 분포 범위는 서쪽으로 의무려산, 동쪽으로 요하 중류지역의 저지대, 북쪽으로 요하 상류에 위치한 내몽고 나만기(奈曼旗)까지 걸쳐 있다.

주요 유적은 신민현(新民縣) 고대산(高臺山), 창무현(彰武縣) 평안보(平安

---

128) 朱泓, 1992, 「平安堡遺址人骨鑑定報告」, 『考古學報』 第4期.

堡), 부신현(阜新縣) 평정산(平頂山)과 물환지(勿歡池), 법고현(法庫縣) 만류(灣柳)와 엽무대(葉茂臺), 내몽고 내만기(奈曼旗) 등을 들 수 있다.

이들 유적에서는 하가점 하층문화의 특징을 가진 승문 회도가 조사되는 등 요동과 요서지역이 밀접한 관계를 맺은 사실이 드러났다. 또한 평안보 유적에서 타원형의 형태를 띠며 한쪽 머리가 커다란 나팔모양의 귀걸이가 조사되었는데, 하가점 하층문화의 귀걸이와 비슷한 모양을 하고 있다.[129]

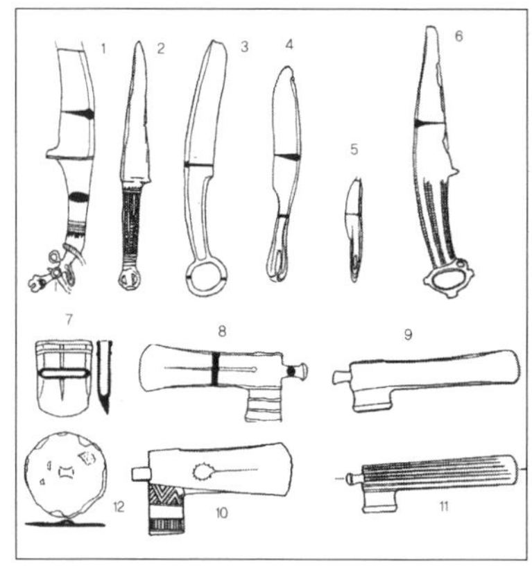

〈그림 3-16〉 요동지역에서 조사된 북방계통의 청동기

고대산문화의 형성과 발전에 미친 북방계 청동문화의 영향도 적지 않았다. 고대산에서 확인된 소형의 교수도(翹首刀), 법고 만류(灣柳)의 환수도(環首刀)·영수도(鈴首刀)·수수도(獸首刀) 및 관공부(管銎斧), 신민 대홍기(大紅旗)의 관공부(管銎斧) 등이 거론된다.[130] 요동지역의 여러 유적에서 출토된 북방계통의 청동 유물은 <그림 3-16>과 같다.[131]

그러나 고대산문화는 하가점 하층문화에서 보이는 성곽이나 대형 묘지 및 수장층이 거주한 중심취락이 확인되지 않고 있다. 고대산문화가 분포한 요하 하류지역이 노합하 유역과 대릉하 유역에 비하여 발전 양상이 뒤처졌음을 의미한다.[132] 고대산문화의 형성 시기는 하가점 하층문화(B.C. 2400~B.C.

---

129) 孫杰, 1984, 「遼寧彰武縣平安堡遺址調査記」, 『遼寧文物』 第6期.

130) 이청규, 2009, 앞의 글, 205쪽.

131) 이청규, 2008, 「요하 유역 북방계 청동기의 출현」, 『요하유역의 초기 청동기문화』, 동북아역사재단.

132) 고대산 유적은 4기의 문화층을 포함하고 있는데, 상층을 제외하고 3기부터 고대산문화에 속한다. 제1기는 전기 신석기단계에 해당되는 新樂 하층문화이며, 제2기는 偏堡子文化로 불리며 고대산문화에 속한다. 제3기는 홍산문화 단계의 彩陶文化를 대신하여 무문토기 계통의 紅陶, 褐陶 등 고대산문화 유형을 보인다. 그 외에 세

1400)의 후반기에 해당된다. 평안보 유적에서 조사된 유물의 연대는 방사성 탄소측정 결과 B.P. 3700∼B.P. 3335년으로 밝혀졌다.[133]

〈그림 3-17〉 고대산 유적에서 출토된 여러 토기 : 이 토기들은 경기도박물관에서 주최한 요녕 고대문물전에 전시되었다.

또한 고대산문화는 요하의 동쪽에서는 관련 유적이 확인되지 않고, 청동기는 귀걸이와 소도(小刀) 등의 소형 유물만이 조사되었다. 하가점 하층문화와 고대산문화는 전자가 홍도 계통의 무늬 없는 발(鉢)과 호(壺)를 부장하고, 후자가 흑도마연통복 격(鬲)과 부(釜)를 주요 토기로 사용하는 등 차이가 있다. 따라서 고대산문화는 요하 중류지역의 독자적인 문화전통 위에 하가점 하층문화를 받아들여 형성된 것으로 짐작된다.

고대산문화는 평안보 유적에서 발견된 거푸집을 통해 볼 때 청동기가 현지에서 제작되는 등 상당할 만한 발전을 이루었다.[134] 고대산문화의 농업 생산을 비롯한 생활 여건 역시 비약적 발전을 이루었다. 고대산문화는

발이 달린 질그릇과 네 귀가 달린 토기 등이 조사되었다. 제4기는 고대산문화 晚期 유형으로 조기 청동기시대에 진입한 고고 자료들이 확인된다(曲瑞琦·于崇源, 1982, 「瀋陽新民縣高臺山遺址」, 『考古』 第2期, 瀋陽市文物管理辨公室). 고대산문화는 고대산 유적보다 三足器와 骨製 무기, 石製 무기, 凸齒銅刀와 구리 귀걸이 등이 발굴된 창무시 흥륭산의 平安堡 유적에서 더 특징적인 모습을 보인다. 평안보는 신민시 고대산과 가까운 곳에 위치하는데, 제3기층에서 청동귀걸이와 청동칼이 조사되어 더욱 발전한 청동문화였음을 보여준다(朱永剛·王成生·趙賓 福, 1992, 「遼寧彰武縣平安堡遺址」, 『考古學報』 第4期, 遼寧省文物考古研究所·吉林大學考古系).

133) 孫杰, 1984, 「遼寧彰武縣平安堡遺址調查記」, 『遼寧文物』 第6期.

134) 孫杰, 1984, 「遼寧彰武縣平安堡遺址調查記」, 『遼寧文物』 第6期. 한편 하가점 하층문화권에서 보이는 청동 유물은 자체적인 발전 과정의 소산이 아니라 남부 시베리아의 안드로노보문화 혹은 오르도스지역의 주개구문화(박양진, 2002, 「한반도에서의 청동기 출현과정」, 『전환기의고고학』 I, 학연문화사), 자바이칼-내몽고의 판석묘문화(윤형원 외, 2004, 「몽골 청동기시대 판석묘에 대하여」, 『동북아시아의 초기금속기문화』, 제31회 한국상고사학회 학술발표대회, 한국상고사학회) 등이 영향을 미친 것으로 이해한다. 그 외에 연산 남쪽의 대타두문화(韓嘉谷, 1992, 「大坨斗文化陶器群分析」, 『遼海文物學刊』 1期) 혹은 산동반도 일대의 악석문화(이청규, 2003, 「한중교류에 대한 고고학적 접근」, 『한국고대사연구』 32)의 영향을 받았을 가능성도 없지 않다.

〈그림 3-18〉 오르도스 일대와 중국 동북지역의 청동문화의 분포 양상

청동제 공구와 무기를 자체 제작하는 등 발전된 청동문화 단계에 이르렀다.

요하 하류지역은 비옥한 토양과 온난한 기후, 수원이 풍부한 하천 등 농업에 유리한 자연환경을 갖추었다. 부신현(阜新縣) 물환지(勿歡池) 유적에서 발굴된 도랑은 농업생산력이 높았음을 반증한다.[135] 고대산문화는 요하 중류지역 일대를 중심으로 분포한다.

요동과 요서를 잇는 중간 길목에 위치한 지정학적 조건을 활용하여 동서 문화교류의 가교 역할을 하였다.[136] 가교 역할은 요녕성박물관 제2전시실의 안내문에 잘 드러나 있다. 안내문에 따르면

A. 요하 평원에 분포하는 고대산문화는 B.P. 3300년 시기의 문화이다. 이 문화는 안정된 취락지와 독립된 무덤 구역을 지녔고, 붉은색 마연을 한 발(鉢)과 단지(壺)를 특징적으로 부장한다. 이 청동문화는 하가점 하층문화와 동서로 인접한 채 빈번히 교류하였다. 동시에 요동에서 동북지방에 이르기까지 청동문화의 형성과 발전 및 생산에 커다란 영향을 미쳤다.

라고 하였듯이, 고대산문화는 하가점 하층문화를 비롯하여 선진문화를 요하 건너 요동지역으로 전파하는 통로 역할을 하였다.[137]

고대산문화는 요하 동쪽지역에서 확인되지 않고 있지만, 신락 상층문화의

---

135) 辛巖, 1997, 「阜新勿歡池遺址發掘簡報」, 『遼海文物學刊』 第2期.

136) 고대산문화와 요서지역 청동문화의 교류관계에 대해서는 다음의 글을 참조하기 바란다(朱永剛, 1991, 「論高台山文化及與遼西靑銅文化的關係」, 『中國考古學會第八次年會論文集』, 文物出版社, 139~156쪽 ; 복기대, 2002, 앞의 책, 79~83쪽).

137) 고대산유적이 위치한 신민시는 瀋陽의 서부에 위치하여 요동과 요서를 잇는 교통로의 중심지에 자리하고 있다. 현재에도 징하철도(京哈鐵道 : 北京~哈爾濱)가 신민시를 통과하고 있으며, 遼河가 시내를 관통하여 흐르는 등 수륙 교통의 요충지에 해당된다.

형성에 일정한 영향을 미쳤을 가능성이 높다. 신락 상층문화는 심양의 신락 유적을 비롯하여 요하 하류 및 혼하 유역, 태자하 유역 등에 주로 분포한다.[138]

신락 상층문화는 고대산문화의 분포지역과 접하며, 고대산문화 제2기와 제3기에 해당된다.[139] 신락 상층문화와 고대산문화는 문화 양상의 차이에도 불구하고, 토기 양식이 닮는 등 밀접한 관계를 유지하였다. 그러나 두 문화는 기본적으로 다른 계통에 속한 것으로 보고 있다.[140]

마성자문화는 1980년대에 이르러 태자하 상류지역에 위치한 본계현(本溪縣)의 산성자(山城子)·마성자(馬城子)·장가보(張家堡) 등 동굴무덤 유적이 조사되면서 알려지게 되었다.[141] 마성자 동굴유적에서 발견된 9개 표본에 대한 방사성탄소 측정 결과 B.P. 4075±100∼B.P. 3135±95년의 연대가 확인되었다.

마성자문화는 B.C. 20세기를 전후한 시기부터 B.C. 12세기 무렵까지 1,000년 가까운 기간 동안 유지되었다. 마성자문화는 태자하 상류지역을 중심으로 하여 형성되었다. 분포범위는 서쪽의 부신(阜新)에서 동쪽으로 압록강 하구, 북쪽으로는 송화강 상류지역에 위치한 영길(永吉) 일대에 이른다.

마성자문화는 출토 유물과 유적의 상황을 통해 볼 때 가축 사육, 어로와 수렵, 채집을 주요 경제활동으로 하면서 독립된 수공업이 발전하였다. 농경도구는 천공석도를 제외하고 조사된 사례가 없다. 농업이 발달하지 못한 상황을 반영하며, 장가보(張家堡) 유적에서 방직물이 조사되는 등 수공업이

---

138) 瀋陽市文物管理辨公室, 1978,「瀋陽新樂遺址試掘報告」,『考古學報』 4期.

139) 趙賓福, 1993,「關于高台山文化若干問題的探討」,『靑果集』, 吉林大學出版社.

140) 中國社會科學院考古硏究所 編著, 2003,『中國考古學』夏商卷, 中國社會科學出版社, 620∼627쪽.

141) 태자하 상류지역에서 조기 청동문화 유적이 처음 알려진 것은 1970년대에 본계시의 묘후산 동굴유적이 조사된 이후였다. 요동 산지에서 조사된 조기 청동문화를 처음에는 묘후산문화라고 하였으나, 마성자 동굴유적이 조사된 후 문화적 특성이 더욱 뚜렷하게 나타나 마성자문화로 부르게 되었다.

상당할 만한 수준에 이르렀다.

이를 반영하듯이 장가보 유적에서 동환(銅環) 2점, 원형동식(圓形銅飾) 2점, 장방형동식(長方形銅飾) 1점, 동이환(銅耳環) 1점을 비롯하여 6점의 장식품이 조사되었다. 매장 습속은 다른 지역과 달리 화장(火葬)을 특징으로 하였다.142)

〈그림 3-19〉 대련 대취자 유적의 토기 : 대취자 유적은 천산산맥 남쪽지역에 위치한 요동반도 남단의 초기 청동문화를 대표한다.

쌍타자문화는 요동반도 남부에 위치한 대련시 후목성역(後牧城驛) 일대에서 처음 확인되었다.143) 쌍타자문화는 3시기로 구분할 수 있다. 하층문화는 방사성탄소 측정 결과 B.C. 2275~B.C. 1608년의 연대가 확인되었다. 쌍타자 하층문화는 요동지역에서 확인된 가장 이른 시기의 조기 청동문화에 해당된다. 요동반도 일대에서는 쌍타자 하층문화와 비슷한 성격의 유적이 다수 조사되었다. 대취자(大嘴子) 하층유적144)·우가촌(于家村) 하층유적145)·금주구(金州區) 묘산(廟山) 하층유적146)·장해현(長海縣)의 대장산도(大長山島) 고려성산(高麗城山) 유적147) 등을 들 수 있다.

이들 유적은 모두 발해와 황해 연안에 위치한 요동반도 남단 및 인근의

---

142) 遼寧省文物考古硏究所·本溪縣博物館(李恭篤·高美璇), 1994, 『馬城子-太子河上流同穴遺存』, 文物出版社.

143) 中國社會科學院考古硏究所(安志敏·鄭乃武), 1966, 『雙砣子與江上-遼東前史文化的發現和硏究』, 科學出版社.

144) 許明綱·劉俊勇, 1991, 「大嘴子靑銅時代遺址發掘記略」, 『遼海文物學刊』 第1期.

145) 許明綱·劉俊勇, 1981, 「旅順于家村遺址發掘簡報」, 『考古學集刊(1)』, 中國社會科學出版社.

146) 陳國慶 外, 1992, 「金州廟山靑銅時代遺址」, 『遼海文物學刊』 1期, 吉林大學考古學系·遼寧省文物考古硏究所·旅順博物館·金州博物館.

147) 遼寧博物館·旅順博物館·長海縣文化館(許明綱 外), 1981, 「長海縣廣鹿島大長山貝丘遺址」, 『考古學報』 第1期.

도서지방에서 조사되었다. 대취자(大嘴子) 하층유적에서 조사된 청동 과형기(戈形器)는 B.C. 20세기를 전후하여 조기 청동문화가 시작되었음을 보여준다. 또한 쌍타자 하층문화 단계에 제작된 토기는 산동 용산문화와 밀접한 관계를 맺은 사실을 암시한다.[148]

쌍타자문화는 B.C. 16세기를 전후하여 하층문화가 종식되고 중층문화 단계에 이르렀다. 그 대표적인 유적은 대취자 중층유적·묘산 중층유적·장해현 상마석 옹관묘 유적[149] 등을 들 수 있다. 쌍타자 중층문화는 산동 악석문화의 영향을 크게 받았다. 그 연대 역시 B.C. 1600~B.C. 1485년에 걸쳐 있는 악석문화와 비슷한 양상을 띤다. 요동반도 일대에서 악석문화의 영향은 주로 여대지구(旅大地區)에서 확인되었다.[150]

쌍타자문화는 B.C. 14세기를 전후하여 상층문화가 시작되면서 변화가 일어났다. 산동 악석문화의 영향이 사라지고 지역적 특성이 두드러지는 양두와문화(羊頭窪文化)가 등장하였다. 양두와문화는 쌍타자 상층문화와 시기를 같이하며, 쌍타자 하층유적과 중층유적에 비하여 광범위한 지역에 걸쳐 분포한다.

양두와문화와 비슷한 성격의 유적은 쌍타자 상층, 대취자 상층, 여순(旅順) 우가촌(于家村) 상층, 대련(大連) 타두(砣頭) 적석묘,[151] 금주(金州) 왕산두(王山

---

148) 劉子敏, 2005, 「"嵎夷"與"朝鮮"」, 『北方文物』 4期, 63쪽.

149) 劉俊勇, 1982, 「遼寧長海縣上馬石靑銅時代墓葬」, 『考古』 第6期, 旅順博物館·遼寧博物館.

150) 악석문화의 영향은 요동반도의 소주산 상층문화에서 확인된다. 소주산 상층문화에 속하는 上馬石中層, 王屯蠣碴崗, 南窯 등의 유적에서 출토된 黑陶杯·三環足器·高足鏤孔豆·鼎과 같은 그릇은 산동 용산문화 유적에서 출토된 것과 비슷하다. 상마석 중층의 탄소측정연대는 B.P. 4400±110년 무렵으로 밝혀졌다. 한편 요동반도 남부와 산동반도 북부지역은 용산문화 이전 시기부터 밀접한 교류관계를 맺었다. 烟臺에서 발굴된 福山 邱家庄 유적은 대문구문화와 비슷한 면모를 띠면서도 소주산 중층문화의 특징을 지니고 있다. 예컨대 筒形罐은 대문구문화에서는 보이지 않지만 소주산 중층유적에서는 통형관이 주요한 그릇에 속한다. 또한 구가장유적과 비슷한 문화 요소는 烟臺의 白石村, 蓬萊의 紫金山 등에서 확인되었다(傅波, 1984, 「新石器時代中國東北和中原的關係」, 『東北地方史』, 第1期).

151) 旅順博物館·遼寧省博物館(許明綱·劉俊勇), 1983, 「大連連家砣頭積石墓地」, 『文物』 第9

頭) 적석묘[152] 등을 들 수 있다. 이들 유적을 남긴 사람들의 생활 모습은 대취자 상층유적을 통해 살펴볼 수 있다.

당시 사람들은 가축 사육, 어로 및 수렵 활동을 통해 생계를 유지하였다. 대취자 3호 주거지 남쪽 구덩이에서 벼와 서숙 좁쌀을 가득 담은 6개의 토관(土罐)이 확인되는 등 농경활동도 발전하였다. 주거지는 비교적 밀집 분포한 채 대부분 반지하식을 이루고 있다. 또한 산기슭을 따라 돌담을 쌓고 출입구를 설치하였다.

쌍타자문화를 영위한 사람들은 적석묘를 축조하고, 화장(火葬)을 하는 장례 습속을 갖고 있었다. 요동반도 일대에 조영된 적석묘는 무덤의 규모에 차이가 있는데, 하나의 묘실에 10~20여 명을 같이 묻는 다인(多人) 합장이 성행하였다.[153]

고대산문화를 비롯한 여러 유형의 조기 청동문화는 상호 간의 영향에도 불구하고 독립된 문화였으며, 종족 계통이 달랐을 가능성이 높다. 또한 요동 일대를 망라하는 국가의 출현과 권력집단의 형성을 논할 만큼의 성장이 이루어지지 못하였다.

요동 일대의 여러 문화 유형 중에서 마성자문화를 요녕식동검문화(비파형 동검문화)를 영위한 예맥(濊貊)의 선대 문화로 보기도 한다.[154] 그러나 고대산 문화를 비롯한 조기 청동문화를 영위한 집단은 선진문헌(先秦文獻)에 보이는 숙신이었을 가능성이 높다.

그 근거는 『국어(國語)』와 『사기(史記)』 및 『설원(說苑)』 등에 전하는 공자(孔 子)의 숙신 관련 언급을 들 수 있다. 공자는 진후(陳侯)의 궁정(하남성 개봉)에

期.

152) 中日考古合作研究測量組, 1997, 「遼寧省大連市金州區王山頭積石冢考古測量調査」, 『東北亞考古學研究-中日合作研究報告書』, 文物出版社.

153) 華玉冰·王琮·陳國慶, 1996, 「遼寧大連市土龍積石墓地1號積石冢」, 『考古』 第3期.

154) 遼寧省文物考古研究所·本溪縣博物館(李恭篤·高美璇), 1994, 『馬城子-太子河上流同穴遺存』, 文物出版社.

머물 때 화살에 맞은 매들이 떨어져 죽은 것을 보고, '이 화살은 숙신의 것'이라고 언급하였다.[155] 진후(陳侯)의 궁정에 떨어진 매는 연해주 방면에서 날아온 것이 아니라, 공자가 머무르던 지역과 인접한 곳에서 이동한 것으로 추정된다.

이와 관련하여 숙신을 장성 일대의 연산(燕山) 부근에 거주하면서 하가점하층문화를 영위한 집단과 관련이 있는 것으로 보기도 한다.[156] 숙신을 산동(山東) 방면에서 용산문화(龍山文化)를 영위하던 한 갈래가 요하 부근으로 이동하여 고대산문화(高臺山文化)를 형성한 것으로 이해하는 견해도 있다.[157]

숙신을 연(燕)과 가까운 난하(灤河)에서 압록강에 이르는 광대한 지역에 거주한 것으로 보기도 한다.[158] 숙신이 동북지역으로 이주하면서 고대산문화(高臺山文化)를 비롯하여 마성자문화(馬城子文化), 서단산문화(西團山文化), 소랍합문화(小拉哈文化) 등에 영향을 미친 것으로 보는 견해도 있다.[159] 숙신이 요서에서 요동 일대를 거쳐 읍루가 터전을 마련한 흑룡강 유역까지 이주한 것으로 추정하기도 한다.[160]

그러나 숙신은 흑룡강 중·하류지역과 연해주 북부지역에 거주한 족속이 아니라 중원의 동북방에 위치한 집단이었다.[161] 숙신은 산융(山戎) 및 발(發) 등과 함께 주(周)의 북방에 자리하였다.[162] 곧 연(燕)·박(亳) 등과 더불어

---

155) 『史記』 권47, 孔子世家.

156) 鄒衡, 1980, 『夏商周考古學論文集』, 文物出版社, 266~268쪽.

157) 林澐, 1986, 「肅愼, 挹婁和沃沮」, 『遼海文物學刊』 創刊號.

158) 傅斯年, 1935, 「夷夏東西說」, 『慶祝蔡元培先生六十五歲論文集』, 國立中央研究員歷史語言研究所集刊外編 第1種, 1093쪽.

159) 郭大順·張星德 著/김정열 역, 2008, 『동북문화와 유연문명(상)』, 동북아역사재단, 695쪽.

160) 鄒衡, 1980, 『夏商周考古學論文集』, 文物出版社, 266~268쪽.

161) 한규철, 1988, 「肅愼·挹婁研究」, 『백산학보』 35 ; 송호정, 2003, 『한국 고대사 속의 고조선사』, 푸른역사, 48쪽 ; 양재영, 2004, 「고대 숙신에 관한 연구」, 『중국사연구』 32.

북방에 거주하던 동북이(東北夷)의 갈래였다.[163]

연(燕)과 박(亳)은 하가점 하층문화를 영위한 집단과 관련이 있고, 숙신은 그 너머에 위치한 의무려산(醫巫閭山)의 우측(右側)에 자리하였다. 의무려산은 신석기시대에 해당하는 홍산문화(紅山文化) 단계부터 요서와 요동의 문화 경계가 되었다. 숙신은 의무려산의 동쪽에서 B.C. 20세기부터 B.C. 12세기까지에 걸쳐 고대산문화(高臺山文化)[164] 등의 조기 청동문화를 영위하던 여러 집단을 망라하여 부른 명칭이다.[165]

2. 고조선의 기원과 문화원형

1) 고조선의 건국과 성장

요동 일대는 조기 청동문화를 소유한 집단이 이주하면서 국가형성 단계로 접어들었다. 조기 청동문화를 소유한 집단의 요동 이주와 정착은 불모의 신천지 개척을 통해 이루어진 것은 아니었다. 이들 외에 기존의 신석기문화를 영위하던 주민들 역시 다수 존재하였다.

양 집단의 관계는 고조선의 건국과정을 전하는 『삼국유사』의 단군설화를 통해 엿볼 수 있다.[166] 환웅으로 상징되는 이주민과 곰·호랑이로 상징되는 토착집단이 밀접한 관계를 맺었다. 환웅과 웅녀의 결합을 신석기문화와 청동기문화의 융합과정으로 보고, 단군신화를 신석기시대의 역사적 전통을 계승한 것으로 이해한다.[167]

---

162) 『史記』 권1, 五帝本紀 集解.

163) 『左傳』 昭公 9年.

164) 曲瑞琦·于崇源, 1982, 「瀋陽新民縣高臺山遺址」, 『考古』 2期, 瀋陽市文物管理辦公室.

165) 문안식, 2011, 앞의 글, 14쪽.

166) 『三國遺事』 권1, 奇異2, 古朝鮮.

167) 김정배, 1973, 「고조선의 주민구성과 문화적 복합」, 『한국민족문화의 기원』, 고려대 출판부 ; 김정배, 1987, 「단군기사와 관련된 고기의 성격」, 『한국상고사의 제문제』, 한국정신문화연구원.

단군신화는 신석기문화를 영위한 고아시아족의 곰 숭배사상과 관련이 있다. 곰 사냥과 의례, 각종 신화와 전승을 묶어 '곰 문화', 그 문화가 확인되는 지역을 일괄하여 '곰 문화권'으로 부르는 견해도 있다.[168] 곰 신화와 의식은 지역적인 차이에도 불구하고 단일한 역사적 기원을 갖고 있다.[169]

곰 신앙은 후기 구석기시대에 시베리아 일대에서 발생한 것으로 이해한다.[170] 곰 신앙은 샤머니즘과 일정한 관계가 있으며, 가장 위대한 샤먼은 곰을 몸주로 하였다.[171] 한국의 곰 신화 역시 시베리아와 밀접한 관련이 있다.[172]

〈그림 3-20〉 C자형 옥웅룡 : 우하량의 여신묘 유적에서 발굴되었다.

중국의 전설 속에 나타나는 황제(皇帝)를 곰 토템 집단으로 보고, 단군신화에 일정한 영향을 미친 것으로 이해하는 견해도 있다. 황제가 활동한 무대는 홍산문화가 발전한 내몽고 적봉(赤峰) 일대이며, 그 증거로 삼성타랍촌(三星他拉村)에서 조사된 'C자형 옥웅룡(玉熊龍)'과 우하량의 여신묘에서 나온 곰의 하악골을 거론하기도 한다.[173]

---

168) 곰 신화와 제의가 광대한 지역에 걸친 스텝지역에서 주로 나타난 것으로 보는 관점에 대해서는 다음의 글을 참조하기 바란다(한스-요하임 파프로트 지음/ 강정원 옮김, 2007, 『퉁구스족의 곰의례』, 태학사, 18쪽 ; 김일겸, 2009, 「곰 신화와 제의의 기원과 변화」, 『동북아 곰 신화와 중화주의 신화론 비판』, 동북아역사재단).

169) 한스-요하임 파프로트 지음/강정원 옮김, 2007, 위의 책, 23쪽.

170) Irving Hallowell, 1932, "Bear Ceremonialism in the Northern Hemiphere," *American anthropologist* 28(1), pp.156~162.

171) David Rockwell, 1991, *Giving Voice to Bear : North American Indian Myths, Rituals, and Images of the Bear*, Lanham MD : Roberts Rinehart Publishers, pp.63~73.

172) 이정재, 1996, 「시베리아 곰 제의, 곰 신화와 단군신화의 비교」, 『한국민속학보』 6.

173) 葉舒憲, 2007, 『中華先祖神話探源』, 上海錦繡文化出版社.

　　그러나 단군신화의 기원을 홍산문화와 관련된 황제집단의 신앙체계에서 찾는 것은 자의적인 해석에 불과하다. 단군신화는 청동문화를 소유한 집단이 요동 방면으로 이주하여 토착적인 신석기문화를 영위하던 집단과 융합하여 국가형성 단계로 나가는 과정을 반영한다.

　　고조선의 건국은 고대산문화·마성자문화·쌍타자문화·서단산문화 등의 조기 청동문화를 영위한 여러 집단의 동맹이나 연합을 통해 형성되었다.[174] 고조선 건국은 짧은 시간에 이루어진 것이 아니라 점진적인 사회발전을 거쳐 이루어졌다.

〈그림 3-21〉 미송리형토기 : 비파형 동검 및 지석묘와 함께 고조선의 문화를 상징하며, 의주 미송리에서 처음 출토되었다.

　　하가점 하층문화를 영위한 일부 집단이 요동 방면으로 이주하여 마성자문화 등을 형성한 것은 고조선의 건국을 향한 시원이 되었다.[175] 고조선은 조기 청동문화가 종식된 후 비파형동검과 미송리식토기 및 지석묘를 문화적 특징으로 하는 집단이 세운 국가이다.[176]

　　숙신은 고조선이 역사의 전면에 등장하면서 사라지게 되었다. 숙신과 고조선의 경계는 조기 청동문화의 소멸에 있으며, 양자는 종족이나 영역 범위에서도 일부 차이가 있다. 숙신이 후대의 읍루와 무관하고, 고조선과 동일체라는 주장은 조선시대부터 제기되었다.

　　정약용은 숙신이 조선을 뜻한다고 보고 상주시대(商周時代)에 중국과

---

174) 송호정, 2003, 앞의 책, 161쪽.

175) 문안식, 2011, 앞의 글, 13～15쪽.

176) 고조선이 역사에 그 실체를 확연히 드러낸 시기를 B.C. 8세기 무렵으로 보는 것이 일반적이다. 그러나 고조선의 국가형성을 비파형동검문화권 혹은 미송리식토기문화권이 형성되는 B.C. 10세기를 전후한 시기로 보는 견해도 없지 않다(郭大順·張星德, 2008, 앞의 책, 910쪽). 그 외에 고조선의 발전과정을 5단계로 구분하여 가장 빠른 단계에 해당하는 족장사회가 B.C. 15세기～B.C. 12세기 무렵에 출현한 것으로 보기도 한다(이종욱, 1993, 『고조선사연구』, 일조각, 67～73쪽).

조선이 교통하고 물물교환을 진행한 것으로 이해하였다.[177] 신채호와 정인
보 역시 조선의 어원을 숙신에서 찾았으며,[178] 러시아의 꼰제비찌는 숙신과
조선을 동일체로 이해하였다.[179] 북한의 리지린도 숙신 또는 조선이 고대
한국어의 수도(首都) 혹은 나라를 의미한 것으로 파악하였다.[180]

고조선이 문헌에 처음으로 등장한 것은 B.C. 8세기 무렵의 상황을 전하는
『관자(管子)』 규도(揆道) 편이다. 그 반면에 숙신은 요순시대의 상황을 전하는
기록부터 보인다. 고조선과 숙신은 함께 사용되지 않고

>   A-1. 산융(山戎)·발(發)·숙신(肅愼)을 일컬어 동북이(東北夷)라 칭한다.[181]
>   2. 환공(桓公)이 관자(管子)에게 묻기를, “내가 듣건대 해내(海內)에 귀중한 예물(玉幣)
>   일곱 가지가 있다는데 그것들에 대해서 들을 수 있겠소.” 관자(管子)가 대답하기
>   를, “… 발(發)·조선(朝鮮)의 문피(文皮)가 그 한 가지요.”[182]

라고 하였듯이, ‘발(發)·숙신(肅愼)’과 ‘발(發)·조선(朝鮮)’의 용례로 기록되어
있다.

발·숙신과 발·조선의 용례를 보면 숙신과 조선이 다른 집단인지 아니면
동일한 집단을 의미하는 것인지 정확히 알기 어렵다. 그러나 이들이 발(發)과
함께 동일한 내용을 기록하고 있기 때문에 같은 집단을 지칭한 것으로
추정된다.

양자가 함께 기록되지 않은 것으로 볼 때 조기 청동문화를 토대로 하여
숙신이 먼저 출현하고, 후대에 이르러 청동문화를 기반으로 고조선이 등장하
였을 가능성이 높다. 요동지역이 조기 청동기시대를 마감하고 본격적인

---

177) 丁若鏞, 『與猶堂全書』 권6, 疆域考, 朝鮮考.
178) 정인보, 1946, 앞의 책, 52쪽 ; 신채호, 1975, 앞의 책, 351~369쪽.
179) L. R. 꼰제비찌, 1970, 앞의 책, 63~67쪽.
180) 리지린, 1964, 『고조선연구』, 과학원출판사, 11~20쪽.
181) 『史記』 권1, 五帝本紀, 集解.
182) 『管子』 권23, 揆道78.

청동문화 단계로 접어든 B.C. 10세기를 전후한 시기였다.

요동지역은 고대산문화와 마성자문화 등의 조기 청동문화가 소멸된 후 비파형동검문화가 출현하였다. 비파형동검문화의 출현은 소형 장신구 등의 사용에 그친 조기 청동문화의 한계를 넘어 요동 일대가 본격적인 청동기시대로 접어들었음을 의미한다.

고조선을 비롯한 한민족의 기원을 시베리아의 바이칼지역 주민들이 알타이산맥을 넘어 이주하여 토착민과 결합을 통해 형성된 것으로 이해한다.[183] 한반도 돌무덤의 기원 역시 청동기시대에 시베리아 방면에서 이주한 집단에 의하여 전파된 것으로 추정하고 있다.[184]

그러나 요서 일대에서 비파형동검을 사용한 집단은 동호(東胡)[185] 등의 북방 종족이 아니라 능하문화를 영위한 예맥이었다. 또한 비파형동검이 가장 먼저 출현한 지역을 요동반도 일대로 보고, 그 대표적인 유적의 명칭을 따라 쌍방유형(雙房類型)으로 부르기도 한다.[186]

쌍방유형은 요동반도 일대에서 양두와문화(羊頭窪文化)를 영위한 집단이 요서지역의 발전된 청동문화와 혼하 유역의 마성자문화 등을 받아들여 형성된 것으로 이해한다.[187] 비파형동검은 요양(遼陽) 이도하자(二道河子), 무순(撫順) 갑방(甲幇), 청원(淸原) 이가보(李家堡)와 문검(門臉), 서풍현(西豊縣) 성신촌(誠信村) 유적과 같이 석관묘에서 출토되었다. 석관묘 역시 북방지역에서 전파된 것이 아니라 마성자문화의 석광묘(石壙墓)에서 기원을 찾을 수 있다.

---

183) 김정배, 1973, 앞의 책, 154쪽.

184) 김원룡, 1973, 앞의 책, 97쪽.

185) 朱貴, 1960, 「遼寧朝陽十二台營子靑銅短劍墓」, 『考古學報』 1期 ; 孫守道·徐秉琨, 1964, 「遼寧寺兒堡等地靑銅短劍與大伙房石棺墓」, 『考古』 6期 ; 秋山進午, 1968, 「中國東北地方の初期金屬文化の樣相(上)」, 『考古學雜誌』 53-4.

186) 吳世恩, 2004, 「關于雙方文化的兩個問題」, 『北方文物』 2期.

187) 鄒寶庫, 1983, 「遼陽接官廳石棺墓」, 『考古』 第1期, 瀋陽市文物管理所.

〈그림 3-22〉 금으로 자루를 장식한 비파형동검. 건창(建昌) 동대장자(東大杖子) 유적 출토.

쌍방유형 비파형동검이 확인된 석관묘 유적에서 미송리식토기가 함께 출토된 사실이 주목된다.[188] 미송리식토기 역시 마성자문화에서 기원하였으며, 한반도의 자강도 공귀리와 심귀리 등에서 출토된 공귀리형토기와 유사한 면모를 보인다.

미송리식토기는 태자하 상류지역을 중심으로 요하 양안, 동북의 길림지역,[189] 남쪽의 요동반도와 혼강 유역·압록강 유역 일대에 분포한다.[190] 이들 지역은 쌍방유형에 속하는 비파형동검의 분포 범위와 일치된다. 요동 일대는 B.C. 8세기를 전후하여 비파형동검과 미송리형토기 및 고인돌을 특징으로 하는 문화권이 형성되었다.[191]

미송리식토기문화는 제2송화강(북류 송화강) 유역을 중심으로 형성된 서단산문화[192]를 포괄한다. 서단산문화는 혼하 유역에서 발전한 미송

---

188) 鄒寶庫, 1977, 「遼陽二道河子石棺墓」, 『考古』 第5期, 遼陽市文物管理所.

189) 길림 일대는 B.C. 8세기~B.C. 7세기에 이르러 비파형동검 및 미송리형토기와 함께 고인돌이 조성되기 시작하였는데, 고조선의 세력권에 속하게 된 사실을 반영한다. 또한 길림 일대의 화전현 서황산둔무덤, 이수둔 서산묘, 모아산무덤군에서 火葬 사례가 발견되고 있다. 이는 요동지역에서 돌널무덤과 고인돌, 돌무지무덤을 조영하고 화장을 한 주민들과 동일한 계열이었음을 시사한다(송호정, 2003, 앞의 책, 156쪽).

190) 한편 고조선의 영역 혹은 세력권은 미송리형토기문화의 분포범위와 관련이 깊으며(로성철, 1993, 「미송리형 단지의 변천과 그 연대에 대하여」, 『조선고고연구』 4), 그 문화의 주인공은 예맥족으로 보고 있다(황기덕, 1990, 「비파형단검문화의 미송리류형」, 『조선고고연구』 제1호).

191) 김정배, 1999, 「동북아의 비파형동검문화에 대한 종합적 연구」, 『국사관논총』 88, 43쪽.

192) 董學增, 1983, 「試論吉林地區西斷山文化」, 『考古學報』 4期.

리형토기문화가 길림 일대의 토착문화와 결합하여 형성된 지역문화로 보고 있다.[193]

한편 압록강 중류지역은 미송리식토기와 차이가 있는 공귀리형토기문화가 형성되었다. 그 분포 범위는 강계의 공귀리 외에 시중군 심귀리와 노남리·중강군 토성리 등 자강도 일대가 해당된다. 미송리형토기는 비파형동검을 특징으로 하는 고조선의 기층문화이며, 공귀리형토기는 그 외곽에 위치한 변경지역의 토착문화로 보고 있다.[194]

고조선의 기층문화였던 비파형동검문화는 고인돌[195] 및 미송리형토기와 공반관계를 이룬 채 요동 및 길림·장춘 지구, 한반도 청천강 이북지역에서 확인된다.[196] 고조선의 국가형성을 비파형동검문화권 혹은 미송리식토기문화권이 형성되는 B.C. 10세기를 전후한 시기로 보기도 한다.[197]

---

193) 서단산문화는 장광재령 서쪽과 유하·휘발하 등 길림 합달령에 이른다. 또한 토기의 모양은 미송리형 양식과 유사한 형태를 띠고 있는데, 고조선과 모종의 관계가 있었음을 의미한다(송호정, 2003, 앞의 책, 187쪽).

194) 혼강 유역과 압록강 중류지역의 청동문화는 강계시의 공귀리 유적이 알려져 있는데, 그 연대는 B.P. 2,715±95년이다. 그 외에 공귀리유형과 비슷한 문화가 압록강 상류의 長白縣 民主 유적에서도 확인되었다(丁貴民, 1995, 「吉林省長白縣民主遺址的調查與淸理」, 『考古』第8期). 혼강 유역과 압록강 중류지역의 생산 경제는 농업생산 활동을 위주로 하여 어업과 사냥이 보조적으로 이루어졌다. 또한 혼강 중하류의 집안·통화·환인 일대는 청동기시대에 걸쳐 동일한 문화 양상을 영위하였다. 청동문화는 통화시의 왕팔발, 통화현의 남산·강구, 집안시의 황외자·장강·동촌·이도외자, 환인현의 요산·풍명·소황구 유적 등에서 확인된다. 이들 유적에서는 마제석기와 도기를 비롯하여 銅鉞, 銅斧, 銅矛, 銅鏡 등 청동 유물이 함께 조사되었다.

195) 고인돌의 기원은 시베리아의 石箱墳이 한반도 서북부에서 고인돌로 확대, 발전한 것으로 보기도 한다(김원룡, 1973, 앞의 책, 9쪽). 그러나 고인돌은 석관묘 등의 돌무지무덤에서 변화했으며, 그 시기는 한반도 서북부와 요동반도 일대에서 B.C. 15세기~B.C. 10세기에 걸쳐 각형토기가 유행한 무렵으로 보는 견해도 있다(이형구, 2004, 『발해연안에서 찾은 한국고대문화의 비밀』, 김영사, 115쪽).

196) 한반도와 만주지역에 걸쳐 분포한 미송리형토기문화가 있다. 이 문화의 상한 연대는 B.C. 10세기 전후이며, 분포지역은 평북 강계 부근과 만주의 동남부지역을 잇는 지역이다. 미송리형문화는 호리병 계열의 붉은 질그릇과 비파형동검 등이 대표적인 기물에 해당된다. 또한 규모가 큰 유적은 보이지 않고 산발적인 상태로 분포되어 있다.

고조선의 중심지는 초기에는 여대시(旅大市) 일대였으며,[198] 그 후 북상하여 심양 정가와자(鄭家窪子)가 중핵지대로 되었다. 고조선은 내적 성장과 더불어 중원의 제(齊)와 밀접한 관계를 맺고 대외교류를 활발하게 추진하였다. 그리하여『관자(管子)』규도 편에 고조선의 대표적인 물산으로 문피(文皮, 호랑이 혹은 표범의 가죽인 호피무늬) 등이 소개되기에 이르렀다.[199]

고조선은 B.C. 8세기 무렵에 축조된 강상무덤과 루상무덤 단계에 이르면 청동기의 수량이나 품질 면에서 현저한 발전과 증가 양상을 보인다. 이들 무덤에서는 비파형동검 외에 투각동패, 재갈과 분절형(分節形) 동잠(銅簪) 등이 출토되었다. 또한 활석 거푸집이 부장되는 등 생산 활동에서 청동 주조업이 중요한 위치를 차지하였다.[200]

고조선의 발전 모습은 B.C. 6세기에 이르면 더욱 두드러지는데, 심양 정가와자 유적에서 출토된 청동 유물을 통해 알 수 있다.[201] 정가와자(鄭家窪子) 유적은 모두 14기의 장방형 토광수혈묘가 조사되었다. 그 중에서 가장 큰 규모에 속하는 6512호 목곽묘의 주인공은 수장층이며, 무사(武士)와 무자(巫者)를 겸한 성격을 지녔다.[202] 무덤의 주인공은 50~60세의 노년 남성으로 현대의 몽골인 및 퉁구스인과는 다른 동아시아 몽고인종의 특징을 지니고 있다.[203]

---

197) 郭大順·張星德, 2008, 앞의 책, 910쪽.

198) 노태돈, 1990,「고조선 중심지의 변천에 대한 연구」,『한국사론』23.

199)『管子』권23, 揆道78.

200) 郭大順·張星德, 2008, 앞의 책, 926쪽.

201) 정가와자 유적에서는 사람 뼈와 더불어 무기류, 공구류 외에 수레부속, 마구류, 방패 등의 청동 유물이 발견되었다. 그 외에 크기가 작고 줄무늬가 굵은 거친무늬거울이 출토되었다(瀋陽古宮博物館·瀋陽市文物管理辨公室, 1975,「瀋陽鄭家窪子的兩座靑銅時代墓葬」,『考古學報』第1期).

202) 郭大順·張星德, 2008, 앞의 책, 920쪽.

203) 6512호 목곽묘는 B.C. 6세기를 전후한 시기에 축조된 고분 중에서 최대 규모에 속한다. 비파형동검 외에 42종 797점의 부장품이 확인되었다(韓康信, 1975,「瀋陽鄭家窪子的兩具靑銅時代人骨」,『考古學報』第1期).

고조선의 수장은 상위자의 입장에서 주변 지역과 대외교섭을 주도하였다. 요동지역은 정가와자 유형204)의 비파형동검문화를 상위로 하여 하위에 속하는 주변집단과 교섭관계가 확립되었다. 고조선은 심양 일대를 중심으로 주변지역을 관할하는 국가로 성장하였다.

2) 고조선의 요서지역 진출과 예맥의 추이

고조선의 요서지역에 대한 영향력 확산은 교역관계를 통해 이루어졌다. 고조선의 중심지에 해당하는 심양 일대에서 정가와자유형(鄭家窪子類型)의 문화를 영위한 집단은 B.C. 5세기를 전후하여 요서의 남동구유형과 요동반도의 윤가촌유형을 연결하는 교역관계를 형성하였다. 또한 고조선은 서북한 및 서남한 일대와 각각 별도의 교역망을 형성하였다.205)

고조선과 요서지역의 예맥은 교역관계를 맺은 것에 그치지 않고, 정치적 종속관계로 이어졌다. 소진(蘇秦)이 문후(文侯)206)에게 연국(燕國)의 주변 지역을 설명하면서

---

204) 정가와자 유형은 심양 정가와자(沈陽古宮博物館, 1975, 「沈陽鄭家窪子的兩座靑銅時代墓葬」)와 여대 루상(旅順博物館, 1960, 「旅順區后牧城驛戰國墓淸理」, 『考古』 8期) 및 평양 신성동고분(국립중앙박물관, 2006, 『북녘의 문화유산』) 등이 대표적이다. 창과 과는 보이지 않고, 검과 활촉 만이 조사되었다. 비파형동검을 비롯한 도자·도끼·끌·송곳 등이 확인되며, 북방계와 중원계 청동문물은 잘 보이지 않는다. 또한 십이대영자 유형과 비슷한 변형 Z자무늬 다뉴경과 원형장식 및 방패형동기와 나팔형동기 등의 이형동기가 조사되었다. 그 외에 장화에 장식된 단추형 동포가 다량 출토되었다(이재현, 2008, 앞의 글, 236쪽).

205) 오강원, 2006, 앞의 책, 511쪽.

206) 소진의 활동 시기는 文侯를 이어 昭王(재위 : B.C. 311~B.C. 279)시대까지 지속되었다. 이와 관련하여 1973년 長沙의 馬王堆 3號漢墓에서 발굴된 『帛書戰國策』이 참조된다. 소진이 齊의 민왕(재위 B.C. 300~B.C. 284)과 燕의 소왕(재위 B.C. 311~B.C. 279)에게 보낸 서신과 헌책 등이 실려 있다. 그는 B.C. 300~B.C. 296년과 B.C. 288년에 齊, B.C. 287~B.C. 286년에는 魏와 趙를 방문하는 등 치열한 외교활동을 전개하였으나, 민왕에게 B.C. 284년에 피살되었다.

A. 연의 동쪽에는 조선과 요동이 있고, 북쪽에는 임호(林胡)와 누번(樓煩)이 있고, 서로는 운중(雲中)과 구원(九原)이 있고, 남으로는 호타(呼沱)와 역수(易水)로 둘러싸여 있다.[207]

라고 하였는데, 연의 관점에서 조선→요동의 순서로 언급한 사료가 참조된다. 요동의 좌측에 고조선이 위치한 사실을 의미하며, 고조선이 요하를 넘어 요서의 대릉하 일대까지 영향력을 확대한 사실을 반영하는 것으로 보기도 한다.[208]

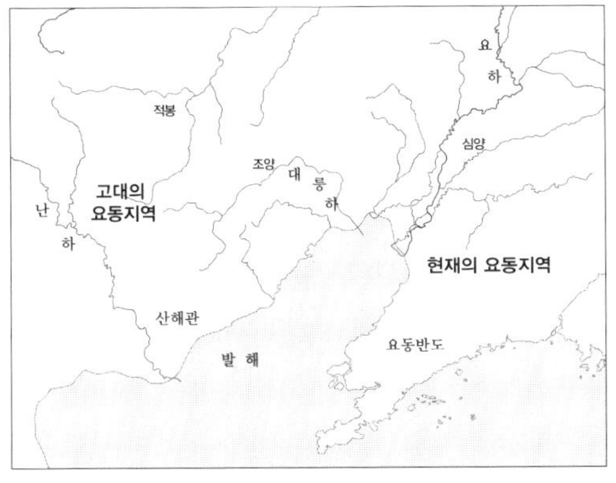

〈그림 3-23〉 고대의 요동지역과 현재의 요동지역

한편 전국시대의 요동과 오늘날의 요동은 지역적으로 달랐을 가능성이 있다. 요동은 요하의 동쪽을 의미하는데, 요하(遼河)는 글자 그대로 '먼 강'을 뜻하는 것이지 현재의 요하를 의미하는 것은 아니다. 이와 관련하여 요하를 오늘날의 난하로 추정한 '난하요수설(灤河遼水說)'[209]이 참조된다.

당시의 요수를 오늘날의 요하와 다른 곳으로 기술한 사료는『설원(說苑)』 변물(辨物) 조에도 보인다. 제(齊)의 환공이 관중과 함께 산융을 토벌하고 고죽국을 공격하였는데, 이들이 고죽국에 이르기 전에 비이(卑耳)라는 계곡 10리쯤 못가서 요수라는 강을 건넜다는 기록이 남아 있다.

---

207)『戰國策』 권29, 燕策1.

208) 한편『鹽鐵論』과『戰國策』의 관계 기사를 통해 고조선이 燕을 공격하기 전에 요서지역으로 진출한 것으로 보기도 한다(張博泉, 1998,「關于箕子朝鮮侯東遷及高麗遼東之地問題研究之我見－兼與李建才先生商討－」,『博物館研究』 1期.

209) 리지린, 1964,『고조선연구』, 과학원출판사.

고죽국은 하북성 노룡현에 위치한 것으로 보는 것이 일반적이다. 노룡현은 난하의 하류지역에 해당하는 동부 해안지역에 위치한다.『설원(說苑)』에 보이는 요수는 난하를 가리킬 가능성이 높다. 또한 지리서의 일종인『수경주(水經注)』에도 환공과 관중의 고죽국 정벌 사실을 전하며, 비여현(肥如縣) 근처에 요수로 불리는 강이 존재한다는 내용이 기록되어 있다.

당시의 요동은 난하의 동쪽에 해당하는 현재의 요서지방이며, 고조선의 서쪽 영역은 난하 동쪽에 이르렀을 가능성이 있다. 고조선이 요하를 넘어 요서지역의 예맥을 복속한 상황을 반영하는 것으로 짐작된다. 연(燕)이 난하 유역의 고죽과 영지 등을 복속하고, 고조선이 요서지역으로 진출하여 예맥을 장악한 상황과 무관치 않다.

고조선은 오늘날의 요하를 넘어 요서지역까지 영향력을 미쳤으며, 난하를 경계로 연(燕)과 접하였다. 고조선은 요동반도를 중심으로 서쪽으로는 대릉하 유역에서 동호(東胡)와 만나고, 남쪽으로는 대동강 유역을 경계로 진국(辰國)과 이웃하며, 북쪽과 동쪽으로는 예맥·부여·진번·임둔·숙신과 접경을 이룬 것으로 보기도 한다.210)

북한 학계 역시 고조선의 영역이 평양을 중심으로 한반도에서 시작하여 요하와 송화강 상류지역으로 확대되었으며, 난하 유역으로 진출한 이후 연(燕)과의 갈등이 조성된 것으로 보고 있다.211) 고조선은 요서지역 진출에 멈추지 않고

    B. 조선이 요(徼)를 넘어 연(燕)의 동쪽 땅을 겁탈하였다.212)

라고 하였듯이, 요(徼)를 넘어 연(燕)의 동쪽 땅을 공격하였다. 사료 B에

---

210) 서영수, 1988, 앞의 글, 45~49쪽.
211) 사회과학출판사, 1999, 『고조선력사개관』.
212) 『鹽鐵論』 권7, 備胡.

보이는 요(微)는 요수를 가리키며, 고조선이 능하지역에 거주하던 예맥을 복속한 후 연(燕)과 각축전을 전개한 상황을 반영한다.

한편 요서지역의 예맥과 고조선 주민 사이에는 문화적인 동질성 외에 혈통 역시 근친관계를 유지하였다. 그럼에도 불구하고 요동 일대의 고조선과 요서지역의 예맥이 동일한 종족 갈래는 아니었으며, 문화 양상 역시 차이가 적지 않았다. 예컨대 지석묘는 요동반도와 길림·화전 등 길림성 일부 및 한반도 일대에 주로 분포하며, 요하 서쪽에서는 조사되지 않고 있다.

예맥과 고조선은 요서와 요동 일대에서 각각 독자적인 청동문화를 영위하였다. 이를 반영하듯이 여러 선진문헌(先秦文獻)에는 고조선과 예맥이 동일한 갈래가 아니라 다른 집단이라는 사실을 전하고 있다. 고조선이 요하를 건너 요서지역으로 진출할 무렵 연나라 역시 연산(燕山)을 넘어 본격적으로 북방진출을 추진하였다.

연(燕)의 북방 진출은 B.C. 7세기 무렵에 이르러 산융이 쇠약해진 후 본격화되었다.213) 양국의 대립이 본격화 된 것은 고조선이 요서지역의 예맥에 대한 영향력을 확대하면서 촉발되었다. 연(燕)은 전국(戰國) 7웅(雄)으로 일컬어지는 등 강성한 국가였다. 연은 원래 약소한 국가에 불과하였고, 강국의 반열로 올라선 것은 B.C. 311년에 소왕이 즉위한 후 이루어졌다.

소왕은 악의(樂毅)와 추연(趨衍), 극신(劇辛) 등을 등용하여 국력을 정비한 후 제(齊)를 공격하여 수도 임치(臨淄)를 함락하였다. 제(齊)는 수도가 파괴되고 넓은 영역을 상실하는 등 큰 피해를 당하였다. 또한 소왕은 진개(秦開)를 발탁한 후 동호(東胡)와 고조선을 공격하여 북쪽과 동쪽으로 각각 1000리와 2000리를 획득하는 성과를 올렸다. 고조선과 연은 영토분쟁 외에

C. 옛날 기자의 후예인 조선후(朝鮮侯)가 주(周)가 쇠약해지자 연(燕)이 스스로 높여 왕이라 칭하고 동쪽으로 침략하려는 것을 보고, 조선후도 왕호(王號)를 칭하고

---

213) 황철산, 1963, 「고조선의 종족에 대하여」, 『고고민속』 1기, 8쪽.

군사를 일으켜 연나라와 대항해 싸우며 주나라 왕실을 받들려 하였는데, 그의 대부(大夫) 예(禮)가 간언하므로 중지하였다. 그리하여 예(禮)를 서쪽에 파견하여 연을 설득하니 연나라도 전쟁을 멈추고 침입하지 않았다.[214]

라고 하였듯이, 각각 칭왕(稱王)을 통한 자존심 대결을 펼치기도 하였다.

연은 고조선의 공세에 직면하여 대대적인 북벌을 전개하여

D. 동호(東胡)는 대택(大澤)의 동쪽에 있다. 이인(夷人)이 동호의 동쪽에 있다. 맥국(貊國)은 한수(漢水)의 동북방에 있으며 연나라 가까이에 위치하여 연(燕)에 의해 멸망되었다.[215]

라고 하였듯이, 맥국을 멸망시켰다.

연은 진개의 공격 이전에 요서지역의 맥국[216]을 복속하였고, 그 여세를 몰아 고조선과 동호를 격파하여 5군을 설치하였다. 예맥은 B.C. 4세기를 전후하여 고조선과 연(燕) 및 동호(東胡)의 각축 속에서 토착기반이 해체되기에 이르렀다.[217] 고조선은 강력한 철제무기로 무장하고 기마전법을 도입한 연군(燕軍)을 대적하기 어려워 2천여 리를 밀려나게 되었다.

중원지역은 B.C. 600년을 전후하여 철기시대가 시작되었다. 전국시대에는 철제 도구와 칼들이 단조(鍛造)공법이 아니라 거푸집을 이용하는 주조공법으로 생산되었다. 연나라 역시 중국의 다른 국가와 마찬가지로 철제 도구와

---

214) 『三國志』 권30, 魏書30, 烏丸鮮卑東夷傳30, 韓.
215) 『山海經』 海內西經.
216) 한편 맥국은 대릉하 유역의 조양 일대에 위치하며, 고조선과 남북으로 경계를 접한 것으로 보기도 한다(서병국, 2004, 『펼쳐라! 고구려』, 서해문집).
217) 요서지역의 예맥집단은 동호를 비롯한 북방종족의 진출과 戰國時代 燕의 철기문화 확산에도 불구하고, 비파형동검문화와 초기 형태의 세형동검문화 등의 토착 전통을 오랜 동안 유지하였다. 또한 요녕지역 일대는 원형 점토대토기와 우각형 파수부관 등 토착적인 토기문화가 B.C. 5세기~B.C. 4세기 무렵까지 성행하였다. 그러나 요서 일대는 燕이 군현을 설치한 후 중원 계통의 철기문화로 대체되면서 급속한 漢化가 이루어졌다(오강원, 2007, 앞의 책, 480~481쪽).

무기를 사용하였다.

 연군(燕軍)의 철제무기 및 기마전법의 도입과 징집된 일반 병사의 전투 능력은 청동무기 중심의 고조선에 비하여 압도적인 우위를 보였다. 또한 연나라 군대는 철제무기와 석궁(石弓)으로 무장되어 전투력이 비약적으로 신장되었다.

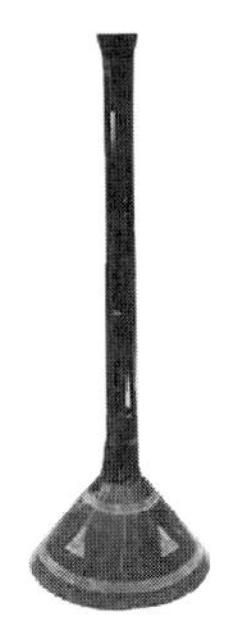

<그림 3-24> 나팔형 동기 : 예산 동서리에서 출토된 나팔형동기는 악기의 일종으로 국립중앙박물관에 소장되어 있다.

 고조선 역시 일찍부터 기마(騎馬)에 익숙하였다. 이는 심양 정가와자(鄭家窪子) 토광묘(M 6512)에서 출토된 말 꾸미개를 통해 유추된다.[218] 또한 충남 예산군 동서리 석곽묘에서도 정가와자에서 출토된 마식(馬飾)과 비슷한 소위 나팔형동기(喇叭型銅器)가 확인되었다.[219]

 그러나 고조선은 군사적인 열세를 면치 못하고 연(燕)에 밀려 요동 방면에서 대동강 유역으로 중심지를 옮겼다.[220] 양국이 경계를 이룬 만번한의 위치에 대해서는 문현(文縣)과 번한현(番汗縣)의 연칭으로 간주하여, 요동의 해성과 개평 일대로 보고 있다.[221]

 북경에서 압록강까지의 거리가 대략 2천여 리 정도임을 고려하면, 고조선이 난하의 동쪽지역에서 밀려나 압록강 서쪽에 위치한 요동 해성현(海城縣)과 개평현 일대를 경계로 접경하게 되지 않았을까 한다.[222] 연(燕)은 요하를 건너 요동 일부를 차지하였으며, '먼 강'을 의미하는 요수(遼水)는 난하를 대신하여 요하를 가리키게 되었다.

---

218) 瀋陽古宮博物館·瀋陽市文物管理辨公室, 1975, 「瀋陽鄭家窪子的兩座靑銅時代墓葬」, 『考古學報』 第1期.

219) 이형구, 2004, 앞의 책, 169쪽.

220) 『三國志』 권30, 魏書30, 東夷 韓.

221) 盧泰敦, 1990, 「고조선 중심지의 변천에 대한 연구」, 『한국사론』 23, 49~51쪽.

222) 김정학, 1990, 『韓國上古史硏究』, 범우사, 177쪽.

제2부 예맥의 이주와 국가형성

제4장 예맥의 만주지역 이주와 부여 · 고구려 건국

제5장 예맥의 환동해지역 이주와 옥저 · 동예의 건국

제6장 예맥의 한반도 중남부지역 이주와 국가형성

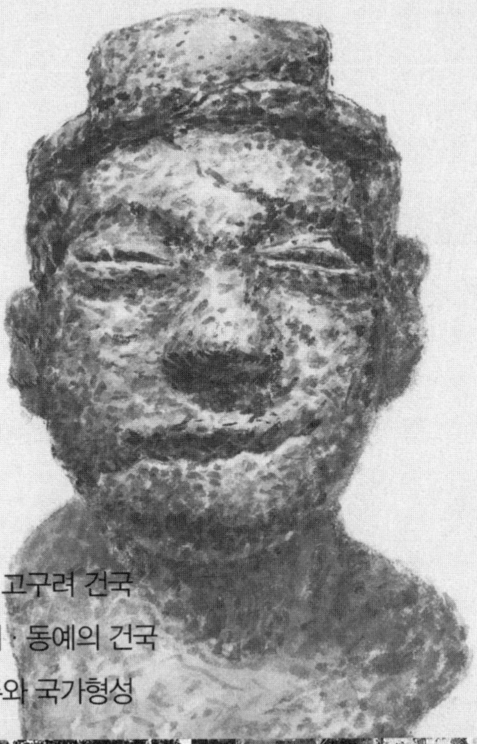

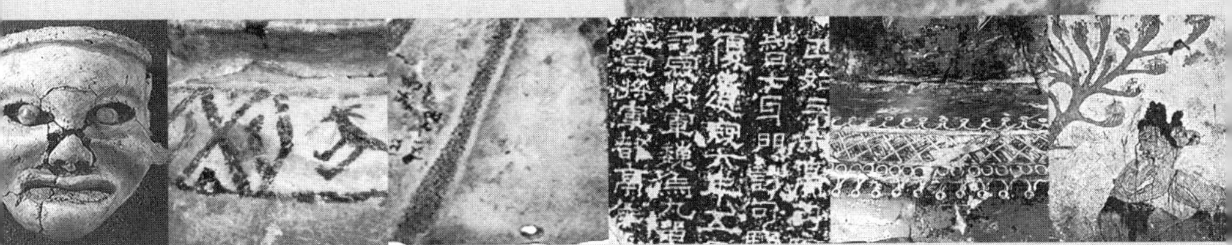

제4장 예맥의 만주지역 이주와
부여·고구려 건국

Ⅰ. 예족의 송화강 중류지역 이주와 부여 건국

1. 부여의 건국과 문화기반

1) 부여 선주민의 갈래와 서단산문화

예맥은 요서지역과 발해만 연안 일대에서 위영자문화와 능하문화를 영위하면서 발전하였다. 그러나 예맥은 B.C. 4세기를 전후하여 연(燕)과 동호(東胡) 및 고조선의 대결 속에서 토착기반이 해체되고 족적기반이 소멸되었다.

연(燕)은 요서지역으로 진출한 고조선을 한반도 방향으로 밀어낸 후 요동마저 석권하였다. 예맥은 현지에 남아 연(燕)의 지배를 받아들이거나 다른 지역으로 이주하게 되었다. 요서 방면에 거주하던 예맥의 약화를 전후하여 고조선의 외곽에 해당하는 길림(吉林)과 장춘(長春) 일대(이하 길장지구)에서 부여의 건국이 이루어졌다.

길장지구는 B.C. 4세기를 전후하여 청동문화를 벗어나 철기문화 단계로 전환되고,[1] B.C. 3세기 후반에 이르러 부여가 건국되었다.[2] 『산해경(山海經)』

---

1) 오강원, 2008, 『서단산문화와 길림지역의 청동기문화』, 학연문화사, 383~411쪽.
2) 송호정, 1997, 「초기국가」, 『한국사』 4, 국사편찬위원회, 164쪽 ; 이기동, 2005, 「한국민

대황북경(大荒北經)에 부여(不與)라는 기록이 처음 나타나며,3) 『사기(史記)』 화식열전(貨殖列傳)에도 연(燕)의 북쪽 경계에 위치한 국가로 오환(烏丸)과 함께 보인다.4)

선진문헌(先秦文獻)에 기록된 예맥과 부여·고구려를 건국한 예맥의 관계에 대해서는 여러 견해가 제기되었다. 부여를 건국한 집단은 『삼국지(三國志)』 부여전에 보이는 '예왕지인(濊王之印)', '예성(濊城)', '예맥지지(濊貊之地)' 등을 고려할 때 의심할 여지없이 예족(濊族)이다.

예족의 기원과 거주지에 대해서는 이동설(移動說)과 분포설(分布說)이 제기되었다. 전자는 중국의 북방에 위치한 예맥이 주대(周代)에 요동지역으로 이동하여 고조선·부여·고구려를 건국한 것으로 보는 입장이다.5) 그 반면에 후자는 선진시대(先秦時代)의 예맥은 북방 이민족의 범칭으로 요하 이동(以東)의 예맥과는 별개이며, 요동지역의 예맥만이 고조선 등 동이집단과 관련이 있는 것으로 이해한다.6)

그러나 예맥이 주대(周代)에 요동지역으로 이동하여 고조선 등을 건국한 것은 아니었다. 고조선의 기원은 숙신에 있으며, 숙신은 B.C. 20세기를

족사에서 본 부여」, 『한국고대사연구』 37.

3) 『山海經』은 B.C. 4세기 무렵에 해당하는 전국시대 말기의 저작이다. 원래 23권이 있었으나 前漢 말기에 劉歆이 校定한 18편만 전해진다. 그 중에 秦의 시황제 때에 烏氏縣의 '倮'라는 사람이 주변 국가와 장사를 한 기록이 남아 있다. 시황제의 재위 시에 해당하는 B.C. 246~B.C. 210년 무렵에 부여가 존재한 근거 자료로 보고 있다(사회과학원 고고연구소편, 1977, 『조선고고학개요』, 139~143쪽).

4) 『史記』 권129, 貨殖列傳.

5) 和田淸, 1947, 「周代の蠻貊について」, 『東洋學報』 28-2 ; 金庠基, 1948, 「韓·貊移動考」, 『史海』 創刊號 ; 金光洙, 1983, 「高句麗 古代 集權國家의 成立에 관한 硏究」, 연세대 박사학위논문, 6~15쪽 ; 許憲范, 1985, 「濊貊遷徙考」, 『民族硏究』 4 ; 박준형, 2001, 「'濊貊'의 形成過程과 古朝鮮」, 『學林』 22 ; 이성규, 2003, 「고대 중국인이 본 한민족의 원류」, 『한국사시민강좌』 32, 112~122쪽.

6) 노태돈, 1999, 「고구려의 기원과 국내성 천도」, 『한반도와 중국 동북3성의 역사와 문화』, 서울대 출판사, 315~317쪽 ; 余昊奎, 2002, 「高句麗 初期의 梁貊과 小水貊」, 『韓國古代史硏究』 25, 103~115쪽.

전후하여 고대산문화와 마성자문화 및 쌍타자문화, 서단산문화 등의 조기 청동문화를 영위하던 여러 집단을 망라하여 부른 명칭이다.

요서지역의 예맥은 하가점 하층문화의 소멸 이후 능하 유역 일대의 토착세력이 위영자문화와 능하문화를 거치면서 형성되었다. 부여 역시 능하 유역에 거주하던 예족이 요하를 건너 길장지구로 이주하여 건국하였을 가능성이 있다.

부여 건국은 신천지 개척이 아니라 철기문화를 소유한 이주민이 청동문화 단계의 토착민을 흡수·동화하며 이루어졌다. 부여의 건국은 예족의 이주 외에 선주민의 성장과 발전과정을 함께 검토해야 그 실체가 드러날 것이다.

부여가 건국의 터전을 마련한 송화강 중류지역은 일찍부터 신석기문화가 발전한 지역이다. 중국 동북지역의 신석기문화는 흑룡강 유역과 요하 유역으로 구분하고 있다. 전자는 호륜패이얼 초원·송눈평원·삼강평원·목단강-수분하 유역,[7] 후자는 서요하-대릉하 유역·하요하 유역·여대(旅大) 연해지구로 세분된다.[8] 또한 중국 동북지방의 선사문화를 열하(熱河) 산지, 요동반도, 송화강 중류지역, 두만강 유역, 목단강 유역, 대흥안령 일대 등 6지역으로 구분하기도 한다.[9]

길장지구의 대표적인 신석기시대 유적은 이통하(伊通河) 북안(北岸)에 위치한 농안(農安)의 좌가산(左家山)을 들 수 있다. 좌가산 유적의 연대는 방사성탄소연대 측정을 통해 1기문화는 B.P. 6755±115년, 3기는 B.P. 4780±180년으로 확인되었다.[10]

좌가산 유적에서 출토된 동물의 뼈와 각종 생산 도구는 수렵과 어로 활동에 필요한 것이었고, 농경 도구는 확인되지 않았다.[11] 당시 좌가산

---

7) 陽虎, 1979, 「黑龍江古代文化初論」, 『中國考古學會第1次年會論文集』, 文物出版社.

8) 郭大順, 1985, 「以遼河流域爲中心的新石器文化」, 『考古學報』 4, 科學出版社.

9) 佟柱臣, 1961, 「東北原始文化的分布與分期」, 『考古』 10期.

10) 陳全家·趙賓福, 1989, 「農安左家山新石器時代遺址」, 『考古學報』 第2期, 吉林大學考古敎研室.

일대는 관목과 풀이 무성한 삼림을 이루었다. 좌가산 유적과 비슷한 문화 면모는 농안현(農安縣) 원보구(元寶溝)[12] 유적에서도 확인된다.

그 반면에 대유하(大柳河)가 제2송화강으로 유입되는 동풍현(東豊縣)의 서단량산(西斷梁山) 유적에서는 돌도끼와 돌맷돌 등의 생산 공구가 출토되는 등 농업 위주의 경제활동을 영위한 사실이 확인되었다.[13] 송화강 중류지역은 어로와 수렵에 기반한 신석기문화가 영위되었고, 그 상류지역은 원시 농경을 위주로 하는 사회가 발전하였다.

좌가산 유적 등에서 조사된 토기는 납작밑토기가 주류를 이루고, 문양 역시 요동반도와 한반도 일대에서 흔히 보이는 연속지자문(連續之字文)과 집선문(集線文) 등이 대표적이다.[14] 송화강 중류지역은 납작밑토기가 성행하던 시기부터 요동지역 및 한반도 서북·동북지방과 밀접한 교류관계를 유지하였다.

송화강 중류지역의 신석기문화는 흑룡강성 중남부와 길림성 서북부의 송눈평원 일대에서 꽃을 피운 앙앙계문화(昂昂溪文化)의 영향을 받기도 하였다. 앙앙계문화는 눈강 유역에 주로 분포한다. 오복(五福)·막고기(莫古氣)·액랍소(額拉蘇)·홍기영자(紅旗營子) 등이 대표적인 유적이다.

앙앙계문화는 북방 세석기문화와 관련이 있으며,[15] 다량의 좀돌날석기와 뗀석기 등이 조사되었다.[16] 앙앙계문화는 좀돌날석기와 조상(條狀) 퇴문을 주요 특징으로 하며, 압인문토기와 간석기를 위주로 하는 동북지방의 다른 문화와는 차이를 보인다.

---

11) 郭大順·張星德, 2008, 앞의 책, 473쪽.

12) 吉林省文物考古研究所, 1989, 「吉林農安縣元寶溝新石器時代遺址發掘」, 『考古』 第12期.

13) 金旭東·龐志國·宋玉彬, 1991, 「吉林東豊縣西斷梁山新石器時代遺址發掘」, 『考古』 第4期, 吉林文物考古研究所.

14) 張忠培, 1963, 「吉林市效古代遺址的文化類型」, 『吉林大學社會科學報』 第1期.

15) 梁思永, 1959, 「昂昂溪史前遺址」, 『梁思永考古論文集』, 科學出版社.

16) 趙善桐·楊虎, 1974, 「昂昂溪新石器時代遺址的調査」, 『考古』 第2期, 黑龍江省博物館.

앙앙계문화는 어로와 수렵을 주요 생활수단으로 하던 사람들이 남겼으며, 농경문화가 아니라 초원문화의 특징을 갖고 있다. 앙앙계문화가 영위된 눈강 유역을 비롯한 대흥안령 산록과 신개류문화(新開流文化)가 발전한 삼강평원(三江平原)을 아우르는 광대한 지역을 융기문토기문화권으로 보기도 한다.[17]

앙앙계문화는 구석기시대에서 신석기시대로 이행하는 과도기에 해당하는 중석기시대 전통을 계승하였다. 중석기시대 유적은 몽고 초원지대와 가까운 대흥안령 서록의 만주리시(滿洲里市) 찰뢰낙이(扎賚諾爾)에서도 확인되었다.

찰뢰낙이 유적의 연대는 제5층에서 출토된 목질의 방사성탄소 측정 결과 B.P. 11460±230년으로 확인되었다.[18] 또한 후룬베이얼 초원의 해랍이(海拉爾) 송산(宋山) 유적에서도 좀돌날석기를 비롯한 세석기문화가 조사되었다.[19] 이들 유적은 몽고초원 일대와 송눈평원에 살던 사람들이 어로와 수렵, 채집을 주요한 경제 활동으로 삼았음을 보여준다.

송화강 중류지역의 신석기문화는 요하 유역 홍산문화의 영향을 받기도 하였다. 홍산문화의 영향은 송눈평원의 요정자(腰井子) 유적과 백성시(白城市) 파산(靶山) 묘지[20]에서도 확인된다. 요정자 유적은 길림성 서북부의 초원지대와 인접한 곳에 위치하며, 통형관 등은 농안 좌가산 유적에서 확인되었다.[21]

---

17) 大貫靜夫, 1989, 「東北亞州中的中國東北地區原始文化」, 『慶祝蘇秉琦考古五十五年文集』, 文物出版社.

18) 石彦蒔, 1978, 「扎賚諾爾附近木質標本的炭十四年測定及其地質意義」, 『古脊椎動物與古人類學報』 16卷 2期.

19) 安志敏, 1978, 「海拉爾的中石器遺存-兼論細石器的起源和傳統」, 『考古學報』 第3期.

20) 王國範·張志立, 1988, 「吉林白城靶山墓地發掘簡報」, 『考古』 第12期, 吉林省文物考古研究所.

21) 劉景文, 1992, 「吉林長嶺縣腰井子新石器時代遺址」, 『考古』 第8期, 吉林省文物考古研究所.

요정자 유적과 좌가산 유적에 보이는 지자문(之字文)은 요동반도의 신석기
문화와 비슷하며, 세밀한 비점문(篦點文)은 요서지역의 부하문화에 가깝다.
파산 유적의 북쪽에 위치한 해랍이시(海拉爾市) 단결(團結) 유적에서도 적봉
수천(水泉)에서 조사된 홍산문화 계통의 채도가 확인되었다. 또한 옥환(玉環)
과 몸통 전체를 가공한 좀돌날 등 소하연문화와 비슷한 문화 요소도 조사되었
다.22)

그러나 송화강 중류지역의 신석기문화는 어로 및 수렵에 토대를 둔 앙앙계
문화에 더 가까운 것으로 이해된다. 송화강 중류지역에서 신석기문화를
영위한 사람들은 내몽고 동남부 및 요동 일대에서 원시 농경을 영위하던
집단과는 종족 차이가 있었다. 초원지역에서 북방 계통의 신석기문화를
영위한 집단과 밀접한 관계가 있다.

송화강 중류지역의 선사문화는 신석기시대를 거쳐 청동기시대로 접어들
며 주인공이 바뀌었다. 흑룡강성과 길림성 일대에서 확인되는 가장 이른
시기의 청동문화는 송눈평원의 소랍합문화(小拉哈文化)를 들 수 있다. 송눈평
원(松嫩平原)은 송화강(松花江)과 눈강(嫩江)의 충적작용에 의해 형성되었으
며, 흑룡강성 서남부와 길림성 서북부에 자리한다.

그 남쪽은 송요분수령을 경계로 요하평원과 구분되며,23) 북쪽으로 소흥안
령, 서쪽으로 대흥안령 동쪽 기슭, 동쪽으로 동부의 산지에 이르는 광활한
지역을 포괄한다. 해발 고도는 150~200m, 면적은 약 18만km^{2}로 동북평원의
절반 이상이다.24) 장춘 부근의 침식 구릉지대 요하평원과 합해 송요평원으로

---

22) 中國社會科學院考古硏究所內蒙古工作隊·呼倫貝爾盟民族博物館, 2001, 「內蒙古海拉爾
市團結遺址的調査」, 『考古』 第5期.

23) 송요평원과 요하평원은 지형상 하나로 연결되어 있다. 원래는 두 평원의 水系가
서로 연결되어 있었지만, 지각운동의 영향으로 長春·長嶺·通楡 일대가 융기하여
서북·동남 방향의 송요분수령이 생겨났으며, 남북으로 흐르던 강줄기가 끊어졌다.
송요분수령은 낮고 완만해 해발 200~300m 정도이며, 양측의 평원에 비해 몇 십미터
정도밖에 높지 않다.

24) 동북평원은 중국의 동북부(만주지방)에 있으며, 동북평원은 송눈평원·요하평원·삼

칭하기도 한다.

소랍합 유적은 송눈평원의 중부에 해당하는 흑룡강성 의순촌(義順村)에서 조사되었다. 이곳은 지세가 평탄하고 토지가 비옥할 뿐만 아니라 수원이 풍부하여 농업과 목축업 및 어로와 수렵 활동에 적합한 조건을 구비하였다. 소랍합 유적의 조성 연대는 토기편의 발열광연대측정을 통해 B.P. 3830±340년으로 밝혀졌으며, 청동으로 만든 칼과 비녀·단추 등 소량의 장식품이 출토되었다.

또한 소랍하 유적에서 출토된 토기는 고대산문화의 것과 비슷하다. 소랍합문화는 고대산문화 등과 마찬가지로 조기 청동문화에 해당된다. 요동지역의 청동문화와는 달리 확인된 유적의 숫자와 분포 범위 등에서 현저한 열세에 놓여 있다.[25] 송눈평원의 조기 청동문화는 요동지역에 비해 후진적인 상태에서 백금보문화(白金寶文化)로 계승되었다.

백금보문화는 B.C. 12세기 무렵에 시작되어 700~800년 동안 지속되었다. 눈강 유역을 중심으로 동쪽의 장광재령, 서쪽의 탁이하(綽爾河), 남쪽의 조아하(洮兒河), 북쪽의 대흥안령을 연결하는 선을 경계로 하였다. 그 서남쪽은 내몽고 동남부의 시라무렌하와 요하 유역 일대까지 미쳤다.

백금보문화는 어로와 수렵 중심의 경제활동을 하였으며, 농경과 목축업도 부차적으로 영위되었다. 요하 유역과 북방지역 청동문화의 영향을 받은 것도 사실이지만, 토착적인 소랍하문화에서 기원하여 한서 하층문화(漢書下層文化)로 계승되었다.

한서문화는 길림성 서부지역과 흑룡강성 서남지역 일대에 걸쳐 분포한다. 한서문화는 흑룡강성의 눌하시(訥河市)에서 아성시(阿城市)에 이르는 동북평

강평원을 합해 부르는 명칭이다. 대흥안령과 소흥안령 및 장백산맥 사이에 있으며, 남북으로 약 1,000km·동서로 300~400km 가량 펼쳐져 있다. 넓이는 약 35만km^{2}이고, 대부분의 지역이 해발 200m를 넘지 않는다.

25) 于匯歷·趙賓福·張偉, 1997, 「黑龍江省肇源縣小拉哈遺址發掘簡報」, 『北方文物』第1期, 黑龍江省文物考古研究所·吉林大學考古學系.

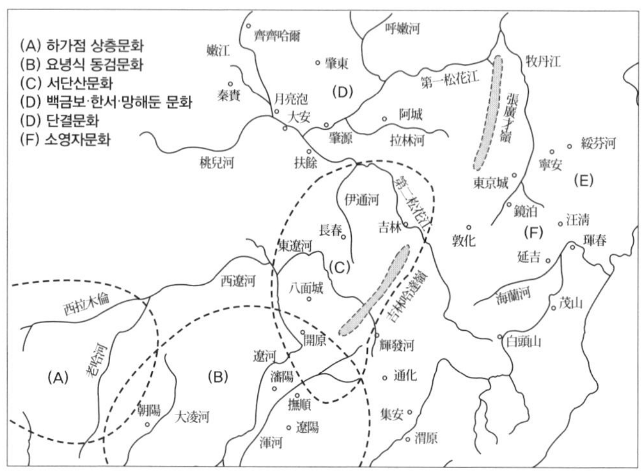

〈그림 4-1〉 서단산문화를 비롯한 중국 동북지역의 청동문화 분포양상

원의 저습지와 초지에 자리한다. 조아하(洮兒河) 하류지역, 제2송화강 하류지역, 납림하(拉林河) 하류지역이 해당된다. 조아하 중류지역의 조남(洮南)과 백성(白城) 및 곽림하(霍林河) 상류지역의 통유(通楡) 일대에서도 확인된다.[26]

한서문화는 백금보형토기, 순수 토광묘, 눌러 뗀 석기, 골기, 중앙에 화덕을 갖춘 반지하식 수혈 집자리 등이 문화조합을 이루고 있다. 그 반면에 백금보문화의 남쪽에서는 송화강 중류지역의 길장지구를 중심으로 서단산문화가 일어났다.

길장지구는 송눈평원 및 요동지역과는 달리 주목할 만한 조기 청동문화가 확인되지 않는다. 송화강 중류지역의 청동문화는 B.C. 10세기를 전후하여 서단산 하층문화가 출현하면서 시작되었다.[27] 서단산문화를 비롯한 중국 동북지역 청동문화의 분포 양상은 <그림 4-1>과 같다.[28]

---

26) 오강원, 2008, 앞의 책, 371쪽.

27) 서단산문화의 上限은 侯石山 유적의 경우 B.C. 1000±100년의 측정 결과가 나와 西周 초기로 보고 있다(武國勛, 1983, 「夫餘王城新考－初期夫餘王城的發現」, 『黑龍江文物叢刊』 4期).

28) 송호정, 1997, 「부여의 성립」, 『한국사』 4, 국사편찬위원회.

서단산 하층문화는 제2송화강(북류 송화강) 유역과 지류에 해당하는 휘발하(輝發河)·음마하(飮馬河)·이통하(伊通河) 유역에 분포한다. 그 중심지는 길림과 장춘 일대이다. 분포 범위는 남으로 이통하 유역, 동으로 위호령(威虎嶺), 북으로 납림하(拉林河) 연안, 서쪽으로 동요하(東遼河) 유역에 이른다.[29]

한편 한서 하층문화와 서단산 하층문화 사이에는 중간지대가 놓여 있다. 두 문화는 직접적인 관계를 맺지 않고, 중간에 위치한 농안(農安)과 장령(長嶺) 일대의 청동문화를 매개로 하여 간접적인 관계를 유지하였다.[30] 한서문화와 서단산문화의 상호 작용은 청동기시대 후기에도 전자가 후자에 대해 일방적인 영향을 미치는 형태로 전개되었다.

이와 관련하여 길림 성성초(星星哨) A·D지구에서 조사된 양털과 개털로 짠 염시용 복면과 청동 단추장식 및 청동 팔찌 등의 유물이 참조된다. 그 외에 소달구(騷達溝) 유적에서 연주상동식(聯珠狀銅飾)과 치병동도(齒柄銅刀) 등이 출토되기도 하였다. 한서문화의 영향을 받은 장사산형호(長蛇山型壺) 등 새로운 형태의 토기가 등장한 사실도 주목된다.[31]

서단산 하층문화는 태자하 상류지역에서 성장한 마성자문화에 기원을 두고 있다. 마성자문화를 영위하던 사람들이 비파형동검과 석관묘, 화장(火葬) 풍습 등을 갖고 길장지구로 이주하여 토착 선주민을 흡수·동화하며 형성된 것으로 보고 있다.[32]

---

29) 董學增, 1987, 「西團山文化的東界在長廣才嶺南端威虎嶺以西的新証」, 『博物館研究』 第3期.

30) 오강원, 2008, 앞의 책, 372쪽.

31) 오강원, 2008, 앞의 책, 498~499쪽.

32) 董學增, 1978, 「永吉星星哨水庫石棺墓及遺址調査」, 『考古』 第3期, 吉林省文物管理委員會·吉林省星星哨水庫管理處. 한편 서단산문화의 주체에 대해 숙신 또는 읍루로 보는 견해도 있다(薛虹, 1979, 「肅愼和西團山文化」, 『吉林師大學報』 1期). 그러나 서단산문화는 요동 북부지역의 토기·청동기 양식 및 묘제 등 여러 측면에서 비슷한 모습을 보이는 예맥이 영위한 것으로 보는 것이 일반적이다(三上次男, 1961, 『朝鮮原始墳墓の研究』, 吉川弘文館, 339쪽 ; 李健才, 1985, 「關于西團山文化族屬問題的探討」, 『社會科學戰線』 2期).

서단산 상층문화가 부여와 관련이 있고, 하층문화의 주인공을 부여의 선주민으로 이해하는 견해도 없지 않다.[33] 서단산 하층문화의 형성 시기는 성성초(星星哨) C지구 2호 무덤에서 조사된 시료의 방사성연대측정 결과 B.P. 3055±100년으로 밝혀졌다.

길장지구는 서단산문화가 시작되면서 비파형동검 외에 지석묘가 등장하였다. 지석묘는 길림성 화전현(樺甸縣)·통화(通和)·길림시 등에서 확인되었고,[34] 비파형동검은 길림과 장춘 일대의 6곳에서 조사되었다.[35] 화장을 이용한 장례 풍습은 화전현 서황산둔, 길림 모아산 유적 등에서 확인되었다.

길림시의 서단산 유적에서 조사된 인골 2구 역시 주목된다. 서단산 인골의 형질은 몽고계와는 달리 퉁구스계의 양상을 보인다.[36] 인골의 주인공은 마성자문화를 영위하던 집단이 이주하기 이전부터 길장지구를 비롯한 송화강 유역에 거주하던 퉁구스 계통의 토착집단으로 추정된다.

중원 농경문화와 초원 유목문화의 영향을 받은 삼족기(三足器)와 동도(銅刀), 동모(銅矛)와 연주상(連珠狀) 장식 등의 요소도 확인되었다.[37] 주거지는 산에 의지한 채 지은 것이 일반적이며, 실내에는 삭판을 둘러 만든 화덕이 놓여 있다. 구덩이를 파서 반지하식으로 만들었으며, 경사진 쪽의 일면에는 돌담의 흔적이 남아 있다.

---

33) 리병선, 1966, 「압록강 및 송화강 중상류 청동기시대의 문화와 그 주민」, 『고고민속』 3기.

34) 김정희, 1988, 「동아시아 支石墓의 연구」, 『崇實史學』 5 ; 하문식, 1998, 「중국 길림지역 고인돌 연구」, 『한국상고사학보』 27.

35) 비파형동검은 지금까지 218곳에서 조사되었다. 한반도 7곳, 요서지역 154곳, 요동 45곳, 길림과 장춘 6곳, 중국 하북지역 6곳 등에서 확인되었다. 송화강유역의 대표적인 유적은 永吉 星星哨와 猴石山 등을 들 수 있다. 후석산 유적의 경우 비파형동검 외에 동모가 확인되며, 공구는 동부와 동자, 儀器는 방울, 위세품은 연주형장식과 동포 등이 함께 출토되었다(吉林省文物考古研究所·吉林市博物館, 1993, 「吉林市猴石山遺址第2次發掘」, 『考古學報』 3期).

36) 顔誾, 1964, 「吉林西團山遺址人骨的研究」, 『考古研究』 1期.

37) 郭大順·張星德, 2008, 앞의 책, 967쪽.

송화강 중류지역은 서단산 하층문화 단계에 이르면 신석기시대의 어로와 수렵 위주의 생활에서 벗어나 농경활동이 중요한 위치를 차지하였다.[38] 양둔(陽屯) 주거지에서 탄화된 대두(大豆), 탄화된 조·기장 등의 농작물 씨앗 등이 조사되었다. 돌 호미·돌 낫, 돌로 만든 소반 등도 출토되었다. 서단산 유적·성성초 묘지 등에서 다량의 돼지 뼈가 확인된 것으로 볼 때 양돈업 역시 성행하였다.[39]

2) 예족의 이주와 부여 건국

송화강 중류지역을 중심으로 발전한 서단산문화를 영위한 집단은 부여의 선주민으로 보고 있다. 비파형동검과 고인돌을 특징으로 하는 고조선과 동일한 갈래에 속한 집단이 영위한 것으로 이해한다.[40] 그 외에 토착 퉁구스인과 눈강 유역에서 백금보문화 등을 영위한 사람들도 영향을 미쳤다.

그러나 서단산문화를 영위한 집단이 주체가 되어 국가형성 단계로 이어진 것은 아니었다. 서단산문화에서 확인된 비파형동검을 비롯한 청동제품은 전반적으로 빈약하고, 독자적인 동검을 내제화(內製化)하지 못하는 등 요동지방 청동문화에 비해 현저한 열세를 보인다.

서단산문화의 청동기는 대부분 무덤에서 출토되었는데, 단검·창·도끼·끌 등을 비롯하여 200여 점이 조사되었다. 서단산문화의 청동기는 소형 공구류와 장식품을 위주로 하며, 병기에 속하는 창과 단검 등 비교적 큰 청동기는 확인된 사례가 거의 없다. 거푸집이 확인되지 않고, 수준 높은 청동제품은 다른 지역에서 유입되는 등 청동 주조업이 발전하지 못하였다.

부여의 국가형성은 서단산문화가 소멸되는 B.C. 3세기 말 이후로 보고

---

38) 王亞注, 1960, 「吉林西團山子石棺墓發掘記」, 『考古』 第4期.

39) 張中澍 外, 1981, 「吉林市陽屯遺址第三次發掘」, 『考古學集刊』 7.

40) 윤무병, 1966, 「濊貊考」, 『백산학보』 1 ; 김정배, 1968, 「예맥족에 관한 연구」, 『백산학보』 5 ; 오강원, 2008, 앞의 책, 503쪽.

있다.[41] 그러나 길장지구를 비롯한 송화강 중류지역은 부여의 국가형성에 앞서 사회분화가 가속화되고 있었다. 서단산문화의 전성기에 해당하는 B.C. 5세기를 전후하여 소달구(騷達溝)의 평정산고분의 주인공과 같이 강력한 권력을 갖춘 수장층이 출현하였다.[42]

평정산(해발 1,429m)은 혼하의 상류지역에 해당하는 요녕성 무순시 신빈현에 위치한다. 평정산은 만주벌판 한 가운데 위치해 있고, 정상에는 둘레 80리 정도의 커다란 연못이 있다. 평정산고분은 대형 석관이 산정(山頂)에 단독으로 조성되었는데, 동부(銅斧)와 도자(刀子) 등 17점의 청동유물이 출토되었다.[43] 서단산 유적에서도 방어시설의 일부로 짐작되는 흙으로 축조한 담이 확인되었다.[44]

길장지구의 사회변동과 국가형성의 디딤돌은 B.C. 4세기를 전후하여 청동문화에서 철기문화 단계로 전환되면서 이루어졌다. 그러나 송화강 중류지역의 철기문화 수용은 길장지구의 수장층이 주도하여 이루어진 것은 아니었다.

길림 중부지역은 서단산문화의 소멸을 전후하여 여러 유형의 철기문화가 출현하였다. 길림과 영길은 대해맹(大海猛)유형이 분포하고, 이통하와 음마하가 합류하는 지역(제2송화강 하류의 남쪽지역)은 형가점식(邢家店式)유형과 전가타자(田家坨子)유형이 분포한다.[45] 음마하 중·상류지역은 관마산식

---

41) 이기동, 2005, 「한국민족사에서 본 부여」, 『한국고대사연구』 37.

42) 山頂大棺의 조성 시기에 대해서는 B.C. 8세기~B.C. 6세기(賈瑩·張淑華, 1996, 「騷達山頂大棺文化所屬及年代範圍的探討」, 『博物館研究』 3), B.C. 4세기~B.C. 3세기(張錫瑛, 1986, 「試論騷達溝山頂大棺整理報告」, 『考古』 10期), B.C. 7세기~B.C. 3세기(劉景文, 1983, 「西団山文化墓葬類型及發展序列」, 『博物館研究』 1期) 등으로 보고 있다.

43) 吉林省博物館·吉林大學考古專業, 1985, 「吉林市騷達溝山頂大棺整理報告」, 『考古』 第10期.

44) 董學增, 1988, 「吉林蛟河八坰地靑同時代遺址及其附近"堡寨"遺迹調査」, 『遼海文物學刊』 第1期.

45) 王亞州, 1958, 「吉林農安田家坨子遺址的發現與初步調査」, 『吉林大學人文學報』 3期.

(關馬山式)유형, 휘발하 중류지역은 서황산둔(西荒山屯)유형,[46) 서란(舒蘭)
황어권(黃魚圈)은 주산(珠山)유형[47) 등이 형성되었다.

이들 유형 중에서 서단산문화를 직접 계승한 문화는 대해맹문화를 들
수 있다.[48) 그 나머지는 다른 지역에서 유입된 철기문화의 영향을 받았다.[49)
북방 계통의 영향은 농안 형가점유형의 문화에서 잘 드러난다.[50) 주산
유적은 두만강 유역에서 발전한 단결문화(團結文化)의 영향을 받았다.[51)
서황산둔유형은 암석을 파내 묘실과 묘도를 만든 중원 계통의 대개석묘의
영향을 받았다.[52)

그러나 대해맹유형을 비롯한 초기 철기문화의 형성이 부여의 건국으로
이어진 것은 아니었다.[53) 길림은 서단산문화가 늦은 시기까지 존속되었으며,
B.C. 3세기를 전후하여 포자연문화(泡子沿文化)로 대체되었다.[54) 포자연문
화는 서단산문화와는 다른 새로운 유형의 문화이다. 서단산문화 외에 북방
및 중원 계통의 철기문화 영향을 받아 형성되었다.[55)

포자연문화는 길림성 중부지역을 비롯하여 멀리 혼강 유역에서도 확인된
다.[56) 포자연문화의 형성과 확산 속에서 송화강 중류지역은 문화적 차이가

---

46) 吉林省文物工作隊等, 1982, 「吉林樺甸西荒山屯靑銅短劍墓」, 『東北考古與歷史』 1期.

47) 吉林省文物工作隊, 1985, 「吉林舒蘭黃魚圈珠山遺址淸理簡報」, 『考古』 4期.

48) 대해맹식 유적과 서단산문화는 취락 형태와 입지 및 묘제를 달리하고 있지만,
    소위 大海猛型壺와 大海猛型鼎 등은 서단산문화의 토기와 직접적인 선후 관계를
    맺고 있다(陳家槐, 1982, 「吉林省永吉陽屯大海猛古遺址3次古發掘槪況」, 『吉林省考古
    學會通訊』 2).

49) 오강원, 2008, 앞의 책, 383~421쪽.

50) 金旭東, 1993, 「試論邢家店類型及其相關問題」, 『博物館研究』 2.

51) 오강원, 2008, 앞의 책, 416~420쪽.

52) 오강원, 2008, 앞의 책, 399~407쪽.

53) 송화강 유역의 초기 철기문화 양상에 대해서는 다음의 글을 참조하기 바란다(이종수,
    2005, 「동북아시아 고고학의 최근 연구 성과-송화강유역 초기철기시대 문화연구
    (2)」, 『선사와 고고』 22).

54) 이종수, 2009, 『송화강유역 초기철기문화와 부여의 문화기원』, 주류성, 236쪽.

55) 馬德謙, 1991, 「夫餘文化的幾個問題」, 『北方文物』 2期.

극복되고 통합이 이루어졌다.[57) 포자연문화의 형성과 확산을 계기로 하여 예족이 송화강 유역의 중핵집단으로 부상되었다.

포자연문화는 요서 일대에 거주하던 예족이 송화강 중류지역으로 이주하면서 형성되었다. 이들은 B.C. 4세기를 전후하여 요하를 건너 이주해 왔다. 『삼국지』 부여전에

> A. 그 나라의 노인들은 자기네들이 옛날에 (다른 곳에서) 망명한 사람들이라고
>   말한다.[58)

라고 하였듯이, 부여를 건국한 집단은 토착민이 아니라 타지에서 이주해 온 사람들이 주축이 되었다.

요서지역을 벗어나 요하 상류를 건너온 사람들이 송화강 중류지역의 토착민을 흡수·동화하면서 부여를 건국하였다. 이들의 이주 경로에 대해서는 관련 사료가 남아 있지 않아 정확한 사정을 알 수 없다. 다만 진한(秦漢) 교체기에 직면하여 중원 계통의 주민들이 사방으로 흩어져 간 사실을 통해 유추된다.

이들은 요동을 거쳐 고조선으로 유입되었는데, 연(燕)·제(齊)·조(趙)의 출신들이 주류를 이루었다. 중원 사람들이 노역과 고통을 견디지 못해 고조선으로 이주하였듯이,[59) 요서지역의 예족 역시 급변하는 정세변동 속에서 요하를 건너 송화강 유역으로 이주하는 집단들이 생겨났다.

이들 중에는 송화강 중류지역에서 부여의 국가형성을 주도한 집단도 포함되었다. 부여의 건국자로 알려진 동명은

---

56) 張立明, 1986, 「吉林泡子沿前山遺址及其相關問題」, 『北方文物』 2期.

57) 오강원, 2008, 앞의 책, 411쪽.

58) 『三國志』 권30, 魏書30, 烏丸鮮卑東夷傳, 夫餘.

59) 『史記』 권115, 列傳55, 朝鮮.

B. 위략(魏略) : 옛 기록에 또 다음과 같은 말이 있다. 옛날 북방에 고리(高離)라는
   나라가 있었는데, 그 왕의 시녀가 임신을 하여 왕이 그녀를 죽이려 하자, 시녀는
   "계란만한 크기의 신령스러운 기운이 나에게 떨어졌기 때문에 임신을 하였습니
   다"라고 하였다. 그 뒤에 아들을 낳았다. 왕이 그 아이를 돼지우리에 버리자
   돼지가 입김을 불어 죽지 않았고, 마구간에 옮겨 놓았으나 말도 입김을 불어
   죽지 않았다. 왕은 천제(天帝)의 아들일 것이라고 생각하여 그 어머니에게 거두어
   기르게 하고, 이름은 동명이라 하고 항상 말을 사육토록 하였다. 동명이 활을
   잘 쏘자, 왕은 자기 나라를 빼앗길까 두려워하여 죽이려 하였다. 동명은 남쪽으로
   달아나서 엄리수에 당도하여 활로 물을 치니, 물고기와 자라가 떠올라서 다리를
   만들어 주었다. 동명이 물을 건너간 뒤, 물고기와 자라가 흩어져 버리니 추격하던
   군사는 건너 오지 못하였다. 동명은 부여 지역에 도읍하여 왕이 되었다.[60]

라고 하였듯이, 북방의 고리국(高離國)에서 남하한 이주민 출신이었다. 고리
국의 위치와 관련하여 송눈평원의 백금보문화[61] 혹은 조원현(肇源縣) 일대의
망해둔(望海屯)-한서문화(漢書文化)[62] 등을 거론한다.

   송눈평원 일대는 한서문화(漢書文化) 외에 평양문화(平洋文化), 경화문화
(慶華文化) 등이 분포한다. 한서문화는 청동기시대를 대표하는 백금보문화와
분포지역이 일치하며, 청동기시대 후기부터 초기 철기시대까지 존속하였다.
한서문화는 어로와 수렵이 경제활동의 중심이며, 요하 유역의 선진문화를
받아들인 측면도 없지 않다.[63]

   그 반면에 평양문화는 초원문화의 성격이 강하며, 서부 후룬베이얼초원의
완공(完工) 무덤에서 조사된 문화 요소와 밀접한 관계를 갖고 있다.[64] 망해둔

---

60) 『三國志』 권30, 魏書30, 烏丸鮮卑東夷傳, 夫餘.

61) 孫秀仁, 1979, 「黑龍江歷史考古述論」上, 『社會科學戰線』 1期 ; 孫正甲, 1984, 「夫餘源流
   辨析」, 『學習與探索』 6期.

62) 干志耿, 1984, 「藁離文化研究」, 『民族文化』 2期 ; 李殿福, 1985, 「漢代夫餘文化芻議」,
   『北方文物』 3期.

63) 張英·張錫瑛·郭文魁·孟東風, 1982, 「大安漢書遺址發掘的主要收穫」, 『東北考古與歷史』 第1
   輯, 吉林大學歷史系考古專業·吉林省博物館考古隊.

64) 楊志軍·劉曉東·李陳奇·許永杰, 1996, 「平洋墓葬研究」, 『北方文物』 第4期.

문화는 한서문화·평양문화 등과는 달리 서단산문화를 계승한 포자연문화와 같은 유형에 속한다.[65)]

따라서 고리국의 위치는 망해둔문화의 중심지에 해당하는 조원현 일대로 비정하는 견해가 타당성이 있다. 망해둔문화를 영위한 사람들은 북방 초원지대를 무대로 활약한 사람이 아니라, 요서 일대에서 철기문화를 소유한 채 이주하였을 가능성이 높다. 눈강 하류지역에 위치한 한서(漢書) 2기문화가 요서 방면을 거쳐 확산된 중원 계통 철기문화의 영향을 받은 사실이 주목된다.[66)]

예족 역시 요하를 건너 송눈평원 일대로 이주하였을 가능성이 없지 않다.[67)] 예족의 일부는 요하 상류 부근의 초원지대를 경유하여 북상한 끝에 눈강과 북류 송화강이 합류하는 대안(大安)과 조원(肇源)을 비롯한 송눈평원 일대에 정착하였다.

동명으로 상징되는 부여의 건국 주도세력은 망해둔문화에 기반하여 고리국을 세우지 않았을까 한다.[68)] 예족은 송눈평원 일대로 이주하여 망해둔문화를 형성하였고, 그 일부는 송화강을 따라 남하하여 길림 일대에 정착하여 부여를 건국하였다.[69)]

고리국은 눈강과 북류 송화강이 합류하는 지역이 아니라, 그 남쪽에 위치한 동요하(東遼河)의 상류지역에 위치하였을 가능성도 없지 않다. 이와 관련하여 『요사(遼史)』 지리지(地理志)에

---

65) 吉林大學歷史系考古專業, 1979, 「吉林農安田家坨子遺址試掘簡報」, 『考古』 第2期.

66) 이종수, 2009, 앞의 책, 125쪽.

67) 하가점 상층문화를 영위하던 貊族이 청동기시대에 북쪽 초원지대를 통해 부여 방면으로 이동한 것으로 보는 견해도 있다(황철산, 1963, 「예맥(濊貊)족에 대하여(Ⅰ·Ⅱ)」, 『고고민속』 2기·3기).

68) 고리국의 위치를 구체적으로 눈강 중류지역의 동쪽에 위치한 烏裕爾河 유역으로 보기도 한다(佟冬 外, 1987, 『中國東北史』, 吉林大學出版社, 337쪽).

69) 송호정, 1997, 「부여의 성립」, 『한국사』 4, 국사편찬위원회, 162쪽.

C. 봉주가 고리국의 옛 땅이라고 하면서 한주(韓州)의 북쪽 200리에 위치한다.[70]

라고 하였듯이, 고리국이 한주(韓州)[71]의 북쪽 200리 부근에 위치한 것으로 전하는 기록이 참조된다. 한주는 현재의 요녕성 창도현(昌圖縣) 일대이며, 내몽고자치구와 요녕성 및 길림성이 접경을 이루는 지역이다.

창도현은 동요하와 서요하가 합류하는 지점이다. 예족이 요하의 상류를 건너 길림 방면을 향해 동북 방면으로 북상하는 길목에 해당된다. 예족은 송눈평원으로 북상하는 과정에 창도현과 쌍요시(雙遼市)를 비롯한 조올하 하류지역에 일시 정착하지 않았을까 한다.

예족의 일부는 조올하 하류지역에 정착하고, 다른 일파는 눈강 유역이나 길림 중부지역으로 이주하였을 가능성도 없지 않다. 이와 관련하여 동요하 중류지역에 위치한 공주령(公主嶺)의 후석고분(猴石古墳)이 참조된다. 후석고분은 대흑산맥에서 뻗어져 내려온 산악지대와 평원지대가 경계를 이룬 곳에 위치한다. 출토 유물은 동요하-휘발하 상류지역의 초기 철기문화에 해당하는 보산문화와 눈강 하류의 한서 2기의 문화요소가 함께 나타난다.[72]

중원 계통의 철기문화는 동요하 유역에 영향을 미쳐, 양천(凉泉)-보산(寶山) 문화로 불리는 새로운 문화유형이 등장하였다. 보산문화는 대개석묘를 특징으로 하여 중원의 철기문화 영향을 받아들여 동요하-휘발하 상류 일대를 중심으로 형성되었다.

보산문화는 동요하 중류와 휘발하 중류 및 대흑산산맥을 따라 제2송화강 유역까지 영향을 미쳤다. 보산문화는 휘발하 중류지역을 중심으로 서황산둔 유형의 문화가 형성되는 데에도 일정한 영향을 미쳤다. 화전현 서황산둔고분

---

70) 『遼史』 권38, 地理志2, 東京道 鳳州.

71) 『遼史』 地理志에 기록된 韓州는 원래 고구려의 鄚頡府였는데, 발해가 그대로 계승하였다가 요대에 이르러 개명되었다. 고구려의 막힐부 즉, 遼代의 韓州는 현재의 遼寧省 昌圖縣에 위치하였다.

72) 武保中, 1989, 「吉林公主嶺猴石古墓」, 『北方文物』 4期.

에서 중원계통의 철자귀와 철낫 등이 출토된 사례를 통해 입증된다.[73]

중원의 철기문화를 바탕으로 보산문화를 영위한 집단은 중원계 이주민이 아니라, 그 영향을 받은 요서 일대의 예족 출신의 이주민이었을 가능성이 있다. 요하를 건너 눈강 유역을 거쳐 길림성 중부지역으로 이주하는 과정은 험난한 여정의 연속이었다.

송눈평원에서 길림까지의 노정만 해도 2000km가 넘는 장거리이다.[74] 동명집단은 육로와 수로를 이용해 농안(農安)과 덕혜(德惠)·구태(九台) 등을 거쳐 남하하였다. 예족의 이주 과정에서 물고기와 자라떼가 다리를 이루어 대하(大河)를 건넌 설화의 모티브는 북방의 풍토에서 생겨났다.

물고기의 등을 다리로 해서 강을 건넌 설화는 북아시아에서 어렵과 수렵 활동에 종사한 여러 종족에서 발견된다. 북아시아 일대는 얼음이 어는 겨울이 교통이 편리한 시기인데, 봄이 되면 얼음이 녹아 왕래가 자유롭지 못한 계절적 환경에서 형성된 것으로 짐작된다.[75]

2. 부여의 연맹체 형성과 대외관계의 변화

1) 부여의 성장과 연맹체 형성

부여의 연맹체 형성은 B.C. 2세기로 접어들면서 이루어졌다. 연맹체 형성은 철기문화 확산과 외부집단의 압박에 맞서 결속을 강화하는 과정에서 이루어졌다. 부여의 연맹체사회 형성의 증거는 토광묘의 확산을 들 수 있다. 1985년에 확인되어 연차적인 발굴이 이루어진 길림 모아산고분군(帽兒山古墳群)이 참조된다.

---

73) 서황산둔 유적에서 확인된 철기는 河北 燕下都·熱河 興隆·내몽고 哲盟 奈曼沙 巴營子·撫順 蓮花堡 등에서 출토된 戰國時代의 철자귀와 형식 등이 동일한 것으로 알려졌다(吉林省文物工作隊等, 1982, 「吉林樺甸西荒山屯靑銅短劍墓」, 『東北考古與歷史』 1期).

74) KBS 역사스페셜, 2010, 「2010 탐사보고 동명(東明) 루트를 찾아서」.

75) 三上次男, 1966, 「'魚の橋'の話と北アジアの人人」, 『古代東北アジア史研究』, 吉川弘文館.

모아산 일대에서 확인된 묘제(墓制)는 토광묘·토광목곽묘·토광목관묘·토광화장묘·토광석광묘 등을 들 수 있다. 송화강 중류지역은 서단산문화의 석관묘를 대신하여 토광묘가 축조되었다. 토광묘는 길림 외에 송눈평원, 서풍(西豊), 유수(楡樹) 등에서 확인되었다.

길림 일대에서 토광묘 발굴을 통해 확인된 문화 양상을 포자연문화(泡子沿文化)라고 부르고 있다. 포자연문화는 길림시를 중심으로 북쪽의 덕혜(德惠)·유수(楡樹)·구대(九臺)에서 남쪽의 휘발하 유역까지 분포하며, 그 연대는 전국시대(戰國時代)에서 전한(前漢)까지로 보고 있다.

포자연문화와 비슷한 문화 양상으로 전가분자(田家墳子) 유형을 들 수 있다. 전가분자 유형은 포자연문화의 중심지에서 벗어난 농안 전가분자와 조원현 망해둔 등에서 확인되었다. 이들 유형의 문화는 전국시대에서 전한(前漢)에 이르는 시기에 걸쳐 있는데, 주변에 분포하고 있던 한서문화(漢書文化)와는 다른 모습을 보인다.[76]

부여는 포자연문화의 출현을 전후하여 초기 철기문화 단계의 분립상태를 극복하고 연맹체사회를 형성하였다.[77] 그 중심지는 동단산성지와 남성자성지가 위치한 길림시 일대로 보고 있다.[78] 포자연문화는 구대현과 빈현에서 성보(城堡)가 확인되는 등 사회발전이 한층 가속화 되었다.

길림의 동단산성지와 남성자성지는 왕궁성(王宮城)이고, 구대현과 빈현 등에서 확인된 성보(城堡)는 지방 수장층의 거주지로 이해한다.[79] 부여의 초기 왕성과 중심지를 길림 일대가 아니라 농안(農安)과 서풍(西豊)·요원(遼源) 방면 등으로 보는 견해도 있다.

부여의 초기 왕성은 농안에 위치하였고, 후대에 이르러 요녕성 창도현(昌圖

---

76) 郭大順·張星德, 2008, 앞의 책, 1202쪽.

77) 오강원, 2007, 앞의 글.

78) 李健才, 1982, 「夫餘的疆域與王城」, 『社會科學戰線』 第4期.

79) 董學增, 1982, 「吉林東團山原始·漢·高句麗·渤海諸文化遺存調査簡報」, 『博物館硏究』 1期.

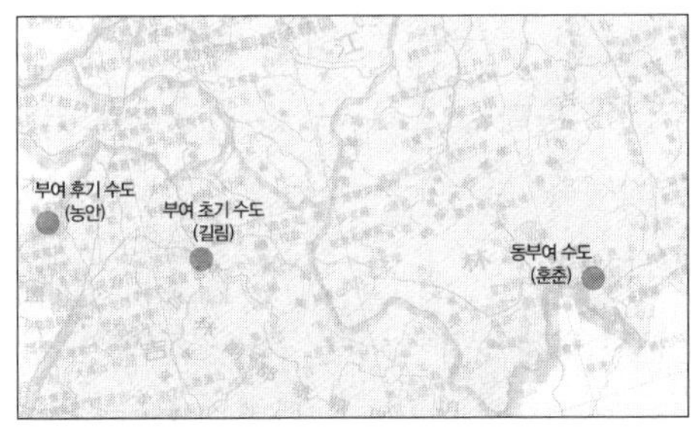

〈그림 4-2〉 부여의 왕성 위치

縣)에서 북쪽으로 40리 정도 떨어진 사면성(四面城)으로 옮긴 것으로 이해하는 견해도 있다.[80] 초기 중심지는 요녕성 서풍(西豐)과 길림성 요원(遼源)이고, 후한(後漢) 때에 농안 및 길림 부근으로 옮긴 것으로 추정하기도 한다.[81] 부여가 처음 국가를 세운 곳을 농안의 동북쪽에 자리한 쌍성(雙城)과 아십하(阿什河) 일대로 보는 견해도 없지 않다.[82]

그러나 부여의 초기 중심지에 대해서는 길림을 비롯하여 송화강의 중류지역으로 보는 것이 일반적이다.[83] 길림의 남성자성지와 동단산성 및 모아산고분군은 초기 부여의 유적에 해당된다. 남성자성지는 길림시 강남향(江南鄕) 영안촌(永安村)에 위치한 동단산 동남쪽 언덕의 평탄한 대지 위에 황토를 다져 판축(版築)되었다.

남성자성지는 『삼국지(三國志)』 부여전의 기록과 같이 원책(圓柵, 평면 타원형) 감옥의 모습을 하고 있다.[84] 대량의 토기편과 벽돌·기와 및 도용(陶俑) 등 출토 유물 역시 전기 부여의 특징을 보인다.[85] 남성자성지의 서북쪽에는 동단산성지가 위치한다.

동단산성은 토석 혼축의 성곽으로 해발 252m, 부근의 지면 60m가 되는 곳에 자리하며 타원형으로 이루어졌다. 동단산성은 평면이 불규칙한 타원형

---

80) 金毓黻, 1977, 『東北通史』 上篇, 東北國立大學, 30~31쪽.

81) 孫進己·馮永謙, 1989, 『東北歷史地理』 I, 黑龍江人民出版社.

82) 池內宏, 1932, 「夫餘考」, 『滿鮮地理歷史研究報告』 13, 東京帝國大學 文學部, 452~454쪽.

83) 武國勛, 1983, 「夫餘王城新考-初期 夫餘王城的發現」, 『黑龍江文物叢刊』 4期 ; 李展福, 1985, 「漢代夫餘文化鄒議」, 『北方文物』 3期 ; 노태돈, 1989, 「부여국의 강역과 그 변천」, 『국사관논총』 4, 국사편찬위원회.

84) 張博泉, 1981, 『東北歷代彊域史』.

85) 馬德謙, 1991, 「談談吉林龍潭山東團山一帶的漢代遺物」, 『北方文物』 2期.

〈그림 4-3〉 길림 동단산성 성벽 일부 : 길림시 강남향 영안촌의 서남쪽에 있는 동단산에 위치하며, 남성자성지와 더불어 초기 부여의 중심지였다.

으로 둘레가 약 1300m에 이르며, 3중의 성벽으로 축조되었다. 성벽의 밖에는 깊이 5~6m 깊이의 해자가 있으며, 남북의 성문지가 확인되었다.

출토 유물은 서단산문화의 토기편을 비롯하여 삿자리무늬기와(繩紋瓦)와 장락미앙(長樂未央)이라는 문구가 새겨진 막새기와, 오수전과 한대(漢代)의 항아리 단지 및 두형토기가 조사되었다.[86] 또한 남성자성의 동쪽 1km지점에는 부여 지배층의 분묘로 추정되는 모아산 고분이 자리한다.[87]

부여의 연맹체사회 형성은 포자연문화의 확산에 따른 토착사회의 내재적 발전 외에 흉노와 선비 및 중원왕조의 압박에 맞서 이루어진 측면도 무시할 수 없다. 흉노는 요하 동쪽으로 세력을 확장하여 예맥(濊貊)·조선(朝鮮)과 접하였다.[88] 흉노는 연진장성(燕晉長城) 이북에 위치한 쌍요(雙遼)와 사평(四平) 등 동요하(東遼河) 유역의 장악에 그치지 않고, 요동의 대부분 지역을 차지하였다.

흉노가 예맥 및 고조선과 접경을 이룬 배경은 요동의 새외지역(塞外地域)으로 숨어 든 동호(東胡)의 잔당을 추격하는 과정에서 이루어졌다. 동호의 주력은 묵특선우의 공격을 받고 대패를 당한 후 B.C. 3세기를 전후하여 약화되었으며, 그 일부는 요동 새외(塞外)로 숨어들어 겨우 목숨을 연명하는 처지에 놓였다.[89]

---

86) 李健才, 1982, 「夫餘的疆域與王城」, 『社會科學戰線』 第4期.

87) 吉林市博物館, 1988, 「吉林帽兒山漢代木槨墓」, 『遼海文物學刊』 2期.

88) 『史記』 권110, 匈奴傳.

부여는 전한(前漢)이 위축되고 흉노의 지배력이 요동 일대까지 미치면서 그 영향을 받게 되었다. 흉노는 부여 외에 예맥 및 고조선 등과도 밀접한 관계를 맺게 되었으며, 고조선은 흉노의 '왼쪽 팔(左臂)'로 지칭되었다.[90] 흉노와 예맥·조선은 경계를 마주하였으며, 부여는 다방면에 걸쳐 흉노의 문화를 받아들였다. 부여를 비롯한 예맥(濊貊)의 생활양식이 흉노와 문화적 친연성이 띠는 계기가 되었다.[91]

부여의 형사취수 풍습은 흉노의 문화를 수용하여 형성되었다.[92] 부여가 중앙의 국왕 직할지를 중심으로 사주(四周)를 방어하기 위해 실시한 4출도(四出道) 역시 유목민의 영향을 받았다. 유목민들은 거주지 방어와 일상생활의 교통로를 확보하기 위해 5부제를 실시하였다. 부여 역시 4출도와 중앙을 합하면 5부제가 된다. 4출도는 중심지의 방어 역량 강화와 실효적인 국가권력의 침투를 도모하기 위한 수단으로 활용되었다.[93]

흉노는 한(漢) 무제(武帝)의 흉노 정벌전쟁이 본격적으로 추진된 B.C. 121년까지 요동 일대를 점유하였다. 한(漢)이 수차례에 걸친 격전 끝에 흉노를 외몽고 방면의 북방 초원으로 몰아낸 것은 무제(武帝)의 정벌을 통해 이루어졌다.[94]

부여는 흉노의 문화를 받아들여 연맹체사회 형성의 자양분으로 활용하였다. 그러나 부여와 요동 새외지역에 거주하는 선비집단(鮮卑集團) 사이에는 갈등관계가 조성되었다. 동호(東胡)는 흉노에게 패배한 후 선비(鮮卑)와 오환

---

89) 『後漢書』 권90, 鮮卑傳.

90) 『漢書』 권73, 韋賢傳.

91) 한민족과 흉노의 친연성에 대해서는 다음의 글을 참조하기 바란다(이종호, 2003, 「게르만 민족 대이동을 촉발시킨 훈족과 한민족의 親緣性에 관한 연구」, 『백산학보』 66 ; 이종호, 2004, 「북방 기마민족의 가야·신라로 동천에 관한 연구」, 『백산학보』 70).

92) 『三國志』 권30, 魏書30, 烏丸鮮卑東夷傳, 夫餘.

93) 박경철, 2007, 「부여」, 『이야기 한국고대사』, 청아출판사, 71쪽.

94) 『史記』 권110, 匈奴.

(烏桓)으로 갈라졌는데, 선비의 일파가 요동 새외지역으로 이주하여 흉노의 감시를 피해 은거하였다.

〈그림 4-4〉 동아시아 여러 나라의 분포 상태(A.D. 30년 무렵)

요동의 새외지역은 강평법고철령무순본계를 연결하는 연진장성(燕秦長城)의 북쪽지역을 비롯하여 동요하 유역이 포함된다.[95] 송눈평원 일대에도 별도의 선비 일파가 거주하였다. 이들은 흉노에게 밀려난 집단이 아니라, 연장(燕將) 진개(秦開)의 공세에 밀려 대흥안령 일대로 북상한 동호의 지파로 추정된다.

동호는 진개(秦開)에게 밀려 북쪽으로 이동하여 대흥안령 서쪽의 호룬베이얼(呼倫貝爾) 초원지대에 거주하였다. 그 일부가 웨일강과 타오얼강을 따라 남하하여 제제합이(齊齊哈爾)를 거쳐 북만주의 송눈평원 일대로 이주하였다.

송눈평원 일대는 전국시대부터 전한(前漢)까지 토착전통이 강한 백금보문화-한서 하층문화, 북방 유목적인 성격이 가미된 평양문화, 부여와 관련 있는 망해둔문화-한서 상층문화가 영위되었다.[96] 이들 문화 유형 중에서 평양문화는 선비족의 송눈평원 진출을 반영하는 것으로 보고 있다.[97]

---

95) 연북장성은 서쪽의 흥화에서 시작하여 다륜·풍령·위장·객라심·적봉·건평·오한·나만·부신·법고에 이르러 요하 상류를 건너 본계·관전을 지나 압록강 건너 평북 용강에 미친다(鄭紹宗, 1981, 「河北省戰國秦漢時期古長城和城鄣遺址」, 『中國長成遺蹟調査報告集』, 36쪽). 연북장성은 요동군의 치소가 위치한 양평까지 축조되었고, 그 동쪽 외곽은 障塞를 구축하였다(송호정, 2003, 앞의 책, 306쪽).

96) 제1송화강과 제2송화강이 만나 이루는 눈강지역은 일찍부터 농경이 발달하고 문화가 발전한 지역에 속하였다. 송눈평원(흑룡강성의 三肇地區[肇源·肇州·肇東])과 눈강 이서지방인 길림성의 扶餘·前郭·大安·乾安 등은 西周 이래 백금보문화·한서문화·망해둔문화 등이 발달한 지역이다.

부여는 중원왕조 및 흉노와 선비 등의 압박에 맞서면서 연맹체사회를 형성하였다. 부여의 연맹체사회 형성은 왕권의 성장과 밀접한 관계를 맺고 이루어졌다. 왕권의 성장과 함께 그 위상에 부합되는 위신재(威信財)가 등장하였다.

중원왕조는 부월(斧鉞)과 옥기(玉器) 등을 위신재로 활용하였고, 요서지역의 예맥은 다뉴기하학문경(多紐幾何學文鏡)을 이용하였다. 부여는 다뉴기하학문경 외에 한(漢)에서 유입된 한경(漢鏡) 등을 위신재로 활용하였다. 대인(大人) 이상이 착용한 화려한 관모, 금으로 도금된 청동패식, 가슴 부위에 장식한 호심경(護心鏡), 벽옥(璧玉)이나 규옥(珪玉) 등도 위신재로 활용되었다.

부여왕이 착용한 왕관 역시 위신재의 일종이었다. 전한(前漢)이 부여왕에게 보내 준 '예왕지인(濊王之印)'은 무제(武帝)가 4군(郡)을 설치한 이후 전해진 것으로 판단된다.[98] 부여가 전한(前漢)과 외교관계를 맺은 이유는 선진문물 흡수와 대외교섭권을 획득하는 데 있었다.

부여왕은 대외교섭 창구의 일원화, 우월적 중앙엘리트 계층의 형성, 군사 행동의 주도권을 확보하였다. 국왕이 거주하는 중앙과 지방 사이에도 상하관계가 형성되었다. 부여는 서단산문화를 계승한 포자연문화 단계에 이르러 사방으로 영역이 확대되었다.

부여는 송화강 중류지역을 중심으로

---

97) 楊志軍·劉曉東·李陳奇·許永杰, 1996, 「平洋墓葬硏究」, 『北方文物』 第4期. 한편 선비족은 이통하를 넘지 못하고 그 동쪽에 위치한 부여와 경계한 것으로 보고 있다. 그러나 선비족이 이통하 유역을 넘어 훨씬 동쪽으로 진출하여 길림시의 북쪽에 위치한 楡樹縣의 老河深古墳群을 남긴 것으로 보는 견해도 없지 않다(劉景文, 1983, 「西團山文化墓葬類型及發展序列」, 『博物館硏究』 1期).

98) 이와 관련하여 왕망이 蠻夷의 수장들에게 新의 인수를 주고, 漢代의 인수를 회수한 사료가 참조된다(『漢書』 권99, 王莽). 또한 왕망의 명을 받아 동으로 간 사절이 현도·낙랑·고구려·부여에 이르렀다고 한다. 무제 때를 전후하여 前漢에서 부여 국왕에게 인수를 준 것을 왕망이 거두어 간 것으로 짐작된다.

A. 부여국은 현도의 북쪽 천리쯤에 있다. 남쪽은 고구려, 동쪽은 읍루, 서쪽은 선비와 접하였고, 북쪽에는 弱水가 있다. 국토의 면적은 사방 2천 리이며, 본래 濊의 땅이다.[99]

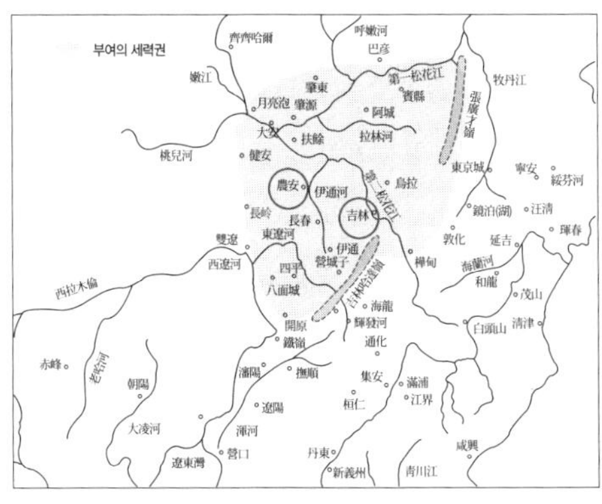

〈그림 4-5〉 부여의 영역

라고 하였듯이, 사방 2천 리에 이르는 넓은 지역을 차지하였다. 부여는 〈그림 4-5〉와 같이 서쪽으로 쌍요(雙遼)·건안(健安)·대안(大安) 일대를 연결하는 선에서 선비와 접하였다. 그 서남쪽에 해당하는 개원(開原)과 철령(鐵嶺) 이남에는 현도군이 위치하였다.

부여의 동쪽은 읍루(挹婁)와 접한 상태에서 장광재령과 위호령 일대에 이르렀다. 부여는 남쪽으로 휘발하와 길림 합달령을 경계로 하여 예맥(濊貊, 고구려)과 접하였다.[100] 부여의 북계(北界)는 약수에 이르렀다. 그 위치에 대해서는 눈강[101]·송화강[102]·흑룡강[103] 및 동류 송화강과 흑룡강 하류가 만나는 지역[104] 등으로 보고 있다.

부여의 영역 확장은 왕권의 성장을 수반하였다. 또한 여러 부족신의 상위에 자리매김한 부여의 시조 관념을 잉태하였다. 부여의 건국자로 알려진 동명(東明)은 실존 인물이 아니라 예족의 시조신 혹은 조상신이었을 가능성이

---

99)『後漢書』권85, 東夷列傳75, 夫餘.

100) 송호정, 1997, 앞의 글, 170~171쪽.

101) 白鳥庫吉, 1970,「夫餘國の始祖東明王の傳說に就にて」,『白鳥庫吉全集』5.

102) 池內宏, 1932, 앞의 글, 84쪽.

103) 사회과학원 력사연구소, 1977,『조선고고학개요』, 124쪽.

104) 田耘, 1987,「西漢夫餘硏究」,『遼海文物學刊』第2期.

높다.

부여의 건국을 전후하여 철기문화를 소유한 채 이주한 집단은 북방지역, 요동지역, 요하 상류지역, 중원지역, 흑룡강 동남부 출신 등 여러 갈래가 존재하였다. 이들 중에는 동명을 조상신으로 받드는 예족도 포함되었다. 동명은 부여가 송화강 중류지역을 중심으로 사방 2천 리를 차지하는 영역국가로 성장하면서 국조 혹은 시조로 부상되었다.

부여가 성장하고 영역이 확대되면서 문화적 동질의식과 혈연적 유대감이 강화된 결과 동명은 시조로 부각되었다. 부여의 영역 확장과 주변세력 통합은 예족의 주도하에 이루어졌고, 연맹체 형성과 왕권 강화는 동명의 위상 강화로 이어졌다.

부여는 B.C. 2세기에 이르러 연맹체 형성을 통한 내부 단결이 높아지고 왕권이 강화되면서 국조(國祖) 관념이 생겨났다. 그러나 부여의 국왕이 귀족들을 압도하는 절대적인 권력과 위상을 갖고 있지는 않았다. 부여왕은 권력자이면서도 귀족의 대표자라는 양면성을 지녔으며 제가(諸加)에 의해 공립(共立)되었다.[105]

또한 부여는 '가(加)'로 불리는 계층이 존재하였는데,[106] 처음에는 일정지역을 관할하는 족장 역할을 하였다. 이들은 부족원에 의해 선출되어 군사와 재판 및 제사 등의 중요 업무를 담당하였다. 부여의 성장과 왕권 강화가 이루어지면서 가(加)는 점차 귀족화 되었다. 중앙의 관직인 대관(大官) 혹은 장관(長官) 직책을 갖게 되었다.[107]

제가(諸加)는 속관을 두는 등 자치권은 인정되었으나, 대외교섭권과 무역권 등은 국왕이 장악하였다. 또한 부여는 제가(諸家) 중에서 국왕의 관리로

---

105) 井上秀雄, 1976, 「朝鮮の初期國家」, 『日本文化研究所研究報告』 1, 78쪽.

106) 加는 만몽계통의 汗(Han, Kan)·加汗(Gahan, Kagan)과 같은 말로 '귀한 사람' 혹은 '큰 어른'을 가리키는 존칭어이며, 특정 관직을 지칭하는 것은 아니었다(사회과학원 력사연구소, 1979, 「부여사」, 『조선전사』 2, 과학백과사전출판사, 128쪽).

107) 이병도, 1976, 앞의 책, 214쪽.

편입된 대사직(大使職)의 정치적 비중이 높아졌다.108) 중앙은 국왕이 직접 관할하였고, 지방은 동·서·남·북의 4개 지역으로 구분하여 '가(加)'들이 관할하였다. 이를 사출도(四出道)라고 한다.

도(道)는 교통로 혹은 교통로 상에 위치하는 지역을 의미한다.109) 5개 지역으로 구분된 지역집단 밑에는 읍락들이 다수 존재하였다. 길림시 교외의 교하현(蛟河縣) 신가고성지(新街古城址)와 송강촌고성지(松江村古城址)에서 관련 유적이 조사되었다.110)

2) 부여의 영역 확장과 대외관계의 변화

(1) 부여와 중국 군현의 관계

부여는 B.C. 2세기에 이르러 송화강 중류지역을 중심으로 사방 2천 리에 이르는 영역을 차지하였다. 부여의 연맹체사회 형성과 영역 확대는 포자연유형의 철기문화가 확산되면서 이루어졌다. 부여는 고조선·고구려 등의 주변 국가와는 달리 중원제국(中原諸國)과 우호관계를 맺으면서 대외적인 안정과 실리를 도모하였다.

부여는 고조선, 동호, 흉노, 선비 등의 강력한 집단이 주변에 포진한 상황에서 중원왕조와 우호관계를 유지하는 데 주력하였다. 부여와 중원왕조 사이에 긴장·대립관계가 발생하는 경우도 없지 않았지만 우호·협력관계가 일반적이었다.

중원왕조 역시 동호와 흉노 등의 북방종족 및 고조선·고구려 등과 대립하는 과정에서 부여의 협조를 받고자 하였다. 부여는 부강하여 누대에 걸쳐 파괴된 적이 없는 국가로 중원에 알려졌다.111) 부여는 중원왕조와 우호관계

---

108) 김광수, 1993, 「부여의 '大使'職」, 『朴永錫敎授華甲紀念 韓國私學論叢』上, 63~68쪽.

109) 武田幸男, 1981, 「牟頭婁一族と高句麗王權」, 『朝鮮學報』 99·100, 160쪽.

110) 董學增, 1989, 「吉林蛟河縣新街·福來東古城考」, 『博物館研究』 2期.

111) 『三國志』 권30, 魏書30, 烏丸鮮卑東夷傳, 夫餘.

를 통해 선진문물을 적극 수용하면서 국력의 신장을 도모하였다.

부여와 전한(前漢) 사이의 접촉은 한사군(漢四郡)이 설치된 B.C. 108년 이후 본격화 되었다. 고조선의 옛 영역은 군현의 직접 지배하에 놓이게 되었지만, 부여는 군사적 정벌을 받지 않고 독립을 유지하였다. 한(漢)은 현도군을 통해 부여와 접촉하는 방식으로 외교관계를 맺었다.

부여는 현도군을 통해 선진문물을 받아들여 사회발전의 기폭제로 활용하였다. 부여와 전한(前漢)의 대외관계는 B.C. 75년에 이르러 고구려의 건국을 주도한 이맥(夷貊)이 현도군을 공격하면서 변화가 일어났다. 현도군은 이맥의 공격을 받아 신빈현 부근으로 중심지를 옮겨 제2현도군 시대가 열리게 되었다.[112]

전한(前漢)은 제2현도군을 중심으로 부여-읍루-북옥저-남옥저를 연결하는 외교적인 포위망을 구축하였다.[113] 부여는 전한과 이맥의 대립이 격화되자, 친한정책(親漢政策)을 펼치면서 국가 성장과 주변 집단 통제의 주춧돌로 활용하였다.

부여와 중원왕조의 우호관계는 전한(前漢)과 신(新)을 거쳐 후한(後漢) 때에 이르러 더욱 강화되었다. 왕망이 흉노를 정벌할 때에 고구려군을 동원하는 문제로 분쟁이 일어나기도 하였다.[114] 그러나 부여와 후한의 관계는 건평(建武, A.D. 25~55) 연간에 이르러 다시 안정되었다. 부여는 광무 연간에

---

112) 고구려현의 위치와 관련하여 신빈현 경내에 자리한 3곳의 西漢時代 고성 터가 참조된다. 신빈현의 동남쪽에 위치한 永陵鎭의 소자하 남안에는 漢代의 기와편과 오수전 및 철기 잔해들이 널려 있는 2곳의 고성 터가 남아 있는데, 둘 중의 하나를 고구려현의 현성으로 보고 있다(孫進己·馮永謙, 1989, 『東北歷史地理』 第1卷, 黑龍江人民出版社, 326쪽).

113) 神崎勝, 1995·1996, 「夫餘の歷史に關する覺書」上·下, 『立命館文學』 542·544.

114) 『後漢書』 권85, 東夷列傳75, 高句麗.

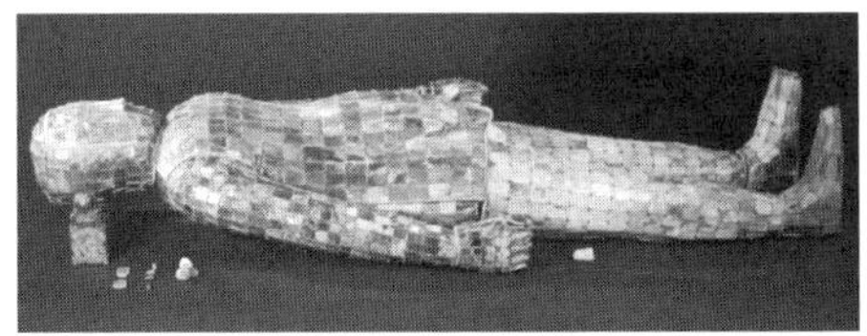

〈그림 4-6〉 하북 유승묘(劉勝墓)에서 발굴된 금루옥의(金縷玉衣) : 천여 개에 이른 옥의 사면에 구멍을 뚫어 끈으로 연결하였다. 부여의 옥갑 역시 비슷하였다. 한(漢)은 부여왕이 죽었을 때 옥으로 만든 수의를 보냈다.

A. 건무 연간에 동이의 여러 나라들이 모두 와서 조공하고 알현하였다. 25년에 부여 왕이 사신을 보내어 공물을 바치므로, 광무제가 후하게 보답하니 이에 사절이 해마다 왕래하였다.[115]

라고 하였듯이, 후한과 빈번한 접촉을 유지하였다. 부여의 사절은 위의 사료 A에 보이는 조공 관련 내용을 통해 볼 때 후한의 중앙정부까지 방문하였다.

중국에 대한 조공은 낙랑과 현도 등의 군현을 예방하는 것으로 시작되었고, 군현은 이들을 맞이하여 업무를 주관하였다. 군현은 토착세력의 국왕이라든가 정사(正使) 혹은 차사(次使)가 격식을 갖추고 조공 사절을 이끌고 온 경우를 제외하고 자체적으로 업무를 처리하였다.[116]

따라서 부여 사절의 후한(後漢) 방문은 현도군을 통해 이루어졌을 가능성이 높다. 양국의 우호관계는 옥(玉)을 이용하여 작은 상자의 형태로 만들어진 옥갑(玉匣)이라는 장례 물품을 통해 엿볼 수 있다. 후한은 옥갑을 만들어 현도군에 두었다. 부여는 왕이 죽으면 그것을 취하여 장사지냈다고 한다.[117]

부여와 후한의 우호관계는 A.D. 2세기로 접어들면서 변화가 일어났다. 후한은 화제(和帝, 재위 A.D. 106~125)가 즉위한 이후 국내 상황이 어렵게 되어 혼란이 일어났고, 고구려의 도전을 받아 요동의 지배도 흔들리게 되었다.

부여 역시 장기간 동안 유지하던 화친관계를 벗어나 실리적인 대외정책을 추구하였다. 부여는 A.D. 111년에 국왕이 직접 기병과 보병을 인솔하고

---

115) 『後漢書』 권85, 東夷列傳75, 夫餘.

116) 權五重, 1992, 『낙랑군연구』, 일조각, 162~163쪽.

117) 『後漢書』 권85, 東夷列傳75, 沃沮.

낙랑을 공격하여 관리와 백성을 살해[118]하는 등 다른 면모를 보이게 되었다. 부여가 공격한 낙랑군을 현도군의 오기(誤記)로 보는 견해도 있지만,[119] 군현(郡縣)에 대한 공격은 전대와는 다른 양상을 보인 점에서 자못 의의가 있다.

부여의 군현 공격은 제3현도군의 설치와 무관하지 않은 것으로 추정된다.[120] 제3현도군의 설치는 고구려 태조왕이 A.D. 105년 정월과 9월에 요동지역을 연이어 공격[121]한 후에 이루어졌다. 후한은 고구려가 요동지역을 계속 공격하자, 제3현도군을 세워 요동군과 협조를 통해 대처하는 방안을 강구하였다.[122]

부여와 후한의 대외관계 역시 악화되어 무력 대결이 일어났다. 양국 사이에 충돌이 발생한 까닭은 제3현도군의 설치에 따른 입장 차이로 짐작된다. 부여는 후한의 건국 이후 장기간에 걸쳐 요동군과 현도군의 간섭 없이 지속적인 성장을 이루었다. 부여는 제2현도군이 폐지된 A.D. 14년부터 제3현도군이 신설되는 A.D. 105년까지 군현의 견제를 거의 받지 않았다.

부여의 대외관계는 고구려 및 선비·읍루를 중심으로 이루어졌다. 그러나 부여는 제3현도군의 설치를 전후하여 고구려와 후한의 관계가 악화되면서 소용돌이에 휩싸이게 되었다. 후한은 고구려의 공세에 직면하여 전쟁에

---

118) 『後漢書』 권85, 東夷列傳75, 夫餘.

119) 池內宏, 1932, 「扶餘考」, 『滿鮮史硏究』.

120) 고구려의 유리왕은 A.D. 14년(同王 33)에 제2현도군의 서개마현이 위치한 梁貊을 공격하여 복속하였고, 郡의 治所가 위치한 소자하 유역의 고구려현을 襲取하였다. 고구려의 공격에 밀려 제2현도군은 폐지되고, 혼하 유역의 무순·심양 일대로 중심지를 옮겨 제3현도군시대가 개시되었다. 현도군이 復郡된 것은 安帝가 즉위한 A.D. 105년 무렵으로 추정된다. 이와 관련하여 『後漢書』 권23, 郡國志5, 玄菟郡 조에는 安帝의 즉위년에 요동군의 고현·후성·요양 3현을 나누어 현도군을 설치한 기록이 남아 있다.

121) 『後漢書』 和帝紀 元年 春正月·秋九月.

122) 제3현도군의 시작을 고구려와 후한의 충돌 와중에 移置된 것으로 보기도 한다(이병도, 1977, 『역주 삼국사기』, 을유문화사, 241쪽, 각주3).

필요한 인적·물적 자원의 일부를 부여에게 요구하였다. 이는 부여가 군사 2만을 보내 후한을 원조한 사실을 통해 유추된다.[123]

왕망(王莽)이 흉노를 정벌할 때에 고구려의 군사를 동원한 사실[124] 역시 참조된다. 부여와 후한은 전비(戰費) 조달과 군사 동원 문제 등으로 불화가 조성되어 무력 대결이 일어나지 않았을까 추정된다. 그러나 양국은 선비와 고구려의 위협이 상존한 상황을 고려하여 우호관계를 회복할 필요가 있었다.

부여는 후한과 우호관계를 회복한 것에 그치지 않고, A.D. 120년에는 사절을 후한의 조정에까지 파견하였다. 후한의 안제는 부여왕에게 인수(印綬)와 금채(金綵)를 보내주는 등 우대정책을 펼쳤다. 부여와 후한은 동맹관계를 회복하였으며, A.D. 136년에는 부여 왕이 직접 후한의 조정을 방문할 만큼 돈독해졌다.

양국 관계는 A.D. 167년에 부여가 현도군을 공격하면서 다시 파국으로 치닫게 되었다. 부여의 현도군 공격은 요동의 정세가 근본적으로 변화되었음을 의미한다. 요동의 정세 변화는 후한 환제(桓帝, 재위 A.D. 132~167) 때에 선비의 영걸 단석괴(檀石槐)가 출현하면서 이루어졌다. 부여는 단석괴가 이끄는 선비의 세력이 강해진 후 직·간접적인 영향을 받았다.

부여가 친한정책(親漢政策)에서 벗어나 현도군을 공격한 계기는 선비의 세력 확장에 있었다. 부여는 후한의 약화를 틈타 주민 약탈이나 재보 획득 등을 위해 공격에 나섰다. 그러나 부여의 현도군 공격은 현도태수 공손역(公孫域)의 방어에 막혀 실패로 끝났고,[125] 부여는 후한에 사절을 보내 관계 정상화를 추진하여 우호관계를 복원하였다.[126]

---

123) 『三國史記』 권15, 高句麗本紀3, 太祖王 69年 12月.

124) 『後漢書』 권85, 東夷列傳75, 高句麗.

125) 『後漢書』 권85, 東夷列傳75, 夫餘.

126) 후한은 177년에 夏育 등이 대군을 이끌고 단석괴가 이끄는 선비집단에 대해 반격에 나섰으나 대패를 당하고 말았다. 선비가 약화된 것은 단석괴가 光和年間(178~183)에 죽은 후, 여러 大人이 권력과 영역을 분점한 이후였다.

(2) 송눈평원(松嫩平原) 진출과 선비 복속

부여는 건국부터 멸망에 이르는 순간까지 동호(東胡) 및 선비(鮮卑)와 대립관계를 유지하였다. 동호는 B.C. 280년을 전후하여 진개(秦開)가 이끈 연군(燕軍)의 공격을 받고 대흥안령 일대로 밀려났다. 동호는 두 세대가 지난 B.C. 210년 무렵에 다시 강성해져 시라무렌하를 거쳐 하북 북부지역으로 남하하면서 중원을 압박하였다.

그러나 동호는 오르도스 일대에서 성장한 흉노에 밀려 약화되었다. 동호는 흉노의 묵특선우에게 B.C. 209년에 패배를 당한 후 선비와 오환(烏桓)으로 갈라졌다. 선비는 흉노에게 쫓겨 요동의 새외지역으로 이주하였다. 동호의 일파 중에 진개(秦開)의 북벌에 밀려 대흥안령 서쪽의 호룬베이얼 초원지대로 이주한 집단도 존재하였다. 그 일부가 송눈평원 일대로 남하하여 초기 철기문화에 해당하는 평양문화(平洋文化)를 영위하였다.

부여는 발전 과정에서 요동 새외지역 및 송눈평원 일대의 선비집단과 대립관계를 유지하였다. 선비 일파는 흉노에 밀려 두각을 나타내지 못하고 오랜 동안 침체상태에 머물렀다.

선비의 흥성은 흉노의 몰락과 시기를 같이 하였다. 흉노는 한(漢)과 오랜 전쟁 끝에 B.C. 44년에 이르러 동흉노와 서흉노로 분열되었다. 서흉노는 B.C. 36년에 선우(單于) 질지(郅支)가 한(漢)의 장수 진탕(陳湯)에게 죽임을 당한 후 약화되었다. 몽고고원에 남은 동흉노는 명맥을 겨우 유지하였지만, A.D. 48년에 남과 북으로 다시 분열하였다.

남흉노는 후한의 광무제에게 투항하였고, 북흉노는 선비와 후한의 번병(藩兵)으로 전락하였다. 북흉노는 오르혼강 서쪽의 근거지를 버리고 이리(伊犁) 지방으로 이주하였다. 북흉노는 반세기 동안 후한과 타림분지 일대의 영유권을 놓고 갈등하였고, 2세기 중엽에 이르러 서쪽의 키르키스 초원지대로 이동하면서 중국의 역사에서 사라져갔다.

흉노가 약화되면서 중국 북방을 위협하는 강자로 등장한 집단은 선비(鮮卑)였다. 선비가 침체상태를 벗어나 부상하기 시작한 것은

> A. 선비는 묵돌에게 격파된 후 멀리 요동 새(塞) 밖으로 달아나 다른 나라들과 다투지 않았다. 그리하여 그 이름이 한나라에 알려지지 않았으나 오환과는 서로 접촉했다. 광무제 때에 이르러 남북 선우가 다시 서로 공벌하여 흉노의 힘이 소모되자 선비가 번성하게 되었다. 건무 30년 선비 대인(大人) 어구분(於仇賁)이 그 종족들을 이끌고 대궐로 와서 조공하자 어구분을 왕으로 봉했다.[127]

라고 하였듯이, 흉노가 쇠퇴한 후한(後漢) 때에 이르러서였다. 선비는 요동의 새외지역에서 숨어 살며 '다른 나라들과 다투지 않던' 무력한 상태에서 벗어났다.

후한은 선비의 세력이 강성해지자 회유정책을 펼쳤다. 또한 선비와 오환의 대립을 조장하였다. 영평(永平, A.D. 58~75) 연간에 요동태수로 부임한 제융(祭肜)은

> B. 요동태수가 되자 선비를 선물로 유인하여, 반란을 일으킨 오환 흠지분(欽志賁) 등을 참수하게 하였다. 선비족들은 돈황(燉煌), 주천(酒泉) 동쪽의 읍락(邑落) 대인(大人)들까지 모두 요동으로 와서 하사품을 받았다. 청주와 서주 2주(州)가 돈을 지급했는데, 매년 2억 7천만 전(錢)을 주었다.[128]

라고 하였듯이, 선진문물을 매개로 선비를 회유하는 등 분열정책을 구사하였다.

그러나 선비는 후한의 견제와 분열정책을 벗어나 요동의 새외지역에서 장성 인근지대로 이주하였다. 선비는 요하를 건너 장성 연변지역으로 이주하면서

---

127) 『後漢書』 권90, 烏桓鮮卑.
128) 『後漢書』 권90, 烏桓鮮卑.

C. 화제(和帝) 때에 선비 대도호교위(大都護校尉) 외(厖)가 그 부중들을 이끌고 오환교위
임상(任尙)을 따라 반란자들을 공격하자 교위 외(厖)를 솔중왕(率衆王)으로 삼았다.
상제(殤帝) 연평(延平) 중에 선비가 동쪽으로 새(塞) 안으로 들어가 어양태수 장현(張
顯)을 죽였다. 안제(安帝) 때에 선비대인 연려양(燕荔陽)이 입조하자 한나라는
선비왕(鮮卑王)의 인수(印綬)와 적차(赤車), 삼가(參駕)를 하사하고 오환교위가 다
스리던 영(甯)에 머무르게 했다. 호시(胡市)를 열고, 남북 양부(兩部)의 질궁(質宮)을
쌓고, 이곳에 선비 120부(部)의 인질을 수용했다. 이 이후로 반란과 복속을 뒤풀이
했으며, 흉노와 오환이 서로 공격하기도 했다.[129]

라고 하였듯이, 후한의 국경 부근에 정착하였다. 후한은 선비가 이주한
후 새로운 강적을 맞이하였는데, 전쟁을 통한 해결보다는 책봉과 호시
무역 등의 유화정책을 펼쳤다.

또한 후한의 안제(安帝)는 보기(步騎) 2만여 명을 요충지에 주둔시켜 선비의
침입에 대비하였다. 후한은 선비의 8~9천기(騎)가 대군(代郡)을 통과하여
마성(馬城)의 새(塞)를 넘어 장리(長吏)를 살해하자, 도요장군(度遼將軍) 등준
(鄧遵)과 중랑장 마속(馬續)을 보내 격파하였다.

선비와 후한의 대립 과정에서 두각을 나타낸 인물은 기지건(其至鞬)이었
다. 기지건은 후한과 화전(和戰) 양면정책을 구사하여 후(侯)로 책봉되기도
하였는데, 궁수에 해당하는 공현(控弦)이 수만 기에 이를 만큼 세력이 강성하
였다. 그는 여러 길로 새(塞)를 넘어 오원(五原)에 이르렀고, 흉노 남선우를
살해하는 등 다대한 전과를 올렸다.

기지건(其至鞬)은 순제(順帝, 재위 A.D. 125~144) 때에 다시 새(塞)를 넘어
대군태수(代郡太守)를 살해하였다. 후한은 흉노의 남선우(南單于)와 연합하
여 선비를 격퇴하는 데 성공하였다. 후한의 오환교위 경엽(耿曄)이 새(塞)를
나와 선비를 공격하여 막대한 피해를 입히기도 하였다. 선비 3만여 락(落)은
요동군에 항복하였다.

---

129) 『後漢書』 권90, 烏桓鮮卑.

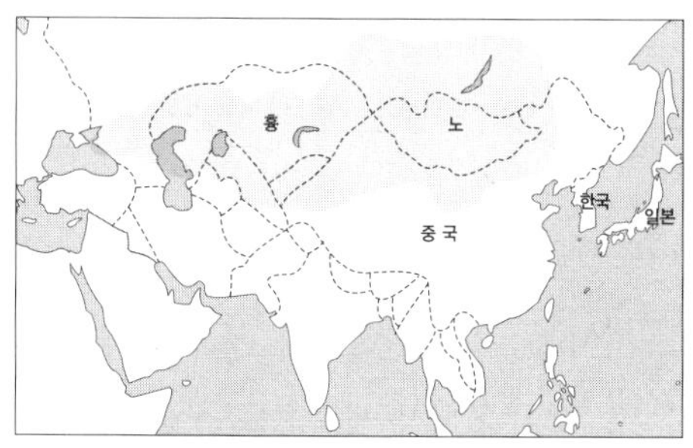

<그림 4-7> 흉노의 최대 판도

한편 흉노의 주력집단이 서방으로 달아난 후 잔존한 일부가 요동으로 이주하여 선비(鮮卑)를 자칭하였다.130) 선비 중에서는 장성 연변지역으로 이주하였다가 다시 요동으로 옮겨온 무리도 적지 않았다. 요동 새외지역에 거주한 선비와 부여는 치열한 공방전을 전개하였다.

부여와 선비의 관계에 대해서는 사료가 남아 있지 않아 자세한 상황을 알 수 없다. 고구려와 선비의 대립을 통해 유추될 뿐이다. 고구려는 후한(後漢) 때에 북쪽 경계가 유하(柳河)·해룡(海龍)·휘남(輝南) 일대까지 세력이 미쳤는데, 휘발하 유역에서 선비와 접촉하였다.131)

고구려는 선비의 군사력을 이용하여 부여와 후한을 견제하고자 하였다. 선비는 고구려의 의도대로 움직이지 않고 약탈을 자행하거나 요동군에 투항하는 등 예측하기 어려운 행동을 지속하였다. 선비는 고구려뿐만 아니라 부여에 대해서도 동일한 활동양상을 전개하였을 가능성이 높다.

이런 부여와 선비의 관계는 단석괴(檀石槐)가 등장하면서 변화가 일어났다. 단석괴는 선비족을 통일한 후 중원의 동북방 지역을 자주 약탈하였다. 그는 156년에 3~4천기를 이끌고 운중(雲中)을 침입하였으며, 166년에는 수만 명의 기병을 보내 연변 9군을 침입하여 관리와 백성을 살획하였다.

단석괴는 남으로는 한(漢)의 연변을 침입하고, 북쪽으로 정령(丁零)을 공격하였다. 동쪽으로 부여를 물리치고, 서쪽으로 오손(烏孫)을 공격하는 등 동서 1만 4천 리·남북 7천여 리에 달하는 영역을 확보하였다.132) 단석괴는

---

130) 『後漢書』 권90, 烏桓鮮卑.

131) 張博泉, 1981, 「夫餘史地總說」, 『社會科學輯刊』 6期.

132) 『後漢書』 권90, 烏桓鮮卑傳.

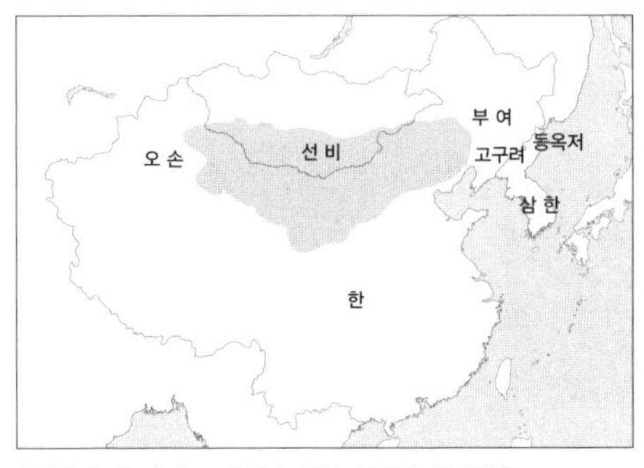

〈그림 4-8〉 A.D. 170년 무렵 선비의 최대영역

차지한 땅을 3부로 나누었다.

동부는 우북평군에서 동쪽으로 요동군에 이르렀는데, 부여 및 예맥과 접하는 20여 읍(邑)을 관할하였다. 중부는 우북평군에서 서쪽으로 상곡군에 이르는 10여 읍을 관할하였다. 상곡군에서 서쪽으로 돈황과 오손에 이르는 20여 읍은 서부로 편재되었다.

요동의 새외지역은 선비의 동부에 속하게 되었다. 단석괴는 대인(大人)을 두어 통솔하였다. 부여는 단석괴의 두드러진 활약 속에서 선비의 직·간접적인 영향을 받았다. 후한 역시 영제가 즉위한 후 유주(幽州)와 병주(幷州), 양주(凉州)의 연변 제군(諸郡)이 선비의 침입을 받지 않은 해가 없을 정도였다.

후한은 선비의 공세에 맞서 177년에 하육(夏育)과 전안(田晏) 및 장민(臧旻)을 파견하였다. 남흉노와 함께 응문(鴈門)의 새(塞)를 나와 세 길로 2천여 리를 진격했으나, 단석괴에게 대패하고 돌아온 자가 1/10에 불과하였다.

선비는 178년에 단석괴가 45세의 나이로 사망한 후 화련(和連)이 즉위하면서 쇠퇴하기 시작하였다. 단석괴의 아들 화련은 품성이 탐욕스러웠다. 형벌이 불공평하여 반기를 든 자가 절반에 이르렀다. 화련은 후한의 북지(北地)를 공격하다가 노(弩)에 맞아 전사하였다.

화련의 아들 건만(騫曼)은 나이가 어려 즉위하지 못하고, 4촌 형제 괴두(魁頭)가 선우에 올랐다. 건만이 장성하면서 괴두(魁頭)와 분란이 일어났고, 선비의 무리들은 혼란해져 흩어지게 되었다. 괴두가 죽은 후 동생 보도근(步度根)이 즉위했으나 선비의 이합집산은 더욱 심화되었다.

선비는 단석괴의 사망 이후 국력이 점차 약화되었다. 이후 가비능(軻比能)

이 등장하여 위(魏)에 맞서면서 세력을 결집하였다. 가비능 때에 동쪽으로 요수(遼水) 경계에 이르렀는데, 요동군과 현도군이 위치한 동요하(東遼河) 일대로 이해한다.[133]

선비는 가비능이 235년에 암살되면서 일시 침체기에 접어들었으나, 요동의 새외지역과 송눈평원 일대에 거주하면서 부여의 안전을 위협하였다. 부여는 후한의 요동군 및 현도군과 화친관계를 맺고 고구려와 선비의 위협을 견제하였다.

(3) 동류 송화강 유역 진출과 읍루 복속

『후한서』 동이전에는 부여전을 비롯하여 고구려전·동옥저전·예전·한전과 읍루전이 실려 있다. 이들 중에서 읍루는 예맥 및 한족(韓族)과는 종족 갈래가 달랐다. 읍루는 부여의 동쪽에 위치하였는데, 예족과 읍루는 언어와 문화 등 여러 차이가 있었다.[134]

읍루는 선진문헌(先秦文獻)에 보이는 숙신의 후손이며, 물길(勿吉)과 말갈(靺鞨)을 거쳐 후대의 여진족이 된 것으로 보고 있다.[135] 그런데 숙신은 선진시대(先秦時代)에 요동 방면에 거주하던 종족이며, 읍루는 흑룡강 유역과 삼강평원 및 연해주 일대에 분포한 집단이었다. 숙신과 읍루 사이의 직접적인 계승관계 혹은 혈연관계는 인정하기 어렵고, 사가(史家)의 오해로 말미암아 초래된 잘못된 인식이다.[136]

---

133) 송호정, 1997, 앞의 글, 170쪽.

134) 『後漢書』 권85, 東夷列傳75, 挹婁.

135) 숙신과 읍루의 계승관계에 대해서는 동일한 집단이라는 주장이 일찍부터 제기되었다 (丁謙, 1915, 「烏桓鮮卑傳地理考證」, 『蓬萊軒地理學叢書』, 浙江圖書款叢書). 이와는 달리 그 계통이 전혀 다른 것으로 보는 견해 역시 없지않다(李學智, 1957, 「對於勿吉,靺鞨種族與名稱之管見(上,下)」, 『大陸雜誌』 15-6·7, 臺北 ; 池內宏, 1914, 「渤海の建國者について」, 『東洋學報』 5-1). 그러나 숙신을 읍루의 선조로 보는 단일 계통설이 여전히 묵시적 지지를 받고 있는 것도 사실이다(楊保隆, 1988, 『渤海史入門』, 靑海人民出版社).

136) 문안식, 2011, 앞의 글, 12~15쪽.

읍루는 동부 시베리아와 몽고 방면에 거주하던 집단이 흑룡강의 수로(水路)를 통해 환동해지역으로 이주한 후 토착집단을 흡수·동화하며 형성되었다. 읍루의 근간이 된 퉁구스족의 중심지는 흑룡강 중·하류지역 일대였다.137)

흑룡강 중·하류지역의 최초 청동문화를 우릴문화라고 부르는데, 그 절대연대는 B.C. 11세기 무렵이다. 연해주 일대는 B.C. 10세기를 전후하여 남부지역을 중심으로 초기 철기문화에 해당하는 얀콥스키문화가 시작되었다. 요동지역의 B.C. 5세기 무렵보다 500여 년 앞섰으며, 요동을 경우하지 않고 시베리아를 통해 직접 수용되었다. 고조선이나 부여를 거치지 않고 스텝-유목 초원지대를 통해 유입되었다.138)

우릴문화는 폴체문화, 얀콥스키문화는 크로우노프카문화로 계승되었다. 폴체문화는 해당 유적에서 출토되는 유물을 통해 볼 때 종족 교체 등의 변화 없이 우릴문화를 계승하였다. 폴체문화는 B.C. 7세기 무렵에 기원하여 A.D. 3세기 무렵까지 지속되었으며, 읍루의 성장을 위한 토대가 되었다.

폴체문화는 지역별 차이가 적지 않다. 흑룡강 중·하류 및 연해주 중부 이북의 폴체문화, 흑룡강성 서북부에 걸친 중국 지역의 완연하(蜿蜒河)유형 폴체문화, 삼강평원의 곤토령문화(滾兔嶺文化), 칠성하 유역의 폴체문화 등으로 구분된다.139)

연해주 중부 이북지역에서 폴체문화를 영위한 사람들이 B.C. 3세기 무렵에 남하하여 선주한 크로우노프카문화 집단과 접촉하였다.140) 이를 통해 연해

---

137) 퉁구스족의 선조는 바이칼지역에서 동쪽으로 이주하여 흑룡강 상류지역에 도달하였고, 그곳에서 극동의 주민들과 교류 및 융합하여 퉁구스-만어 민족이 형성된 것으로 보고 있다(오클라드니코프, 1950, 「시베리아의 주민형성의 초기단계에 대하여」, 『소비에트민족학』 2호).

138) 북한의 무산 범의구석, 회령 오동 유적 등에서 B.C. 1천년기 전반기로 추정되는 굴지구 계통의 철기가 조사되었다(강인욱 외, 2007, 「러시아연해주 바라바쉬-3유적 발굴보고」, 『연해주와 인접지역의 고고학 자료로 본 沃沮』, 부경대 해양문화연구소 국제학술대회).

139) 강인욱, 2008, 앞의 책, 40~59쪽.

〈그림 4-9〉 폴체문화 유적과 출토 토기 : 한·러 공동조사
단이 발굴한 연해주 불로치카 유적과 폴체문화의 토기

주 폴체문화(올가문화)가 형성되었다.[141] 올가문화를 영위한 집단은 폴체문화의 전통을 유지한 채 크로우노프카문화를 받아들였다.

부여와 접촉한 읍루 일파는 연해주 일대에서 올가문화를 영위한 사람들이 아니었다. 부여와 경계를 마주한 읍루는 삼강평원[142] 일대에서 곤토령문화(滾兎嶺文化) 및 완연하문화 등을 영위한 집단이었다. 읍루 사람들은 B.C. 3세기를 전후하여 흑룡강 중·하류지역을 벗어나 삼강평원 일대와 연해주 방면으로 이주하였다.

삼강평원에 정착한 집단의 문화유형은 완연하유형(蜿蜒河類型)이며, 그 연대는 B.C. 30±100년 무렵으로 보고 있다.[143] 삼강평원에 정착한 읍루 사람들의 주거지는 주로 강변의 언덕 위에 자리하며, 가파른 산세를 이용하여 성곽을 축조하였다. 최근 계목사시(桂木斯市)·쌍압산(雙鴨山)을 중심으로 300

---

140) 최몽룡 외, 2003,『시베리아의 선사고고학』, 주류성, 457~460쪽. 한편 두 문화의 계승관계는 블로치카 유적에서 크로우노프카문화 다음에 연해주 폴체문화(올가문화)가 위치한 사실이 확인되었다(오클라드니코프·브로댠스키, 1984,『크로우노프카 문화』).

141) 국립문화재연구소, 2004,『연해주 블로치카 유적Ⅰ』, 제4차 한·러 공동발굴조사.

142) 삼강평원은 면적이 12만km^{2}에 이르며, 흑룡강과 송화강 및 우수리강 사이의 삼각지대 퇴적평원에 자리한다. 이곳의 평균해발 고도는 만주 일대에서 가장 낮은 50m에 불과하며, 송요평원과 함께 동북평원의 일부를 구성한다. 삼강평원은 黑土라는 부식질 함량이 높은 비옥한 토양으로 이루어져 농업에 적합하다.

143) 黑龍江省博物館·中國社會科學院考古硏究所, 2006,「黑龍江省綏濱縣蜿蜒河遺址發掘報告」,『北方文化』第1期.

여 곳에 이르는 성보(城堡)가 확인되었다. 이들 성보의 둘레는 작은 것이 100m 내외이고, 큰 것은 600m에 달한다. 읍루인들은 철제무기와 갑옷 등을 사용하면서 반지하식의 원각방형 주거지에 거주하였다. 그러나 생산 공구는 여전히 석기를 이용하는 단계에 머물렀다.

읍루인의 생활양식과 습속은 미개한 수준에 머물렀지만, 환호취락 및 성곽에 거주하는 등 국가형성 단계에 이르렀다.[144] 철은 제한된 용도로 사용한 탓에 사회경제적 영향력을 측정하기 어렵다. 유라시아 초원의 다른 지역처럼 무기와 지위를 상징하는 물건보다 농기구 등을 만드는 데 철 야금술을 이용하였다. 철은 장례 부장품으로서 청동기나 다른 값비싼 금속에 비해 질이 떨어지는 것으로 판단하였다.[145]

읍루 사람들은 독립된 정치집단을 이루지 못하고

> A. 한(漢) 이래로 읍루는 부여에 속해 있었고, 부여는 조세와 부역 부담을 가중하게 하여 황초연간(黃初年間)에 반란을 일으켰다.[146]

라고 하였듯이, 한대(漢代)에 이르러 부여의 지배를 받게 되었다. 부여에 복속된 읍루는 흑룡강 중·하류지역과 삼강평원 및 연해주 일대에 거주한 모든 집단이 망라된 것은 아니었다.

이와 관련하여 읍루가 B.C. 3세기 무렵에 이르러 여러 지역으로 이주한 사실이 참조된다. 이들은 연해주 남부로 진출하여 연해주 폴체공동체(올가문화)를 형성하였다. 또 삼강평원 일대를 거쳐 동류 송화강을 따라 하얼빈 부근까지 진출한 무리도 생겨났다.

읍루를 계승한 물길(勿吉)이 아성(阿城, 하얼빈 부근)[147] 혹은 동류 송화강

---

144) 許永杰, 2000, 「黑龍江七星河流域漢魏遺址群聚落考古計划」, 『考古』 第11期.
145) 니콜라 드코스모 著/이재정 譯, 2005, 앞의 책, 101쪽.
146) 『三國志』 권30, 魏書30, 烏丸鮮卑東夷傳30, 夫餘.
147) 池內宏, 1937, 「勿吉考」, 『滿鮮地理歷史硏究報告』 第15, 東京帝大 文學部.

남쪽의 부여지구148) 등에서 기원한 사실을 통해 유추된다.149) 하얼빈 남쪽의 흑룡강성 납림하 유역의 오상(五常) 일대를 읍루의 중심지로 보는 견해도 있다.150)

부여는 동류(東流) 송화강을 따라 서진(西進)해 와서 아성과 오상 일대에 거주한 읍루집단을 지배하였다. 부여는 읍루를 복속하여 족장(族長)을 통해 공납 등을 징수하였다. 이를 속민(屬民)-공납(貢納)에 의한 지배체제로 부르기도 한다.151)

동류 송화강의 하류지역에 위치한 삼강평원과 연해주 남부지역에 거주하던 읍루인들은 부여의 지배에서 벗어나 있었다. 읍루 사람들은

> B. 그 지역은 산이 많고 험준하다. 사람들의 생김새는 부여사람과 흡사하지만, 언어는 부여나 고구려와 같지 않다. 옥곡과 소·말·삼베가 산출된다. 사람들은 매우 용감하고 힘이 세다. 대군장은 없고 읍락마다 각각 대인(大人)이 있다. 그들은 항상 삼림 속에서 살며 혈거(穴居) 생활을 한다. 대가(大加)는 그 깊이가 9계단이나 되며, 계단이 많을수록 좋다고 여겨진다. 그 지방의 기후는 추워 부여보다 혹독하다. 그들은 돼지 기르기를 좋아하여 그 고기는 먹고 가죽은 옷을 만들어 입는다. 겨울철에는 돼지 기름을 몸에 바르는데, 그 두께를 몇 푼이나 되게 하여 바람과 추위를 막는다. 여름철에는 알몸에다 한 자 정도의 베조각으로 앞뒤를 둘러서 형체만을 가린다. 그들은 불결하여 집의 가운데에 변소를 만들고 그 주위에 빙 둘러 모여 산다.152)

---

148) 張博泉·魏存成 主編, 1998, 『東北古代民族·考古與疆域』, 吉林大學出版社.

149) 한편 부여와 관계를 맺은 읍루를 송화강, 흑룡강, 우수리강 및 러시아 연해주에 걸친 광대한 지역에 거주한 집단으로 보는 견해도 없지 않다(李春祥, 2004, 『高句麗與東北民族疆域研究』, 吉林文史出版社, 147쪽). 또한 그 강역을 북쪽으로 동류 송화강, 남쪽으로는 대체로 백두산, 동쪽으로는 동해, 서쪽으로는 북류 송화강을 상정하는 견해도 있다(李德山·欒凡, 2003, 『中國東北古民族發展史』, 中國社會科學出版社, 35쪽).

150) 津田左右吉, 1915, 「勿吉考」, 『滿鮮地理歷史研究報告』 第1, 東京帝大 文科大學.

151) 임기환, 1995, 「고구려 집권체제 성립과정의 연구」, 경희대 박사학위논문, 138쪽.

152) 『三國志』 권30, 魏書30, 烏丸鮮卑東夷傳, 挹婁.

라고 하였듯이, 미개하고 원시적인 생활을 영위하였다. 이들은 야산이나 삼림에서 수렵생활을 영위하면서 반지하식으로 흙을 씌운 혈거(穴居)에 거주하였다.

읍루 사람들이 거주한 삼림지역은 하얼빈 부근의 아성(阿城)과 오상(五常)에서 멀리 떨어진 장소로 추정된다. 오상은 아성에서 직선거리로 400km가 넘는 원거리에 위치하며, 그 동쪽에는 주봉의 높이가 1690m에 이르는 험준한 장광재령이 자리한다.

장광재령 부근에는 흑룡강성 일대에서 가장 높은 대독정자산(大禿頂子山)이 우뚝 서 있다. 대독정자산은 오상에서 동남쪽으로 약 170km 정도 떨어진 곳에 위치하며, 그 서남쪽에는 노부령(老爺嶺)·위호령(威虎嶺)·목단령(牧丹嶺) 등 1000m 이상의 산지가 펼쳐져 있다.

사료 B에 묘사된 읍루 사람들은 장광재령의 동쪽에 위치하며, 동류 송화강의 하류지역에 해당하는 삼강평원 일대에 거주한 집단으로 짐작된다. 부여의 영향력이 미친 지역은 길림시 이북의 북류 송화강 하류와 동류 송화강의 이남에서 돈화시 이북에 이르는 대독정자산 부근까지를 포괄한다.[153]

부여의 읍루에 대한 지배력은 3세기 초반까지 유지되었다. 읍루는 부여가 세금과 부역 등을 무겁게 하자, 황초(黃初) 연간(A.D. 220~226)에 이르러 반란을 일으켰다. 부여는 읍루의 반란을 진압하기 위해 여러 번에 걸쳐 원정군을 파견했으나 굴복시키지 못했다.[154]

읍루 사람들은 숫자는 적었으나 용감하고 힘이 셌으며, 활을 잘 쏘고 독을 바른 화살을 사용하는 등 매우 호전적인 종족이었다. 이들은 추운 곳에 살면서 수렵생활을 영위하는 등 전투에 뛰어난 집단이었으며, 칼 및 단검·갑옷을 비롯한 철제 무기를 사용하였다.[155]

---

153) 김락기, 2007, 「5~7世紀 高句麗의 東北方 境域과 勿吉·靺鞨」, 인하대 대학원 박사학위 논문, 67쪽.

154) 『三國志』 권30, 魏書30, 烏丸鮮卑東夷傳, 挹婁.

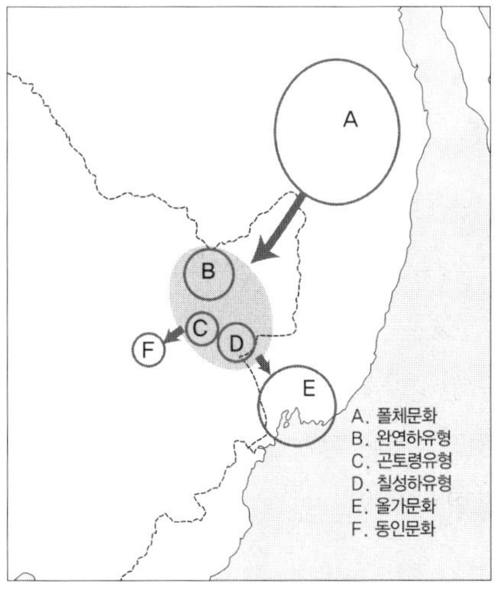

〈그림 4-10〉 읍루의 거주지역 확대와 이주 경로

읍루는 부여의 지배에서 벗어난 후 폴체문화가 사라지고 4세기를 전후하여 동인문화(同仁文化)가 시작되었다. 전자에서 후자로의 전환은 종족 교체와 관련성이 있는 것으로 보기도 한다.156) 그러나 동인문화가 폴체문화의 많은 요소를 계승한 측면도 무시할 수 없다.

동인문화의 대표적인 기형은 폴체문화에서 쉽게 볼 수 있는 광구호·배가 부른 외반구연호·발형토기 등을 들 수 있다. 동인문화의 토기 문양에서 확인되는 격자압인문·융기문 등의 요소 역시 폴체문화와 동인문화가 단절되지 않고 계승된 사실을 입증한다.157)

두 문화의 교체는 4세기를 전후하여 이루어졌고, 토착사회의 성장에 따른 점진적 발전을 통해 변화가 일어났다. 읍루가 부여의 복속 상태에서 벗어난 것이 계기가 된 것으로 짐작된다. 이제 부여와 읍루는 대등한 관계를 넘어 후자가 전자를 침입하는 시대로 변화되어 갔다.

---

155) A. P. Derevianko, *Rannyi zheleznyi vek Priamur'ia*, Novosibirsk : Nauka, 1973.

156) 읍루에서 勿吉로의 변화는 4세기를 전후한 시기에 이루어졌다. 이는 폴체문화가 사라지고 동인문화가 시작되는 것과 양상을 같이한다. 읍루와 물길(말갈)은 4세기를 기점으로 하여 고고 양상으로 볼 때 큰 차이가 발생하였다. 서부 시베리아를 비롯한 외부에서 유입된 새로운 문화요소를 향유한 집단의 이주에 의한 것으로 이해한다(A. P. 데레반코, 1976, 『프리아무르(기원전 1000년기)』).

157) 강인욱, 2008, 앞의 책, 58쪽.

Ⅱ. 맥족의 혼강·압록강 유역 이주와 고구려 건국

1. 고구려의 기원과 문화원형

1) 건국 기년과 주몽의 생몰연대 재검토

주몽이 고구려를 건국한 시기는『삼국사기』고구려본기(이하 고구려본기)에 따르면 B.C. 37년이다. 고구려의 건국은 박혁거세가 신라를 세운 B.C. 57년보다 한 세대 늦고, 온조가 백제를 건국한 B.C. 18년과 비교하면 앞선다. 삼국의 건국 연대는 고구려를 기준으로 삼아 일정한 간격을 유지한 채 신라와 백제를 배치한 것으로 보고 있다.[158]

삼국의 건국 기년을 갑자년 혁명설을 토대로 하여 신라를 중심에 두고 조정한 것으로 이해하기도 한다.[159] 그러나 고구려의 건국 연도는 현도군의 속현이었던 '고구려현(高句麗縣)'과 연계하여 검토할 필요가 있다. 고구려현 외에 상은태현(上殷台縣)과 서개마현(西蓋馬縣)이 설치되었다.[160]

현도군은 지배거점을 확보하기 위해 여러 지역에 성곽을 축조하였다. 혼강 유역과 압록강 중류지역의 충적대지가 넓게 펼쳐진 교통의 요충지에서 발견되는 한대(漢代) 토성지(土城址)가 이에 해당된다.[161] 고구려현은 환인의 하고성자, 서개마현은 집안의 국내성, 상은태현은 통화(通和)의 적백송고성(赤柏松古城)에 위치한 것으로 보고 있다.[162]

현도군은 고구려현이 위치한 환인을 중심으로 북으로 통화(通和), 동으로

---

158) 이기백·이기동, 1982,『한국사강좌 Ⅰ -고대편』, 일조각, 141쪽.

159) 今西龍, 1933,「新羅史通說」,『新羅史研究』; 末松保和, 1966,「舊三國史と三國史記」,『青丘史草』2.

160)『漢書』권28下, 地理志8 下.

161) 이와 관련하여 國內城 아래층의 土城, 桓仁縣의 下古城, 通化縣의 赤柏松古城 등이 주목된다(集安縣文物保管所, 1984,「集安高句麗國內城址的調査與試掘」,『文物』1 ; 田中俊明, 1994,「高句麗の興起と玄菟郡」,『朝鮮文化研究』1, 東京大).

162) 尹善泰, 2001,「滄海郡과 玄菟郡 -漢四郡의 交通路와 관련하여-」, 충남대 백제연구소 월례발표회 발표요지문.

집안(集安)을 연결하는 삼각형 모양을 이루는 압록강 중류지역과 혼강 유역을 관할하였다. 고구려현의 세력이 가장 컸으며,[163] 주몽의 건국보다 70여 년 앞서 '고구려'의 명칭이 사료를 통해 확인되는 첫 사례이다.

처음에는 예맥 혹은 맥·이맥 등의 종족 명칭으로 불렸으나, 점차 구려(句驪) 혹은 고구려(高句麗)라는 국명이 등장하였다. 구려는 '구루(溝漊)'에서 기원한다. 구루는 '성(城)'을 일컫는 명칭이다. 구루는 글자의 아름다움을 따라 '구려(句麗)' 혹은 '구려(句驪)' 등으로 불렸다.[164]

고구려의 기원은 구려라는 성곽을 표현하는 명칭에서 기원하였으며, 높은 뜻을 의미하는 '고(高)'가 합성되었다. 고(高)는 높은 성곽을 강조하기 위한 전치사가 아니라, '구려' 자체를 강조하는 의미로 사용되었을 가능성도 없지 않다. 신(新)의 왕망(王莽)은 고구려가 통제에 따르지 않자, '고(高)'를 '하(下)'로 바꾸어 하구려(下句驪)라고 낮춰 부르기도 하였다.[165]

고구려본기에 따르면 주몽은 B.C. 58년에 출생하여 20세가 되는 B.C. 37년에 고구려를 건국하였다.[166] 그러나 주몽의 출생 연도는 광개토왕릉비(이하 능비)의 기록과 고구려본기를 함께 분석하면 B.C. 58년으로 이해하기 어려운 측면이 있다.

능비에 의하면

A. 옛적 시조 추모왕(鄒牟王)이 나라를 세웠는데 북부여에서 태어났으며, 천제(天帝)의 아들이었고 어머니는 하백(河伯)의 따님이었다.… 왕이 왕위에 싫증을 내니, (하늘님이) 황룡(黃龍)을 보내어 내려와서 왕을 맞이하였다. 왕은 홀본 동쪽 언덕에서 용(龍)의 머리를 디디고 서서 하늘로 올라갔다. 유명(遺命)을 이어받은 세자 유류왕(儒留王)은 도(道)로서 나라를 잘 다스렸고, 대주류왕(大朱留王)은 왕업(王業)을

---

163) 조법종, 2006, 『고조선 고구려사 연구』, 신서원, 209쪽.
164) 劉子敏, 1996, 『高句麗歷史硏究』, 延邊大學出版社.
165) 『後漢書』 권85, 東夷列傳75, 高句麗.
166) 『三國史記』 권13, 高句麗本紀1, 東明聖王 卽位年.

> 계승하여 발전시켰다. 17세손(世孫)에 이르러 국강상광개토경평안호태왕(國罡上
> 廣開土境平安好太王)이 18세에 왕위에 올라 칭호를 영락대왕(永樂大王)이라 하였
> 다.167)

라고 하였듯이, 광개토왕은 고구려의 시조인 추모(주몽)의 17세손이다. 능비
에 보이는 17세손과 관련하여 왕대수(王代數)와 세대수(世代數) 중에 어느
견해를 취할 것인지, 그 기준이 되는 인물을 주몽·유류왕(유리왕)·대주류왕
(대무신왕) 중에서 누구로 볼 것인가에 따라 다양한 견해 차이가 있다.168)

그런데 고구려의 건국설화와 시조의 출자(出自) 등은 모두 주몽이 중심이
되고 있다. 능비에 보이는 17세손 역시 왕대수가 아니라 세대수일 가능성이
높다. 고구려 초기에 왕통계승은 부자상속 외에 형제계승이 몇 차례 이루어졌
다. 대무신왕을 승계한 민중왕, 태조왕을 승계한 차대왕, 고국천왕을 승계한
산상왕, 소수림왕을 승계한 고국양왕 등이 형제상속에 해당된다.

부자계승을 세(世)라 하고, 형제계승은 그것을 칭하지 않는 것이 일반적이
다.169) 그 원칙은 신라의 문무왕릉비문에 보이는 '15세조(代祖) 성한왕(星漢
王)'을 통해 확인된다. 성한(星漢)은 김인문비(金仁問碑)에는 '태조한왕(太祖漢
王)', 흥덕왕릉비에는 '태조성한(太祖星漢)', 『삼국유사』에는 '열한(熱漢)'으
로 기록되어 있다. 성한(星漢)은 『삼국사기』에 김알지의 아들로 나오는 세한
(勢漢)과 동일 인물로 짐작된다.

김씨 왕계는 『삼국사기』 신라본기에 따르면 김알지-세한-아도-수류-

---

167) 盧泰敦, 1992, 「광개토왕릉비」, 『譯註 韓國古代金石文』, 17쪽.
168) 이에 대해서는 다음의 글을 참조하기 바란다. 朴時亨, 1966, 『廣開土王陵碑研究』,
   사회과학출판사, 309쪽 ; 王健群 著/林東錫 譯, 1985, 『廣開土王碑研究』, 역민사, 289
   쪽 ; 武田幸男, 1989, 『高句麗と東アジア』, 岩波書店, 309쪽 ; 李道學, 1988, 「高句麗 初期王
   의 再構成」, 『伽倻通信』 18 ; 손영종, 1990, 「고구려 건국기년에 대한 재검토」,
   『력사과학』 1 ; 노태돈, 1999, 『고구려사연구』, 사계절, 66~67쪽 ; 박찬규, 1999,
   「광개토왕비문의 神話記事의 분석」, 『광개토왕비문의 신연구』, 서라벌군사연구
   소.
169) 『晉書』 권19, 禮志 上, 孝武帝 太元 12年 5月 壬戌 詔.

욱보-구도 갈문왕-말구 각간-내물왕-「?」[170]-습보 갈문왕-지증왕-입종 갈문왕-진흥왕-진지왕-이찬 용춘-태종무열왕-문무왕으로 계승되었다. 보통 '몇 세손'하였을 때는 기준이 되는 인물을 포함하고, '몇 대조'하였을 경우에는 제외한다.[171]

문무왕의 15대조에 해당하는 성한은 김알지의 아들 세한으로 추정된다. 신라본기에 전하는 김알지의 탄생 설화는 사실로 믿기 어렵고, 여러 기록에 단편적으로 보이는 성한 또는 세한이 김씨집단의 실질적인 시조였다. 고구려의 경우도 능비에 기록된 17세손 기록 그 자체를 중시할 필요가 있다.

광개토왕은 주몽의 17세손이며, 주몽은 광개토왕의 16대조에 해당된다. 광개토왕은 능비에 전하는 17세손 기록과는 달리, 고구려본기와 중국의 사서(史書)를 분석해 보면 주몽의 17세손이 아니었을 가능성이 높다. 고구려본기에 따르면 주몽은 유리왕을 거쳐 재사(再思)-태조왕으로 연결되며,[172] 『위서(魏書)』 고구려 조에는 태조왕의 증손인 위궁(位宮)을 동천왕이라 하였다.[173]

동천왕은 주몽의 7세손이며, 동천왕 이후로는 중천왕-서천왕-봉상왕-고추가 돌고(咄固)-고국원왕-고국양왕-광개토왕으로 계승되었다. 광개토왕은 주몽의 17세손이 아니라 14세손에 해당된다. 광개토왕을 17세손으로 기록한 능비의 기록과 고구려본기 등에 보이는 14세손은 3대의 차이가 발생한다.

태조왕부터 광개토왕에 이르는 왕위계승은 비교적 정확한 역사적 사실로 판단되며, 주몽과 태조왕 사이의 계보에 착오가 발생하였을 가능성이 높다. 고구려본기에 기록된 주몽-유리-재사-태조왕으로 이어진 계보 외에

---

170) 지증왕은 내물왕의 증손이며, 習寶 갈문왕의 아들이라 하였다(『三國史記』 권4, 新羅本紀4, 智證王 卽位年). 따라서 습보갈문왕의 부친이 누구인지 잘 알 수 없다.

171) 노태돈, 1999, 위의 책, 67쪽.

172) 『三國史記』 권14, 高句麗本紀2, 太祖王 卽位年.

173) 『魏書』 권100, 列傳88, 高句麗.

〈그림 4-11〉 집안의 광개토왕릉비 : 길림성 집안현 통구(通溝)에 위치하며, 높이는 6.39m에 이른다. 비신의 4면에는 모두 44행 1,775자의 문자가 새겨져 있다.

기록에서 사라진 3대를 추가하면 능비의 17세손과 일치된다.

주몽－유리왕－재사－태조왕으로 이어지는 혈연관계는 재고의 여지가 있다. 직계만을 기록한 것이 아니라 방계가 끼어들었을 여지가 있다.174) 또한 주몽에서 태조왕에 이르는 세대수(世代數)는 고구려본기와 같이 3대가 아니라 6대였을 가능성도 없지 않다.175) 왜냐하면 능비의 17세손 기록은 문무왕릉비의 '15대조(代祖) 성한왕(星漢王)'과 같이 어떤 정확한 근거에 입각하여 기록되었기 때문이다.

태조왕은 주몽의 7세손(世孫)이며, 주몽은 태조왕의 6대조(代祖)이었다. 따라서 주몽은 B.C. 58년 무렵에 태어난 것이 아니라 3세대 정도 앞선 시기에 출생하지 않았을까 한다. 주몽은 B.C. 150년 무렵에 태어난 것으로 추정된다. 태조왕이 출생한 A.D. 47년을 기준으로 삼으면 6세대 앞선 B.C. 130년 무렵에 해당된다.

사실 주몽은 계루부 왕실의 상징적인 인물에 불과하였다. 계루부 왕실은 후대에 역사를 편찬하면서 주몽의 상징성을 고려하여 시조의 위상을 부여하였다. 고구려는 B.C. 37년에 건국된 것이 아니라 B.C. 107년 현도군의 설치 이전부터 존재하였다. 고구려가 예맥이라는 명칭으로 B.C. 3세기를 전후한 시기에 흉노와 경계를 마주한 기사도 남아 있다.176)

---

174) 노태돈, 1999, 앞의 책, 62쪽.

175) 고구려에서 편찬한 최초의 史書는 『留記』로 알려져 있는데, 그 편찬 시기는 소수림왕대로 추정하는 견해가 있다(李基白, 1976,『우리역사를 어떻게 볼 것인가』, 삼성문화문고, 19~21쪽). 따라서 고구려는 늦어도 소수림왕 때에는 고구려의 건국설화와 왕실계보를 정리한 공식적인 입장을 가지고 있었던 것으로 판단된다.

176) 『史記』 권110, 匈奴傳.

고구려는 전한(前漢)의 무제(武帝) 때의 염철(鹽鐵) 논쟁에서 맥(貊)[177]으로 불리기도 하였다. 예맥(濊貊) 혹은 맥(貊)으로 불리던 집단은 현도군이 설치되면서 '고구려현'을 비롯한 여러 속현으로 편재되었다. 현도군의 억압에 맞서 격렬한 저항 끝에 B.C. 75년에 이르러 자립을 이룬 이맥(夷貊)이 중심이 되었다.[178]

주몽의 건국설화와 달리 B.C. 3세기 중반에 고구려가 존립한 기록 역시 남아 있다. 당(唐)나라의 가언충(賈言忠)은

> B. 또한 고구려비기(高句麗秘記)에 이르되, '900년에 미치지 못하여 마땅히 80세 대장이 있어 이를 멸한다'고 하였는데, 고씨가 한대(漢代)로부터 나라를 세워 지금 900년이요, 이적(李勣)의 나이 80세입니다.[179]

라고 하였듯이, 비기(秘記)를 언급하면서 고구려가 건국된 지 900년에 멸망할 것이라는 주장을 하였다. 고구려가 멸망된 668년에서 900년을 역산하면 B.C. 232년이 된다. 따라서 고구려의 건국 연도를 B.C. 230년 혹은 B.C. 277년[180] 등으로 보기도 한다.

이와 관련하여 혼강 유역과 압록강 중류지역의 토착사회가 B.C. 4세기를 전후하여 요동으로 진출한 연(燕)·진(秦)과 접촉을 통해 철기문화를 받아들여 성장의 기폭제로 활용한 사실이 주목된다. 고구려의 건국은 주지하듯이 예맥 혹은 맥족이 중심이 되었다. 이들이 압록강 중류지역 및 혼강(비류수) 유역 일대에 정착한 시기는 B.C. 4세기를 전후하여 이루어진 연장(燕將)

---

177) 『鹽鐵論』 復古篇.

178) 『漢書』 권7, 本紀7, 昭帝 元鳳 6年 丁月.

179) 『三國史記』 권22, 高句麗本紀10, 27年 2月.

180) 북한 학계의 일부에서는 고구려의 건국기년과 초기 왕계를 재구성하면서 B.C. 3세기 전반(277년)에 건국된 것으로 이해하였다. 그 근거는 『삼국사기』 고구려본기 동명왕 조에 보이는 갑신년 즉위 기사에 두고 있다(손영종, 2000, 『고구려사의 제문제』, 사회과학원, 8쪽).

진개(秦開)의 북벌(北伐)과 관련이 있다.

진개는 동호(東胡)와 고조선 공격을 전후하여 요서지역과 발해만 일대의 맥국(貊國)을 격파하였다.[181] 예맥은 연(燕)의 지배를 받으면서 중원의 역사 속으로 편입되었다. 이들 중에서 연의 지배를 거부하고 망명의 길을 택한 부류도 적지 않았는데, 혼강 유역 및 압록강 중류지역으로 이주하여 예맥(濊 貊)·맥(貊)·이맥(夷貊) 등으로 불린 집단도 포함되었다.

이들은 요하를 건너 심양과 무순 및 신빈 등을 거쳐 천산산맥 동쪽의 산악지대로 이주하였다. 해로(海路)를 통해 압록강 하구를 거쳐 혼강 유역의 환인지역으로 이주하였을 가능성도 없지 않다.[182] 고구려를 건국한 집단에 대해서는 맥족 혹은 부여의 일파, 예맥 등으로 보고 있다.

고구려의 기원을 요서지역 우하량(牛河梁) 유적의 대형적석묘 축조집단에서 구하는 견해도 제기되었다.[183] 염제족(炎帝族)의 일파가 산동지역에서 압록강 중류지역으로 이동하여 고구려를 세운 것으로 이해하기도 한다.[184] 고구려의 기원은 선진 문헌에 보이는 고이(高夷)이며, 그 원류를 산동반도의 토착집단에서 찾는 견해도 있다.[185]

이들 견해는 2000년대에 접어들어 본격화된 중국 학계의 동북공정의 결과물에 해당된다. 그러나 고구려의 건국 주체는 요서지역에서 철기문화를 소유한 채 요동 산지지역으로 이주한 맥족으로 추정된다. 이들의 이주를 전후하여 혼강 유역과 압록강 중류지역의 토착사회는 철기문화 단계로 접어들었다.

---

181) 『山海經』 海內西經.

182) 요서지역에 거주한 집단과 압록강·혼강 유역에서 고구려를 건국한 집단 사이의 관계는 언어의 친연성을 통해서도 입증된다(복기대, 2008, 「고고학 성과로 본 동북아시아 고대문화-환발해만 전기 청동기시대문화 중심으로」, 『동아시아고고학』 제17 집 재인용).

183) 范犁, 1993, 「'高句麗族探源'駁議」, 『高句麗研究文集』, 延邊大學出版社.

184) 李德山, 1992, 「高句麗族稱及其族屬考辨」, 『社會科學戰線』 第1期.

185) 劉子敏, 1996, 『高句麗歷史研究』, 延邊大學出版社.

혼강 유역과 압록강 유역은 맥족이 이주하기 전에 청동문화가 발전하였다. 이들 지역은 후기 신석기시대에서 청동기시대로 넘어가는 계승관계가 명확히 나타나며,[186) 공귀리유형으로 부르는 청동문화가 조사되었다. 공귀리형문화는 고조선의 비파형동검문화를 받아들여 발전하였다.

공귀리형토기문화는 강계의 공귀리 외에 시중군 심귀리와 노남리, 중강군 토성리 등 자강도 일대에 분포되어 있다. 그 외에 혼강 유역과 송화강 유역에서도 확인되었다.[187) 공귀리형토기문화는 압록강 하류지역에 위치한 의주의 미송리형토기문화와는 일정한 차이를 보인다.

미송리형토기는 비파형동검을 특징으로 하는 고조선의 기층문화였으며, 공귀리형토기는 그 외곽의 문화로 보고 있다.[188) 고조선의 정치적 영향력이 요동 일대를 중심으로 압록강 하구를 거쳐 한반도 서북지방으로 확산된 사실과 무관하지 않다.

공귀리형문화를 영위한 집단의 경제활동은 농업이 위주였고, 어업과 사냥이 보조적으로 행해졌다. 주요 유적은 통화시의 왕팔발, 통화현의 남산·강구, 집안시의 황외자·장강·동촌·이도외자, 환인현의 요산·풍명·소황구 등을 들 수 있다. 마제석기와 토기를 비롯하여 동월(銅鉞), 동부(銅斧), 동모(銅矛), 동경(銅鏡) 등의 청동 유물이 조사되었다. 그러나 혼강 유역의 청동문화는 만개하지 못한 상태에서 외부로부터 밀려오는 철기문화의 세례를 받게 되었다.[189)

---

186) 이와 관련하여 환인현의 臺西溝·姚山·鳳鳴, 관전현의 劉家館地·東大崗·大臺子·老古砬子, 집안의 大朱仙溝·荒崴子·二道崴子西溝·東村, 통화의 江口·西江·小南溝, 통화의 王八脖子·九仙峰·東熱村 유적 등이 참조된다.
187) 김용간, 1959, 『강계시 공귀리 원시유적 발굴보고』, 과학출판사.
188) 혼강 유역과 압록강 중류지역의 청동문화는 강계시의 공귀리 유적이 알려져 있는데, 그 연대는 B.P. 2715±95년이다. 그 외에 공귀리유형과 비슷한 문화가 압록강 상류의 長白縣 民主 유적에서도 확인되었다(丁貴民, 1995, 「吉林省長白縣民主遺址的調査與淸理」, 『考古』 第8期).
189) 劉子敏, 1996, 『高句麗歷史硏究』, 연변대학출판사.

〈그림 4-12〉 환인의 적석총 전경

철기문화의 확산 속에서도 기존의 청동문화를 유지하거나 발전해 나가는 양상을 보였다. 예컨대 집안현 태평향 오도령구문(五道嶺溝門)에 위치한 적석묘에서는 청동단검 1점·동모(銅矛) 3점·청동부(靑銅斧) 5점·동경(銅鏡) 1점 외에 철로 만든 화살촉 2점이 발굴되었다.[190] 오도령구문 유적은 철기와 청동기가 공반하는 초기 철기시대에 해당하는 B.C. 3세기 무렵의 문화양상을 대변한다.[191]

청동문화 단계에서 철기문화로 전환되는 시기에 적석총을 묘제로 채택하는 등 국가형성 단계로 진입하였다.[192] 적석총은 비파형동검문화에서 세형동검문화로 바뀌는 과도기의 청동단검묘에서 기원하는데, 그 시기는 전국 말(戰國 末)~진한 초(秦漢 初)로 보고 있다.[193] 적석총 축조는 주변지역과 구별되는 독자적인 문화권이 형성되었음을 의미한다.

혼강 유역 일대에서 청동문화를 영위한 집단은 맥족이 이주하기 이전부터 살던 토착민이었다. 이들은 고조선 계통의 집단이 중심이 되어 공귀리형문화

---

190) 集安文物保管所, 1981, 「集安發見靑銅短劍墓」, 『考古』 第5期.
191) 오도령구문에서 확인된 돌무지무덤의 연대에 대해서는 B.C. 4세기 전후, B.C. 3세기~ B.C. 2세기, B.C. 2세기~B.C. 1세기, 기원 전후 등 다양한 견해가 제시되었다. 그러나 장방형 청동자귀가 철기를 위시한 연나라 계통의 유물이 요녕지역에 폭넓게 공반한 시기를 감안하여 B.C. 3세기~B.C. 2세기 중반으로 보기도 한다(오강원, 2002, 「遼寧~ 西北韓地域 中細形銅劍에 관한 硏究」, 『淸溪史學』 16·17).
192) 余昊奎, 1996, 「고구려의 성립과 발전」, 『한국사(5)』, 국사편찬위원회, 17쪽.
193) 적석총에 대해서는 다음의 글을 참조하기 바란다. 林永珍, 1992, 「고구려 고고학」, 『국사관논총』 33, 국사편찬위원회 ; 주영헌, 1962, 「고구려 적석무덤에 관한 연구」, 『문화유산』 제2기 ; 李殿福, 1980, 「集安高句麗墓硏究」, 『考古學報』 第2期 ; 田村晃一, 1982, 「高句麗積石塚の構造と分類について」, 『考古學雜誌』 62-2.

를 영위하였다. 그 반면 부여와 고구려를 건국한 예족과 맥족은 고조선계 주민과 무관한 요서 일대의 능하문화 담당자였다.

예족이 요하 상류를 건너 길장지구로 이주하여 부여를 건국하였듯이, 맥족 역시 요동산지와 태자하 유역을 경유하여 혼강 유역과 압록강 중류지역에 정착하였다. 그러나 맥족이 혼강 유역과 압록강 중류지역으로 이주한 직접적인 증거를 찾기는 쉽지 않다. 중원의 왕조교체기에 적지 않은 연(燕)·제(齊)·조(趙)의 유민이 요동을 거쳐 고조선 방면으로 이주한 사실이 참조된다.[194]

맥족 역시 요하를 건너 혼강 유역과 압록강 중류지역으로 이주하는 집단이 생겨났다. 태자하 상류 및 혼강 상류지역에 거주한 소수맥(小水貊)과 대수맥(大水貊) 및 양맥(梁貊)[195] 등이 해당된다. 이들은 요하를 건너 무순 일대를 거쳐 태자하 상류지역으로 이주한 맥족의 일파로 추정된다.

태자하 상류지역에 정착한 양맥과 소수맥, 대수맥과는 달리 혼강 하류지역으로 이주한 집단도 존재하였다. 이들이 남긴 흔적은 오녀산성 부근에 위치한 대서구(臺西溝)·봉명(鳳鳴)·남변석합달(南邊石哈達) 등에서 확인되는데, 대표적인 유적은 환인 일대에 남아 있는 수백 기에 이르는 적석총을 들 수 있다.

2) 현도군의 축출과 고구려 건국

고구려는 고구려본기에 기록된 B.C. 37년보다 훨씬 앞선 B.C. 3세기 중엽 무렵에 건국되었다. 고구려는 독자적인 발전을 지속하지 못하고, 진(秦)·한(漢) 교체기에 이르러 고조선의 간섭을 받는 등 시련에 직면하였다. 한(漢)은

---

194) 『史記』 권115, 列傳55, 朝鮮.

195) 한편 고구려 초기의 서부 변경은 초기에 축조된 산성과 적석묘군이 발견된 환인 서부의 木盂子鎭과 鏵尖子鎭 일대로 보고 있다. 그 서쪽에 위치한 태자하 상류의 新濱縣 大四平, 馬架子, 本溪城場, 小市 일대는 양맥지역으로 알려져 있다(梁志龍, 1993, 「梁貊說」, 『遼海文物學刊』 第1期).

진(秦)을 계승하여 요동군을 관할하게 되었으나

> C. 진(秦)이 연(燕)을 멸한 뒤에는 요동의 바깥 변방까지 소속시켰는데, 한(漢)이
> 일어나 그곳이 멀어 지키기 어려우므로 다시 요동의 옛 요새를 수리하고 패수(浿水)
> 에 이르는 곳을 경계로 하여 연(燕)에 부속시켰다.[196]

라고 하였듯이, 패수(浿水) 이남지역을 포기하고 그 북쪽지역으로 물러났다.

패수의 위치는 대동강·청천강·압록강·요동 방면·난하·혼하 등 여러 견해
가 제기되었다.[197] 패수(浿水)를 압록강 혹은 요동방면 일대로 보면 고조선이
요동지역까지 다시 진출하였음을 의미한다. 그러나 청천강으로 보는 견해를
따르면 고조선의 영역은 압록강 이남지역으로 국한된다.[198]

한(漢)은 고조선이 요동 방면으로 진출하자 적극 대처하지 못하고 회유책
을 구사하였다. 고조선의 위만(衛滿)은 한(漢)과 화친관계[199]를 맺은 후 이웃
한 소읍(小邑)을 복속하는 등 세력 확대에 나섰다. 진번(辰番)과 임둔(臨屯)마
저 고조선의 세력권에 편입되었다.[200]

고조선의 영향력은 진번과 임둔에 국한되지 않고 압록강 중류지역과
혼강 유역에 위치한 고구려까지 미쳤다. 『후한서(後漢書)』 예전(濊傳)에

---

196) 『史記』 권115, 朝鮮列傳55.

197) 패수의 위치 및 연구사 정리에 대해서는 다음의 글을 참조하기 바란다. 국사편찬위원
    회, 1987, 『中國正史朝鮮傳−譯註(1)』, 25∼27쪽 ; 송호정, 2003, 앞의 책, 344∼352쪽.

198) 前漢은 건국 후에 극동 변방이 너무 멀고 지키기 어려워 요동의 옛 요새를 수축하고
    동쪽 변경을 서쪽으로 후퇴시켰다. 漢의 후퇴로 秦의 옛 동쪽 변방 경계선과 漢의
    새 경계선 사이에 일정한 공지가 발생하였다. 이를 『史記』 朝鮮傳에서는 "秦 故空地
    上下鄣"이라 하였는데, 압록강 이남과 청천강 이북지역에 위치한 秦의 障塞와 漢의
    障塞 사이에 발생한 공지로 보기도 한다(김한규, 2004, 『요동사』, 문학과 지성사,
    128쪽).

199) 위만이 고조선의 왕권을 장악한 후 漢의 外臣으로 책봉된 시기에 대해서는 대략
    B.C. 193∼B.C. 192년 무렵으로 보고 있다(국사편찬위원회, 1989, 『譯註 中國正史朝鮮
    傳』, 91쪽).

200) 『史記』 권115, 朝鮮列傳55.

D. 예(濊)는 북쪽으로 고구려·옥저와, 남쪽으로는 진한(辰韓)과 접해 있고, 동쪽은
   대해(大海)에 닿았으며, 서쪽은 낙랑에 이른다. 예 및 옥저·고구려는 본디 모두
   옛 조선의 지역이다.[201]

라고 하였듯이, 고구려는 동예 및 옥저 등과 더불어 고조선에 속하였다. 그러나 고조선은 동예 및 옥저와 마찬가지로 혼강 유역과 압록강 중류지역의 토착사회를 직접 지배하지 않았다.

고조선의 주변 국가에 대한 통치방식은 공납을 매개로 한 간접지배였다. 혼강 유역의 토착집단은 고조선의 영향력 행사에도 불구하고 독자적인 발전을 꾀할 수 있었다. 고조선과 고구려의 관계는 혼강 유역의 토착사회를 지배하던 송양왕이 스스로를 '선인(仙人)의 후손'이라 표명한 사실을 통해서도 유추된다.[202]

고구려본기 동천왕 조에 따르면

E. 평양성을 쌓고 백성과 종묘 사직을 옮겼는데, 평양은 원래 선인왕검(仙人王儉)의
   택(宅)이다.[203]

라고 하였는데, 선인왕검은 다름 아닌 단군을 가리킨 것으로 이해한다.[204]

고구려 사람들은 선인과 단군을 동일한 존재로 인식하는 등 고조선 계승의식을 갖고 있었다. 또한 고구려의 건국을 주도한 소노부를 고조선 계통으로 보기도 한다.[205] 고조선 계승의식은 건국 초기에 국한되지 않고 오랜 기간에 걸쳐 유지되었다. 5세기에 그려진 각저총과 장천 1호분 등 집안지역에 남아 있는 고분벽화를 통해 살펴볼 수 있다.

---

201) 『後漢書』 권85, 東夷列傳75, 濊.
202) 李奎報, 『東國李相國集』 권3, 東明王篇.
203) 『三國史記』 권17, 高句麗本紀5, 東川王 21年.
204) 조법종, 2006, 『고조선 고구려사 연구』, 신서원, 318~319쪽.
205) 박경철, 1996, 「고구려의 국가형성」, 고려대 박사학위논문.

〈그림 4-13〉 각저총의 씨름 그림 : 곰과 호랑이가 신단수로 추정되는 나무 아래에 앉아 씨름을 구경하는 모습이 그려져 있다.

각저총은 곰과 호랑이가 신단수로 추정되는 나무 아래에서 씨름을 구경하는 모습이 그려져 있다. 장천 1호분의 백희기악도(百戲伎樂圖)에도 한 여인이 중앙에 위치한 나무를 향한 모습이 그려져 있는데, 웅녀가 단군 잉태를 기원하는 모습이 연상된다. 그림 좌측의 굴속에 곰을 닮은 동물이 웅크리고 있는 모습 역시 단군신화를 묘사한 것으로 보고 있다.206)

고조선의 영향력은 한(漢)의 무제(武帝)가 B.C. 127년에 창해군을 설치하면서 소멸되었다. 한(漢)은 예군(穢君) 남려(南閭)가 휘하의 무리를 이끌고 복속하자, 동방진출의 기회로 활용하기 위해 창해군(滄海郡)을 설치하였다. 창해군 설치는 도로 개설 등에 인력과 물자가 지나치게 소요되어 재정 압박을 가져왔다. 공사의 진척마저 부진하여 2년 만에 폐지되었다.207)

창해군이 폐지된 후 혼강 유역과 압록강 중류지역의 토착사회는 발전이 가속화되었다. 창해군이 폐지된 후 여러 나(那) 집단이 성장하였다. 이들 집단은 대외적 결속과 내적인 통합을 추진하면서 주변 요새지마다 '구루(溝漊)' 혹은 '홀(忽)'로 불린 성곽을 축조하였다.208) 이것이 현도군의 속현이 된 고구려(高句麗)와 상은태(上殷台) 및 서개마(西蓋馬) 등의 기원이 되었다.209)

---

206) 강룡남, 1996, 「단군에 대한 고구려 사람들의 리해와 숭배」, 『력사과학』 3기.

207) 창해군을 실재하지 않는 지도상의 계획에 불과한 것으로 보는 견해도 있다(이기백·이기동, 1982, 『한국사강좌 I -고대편』, 일조각, 64쪽 ; 김한규, 1999, 『한중관계사(1)』, 일조각, 126쪽).

208) 今西春秋, 1971, 「高句麗の城 ; 溝漊と忽」, 『朝鮮學報』 59.

209) 서개마현의 거점은 집안 국내성의 밑에 있는 前漢時代의 토성이고, 상은대현의 거점은 혼강의 서쪽 지류인 喇吐河의 하류에 위치한 통화현의 소재지 快大茂鎭 서남 50리 지점의 赤柏松村에 위치한 토성으로 보고 있다(邵春花外, 1987, 「赤柏松漢城

고구려의 성장과 발전은 고조선과 전한(前漢)의 사이에 벌어진 전쟁의 소용돌이에 휘말림으로써 지속되지 못했다. 무제(武帝)는 고조선을 멸한 후 낙랑을 비롯한 4군을 설치하였다. 현도군은 옛 창해군의 관할지역을 담당하였다. 낙랑군을 비롯하여 임둔군과 진번군의 설치는 군사정벌의 결과였지만, 현도군은 창해군을 계승한 연장선에서 이루어졌다.[210]

현도군은 환인과 집안 일대 외에 동해안지역을 관할하였다. 현도군의 치소(治所)는 함흥 부근의 옥저성,[211] 환인의 하고성자,[212] 국내성 부근의 집안현성,[213] 두만강 유역[214] 등으로 보고 있다. 현도군이 창해군의 역할을 계승한 측면을 고려하면 치소 역시 옥저성에 두었을 가능성이 높다.

현도군은 군치(郡治)보다 멀리 떨어진 환인과 집안 등에 분포한 속현의 호수와 인구가 3배 이상이 되었다. 임둔군이 B.C. 82년에 이르러 폐지되고, 그 속현을 현도군이 흡수하면서 불균형 상태는 일정 정도 해소되었다. 현도군은 B.C. 75년에 이맥(夷貊)의 공격을 받아 신빈현 영릉진고성(永陵鎭古城) 일대로 치소를 옮겼다.[215] 현도군의 축출을 주도한 이맥(夷貊)은 환인지역의 토착세력이 주축이 된 것으로 보고 있다.[216]

調査」, 『博物館硏究』第3期).

210) 낙랑을 비롯하여 임둔과 진번은 고조선을 멸한 후 점령정책의 일환으로 설치되었고, 현도군은 漢과 예맥집단 수장들의 타협을 통해 설치되었다(김기흥, 1987, 앞의 글, 19쪽).

211) 和田淸, 1955, 앞의 글 ; 田中俊明, 1994, 앞의 글 ; 尹善泰, 2001, 앞의 글. 이와는 달리 옥저는 집안에서 멀리 떨어져 있어 제1현도군과 무관하며, 임둔군에 속한 것으로 보기도 한다(李丙燾, 1976, 앞의 책, 195쪽).

212) 노태돈, 1999, 「고구려의 기원과 국내성 천도」, 『한반도와 중국 동북 3성의 역사문화』, 서울대출판부.

213) 황기덕, 1959, 「1958년 춘하기 어지돈지구 관개공사구역유적정리간략보고」, 『문화유산』 1기 ; 박진욱, 1974, 「함경남도 일대의 고대유적 조사보고」, 『고고학자료집』 4.

214) 林澐, 1985, 「論團結文化」, 『北方文物』 1期, 20쪽.

215) 李丙燾, 1976, 앞의 책, 195쪽.

216) 현도군을 퇴축한 이맥집단의 실체에 대해서는 소노부로 보는 것이 일반적이다.

이들은 현도군을 공격하여 소자하 유역으로 밀어낼 수 있는 역량을 갖춘 집단으로 성장하였다. 이맥(夷貊)의 성장과 역량강화는 고구려의 자립을 향한 새로운 출발의 계기가 되었다.[217) 그 중심에는 훗날 주몽과 왕권을 놓고 겨루었던 송양왕(松讓王)의 선대집단이 자리하였다.[218) 이들은 고구려 초기에 왕권을 장악한 소노부로 성장하였다.

송양왕이 '우리는 누대에 걸쳐 왕이 되었다'라고 표방하였듯이,[219) 소노부는 고구려의 자립과 연맹체 형성을 주도하였다.[220) 고구려의 건국 주체는 부여 방면에서 이주한 주몽 일파가 아니라, 혼강 유역과 압록강 중류지역에서 성장한 토착세력이었다.[221) 이들은 통합과 복속과정을 거쳐 연노부·절노부·순노부·관노부·계루부 5부로 성장하였다.

5부의 위치에 대해서는 당(唐)의 장회태자(章懷太子) 이현(李賢)이 지은 『후한서(後漢書)』 주(註)를 통해 확인된다. 내부(內部)는 황부(黃部) 계루부, 북부는 후부(後部) 절노부, 동부는 우부(右部) 순노부, 남부는 전부(前部) 관노부, 서부는 좌부(左部) 소노부였다.

계루부는 집안의 국내성, 절노부는 북쪽의 통화현과 집안의 접경지역

그러나 소노부가 아니라 계루부의 주몽집단이 현도군 퇴축을 주도한 것으로 이해하는 견해도 있다(池內宏, 1941, 「高句麗の開國傳說と史上の事實」, 『東洋學報』 28-2, 184~188쪽).

217) 현도군의 3縣이 존속한 시기에 대해서는 왕망의 집권시기까지 유지되었다는 입장(末松保和, 1996, 「현도군의 호구에 대하여」, 『고구려와 조선고대사』 재수록)과 B.C. 75년에 신빈의 고구려현으로 郡治를 옮겨 제2현도군 시대가 열릴 때 폐지된 것으로 보는 견해(노태돈, 1999, 「고구려의 기원과 국내성 천도」, 『한반도와 중국 동북 3성의 역사문화』, 서울대출판부) 등이 있다.

218) 松讓의 '讓'은 那·奴를 한자식으로 표기한 것으로 보기도 한다. 송양은 '松의 땅', 곧 '松那·松奴'이며, 소노부를 가리키는 것으로 이해한다(李丙燾, 1976, 앞의 책, 359~360쪽).

219) 『三國史記』 권13, 高句麗本紀1, 東明聖王 前文.

220) 孫進己·艾生武, 1982, 「關於高句麗社會性質的幾個問題」, 『朝鮮史通譯』 第4期. 한편 고구려의 5부연맹 형성은 동명성왕과 유리왕을 거쳐 대무신왕 때에 이르러 형성된 것으로 보기도 한다(孫進己, 1994, 『東北民族史研究』, 中州古籍出版社, 245~246쪽).

221) 余昊奎, 1996, 「고구려의 성립과 발전」, 『한국사』 5, 국사편찬위원회, 14쪽.

일대로 비정된다. 또한 순노부는 압록강 남안의 평북 강계시, 관노부는 환인현과 관전현의 경계지역, 연노부는 환인현 일대에 위치하였다. 이현(李賢)이 기술한 5부의 위치는 성립 단계의 양상을 반영하고, 고구려의 성장과 영역확대를 통해 그 범위가 확대되었다.

북부는 지금의 유하(柳河)·백산(白山)·무송(撫松), 동부는 장백(長白)·임강(臨江) 및 자강도, 서부는 신빈(新賓)·본계(本溪) 일대까지 확대되었다.222) 계루부는 환인, 순노부는 집안, 연노부(소노부)는 신빈 일대에 위치한 것으로 보기도 한다.223)

또한 계루부는 집안, 소노부는 비류수(부이강) 상류지역, 절노부(혹은 연나부)는 통화현 경내의 혼강 상류지역, 순노부(혹은 환나부)는 장백현(長白縣) 부근의 행인국(荇人國), 관노부(혹은 관나부)는 압록강 양안에 위치한 것으로 이해하는 견해도 있다.224)

5부의 수장은 대가(大加)라고 하였고, 사자(使者)·조의(皁衣)·선인(先人) 등의 독자적인 관등을 두었다. 대가(大加) 밑에는 독립적인 통치 공간을 확보한 소가(小加)가 별도로 존재하였다. 4부의 대가 역시 사자(使者)를 비롯한 관리를 자체적으로 임명하였다. 이를 부체제(部體制)로 부르기도 한다.

5부의 형성 시기는 해당 사료가 부족하여 잘 알 수 없는 형편이다. 환인을 비롯하여 통화와 집안에 위치한 3부는 B.C. 37년 이전에 연맹관계를 맺었다. 소자하 상류지역과 압록강 중·상류지역에 위치한 나머지 2부 역시 소노부를 비롯한 3부가 연맹관계를 형성할 무렵부터 밀접한 관계를 맺었다.225)

---

222) 耿鐵華·倪軍民 主編, 2000, 『高句麗歷史與文化』, 吉林文史出版社.

223) 李殿福, 1986, 「兩漢時代的高句麗及其物質文化」, 『遼海文物學刊』 第1期.

224) 孫進己·艾生武, 1982, 「關於高句麗社會性質的幾個問題」, 『朝鮮史通譯』 第4期.

225) 고구려는 건국 초기부터 두만강 유역을 경유하여 동해안지역으로 적극 진출하였다. 동명왕은 B.C. 32년에 두만강 유역의 북옥저로 가는 길목에 위치한 荇人國을 복속하였고(『三國史記』 권13, 高句麗本紀1, 東明聖王10年), 4년 뒤에 북옥저마저 장악하였다(『三國史記』 권13, 高句麗本紀1, 東明聖王6年).

곧 주몽이 고구려를 건국한 B.C. 37년 이전에 연맹체사회가 형성되었다. 고구려는 세력을 결집한 후 현도군을 서북쪽의 소자하(小子河) 유역으로 밀어냈다. 그러나 요동 및 현도 등 중국군현과 더 이상의 충돌을 피하면서 실력양성을 도모하였다.

한(漢)은 현도군을 통해

> F. 한(漢)나라 때에는 북과 피리와 악공(樂工)을 하사하였으며, 항상 현도군으로 가서 의복(朝服)과 의책(衣幘)을 받아갔는데, 고구려(高句麗)의 현령(縣令)이 그에 따른 문서를 관장하였다.[226]

라고 하였듯이, 북과 피리를 주고 악공을 보내주는 등 영향력 유지에 부심하였다. 고구려는 현도군과 부여에 맞서지 않고, 국력신장을 도모하면서 5부의 통합과 주변 소국 복속에 주력하였다.

2. 고구려의 성장과 영역 확장

1) 국내성 천도와 왕권강화

고구려의 영역 확장은 동명왕을 계승한 유리왕 때에 적극 추진되었다. 유리왕은 주몽이 B.C. 19년에 흥서한 후 즉위하였다. 주몽이 부여에 있었을 때 예씨(禮氏)의 딸과 혼인하였는데, 주몽이 고구려로 남하한 후 낳은 인물이 유리왕이다.

유리왕은 부여에서 태어나 성장한 후 주몽이 사망하기 5개월 전에 고구려로 내려왔다. 주몽이 얼마 후 사망하자 왕위를 계승하였다.[227] 그러나 유리왕을 주몽의 아들로 전하는 사료가 정확한 사실을 반영하는 것은 아니다. 주몽과 유리를 의제적(擬制的) 부자관계(父子關係)로 설정한 것에 불과하다.

---

226) 『三國志』 권30, 魏書30, 烏丸鮮卑東夷傳, 高句麗.
227) 『三國史記』 권13, 高句麗本紀1, 東明王 19年.

유리왕은 주몽의 실자(實子)가 아니라 해씨집단(解氏集團) 출신이었다. 『삼국유사』 왕력 편에서는 유리왕부터 모본왕에 이르는 국왕의 성(姓)을 해씨(解氏)라고 하였다. 고구려의 왕권은 초기에는 해씨왕계인 소노부가 장악하였고, 후대에 이르러 고씨왕계인 계루부가 승계하였다.[228] 소노부는 제2대 유리왕부터 제5대 모본왕까지 왕권을 장악하였다.[229] 모본왕까지의 해씨왕계(解氏王系), 태조왕 이후 고씨왕계(高氏王系)의 관계를 직계와 방계로 파악하는 견해도 없지 않다.[230]

제6대 태조왕에게 건국의 시조에 해당되는 시호를 부여한 것은 계루부가 유일한 왕통임을 천명하려는 의도였다.[231] 태조왕으로 상징되는 계루부가 고구려의 왕권을 장악하기 이전에는 소노부 출신의 해씨집단이 왕위를 계승하였다.

유리왕은 사료 상에 남아 있는 소노부 출신의 첫 번째 국왕이다. 또한 유리왕은 주몽과 대립관계에 있던 송양왕과 혈연적으로 연결되어 있다. 주몽에서 유리왕으로 왕위가 계승된 것이 아니라, 송양왕에서 유리왕으로 승계되었을 가능성이 높다. 유리왕이 재위 2년에 송양의 딸을 왕비로 맞아들인 기록이 참조된다.[232]

유리왕은 송양의 딸인 정비(正妃)와 2명의 계실(繼室)을 두었다. 유리왕은 송씨(松氏)왕후가 혼인한 다음 해에 사망하자, 골천지역 수장의 딸이었던 화희(禾姬)와 한족(漢族) 출신 치희(雉姬)를 맞아들였다.[233] 이는 유리왕이 주변집단과 유대관계를 맺기 위하여 혼인동맹을 구사한 사실을 반영한다.

---

228) 盧泰敦, 1994, 「高句麗의 初期王系에 대한 一考察」, 『李基白先生古稀紀念論叢』上, 일조각.
229) 金哲埈, 1975, 「백제사회와 그 문화」, 『한국고대사회연구』, 일지사, 46쪽.
230) 金賢淑, 1984, 「고구려의 解氏王과 高氏王」, 『大丘史學』 47.
231) 盧明鎬, 1981, 위의 글, 75쪽.
232) 『三國史記』 권13, 高句麗本紀1, 琉璃明王 2年.
233) 『三國史記』 권13, 高句麗本紀1, 琉璃明王 3年.

그러나 유리왕이 추진한 혼인동맹은 계실(繼室) 사이의 갈등과 반목으로 시련을 겪었다. 계실 사이의 갈등은

A. 왕비 송씨가 죽었다. 왕이 다시 두 여자에게 장가를 들어 후처를 삼았는데, 한 사람은 화희이니 골천 사람의 딸이고, 다른 한 사람은 치희이니 한(漢)나라 사람의 딸이었다. 두 여자는 서로 사랑을 차지하려 했으므로 화목하게 지내지 못했다. 왕은 양곡에 동궁과 서궁을 지어 각각 따로 살게 하였다. 그 후 왕이 기산으로 사냥을 떠나 7일 동안 돌아오지 않았다. 두 여인은 다투다가 화희가 치희를 욕하며 말했다. "네가 한가(漢家)의 비첩으로 어찌 무례함이 이토록 심한가?" 치희는 부끄럽고 분하여 집으로 도망가 버렸다. 왕이 이 소식을 듣고 말을 채찍질하여 쫓아갔으나, 치희는 분함을 참지 못하여 돌아오지 않았다. 그 후 왕이 나무 밑에서 휴식을 취하다가, 꾀꼬리가 모여드는 것을 보고 느끼는 바 있어 노래를 불렀다. "꾀꼬리도 이리저리, 암수가 서로 의지하며 노는데, 외로운 나는 누구와 함께 돌아가리."[234]

라고 하였듯이, 유명한 황조가(黃鳥歌)가 창작된 배경이 되기도 하였다. 황조가는 여인들의 질투를 창작 모티브로 하지만, 고구려 건국의 주체가 된 맥족과 한인(漢人) 사이의 갈등관계를 반영한다.

화희가 치희를 일컬어 '네가 한인(漢人)의 집에 살던 비첩으로서 어찌 무례함이 이토록 심한가'라고 지적한 내용이 참조된다. 현도군의 축출과 고구려의 자립에도 불구하고 한인(漢人)은 일정한 영향력을 행사하였다. 유리왕은 국가의 안정과 생존을 위해 현도군과 우호관계를 맺었다.

유리왕은 왕위에 오른 후 주변세력과 우호관계 유지에 만전을 기하였다. 고구려의 대외적인 갈등은 현도군 및 부여와의 사이에서 발생한 것이 아니라, 선비족과의 대립에서 일어났다. 선비는 오환(烏桓)과 함께 동호(東胡)의 한 갈래였다. 선비는 B.C. 3세기 초에 흉노의 모둔(冒頓) 선우가 초원의 대제국을 형성할 때 정령(丁零), 월씨(月氏), 동호(東胡) 등과 함께 복속되었다.

---

234) 『三國史記』 권13, 高句麗本紀1, 琉璃明王 3年.

〈그림 4-14〉 알선동(嘎仙洞) 동굴 전경 : 대흥안령산맥의 북쪽에 위치하며, 선비족 발상의 비밀을 간직한 유적이다.

선비는 오환과 서로 접하면서 중국과는 통교하지 않았으며,[235] 그 일파 중에 요동 새외(塞外)에 숨어 사는 무리도 생겨났다. 고구려는 휘발하(輝發河) 유역으로 진출한 후 요서주랑(遼西柱廊)을 통해 선비와 접촉하게 되었다.

선비는 요서주랑을 통해 휘발하 유역으로 진출하여 고구려의 변경지역을 약탈하는 등 우환이 되었다. 선비는 용맹하고 전투를 잘하는 집단이라 정벌도 쉽지 않았다. 그러나 부분노(扶芬奴)가 정병(精兵)을 이끌고 출전하여 기계(奇計)를 발휘하여 선비를 복속시켰다.[236]

그 외에 선비의 이종(異種)인 만리집단(萬離集團)이 고구려의 지배를 벗어나 요동군에 투항한 사료가 남아 있다.[237] 고구려가 선비 복속에 적극 나선 까닭은 부여와 후한을 견제하기 위한 전략의 일환이었다. 유리왕은 부분노를 보내 선비족을 복속하여 서북방의 안정을 도모하고, 부여와 후한의 배후를 위협할 수 있는 우호세력을 확보하였다.

고구려는 부여 및 후한과 평화관계가 유지되었지만, 불의에 있을지 모르는 외침에 대비할 필요가 있었다. 고구려와 후한 사이에 선비를 자국 편으로 끌어들이기 위한 경쟁이 심화되었다. 고구려는 유리왕의 집권 중반기에 이르러 부여와도 갈등관계가 조성되었다. 부여 역시 고구려를 견제하였다.

부여 왕 대소(帶素)는 고구려에 사절을 파견하여 볼모 교환을 요청하였다. 유리왕은 인질 요청을 받아들여 태자 도절(都切)을 보낼 수밖에 없었다. 도절이 인질로 파견되는 것을 두려워하여 부여로 떠나지 않으면서 양국

---

235) 『後漢書』 권90, 鮮卑傳.
236) 『三國史記』 권13, 高句麗本紀1, 瑠璃明王 11年.
237) 『後漢書』 권90, 列傳10, 祭遵.

사이에 갈등이 조성되었다. 대소는 고구려가 인질을 보내지 않자 5만 대군을 보내 공격에 나섰다. 그러나 큰 눈이 내려 얼어 죽는 병사들이 많이 생겨나 철병하였다.[238]

고구려는 부여와 대립 국면이 조성되자 대책 마련에 나섰다. 유리왕은 부여군이 대설을 만나 철수한 후 재침(再侵)을 우려하여 수도를 방어에 유리한 지역으로 옮기고자 하였다. 부여의 공격을 받은 지 8년이 지난 A.D. 3년에 유리왕은 환인에서 집안으로 수도를 옮겼다. 집안지역은

> B. 봄 3월, 교제에 쓸 돼지가 달아났다. 왕이 장생 설지에게 명하여 뒤쫓게 하였다. 그는 국내 위나암에 이르러서 돼지를 붙잡아 우선 국내 사람의 집에서 기르게 하였다. 설지가 돌아와 왕에게 말했다. "제가 돼지를 따라 국내 위나암에 갔는데, 그곳 자연이 준험하고, 토양이 오곡을 재배하기에 적합하며, 또한 산짐승과 물고기 등 산물이 많은 것을 보았습니다. 왕께서 그곳으로 도읍을 옮긴다면, 백성들의 복리가 무궁할 뿐 아니라, 또한 전쟁에 대한 걱정을 하지 않아도 될 것입니다."[239]

라고 하였듯이, 방어에 유리한 요충지에 자리하였다. 부여에서 집안으로 내려오기 위해서는 통화(通化)를 거쳐 첩첩산중의 도로와 험준한 노령산맥을 넘어야 했다.

집안은 부여의 남진(南進)을 방어하는 데 유리하였을 뿐만 아니라 현도군에서 멀리 떨어진 곳에 위치하였다. 현도군은 소자하 유역의 신빈현 영릉진고성(永陵鎭古城)에 치소를 두었다. 이곳에서 환인은 부이강을 따라 쉽게 내려올 수 있었다. 그러나 환인에서 170km 이상 떨어진 집안은 거리도 멀고, 도로 여건도 좋지 못하여 현도군의 간섭과 견제에서 자유로웠다.

고구려가 수도를 국내성으로 천도한 또 다른 이유는 경제와 민생 문제도

---

238) 『三國史記』 권13, 高句麗本紀1, 瑠璃明王 14年.
239) 『三國史記』 권13, 高句麗本紀1, 琉璃明王21年.

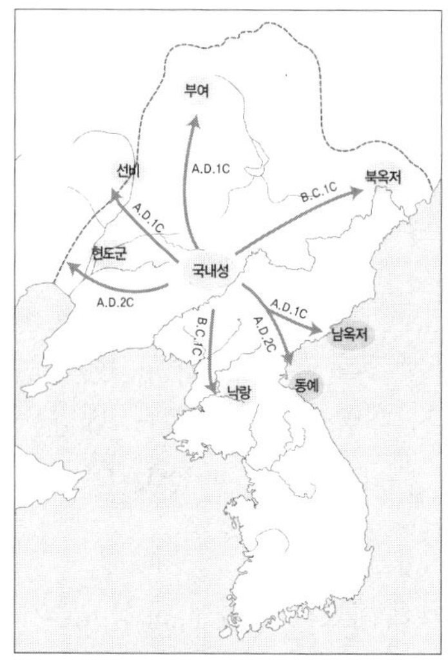

〈그림 4-15〉 고구려의 진출 방향과 그 시기

고려되었다. 집안은 주변의 다른 지역과 비교하여 넓은 평야가 존재하여 농업 생산에 유리하였다. 집안은 북쪽에 노령산맥이 가로막고 있어 사계절이 뚜렷하고, 서리가 1년에 150일밖에 내리지 않아 농사짓기에 유리하였다.

고구려는 국내성 천도 이전에는 현도군 및 부여와 정면대결을 펼치기 어려웠다. 고구려의 발전 방향은 현도군의 북쪽과 부여의 서쪽에 위치한 선비, 두만강 유역의 북옥저, 동해안에 위치한 남옥저와 동예 방면으로 추진되었다.

고구려의 첫 수도 환인지역은 힘찬 웅비를 도모하기에는 여러 가지 측면에서 불리하였다. 고구려는 집안으로 천도하여 두만강 유역을 쉽게 관리하고, 동해안지역으로 원활한 진출을 도모하였다. 또한 고구려는 압록강 하구에 위치한 서안평 등을 장악하지 못하여 서해 방면으로 진출이 어려웠기 때문에 해산물을 동해 방면에서 조달하였다.

유리왕은 국내성으로 천도한 다음 해에 해명(解明)을 태자로 책봉하고 죄수를 크게 사면[240]하는 등 민심 수습에 노력을 기울였다. 또한 질산(質山) 북쪽,[241] 기산(箕山) 원야(原野) 등에서 전렵(田獵)을 실시하였다. 병사를 동원하여 사냥을 자주 행한 것은 유흥을 즐기기 위한 목적이 아니라 군사훈련과 무력시위의 일환이었다. 유리왕은 기산(箕山)에서 사냥하면서 유력자를 포섭하여 성씨(姓氏)를 하사하고 조정에 등용하였다.[242]

---

240) 『三國史記』 권13, 高句麗本紀1, 琉璃明王 23年.

241) 『三國史記』 권13, 高句麗本紀1, 琉璃明王 22年.

242) 『三國史記』 권13, 高句麗本紀1, 琉璃明王 23年.

그러나 영역 확장은 내치(內治)와 민생안정을 원하는 집단의 반발을 받았다. 주몽을 도와 고구려를 건국하는 데 앞장섰던 협보(陜父)는 민생안정에 주력하자는 입장을 피력하였다. 협보는 유리왕이 자신의 주장을 받아들이지 않고, 벼슬을 강등하여 한직으로 전보하자 남한(南韓)으로 내려가고 말았다.243)

유리왕의 국내성 천도는 왕실의 분열을 초래한 측면도 없지 않았다. 유리왕이 국내성으로 천도한 후 졸본에는 태자 해명이 남아 있었다. 해명은 집안(集安)으로 도읍을 옮기는 유리왕을 따라 가지 않고 옛 수도(舊都)에 머물러 있다가 죽음에 처해졌다.244)

유리왕이 태자 해명을 죽인 이유는 황룡국(黃龍國)과 불화를 조성하였기 때문이다. 그러나 해명의 죽음은 천도를 둘러싸고 전개된 왕실을 포함한 집권층 사이의 갈등이 내재되어 있다. 해명은 국내성 천도를 반대한 집단의 입장을 대변하였다. 해명은 국내성으로 천도한 후 5년 동안 졸본지역에 머물렀다. 유리왕은 태자 해명을 죽임에 처하는 등 왕권에 저항하는 세력을 제압하였다.245)

2) 영역 확장과 대외관계의 변화

유리왕은 국내성으로 천도한 후 국정운영 방향을 달리한 태자 해명을 제거하는 등 왕권 강화를 추진하였다. 고구려가 국내성으로 천도한 후 성장과 발전이 가속화되자, 부여가 위협을 느껴 다시 압력을 행사하였다. 부여 왕 대소는 고구려에 사절을 파견하여 사대(事大)의 예(禮)를 지킬 것을 요구하였다.

유리왕은 대소의 협박을 받은 후 '나라를 세운 역사가 짧으며, 백성과

---

243) 『三國史記』 권13, 高句麗本紀1, 琉璃明王 22年.
244) 『三國史記』 권13, 高句麗本紀1, 琉璃明王 27年.
245) 『三國史記』 권13, 高句麗本紀1, 琉璃明王 28年.

군대는 약하므로 치욕을 참고, 후일의 성과를 도모하는 것이 형세에 합치된다'[246]라고 한탄하였다. 유리왕은 신료들과 논의를 거쳐 부여의 요구에 따르기로 결정하였다. 고구려는 현격한 국력 차이로 말미암아 사대관계를 유지할 수밖에 없었다.

주몽과 함께 부여에서 내려와 고구려를 건국한 데 결정적인 역할을 하였던 오이, 마리 등은 유리왕 때에도 두드러진 역할을 하였다. 유리왕 33년에는 오이(烏伊)와 마리(摩離)가 군사 2만을 거느리고 양맥(梁貊)을 공격하기도 하였다.[247]

오이·마리 등은 고구려 건국에 앞장섰던 인물들이다. 이들은 주몽이 훙서한 후에도 여러 활약을 펼쳤다. 유리왕 33년은 A.D. 14년에 해당되는데, 주몽이 B.C. 58년에 태어난 사실을 고려하면 오이·마리 역시 70~80세 정도의 연령이었다. 그러나 당시의 평균 수명을 고려할 때 주몽과 같은 시대에 살았던 오이를 비롯한 여러 인물이 유리왕의 치세 후반기에 적극적인 활약을 펼쳤을 가능성은 희박하다.

오이와 마리 등은 주몽과 더불어 한 시대를 풍미한 인물이 아니었을 가능성이 높다. 이들은 유리왕을 도와 고구려의 성장과 발전에 큰 활약을 펼친 인물들이다. 고구려의 건국설화가 정리될 때 이들의 활약상을 반영하여 주몽과 함께 남하하여 건국을 주도한 인물로 기록되지 않았을까 한다.

고구려는 유리왕의 치세 후반기에 이르러 부여의 견제 외에 중원왕조의 압박을 받아 시련을 겪게 되었다. 중국은 전한(前漢)이 무너지고 왕망(王莽)이 정권을 장악하여 신(新, A.D. 8~24)을 건국하였다. 왕망의 개혁정치는 전한(前漢) 말기의 여러 모순과 사회문제를 해결하지 못하고 혼란만 가중시켰다.

왕망의 대외정책 역시 실패를 거듭하여 흉노(匈奴)와 서역의 여러 나라가 이반(離反)하였다. 왕망은 몇 차례에 걸쳐 군대를 파견하였으나 흉노의 거센

---

246) 『三國史記』 권13, 高句麗本紀1, 琉璃明王 28年.
247) 『三國史記』 권13, 高句麗本紀1, 琉璃明王 33年.

저항을 받아 실패하였다.248) 왕망은 자국의 병력 외에 고구려에 대해서도 원군을 요청하였다.249) 고구려는 왕망의 병력 파견 요청을 거부하기 어려웠다. 고구려 병력은 흉노 정벌에 참여하였으나, 국경을 넘은 뒤 대오를 이탈하여 약탈행위를 자행하였다.

고구려 병력이 행군 대오에서 이탈하자 요서태수 전담(田譚)이 추격에 나섰다. 고구려군이 전담을 살해한 후 본국으로 귀환하자, 왕망은 그 책임을 묻고자 하였다. 신(新)의 장수 엄우(嚴尤)는 흉노(匈奴)와 고구려가 연대할 것을 염려하여 정벌을 반대하였다.

엄우는 신(新)이 대병을 동원하면 위협을 느낀 부여 역시 고구려를 후원할 것으로 판단하였다.250) 왕망은 엄우의 주장을 받아들이지 않고 공격을 명하였다. 엄우는 유인책을 구사하여 고구려 장수 연비(延丕)를 참수한 후 목을 장안으로 보냈다. 왕망은 엄우가 연비의 수급을 보내오자 더 이상 확전(擴戰)하지 않았다. 왕망은 고구려의 국호를 하구려(下句麗)로 삼아 모욕하는 것으로 만족하였다.251)

고구려는 왕망의 처사에 분격하여 신(新)의 변경을 자주 침입하였다. 고구려의 현도군 공격과 요동지역 진출이 본격화 되었다. 그러나 고구려의 요동 진출은 북방의 강자였던 부여의 견제와 간섭을 먼저 극복해야 가능하였

---

248) 흉노의 흥망과 대외관계에 대해서는 다음의 글을 참조하기 바란다(澤田勳, 1996, 『古代遊牧國家の興亡』, 東方書店).

249) 『後漢書』와 『三國志』高句麗傳에 따르면 왕망이 고구려에 원군 파견을 요청한 시기는 騶 즉, 동명왕 때이다. 그러나 『三國史記』에서는 유리왕 31년 (A.D. 12)으로 되어 있다. 또한 『後漢書』등에는 후한의 嚴尤가 騶의 목을 참수하여 장안으로 보낸 것으로 되어 있지만, 『三國史記』는 고구려의 장수 延丕를 유인하여 살해한 것으로 기록하였다. 엄우는 연비의 목을 참수하여 장안으로 보내면서 騶의 것으로 속여 보고하였을 가능성이 높다. 또한 『後漢書』등에 보이는 騶의 존재는 동명왕을 지칭하는 것이 아니라, 고구려의 국왕 혹은 수장을 가리키는 대명사로 짐작된다(국사편찬위원회, 1986, 『국역 중국정사조선전』, 253쪽).

250) 『三國史記』 권13, 高句麗本紀1, 琉璃明王 31年.

251) 『三國史記』 권13, 高句麗本紀1, 琉璃明王 31年.

다. 부여는 고구려가 엄우의 공격을 받는 등 대외정세가 어려워지자, 그 다음해에 군대를 보내 공격에 나섰다.

고구려는 부여가 대대적인 공격을 감행하자 노쇠한 유리왕을 대신하여 무휼(無恤, 훗날의 대무신왕)이 군사를 이끌고 대적에 나섰다. 무휼은 병력이 열세인 사실을 고려하여 부여군을 정면으로 맞서지 않고 매복작전을 펼쳤다. 고구려의 복병은 부여군이 학반령(鶴盤嶺) 아래에 이르자 불시에 공격하여 대파하였다.[252]

양국 관계는 학반령 전투를 전후하여 역전되기 시작하였다. 고구려는 사대관계를 종식하고 수세에서 벗어나 공세로 전환하였다. 학반령 전투는 고구려가 부여를 향해 북진하는 형태로 양국관계를 변화시켰다. 유리왕은 무휼이 학반령 전투에서 대승을 거둔 후 태자로 책봉하였다.[253] 무휼은 4년 동안 태자의 신분으로 국가의 주요 업무를 처리하였다.

한편 유리왕은 A.D. 14년에 오이와 마리에게 군사 2만을 주어 양맥(梁貊)[254]을 공격하였고, 제2현도군의 치소인 고구려현을 습격하여 차지하는 등 영역 확장에 나섰다.[255] 유리왕의 양맥 공격은 부여 및 후한과 연합작전을 펼친 것에 대한 응징이었다. 유리왕은 소자하 유역에 위치한 고구려현을 축출하여 요동지역으로 진출하는 발판을 마련하였다. 이로써 제2현도군은 폐지되고 그 치소를 심양 혹은 무순 방면[256]으로 옮겨 제3현도군 시대가

---

252) 『三國史記』 권13, 高句麗本紀1, 琉璃明王 32年.

253) 『三國史記』 권13, 高句麗本紀1, 琉璃明王 32年.

254) 고구려현은 혼강 또는 동가강의 한 지류인 부이강 하구에 위치한 서개마이고, 이곳에 거주한 집단을 소수맥으로 보고 있다(이병도, 1976, 『국역 삼국사기』, 을유문화사, 227쪽).

255) 『三國史記』 권13, 高句麗本紀1, 琉璃明王 33年.

256) 제3현도군의 치소는 요동군(지금의 遼陽市) 북쪽 200리에 위치한 것으로 되어 있다(『三國志』 권47, 吳書2, 吳主傳2, 嘉禾 2年 所引 吳書). 漢魏 때의 200리는 지금의 150여 리에 상당하며, 요양시 동북 150리 전후의 심양과 무순 사이에서 구하고 있다(王綿厚·李健才, 1988, 『古代東北交通』, 121쪽). 따라서 제3현도군의 치소는 심양시 동쪽에 위치한 上栢官屯의 漢城(陳連開, 1981, 「唐代遼東若干地名考釋」, 『社會科學輯刊』 第3

열리게 되었다.[257]

고구려는 혼강 유역과 압록강 중·상류 및 두만강 유역 외에 태자하와 소자하의 상류지역 등을 차지하였다. 유리왕이 A.D. 19년에 사망하자 무휼이 왕위에 올라 대무신왕이 되었다. 대무신왕은 학반령 전투에서 부여군을 대파한 후 부왕(父王)의 전폭적인 신임을 받아 군국대사를 처결해 왔다. 그러나 대무신왕이 태자에 임명되었을 때의 나이가 11세에 불과한 사실을 고려하면,[258] 어린 소년이 전투를 직접 지휘하였을까 하는 의구심이 드는 것도 사실이다.

대무신왕은 부왕이 훙서하자 14세의 나이로 왕위에 올랐다. 부자상속 원칙이 확립되지 못한 상태에서 큰 어려움 없이 즉위한 것은 기적적인 일이었다. 대무신왕의 즉위는 부왕의 선견지명과 군국대사를 처결하는 등 착실한 준비가 있었기 때문에 가능하였다.

대무신왕은 죄수를 사면하는 등 민심을 수습하였으며,[259] 다음해 3월에는 동명의 사당을 세워 왕실의 정통성을 표방하였다.[260] 대무신왕은 민심을 수습한 후 부여 공격에 박차를 가하였다. 고구려와 부여의 대립이 격화되면서 양국 사이에는 전운이 감돌기 시작하였다.

대무신왕이 직접 친정(親征)에 나섰다. 대무신왕은 비류수 상류에 위치한 부정씨(負鼎氏)와 이물림(利勿林) 등을 장악하여 병기(兵器) 등의 병참 물품을 지원 받았다. 북명인(北溟人) 괴유(怪由)의 항복을 받아들여 선봉으로 삼았으

期) 혹은 무순의 노동공원 漢代 城址(孫進己·馮永謙, 1989, 前揭書, 392~394쪽) 등으로 보고 있다.

257) 고구려가 현도군을 소자하 유역에서 혼하 유역의 무순-심양 방면으로 퇴축시킨 것은 1세기 말~2세기 초 무렵으로 보고 있다(여호규, 1996, 앞의 글, 40쪽). 그러나 제2현도군의 퇴축은 유리왕 33년에 이루어진 공격에 밀려 발생하였고, 안제 때에 이르러 제3현도군이 설치된 것으로 보는 것이 타당하다.

258) 『三國史記』 권13, 高句麗本紀1, 大武神王 卽位年.

259) 『三國史記』 권13, 高句麗本紀1, 大武神王 2年.

260) 『三國史記』 권13, 高句麗本紀1, 大武神王 3年.

며, 적곡(赤谷) 출신의 마로(麻盧) 역시 복속하였다.[261]

대무신왕이 복속한 지역은 비류수(혼강) 상류에서 부여에 이르는 교통로 주변이었다. 고구려는 휘발하(輝發河) 남쪽의 유하(柳河)·해룡(海龍)·휘남(輝南) 일대를 장악하였다. 부여의 대소왕도 고구려군이 국경을 넘자 병력을 동원하여 결전에 임하였다. 양국이 접전을 벌인 곳은 습지가 펼쳐진 휘발하 유역의 진펄지대이었다.

고구려군은 진펄 앞에 진영을 설치한 후 부여군의 경계심을 이완시켰다. 부여군은 고구려군이 펼친 유인전술에 말려들어 수렁에 빠지는 등 곤란을 겪게 되었다. 고구려군은 부여군 1만 명이 수렁에 빠져, 대오가 흩어지고 진퇴가 어려움을 틈타 공격에 나섰다.

괴유(怪由)는 부여의 진영을 유린한 후 대소를 사로잡아 참수하였다. 고구려군은 대소를 참수하는 등 큰 전과를 올렸지만, 국왕의 전사에 분격한 부여군의 반격을 받아 위태롭게 되었다.[262] 부여군은 고구려의 진영을 몇 겹으로 포위하였다.

고구려군은 군량이 소모되고 사기가 떨어져 전투를 지속할 수 없는 상태에 이르렀다. 고구려군은 허수아비를 만들어 병사로 위장시킨 후 철군을 준비하였다. 굶주린 병사들은 들짐승을 잡아먹는 등 갖은 어려움을 겪으면서 돌아왔다.

부여는 대소의 전사 이후 지배층의 분열이 일어나 고구려로 투항하는 사람들이 생겨났다. 대소의 막내 동생은 부여가 혼란에 빠지자 압록강 유역으로 내려와 해두국(海頭國)을 멸망시키고 갈사국을 세웠다. 갈사국의 위치는 압록강 상류 방향에 자리한 것으로 추정된다.

대소의 사촌동생 역시 1만 명을 이끌고 고구려에 투항하였다. 연나부에 안착시키고 '낙(絡)'이라는 성씨(姓氏)를 주었다.[263] 부여는 지배층이 분열되

---

261) 『三國史記』 권13, 高句麗本紀1, 大武神王 4年.
262) 『三國史記』 권13, 高句麗本紀1, 大武神王 5年.

고 민심은 이반되어 국력이 현저하게 약화되었다. 북방 대국의 위상은 사라졌다. 부여는 후한과 우호관계를 맺고 고구려의 압박을 겨우 견디어 나가는 처지로 전락되었다.

대무신왕은 부여 원정이 끝난 후 국력 회복과 문물 정비에 나섰다. 대무신왕은 유리왕 때에 설치하였던 대보(大輔)[264]를 좌보와 우보로 확대 개편하였다. 좌보와 우보는 왕을 보필하면서 군신의 대표자로서 국정 전반을 관장하였다. 대무신왕 10년에는 을두지(乙豆智)를 좌보로 임명하고, 송옥구(松屋句)를 우보로 삼았다.

대무신왕은 A.D. 26년에 이르러 개마국을 친정(親征)하여 국왕을 죽이고 군현으로 삼았다. 구다국의 국왕은 개마국의 멸망 소식을 듣고 나라를 들어 항복하였다.[265] 고구려는 독로강 유역과 개마고원 일대를 장악하여 동해안지역으로 진출할 수 있는 교두보를 확보하였다.

졸본에서 옥저로 가는 길은 압록강을 건넌 후 독로강에 연하는 강계를 경유하였다. 독로강의 지류인 남천의 계곡을 동으로 거슬러 아득령(牙得嶺)을 넘는 루트를 이용하였다. 강계에서 독로강의 본류를 따라 설한령(薛寒嶺)을 넘어 장진강 유역으로 나와 함흥에 도달하는 루트도 활용되었다.[266]

이렇듯 고구려가 영역 확장을 적극적으로 추진하자 후한이 간섭에 나섰다. 요동태수가 A.D. 28년에 직접 군사를 이끌고 공격하였다. 고구려는 요동군이 국내성으로 침입해 오자 정면으로 맞서지 않고, 위나암성으로 들어가 장기간에 걸쳐 농성하였다.

위나암성은 지금의 환도산성을 말한다. 전면으로 강이 흐르고, 협곡과 높은 산으로 둘러싸인 천연의 요충지였다. 위나암성은 정상과 절벽, 골짜기

---

263)『三國史記』권13, 高句麗本紀1, 大武神王 5年.
264)『三國史記』권13, 高句麗本紀1, 琉璃明王 22年.
265)『三國史記』권13, 高句麗本紀1, 大武神王 9年.
266) 日野開三郎, 1988,『東北アジア民族史』上, 三一書房, 143쪽.

의 능선을 활용하여 축조되었다. 허약하고 부실한 곳은 돌을 다듬어 쌓아 보강하였다.

〈그림 4-16〉 집안 위나암성 전경 : 환도산성으로 불리며, 성벽의 둘레와 높이는 각각 6km와 6m에 이른다.

위나암성은 국내성으로 들어오는 북도(北道)와 남도(南道)의 최후 통제소 역할을 하였다. 천연의 요충지에 위치하여 방어는 유리하지만 식수가 부족한 약점이 있었다. 요동군은 위나암성을 포위하고 고구려군이 스스로 항복하기를 기다렸다. 고구려의 관민은 수십 일이 지나면서 사기는 떨어지고 피로에 지쳐갔다. 고구려의 지도부는 곤궁에 빠졌으나 기계(奇計)를 발휘하여 적군의 포위를 풀 수 있었다.[267]

대무신왕은 요동군의 공격을 물리친 후 북옥저 공략에 나섰다. 대무신왕은 북옥저의 중심지역을 장악한 후 A.D. 32년(동왕 15)에 이르러 남옥저[268] 방향으로 진출하였다. 대무신왕은 개마국(蓋馬國) 등을 복속시켜 남옥저로 진출하는 교두보로 삼았다.[269] 후한(後漢)의 요동태수는 고구려의 팽창정책에 맞서 반격을 나섰으나 저지하지 못하였다.[270]

---

267) 『三國史記』 권13, 高句麗本紀1, 大武神王 11年.

268) 함흥을 중심지로 삼았던 옥저세력은 남옥저 혹은 동옥저라고 하였다. 그러나 두만강 유역의 집단을 북옥저로 부르고 있는 사실을 고려하면, 그 남쪽지역에 위치한 집단을 남옥저로 부르는 것이 자연스러운 것으로 판단된다. 동옥저로 불린 이유는 『三國志』 東夷傳 등에 보이는 單單大嶺의 동쪽에 위치하였기 때문이다. 동해안지역에 위치한 '濊'가 東濊로 불린 것과 마찬가지이다.

269) 金美熙, 2000, 앞의 글, 104쪽.

270) 『三國史記』 권14, 高句麗本紀2, 大武神王 11年.

3. 계루부의 성장과 왕실교체

1) 소노부의 쇠퇴와 계루부의 왕권 장악

대무신왕이 재위 27년 만에 훙서한 후 왕위는 아들에게 계승되지 않고, 동생 민중왕이 즉위하였다. 대무신왕은 15세에 즉위하여 42세의 젊은 나이로 훙서하였다. 태자 해우(解優)는 나이가 어려 즉위하지 못하고, 해색주(解色朱)가 옹립되어 민중왕이 되었다.

민중왕은 나이 어린 해우가 국정을 총괄하기 어렵기 때문에 신민의 추대를 받아 왕위에 올랐다.[271] 부자상속 제도가 확립되지 못하였기 때문에 태자를 대신하여 숙부가 즉위하였다. 고구려는 민중왕의 재위 5년 동안 평화를 구가한 시기였다.

민중왕은 왕위에 오른 후 죄수를 크게 사면하고, 신하들과 연회를 즐기는 등 민심수습과 왕권안정을 도모하였다.[272] 그러나 국가의 동쪽지역에 홍수가 일어났고, 민간에 기근이 들어 곡식을 나주어 주는 사태가 발생하였다.[273] 민중왕 재위 3년 겨울에는 혜성이 남쪽에 나타나 20일 만에 사라졌으며, 서울에 눈이 내리지 않는 등 일기가 고르지 못하고 불안한 조짐을 보였다.[274]

〈그림 4-17〉 핼리혜성의 모습 : 약 76년의 주기로 타원궤도를 공전하며, 최근에는 1910년과 1986년에 나타났다.

자연재해나 혜성 출현은 민생이 불안하고 국정이 안정되지 못하였음을 반영한다. 옛 사람들은 혜성이나 일식 등의 천문현상을 하늘의 경고로 받아들였다. 국왕이 정치를 잘하면 천체운행과 기상이 순조롭고, 잘못되면 여러 변괴가 일어나고 재앙을 내리는 것으로 인식하였다.

---

271) 『三國史記』 권14, 高句麗本紀2, 閔中王 卽位年.
272) 『三國史記』 권14, 高句麗本紀2, 閔中王 2年 3月.
273) 『三國史記』 권14, 高句麗本紀2, 閔中王 2年 5月.
274) 『三國史記』 권14, 高句麗本紀2, 閔中王 3年 11月.

국왕 이하 모든 관원들은 두려워하는 마음으로 반성하고 행동을 삼가야 하였다. 혜성의 출현은 수많은 별들이 밤의 하늘을 평화롭게 장식하고 있을 때 긴 꼬리를 달고 나타나기 때문에 침입자와 같은 공포심을 안겨 주었다.

또 일식은 음기의 정수인 달이 양기를 상징하는 해를 범하는 것으로 해석되었다. 이는 왕비와 신하가 임금을 핍박하는 것으로 해석되어 천변(天變) 중에서 가장 두렵게 인식되었다. 국왕은 반찬 가짓수를 줄이거나 평소에 머물던 정전을 대신하여 검소한 건물로 처소를 옮겼다. 마음가짐을 올바르게 하고 신중한 처신을 통해 하늘의 경고를 피해 가고자 하였다.

고구려는 천재지변의 빈발 속에 잠우부락(蠶友部落)의 대승(戴升)이 1만 가(家)를 이끌고 낙랑에 투항하는 사건이 발생하였다.[275] 대승이 휘하의 무리를 이끌고 투항한 것은 고구려의 중앙집권력이 약화되었음을 의미한다. 유리왕과 대무신왕 2대에 걸친 영역 확장과 왕권강화의 한계가 뚜렷하게 표출된 사건이었다.

민중왕은 왕위에 오른 지 5년 만에 훙서하였다. 민중왕이 사망한 후 대무신왕의 태자였던 해우가 즉위하여 모본왕이 되었다. 모본왕은 고구려 역사상 가장 포악무도한 국왕으로 일컬어지고 있다. 모본왕은 사람됨이 어질지 못하였고, 국사를 잘 살필지 않아 백성들의 원망을 받았다.[276]

모본왕의 폭정 외에 자연재해가 이어져 민생은 도탄에 빠졌다. 모본왕이 즉위한 후 홍수가 발생하여 20여 곳의 산이 무너져 내렸다.[277] 다음 해에도 서리가 내리고 우박이 쏟아졌다. 모본왕의 폭정은 날로 가혹해져 항상 사람들을 깔고 앉았으며, 누울 때는 베개로 삼을 정도였다. 모본왕은 깔려 있는 사람이 움직이면 용서치 않고 살해하였으며, 간언하는 신하들이 있으면

---

275) 『後漢書』 권85, 東夷列傳75, 高句麗.
276) 『三國史記』 권14, 高句麗本紀2, 慕本王 卽位年.
277) 『三國史記』 권14, 高句麗本紀2, 慕本王 元年 8月.

활을 당기어 쏘아 죽였다.[278]

한편 모본왕 2년(A.D. 49)에 북경 부근과 산서성 일대에 해당하는 우북평(右北平)·어양(漁陽)·상곡(上谷)·태원(太原) 등 만리장성 남쪽과 북쪽에 위치한 지역을 공격한 사료가 남아 있다.[279] 모본왕 때의 장성(長城) 연변지역 공격은 사실 그대로 믿기 어렵다. 그 대신에 『후한서』 채동전(蔡彤傳)에

> A. 그 이종(異種) 만리(滿離)와 고구려의 무리가 마침내 국경으로 나와 담비 갖옷과 좋은 말을 바치니 황제가 항상 그 배로 상을 내렸다.[280]

라고 하였듯이, 고구려는 후한의 변경지역을 왕래하였다. 양국의 충돌이 격화되는 와중에 선비의 만리집단(萬離集團)이 고구려 지배를 벗어나 요동군에 투항하였다.[281]

모본왕은 급변하는 정세에도 불구하고 학정과 폭압을 계속 일삼았다. 그의 측근마저 피해를 입을까 두려움에 떨었다. 모본왕은 재위 6년에 측근 두로(杜魯)에게 시해를 당하고 말았다. 두로의 모본왕 암살은

> B. 겨울 11월, 두로가 임금을 죽였다. 두로는 모본 사람으로서 왕의 근신이었는데, 자기가 해를 입을까 걱정하여 통곡하였다. 어떤 사람이 그에게 말하기를 "대장부가 왜 우는가? 옛 사람의 말에 '나를 사랑하면 임금이요, 나를 학대하면 원수'라고 하였다. 이제 왕이 포악한 짓을 하여 사람을 죽이니, 이는 백성의 원수이다. 그대는 왕을 처치하라"라고 하였다. 두로가 칼을 품고 왕 앞으로 가니 왕이 그를 앉게 하였다. 이때 두로가 칼을 빼어 왕을 죽였다. 그를 모본 언덕에 장사지내고, 호를 모본왕이라 하였다.[282]

---

278) 『三國史記』 권14, 高句麗本紀2, 慕本王 4年.
279) 『三國史記』 권14, 高句麗本紀2, 慕本王 2年.
280) 『後漢書』 권50, 蔡彤.
281) 『後漢書』 권20, 列傳10, 祭遵.
282) 『三國史記』 권14, 高句麗本紀2, 慕本王 6年.

라고 하였듯이, 시해를 사주한 별도의 주모자가 배후에 존재하였다. 두로는
음모를 실행한 단순한 하수인에 불과하였고, 그 배후에 실체가 드러나지
않는 인물과 동조 집단이 도사리고 있었다.

모본왕의 시해는 폭정 피해를 입을까 전전긍긍하던 측근세력의 단순한
암살 사건이 아니라, 왕권을 찬탈하기 위한 권력투쟁 과정에서 일어났다.
또한 고구려본기에 전하는 모본왕의 폭정과 잔인무도한 모습은 사가(史家)에
의해 조작된 측면이 농후하다.

모본왕은 해씨왕계의 마지막 국왕이었고, 그 다음은 계루부의 태조왕이
즉위하였다. 또한 고구려는 모본왕 치세를 비롯한 건국 초기에 왕권이
강력하지 못한 상태였다. 왕권이 미약한 상태에서 모본왕의 폭정은 일어나기
어려웠다. 폭정과 전횡은 왕권이 강화된 이후에 가능한 일이었다.

모본왕의 폭정 사료는 태조왕의 즉위와 계루부의 왕권 장악을 정당화하기
위해 왜곡되었을 가능성이 높다. 고구려의 왕권은 초기에는 소노부가 장악했
으나, 후대에 이르러 계루부로 왕실교체가 일어났다.[283] 그 시기에 대해서는
동명왕 혹은 유리왕 때로 보기도 한다.[284]

그러나 계루부의 왕권 장악은 태조왕 때로 보는 것이 일반적이다.[285]
계루부는 왕권을 장악한 후 해씨왕계와 구별되는 자신들의 정체성을 확립해
나갔다. 해씨집단은 유리왕-대무신왕-민중왕-모본왕 순서로 왕통을 계
승하였다. 대무신왕과 민중왕은 형제관계이며, 모본왕은 대무신왕의 원자
(元子)였다.

고구려의 왕통은 모본왕 사후에 유리왕의 손자인 태조왕이 즉위하면서
변화가 일어났다. 태조왕의 즉위는 소노부에서 계루부로 왕실이 교체되는

---

283) 『三國志』 권30, 魏書30, 烏丸鮮卑東夷傳, 高句麗.
284) 金基興, 1987, 「고구려의 성장과 대외무역」, 『韓國史論』 16, 서울대 국사학과, 32~37쪽.
285) 李鍾泰, 1990, 「고구려 太祖王系의 등장과 朱蒙國祖意識의 성립」, 『北岳史論』 2, 국민대
    사학과.

변화를 수반하였다.286) 고구려는 동명왕에서 모본왕까지 5명의 국왕이 존재함에도 불구하고, 6대왕의 시호가 '태조'였던 점에서 다른 국가와 차이를 보인다.

국가를 개창한 제1대왕은 고조(高祖) 혹은 태조(太祖)를 시호로 삼는 것이 일반적이다.287) 한(漢)의 유방(劉邦)과 당(唐)의 이연(李淵)은 시호가 고조였다. 그 반면에 송(宋)의 조광윤(趙匡胤)과 명(明)의 주원장(朱元璋)은 태조를 시호로 사용하였다. 고려와 조선의 건국자 왕건과 이성계 역시 태조를 시호로 삼았다.

고구려는 시조 주몽이 존재함에도 불구하고, 6대왕을 태조(太祖) 혹은 국조(國祖)라고 하였다. 태조왕은 고구려 건국의 시조가 아니라, 계루부 왕실을 세운 인물로 짐작된다. 태조왕 혹은 국조왕으로 부른 배경 역시 계루부 출신으로 처음 왕위에 오른 사실과 무관하지 않다.

계루부는 왕권을 차지한 후 주몽-유리-재사-태조왕으로 이어진 왕실의 계보를 확립하였다. 주몽의 건국설화는 늦어도 광개토왕 때에는 확립되었다. 이는 광개토왕을 계승한 장수왕이 부왕의 훈적을 기념하기 위해 414년에 세운 능비를 통해 입증된다.

그런데 3세기 후반에 편찬된『삼국지』고구려전이나 5세기 초에 편찬된『후한서』고구려전 등에는 주몽 관련 설화가 보이지 않는다. 주몽 관련

---

286) 소노부는 제2대 유리왕부터 제5대 모본왕까지 고구려 연맹체의 주도권을 장악하였는데(金哲埈, 1975,「백제사회와 그 문화」,『한국고대사회연구』, 일지사, 46쪽), 제6대 태조왕에게 건국의 시조에 해당되는 시호를 부여한 것은 계루부가 유일한 왕통임을 천명하려는 의도였다(盧明鎬, 1981, 앞의 글, 75쪽). 한편 모본왕까지의 解氏王系와 태조왕 이후의 高氏王系의 관계에 대해서 직계와 방계로 파악하는 견해도 있다(金賢淑, 1984,「고구려의 解氏王과 高氏王」,『大丘史學』47). 또한 고구려 연맹체사회의 주도권은 처음에는 해씨왕계인 소노부가 장악하였고, 나중에 이르러 고씨왕계인 계루부가 계승한 것으로 보기도 한다(盧泰敦, 1994,「高句麗의 初期王系에 대한 一考察」,『李基白先生古稀紀念論叢』上, 一潮閣). 한편『三國遺事』왕력 편에서는 유리왕에서 모본왕까지의 왕들의 성을 解氏라고 하였다.

287)『史記』권8, 高祖本紀 12年 4月 己巳.

내용이 중국 사서에 처음 등장한 것은 6세기 중엽에 편찬된 『위서(魏書)』 고구려전이다. 『위서』 고구려전은 당시의 사료를 많이 이용하여 그 사료적 가치가 높은 것으로 보고 있다.[288]

주몽의 건국 설화는 『삼국지』가 편찬된 3세기 후반 무렵에는 중국에 알려지지 않았고, 소노부에서 계루부로 왕통이 바뀐 사실 정도만 부각되었다. 또한 소노부가 비록 왕위를 계승하지 못하지만, 독자적인 종묘를 세우고 영성(靈星)과 사직(社稷)에 따로 제사를 지낸 사실 등이 특기되어 있다.

소노부가 종묘를 세우고 사직에 따로 제사를 모시던 상황에서, 계루부 왕실이 중심이 되는 건국설화를 공식화하기 어려웠다. 계루부 왕실은 왕권 장악에 만족하였고, 고구려 건국에 주도적인 역할을 하였던 소노부의 위상을 무시하기 어려웠다.

그러나 고구려가 중앙집권적 귀족국가를 수립한 후 왕권이 비약적으로 신장되면서 주몽 중심의 건국설화가 성립되기에 이르렀다.[289] 태조왕을 사실상의 시조로 여기는 왕계의식은 소수림왕 때에 이르러 확립되었다.[290] 주몽설화는 광개토왕릉비가 건립될 무렵에는 부정할 수 없는 사실로 굳어졌다.

태조왕 이전의 유리왕-대무신왕-민중왕-모본왕으로 계승된 소노부 왕통을 부정하지 않고, 계루부의 상징적인 존재인 주몽을 건국 시조로 내세우는 방식을 택하였다. 또한 태조왕과 그 부친 재사를 유리왕의 직계로 설정하여 주몽과 연결시켰다.

---

288) 국사편찬위원회, 1986, 『국역 中國正史朝鮮傳』, 84쪽.

289) 계루부 중심의 주몽설화는 기존의 부족적 관념체계를 극복하고 국왕을 중심으로 한 중앙집권적 국가체제의 정비가 일단락된 소수림왕대에 확립되었다. 소수림왕은 太學을 설립하여 유교이념의 확대를 도모하였고, 국가통치의 기본법인 율령을 반포 하여 부족적 관념체계를 극복하면서 초부족적 국가질서를 뒷받침할 수 있는 이념체 계를 수립하였다. 계루부와 주몽 중심의 건국설화 역시 확립되었을 가능성이 높다.

290) 趙仁成, 1991, 「4·5세기 고구려왕실의 世系認識 변화」, 『韓國古代史研究』 4.

계루부 왕실은 혈연관계가 없는 태조왕과 유리왕을 조손(祖孫) 사이로 설정하는 과정에서 3대를 제외하였다. 또한 태조왕은 무려 119세를 장수한 인물로 묘사되었다. 후대의 장수왕이 99세를 살면서 82년 동안 재위에 있었던 사실을 고려하면, 태조왕이 119세를 살았을 가능성도 없지 않다.

그러나 태조왕과 그의 동생 차대왕의 왕위계승 관계를 검토하면 많은 의문점이 발견된다. 차대왕의 이름은 수성으로 A.D. 71년에 출생하였으며, 54세 때에 태조왕을 보필하면서 군국정사를 총괄하였다. 그는 76세가 되는 147년에 태조왕의 양위를 받았으며, 18년 동안 재위에 있다가 94세가 되는 165년에 사망하였다.

태조왕과 차대왕은 형제가 모두 장수하였다. 그 외에 차대왕을 계승한 신대왕 때에도 국상(國相) 명림답부가 113세에 사망하였다.[291] 그러나 태조왕과 차대왕, 명림답부 등 동시대의 인물이 100세를 전후한 나이로 국정을 주도한 사실은 쉽게 수긍하기 어렵다. 태조왕과 차대왕의 나이는 조작되었으며, 명림답부의 연령 역시 태조왕과 차대왕의 비정상적인 장수를 납득시키기 위한 증거로 활용되지 않았을까 한다.[292]

태조왕을 장수한 인물로 서술한 배경은 유리왕과 조손(祖孫) 관계로 정리하는 과정에서 일어났다. 주몽의 출생 연도 B.C. 58년을 기준으로 삼아 유리왕-재사-태조왕 3대의 간격을 조정하기 위해 태조왕의 출생 연도를 A.D. 47년 무렵으로 서술하였다.

태조왕은 7세가 되는 A.D. 53년에 즉위하였다. 그러나 당시에는 소노부 출신의 다른 인물이 왕위(王位)에 있었을 가능성이 높다. 『위서』 고구려전에

---

291) 『三國史記』 권16, 高句麗本紀4, 新大王 15年.

292) 『三國史記』 고구려본기에는 태조왕이 A.D. 47년에 출생하여 7세에 즉위하였고, 169년에 사망한 것으로 되어 있다. 태조왕은 100세가 되는 재위 94년(A.D. 146)에 동생 遂成에게 왕위를 물려준 후 169년까지 생존하였다. 그런데 『後漢書』 고구려전에는 A.D. 121년에 태조왕이 죽고, 수성이 즉위하여 차대왕이 된 것으로 서술되었다.

C. 주몽이 죽자 여달(閭達)이 왕이 되었다. 여달이 죽자 아들 여율(如栗)이 왕이 되었고, 여율이 죽자 아들 막래(莫來)가 왕이 되어 부여를 정벌하니, 부여는 크게 패하여 마침내 고구려에 통합·복속되었다. 막래의 자손이 대대로 왕위를 이어 그 예손(裔孫) 궁(宮)에 이르렀다.[293]

라고 하였듯이, 막래(대무신왕[294])의 자손이 대대로 왕위를 계승하여 궁(宮, 태조왕)에 이르렀다는 사료를 통해 입증된다.

고구려의 왕위는 대무신왕이 사망한 후 동생 민중왕으로 계승되었고, 다시 대무신왕의 원자였던 모본왕으로 승계되었다. 그런데 사료 C에 보이듯이 대무신왕의 자손이 대대로 왕위를 계승한 사실을 고려하면, 최소한 손자까지 승계되었을 가능성이 있다.

그러나 고구려본기에 따르면

D. 태조왕의 휘는 궁(宮)이요 소명(小名)은 어수(於漱)이다. 유리왕의 왕자인 고추가(古鄒加) 재사(再思)의 아들이며, 모태후(母太后)는 부여 사람이다. 모본왕이 돌아가고 태자가 불초(不肖)하여 족히 사직(社稷)의 주인이 되지 못하여 나라 사람들이 궁(宮)을 맞이하여 세운 것이다.[295]

라고 하였듯이, 모본왕이 사망한 후 태자가 불초하여 국인(國人)이 태조왕을 옹립한 것으로 되어 있다.[296] 태조왕의 즉위는 국인의 옹립이 암시하듯이

---

293) 『魏書』 권100, 列傳88, 高句麗.

294) 막래에 대해서는 그 字形이 慕本과 유사함을 들어 모본왕, 여율은 그 음이 유류와 相似한 점을 들어 유류왕으로 비정하는 견해도 있다(池內宏, 1940, 「高句麗王家の上古の世界について」, 『滿鮮史硏究』 上世篇).

295) 『三國史記』 권14, 高句麗本紀2, 太祖王 卽位年.

296) 국인의 추대는 명목상의 기술에 불과하고 치열한 권력투쟁을 의미한다. 백제 진사왕이나 신라의 진지왕 역시 國人에 의하여 옹립되거나 폐위되었다. 이들의 경우 치열한 왕위계승분쟁이나 권력투쟁이 수반되었음은 주지의 사실이다. 백제의 침류왕–진사왕–아신왕 3대에 걸친 왕위계승분쟁에 대해서는 다음의 글을 참조하기 바란다(文安植, 2006, 『백제의 흥망과 전쟁』, 혜안).

치열한 권력투쟁을 통해 이루어졌다.

태조왕의 즉위는 단순한 왕위 계승분쟁이 아니라 소노부에서 계루부로 권력이 넘어가는 왕실교체를 수반하였다. 태조왕은 즉위할 무렵의 나이가 불과 7세에 불과한 사실을 고려하면 정변의 주체는 아니었다. 고구려본기 태조왕 80년 조에

> E. 왕제(王弟) 수성(遂成)이 왜산(倭山)에서 사냥하며, 좌우(左右)로 더불어 연회(宴會)할 때, 관나부의 우태(于台) 미유(彌儒), 환나부의 우태 어지류(菸支留), 비류나(沸流那) 조의(皁衣) 양신(陽神) 등이 가만히 수성에게 이르되, "처음 모본왕이 돌아갔을 때 태자가 불초(不肖)하여 군신(群臣)이 왕자 재사(再思)를 세우려 하매 재사는 연로(年老)를 이유로 아들에게 사양한 것이니, 이는 형이 연로(年老)한 후에는 아우에게 양위토록 하게 함이었다. 지금 왕이 이미 늙었음에도 불구하고 양위할 의사가 없으니 그대는 도모하라" 하였다.[297]

라고 하였듯이, 태조왕의 부친 재사가 권력투쟁의 중심에 있었다. 조선시대에 흥선대원군이 아들 고종을 왕위에 올리고 권력을 장악한 모습이 연상된다.

한편 계루부와 소노부 사이에 벌어진 대립 역시 모본왕의 사망 직후에 일어난 것이 아니었다. 모본왕의 아들 혹은 손자 등이 왕위에 있을 때 전개되었다. 태조왕의 집권 초기는 모본왕의 자손 중에서 특정 인물이 왕위에 있었던 기간과 중첩된다.[298]

태조왕이 A.D. 53년이 아니라 한 세대 늦은 A.D. 80년 무렵에 즉위하였을 가능성도 없지 않다. 고구려본기에 기록된 태조왕 재위 45년 이후의 기사와 『후한서』 고구려전의 내용이 일치되는 사실을 통해 입증된다.

---

297) 『三國史記』 권14, 高句麗本紀2, 太祖王 80年.

298) 태조왕을 대무신왕의 姪, 모본왕의 從弟, 그 재위 기간을 94년으로 정리한 것은 數代의 왕명을 생략하는 과정에서 생긴 착오로 보고 있다. 또한 모본왕과 태조왕 사이에 數代 탈락된 王名이 존재하였을 가능성이 있다(那珂通世, 1919, 「朝鮮古史考」 제13권, 『那珂通世叢書』).

2) 고구려의 발전과 연맹왕국 형성

고구려는 태조왕의 즉위를 전후하여 후한의 요동군 및 현도군과 대립이 격화되었다. 태조왕은 A.D. 55년(동왕 3)에 요서(遼西)에 10성을 축조하여 한병(漢兵)의 공격에 대비하였다.[299] 그러나 고구려가 태조왕 재위 초기에 요서지역을 장악하였을 가능성은 희박하다.

고구려가 요동군과 현도군의 견제와 감시를 피해 요서지방을 경략한 후 성곽을 설치하는 것은 사실상 어려웠다. 태조왕이 축조한 10여 곳의 성곽은 후한의 공격에 대비하기 위하여 양국의 국경 부근에 위치한 것으로 추정된다.

태조왕은 후한의 요동군·현도군 및 부여 공격에 앞서 동옥저와 조나(藻那) 등의 주변 소국 복속에 주력하였다. 태조왕은 대무신왕 때에 복속한 동옥저를 다시 정벌하여 성읍으로 삼았다.[300] 고구려는 남옥저를 복속한 후 대인(大人)을 뽑아 사자(使者)로 삼고 읍락을 다스리게 하는 간접지배를 실시하였다.[301]

고구려는 서해 방향으로 진출하기 어려웠기 때문에 남옥저를 장악하여 소금·물고기·해초류 등의 해산물을 공물로 받아들였다.[302] 태조왕은 동옥저를 복속한 후 남쪽 방향으로 진출하여 살수(청천강)에 이르렀다.[303] 또한 부여 이주민과 함께 남하하여 나라를 세운 갈사왕의 손자 도두(都頭)의 항복을 받기도 하였다. 갈사국의 복속은 고구려의 국력 신장에 위협을 느낀 자발적인 투항으로 추정된다.

태조왕은 조나(藻那)와 주나(朱那) 등도 공격하여 복속하였다.[304] 주나의

---

299) 『三國史記』 권15, 高句麗本紀3, 太祖王 3年.

300) 『三國史記』 권15, 高句麗本紀3, 太祖王 4年 7月.

301) 『後漢書』 권85, 東夷列傳75, 東沃沮.

302) 고구려가 복속한 주변집단을 지배한 방식은 那部體制로 편제하는 경우와 이종족속민 지배로 편제한 형태로 구분된다(임기환, 1987, 「고구려 초기의 지방통치체제」, 『경희 사학』 14).

303) 『三國史記』 권15, 高句麗本紀3, 太祖王 4年.

304) 『三國史記』 고구려본기 초기기록에는 藻那와 朱那 등의 여러 那 집단이 보인다.

왕자 을음(乙音)은 복속된 후 고추가에 임명되었다.[305] 주나와 조나는 태조왕에 의하여 정복되기 이전에는 독자적인 세력을 형성하였다.[306] 태조왕은 주나 등을 복속하며 혼강 유역과 압록강 중류 일대의 여러 토착집단을 병합해 나갔다.

태조왕은 주변 집단 복속을 추진하면서 후한이나 부여와의 충돌을 자제하였다. 고구려가 부여에 대한 공격을 자제하고 주변 국가 복속에 주력하자, 부여 역시 사절을 보내 뿔이 3개 달린 사슴과 꼬리가 긴 토끼를 보내왔다. 태조왕은 상서로운 동물로 여겨 국내의 죄수를 크게 사면하였다.[307]

또한 태조왕은 두만강 유역의 훈춘 부근에 위치한 북옥저의 중심지인 책성을 방문하였다.[308] 태조왕은 사절을 보내 책성 사람들을 위무[309]하는 등 두만강 유역 경략에 큰 관심을 기울였다. 북옥저는 동명왕의 진출 이래 대무신왕과 태조왕의 적극적인 노력에 의하여 고구려의 영토로 편입되기에 이르렀다.

고구려는 태조왕 때에 이르러 남옥저와 북옥저를 비롯하여 주변 소국의 복속을 마무리하였다. 태조왕은 주변 소국에 대한 복속이 완료된 후 요동군 공격에 나서게 되었다. 태조왕은 장수를 보내 A.D. 105년(동왕 53)에 요동군을 공격하여 6현을 약탈하였다. 그러나 고구려의 요동지역 진출은 요동태수 경기(耿夔)의 반격에 밀려 실패로 끝났다.[310]

那는 음이 奴·內와 통하고 川 혹은 讓으로도 기록되었다. 地 또는 川·川邊의 평야라는 뜻으로 강가나 계곡에 자리 잡은 지역집단을 가리킨 것으로 보고 있다(三品彰英, 1954, 「高句麗の五族について」, 『朝鮮學報』 6, 16~24쪽).

305) 『三國史記』 권15, 高句麗本紀3, 太祖王 22年.

306) 고구려 초기 那와 那部의 성격에 대해서는 다음의 글을 참조하기 바란다(余昊奎, 1992, 「高句麗 초기 那部統治體制의 성립과 운영」, 『韓國史論』 27, 서울대 국사학과).

307) 『三國史記』 권15, 高句麗本紀3, 太祖王 25年.

308) 『三國史記』 권15, 高句麗本紀3, 太祖王 46年.

309) 『三國史記』 권15, 高句麗本紀3, 太祖王 47年.

310) 『三國史記』 권15, 高句麗本紀3, 太祖王 53年.

태조왕은 요동지역 진출이 어렵게 되자, 109년에는 안제(安帝)의 성년식에 사절을 파견[311]하는 등 유화국면으로 전환하였다. 태조왕은 사절을 보내 방물을 전하면서 현도군에 예속하기를 청하였다.[312] 태조왕은 기존의 요동군을 대신하여 현도군을 통해 후한과의 접촉을 도모하였다.

후한은 고구려가 요동지역 진출을 본격화하자, 요동군 외에 현도군을 다시 설치하는 등 대책 마련에 나섰다. 후한이 제3현도군을 설치하면서 부여와도 갈등 관계가 조성되었다. 부여의 국왕 시(始)는 A.D. 111년에 보병과 기병 7~8천 명을 거느리고 낙랑(樂浪)[313]을 공격하였다.[314]

부여와 후한의 갈등 관계는 오래 지속되지 않았다. 부여는 다시 후한과 우호관계를 회복하였다. 그러나 고구려는 제3현도군의 설치를 전후하여 요동 방면에 대한 진출을 본격화 하였다. 그 중심지는 혼하 유역의 무순–심양 일대였다.[315]

태조왕은 A.D. 111년(동왕 59) 예맥을 거느리고 현도군을 공격하였다.[316] 태조왕은 요동 공격이 소기의 효과를 거두지 못하자, 남해 방면을 순행[317]하는 등 배후지역의 통치에 관심을 기울였다. 태조왕은 A.D. 118년(동왕 66)에 예맥을 이끌고 화려성(華麗城)을 다시 공격[318]하였다. 화려성은 제3현도군의 중심지에 해당하는 무순 인근에 위치한 것으로 추정된다.

고구려는 태조왕 후반기에 이르러 무순 방면으로 진출하기 시작하였다. 고구려가 현도군을 공격하자 후한의 유주자사(幽州刺史) 풍환(馮煥)이 휘하

---

311) 『三國史記』 권15, 高句麗本紀3, 太祖王 57年.
312) 『三國史記』 권15, 高句麗本紀3, 太祖王 59年.
313) 부여가 공격한 낙랑은 평양 일대에 소재한 낙랑군이 아니라, 현도군의 誤記로 보고 있다(池內宏, 1932, 「扶餘考」, 『滿鮮史硏究』).
314) 『後漢書』 권5, 安帝紀.
315) 여호규, 1996, 앞의 글, 40쪽
316) 『三國史記』 권15, 高句麗本紀3, 太祖王 59年.
317) 『三國史記』 권15, 高句麗本紀3, 太祖王 62年.
318) 『三國史記』 권15, 高句麗本紀3, 太祖王 66年.

의 현도태수(玄菟太守) 요광(姚光), 요동태수(遼東太守) 채풍(蔡諷) 등을 이끌고
반격에 나섰다.

후한은 요동군과 현도군의 태수가 단독으로 군사작전을 전개하지 않고,
유주자사 풍환이 2군 병력을 거느리고 연합작전을 펼쳤다. 후한은 태자하
상류지역의 예맥(소수맥)을 공격하여 거수(渠帥)를 살해하고 병마와 재물을
약탈하였다.

태조왕은 동생 수성에게 군대를 주어 방어에 나서게 하였다. 수성은
험한 곳에 의지하여 후한의 공격을 방어하였으며, 비밀리에 군사 3천을
보내 현도군과 요동군을 공격하여 성곽을 파괴하고 2천여 명을 살획하였
다.319)

태조왕은 후한의 주력이 철수하자 선비(鮮卑)320) 군사 8천여 명과 함께
요하 유역의 요충지 요대현(遼隊縣)을 공격하였다. 또한 고구려는 요동태수
채풍이 군사를 거느리고 출전하자, 신창(新昌, 요양 서북) 부근에서 대파하였
다.321)

고구려는 태조왕의 팽창정책을 통해 현도군을 소자하 유역에서 혼하
유역의 심양·무순 방면으로 밀어냈다. 고구려는 자국의 병력뿐만 아니라
예맥, 선비 등 주변 종족까지 동원하였다. 태조왕은 요동지역에 대한 공세를
펼치면서 부여의 동향에 대해서도 관심을 기울였다. 태조왕은 부여가 후한과
우호관계를 유지하자,322) 직접 부여를 방문하는 등 관계개선을 추진하였다.
또한 요동태수 채풍을 살해한 후 부여로 행차하여 태후묘에 제사하고,
곤궁한 백성들을 위무하여 물건을 차등 있게 하사하면서 위로하였다.323)

---

319)『三國史記』권15, 高句麗本紀3, 太祖王 69年.
320) 여호규, 1996, 앞의 글, 39쪽.
321)『三國史記』권15, 高句麗本紀3, 太祖王 69年.
322)『後漢書』권5, 安帝紀.
323)『三國史記』권15, 高句麗本紀3, 太祖王 69年.

태조왕은 태후묘(太后廟) 참배를 구실로 삼아 부여를 방문하는 등 고구려의 위세를 과시하였다. 태조왕은 부여를 견제하기 위해 그 배후에 위치한 숙신과의 관계 역시 돈독히 하였다. 고구려의 숙신 접촉은 성과를 거두었다. 태조왕이 부여에 머물고 있을 때 숙신 사신이 와서 붉은 여우 가죽과 백마 등을 헌상하였다.[324]

태조왕은 숙신 사절에게 잔치를 베푸는 등 우대하면서 부여 견제를 위한 포석을 마련하였다. 부여에서 돌아온 후 예맥 등과 더불어 1만 기를 거느리고 현도성을 포위 공격하였다. 고구려의 현도성 공격은 예기치 못한 부여군 2만의 배후 공격을 받고 패배로 끝났다.[325]

태조왕은 그 다음 해에도 요동을 공격하였으나, 다시 부여의 원병에 패배하였다.[326] 부여는 태조왕의 팽창정책에 위협을 느껴 후한과 군사연대를 강화하였다. 태조왕 역시 태자하 유역에 위치한 예맥, 요하를 건너 진출해 온 선비 일파를 이끌고 현도군과 요동군을 줄기차게 공격하였다. 그러나 부여의 급습을 받아 물거품으로 돌아가고 말았다.

태조왕은 124년(태조왕 72)에 사절을 후한에 보내

> A. 다음 해에 수성(遂成)이 한(漢)의 포로를 송환하고 현도에 이르러 항복하였다. 조서를 내려, "수성 등이 포악무도 하므로 목을 베어 젓을 담아서 백성에게 보임이 마땅하나, 다행히 용서함을 얻어 죄를 빌며 항복을 청하는도다. 선비와 예맥이 해마다 노략질하여 백성을 잡아가 그 수가 수천 명이나 되었는데, 겨우 수십 명만을 보내니, 교화를 받으려는 마음가짐이 아니다. 지금 이후로는 현관(縣官)들과 싸우지 말 것이며, 스스로 귀순하여 포로를 돌려보내면 모두 속전(贖錢)을 지불하되, 한 사람당 비단 40필을 주고 어린이는 어른의 반을 주겠다."[327]

---

324) 『三國史記』 권15, 高句麗本紀3, 太祖王 69年.
325) 『三國史記』 권15, 高句麗本紀3, 太祖王 69·70年.
326) 『三國史記』 권15, 高句麗本紀3, 太祖王 70年.
327) 『後漢書』 권85, 列傳75, 東夷 句驪.

라고 하였듯이, 포로 송환을 매개로 하여 관계개선을 도모하였다. 후한(後漢)은 고구려가 포로를 송환하자, 그 등급에 따라 속전(贖錢)을 지급하였다. 중원의 여러 왕조가 변방의 안정을 위해 실시한 세폐지급(歲幣支給)과 유사한 조치였다. 후한은 국교를 정상화하기 위해 속전 등을 지급한 것이다.

고구려는 태조왕의 재위 53년부터 70년까지 요동군 및 현도군과 격전을 치르면서 요동지역 진출을 시도하였다. 고구려의 군사활동 양상은 환인과 졸본 일대를 방어하기에 급급하던 형태에서 벗어나 요동 전역으로 작전 반경이 확대되었다.

태조왕은 재위 70년이 되면서 심신이 쇠약해져 국정을 직접 챙기지 못하게 되자, 여러 차례 군공을 세운 아우 수성에게 군국정사를 일임하였다.[328] 또 수성을 견제하기 위해 목도루(穆度婁)와 고복장(高福章)을 각각 좌보와 우보로 삼아 국정에 참여시켰다.[329]

수성은 권력을 장악한 후 왕위찬탈을 획책하였다. 목도루(穆度婁)는 신변의 위협을 느껴 사직하였고, 우보 고복장은 태조왕에게 충성을 다하였다. 고복장은 왕위찬탈 움직임이 노골화되자, 수성의 제거를 태조왕에게 주청하였으나 무시되었다. 태조왕은 고복장의 진언을 따르지 않고 수성에게 왕위를 양위하였다.[330]

태조왕의 양위는 수성의 강권을 이기지 못한 사실상의 찬탈로 추정된다. 태조왕은 왕권을 상실하고 별궁에 유폐되어 외롭고 쓸쓸한 말년을 보내게 되었다. 수성이 즉위하여 차대왕이 되었다. 그는 태조왕의 직계 자손과 여러 신료들을 주살하는 참극을 일으켰다.

고구려의 요동 공략 역시 일시 중단되었다. 고구려가 다시 공격에 나선 것은 A.D. 146년에 이르러서였다. 고구려는 무순-심양 방면으로 진출하지

---

328) 『三國史記』권15, 高句麗本紀3, 太祖王 69年.
329) 『三國史記』권15, 高句麗本紀3, 太祖王 71年.
330) 『三國史記』권15, 高句麗本紀3, 太祖王 90年.

않고, 압록강 하구에 위치한 서안평을 공격하였다.331) 후한은 태조왕이 훙서하고 차대왕이 즉위하는 혼란을 틈타 반격을 꾀하였다.

그러나 후한의 공격은 진충(陳忠)의 반대로 무산되었다.332) 안제(安帝)는 군사 정벌을 단행하지 않고 사절을 파견하여 조문하였다. 차대왕 역시 포로를 송환하는 등 양국 사이의 국교 정상화를 도모하였다. 양국 사이에는 전쟁이 종식되고 평화가 찾아왔다.333)

---

331) 『三國史記』 권15, 高句麗本紀3, 太祖王 94年.

332) 『後漢書』 권85, 列傳75, 東夷 句驪.

333) 『後漢書』 권85, 列傳75, 東夷 句驪傳에 의하면 '그 뒤로 예맥이 복속하니 동쪽 변경에 사건이 줄었다'라고 하여, 화평이 지속되었음을 보여준다. 이를 반증하듯이 『삼국사 기』 고구려본기 차대왕 조에도 재위 20년 동안 후한과 충돌한 기록이 보이지 않는다.

제5장 예맥의 환동해지역 이주와
옥저 · 동예의 건국

Ⅰ. 북옥저의 건국과 문화원형

1. 예족의 이주와 옥저 건국

옥저는 함흥 이북의 동해안 일대, 중국 동북지역, 연해주 남부지역 등에 분포한 남옥저(혹은 동옥저)와 북옥저를 합하여 일컫는 명칭이다. 옥저 사람들의 언어·음식·주거·의복 등이 고구려와 비슷한 동일한 갈래라는 점은 주지의 사실이다.[1]

그런데 북옥저가 건국의 토대를 마련한 두만강 유역과 연해주 남부지역 일대의 원주민은 예맥 계통의 주민이 아니라 퉁구스 일파였다. 퉁구스의 기원은 흑룡강 중·하류지역 및 연해주, 삼강평원 일대에 거주하며 편직문토기문화 등을 영위한 집단에 있다.

동북아시아의 신석기문화는 요서와 요동 일대의 빗살무늬토기문화, 눈강 유역과 대흥안령 일대의 융기문토기문화, 연해주와 흑룡강 중·하류지역의 편직문토기문화로 구분된다.[2] 연해주 일대와 흑룡강 하류지역은 편직문토

---

1) 『後漢書』 권85, 東夷列傳75, 東沃沮.

2) 大貫靜夫, 1989, 「東北亞州中的中國東北地區原始文化」, 『慶祝蘇秉琦考古五十五年論文

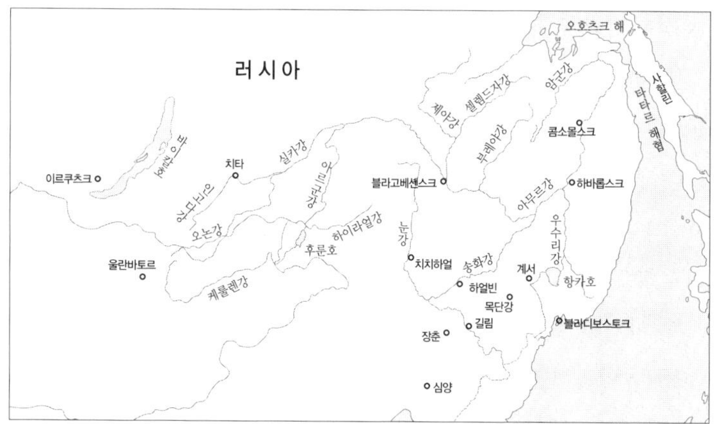

〈그림 5-1〉 지도를 통해 본 흑룡강의 수로(水路) : 흑룡강은 검은 용이 기어가는 모습에서 유래하였으며, 러시아에서 아무르강으로 부른다. 몽고의 중앙부에서 발원하여 중국과 러시아 국경을 이루며 4,400km에 이르는 세계 10대 강 중의 하나이며, 극동지역 선사문화와 고대문화의 요람이었다.

기문화가 형성되었지만, 융기문토기문화와 빗살무늬토기문화도 적지 않은 영향을 미쳤다.

융기문토기문화는 연해주를 비롯한 환동해지역을 거쳐 한반도 동해안 일대로 전파되었다. 그 외에 우수리강 유역에 위치한 요하현(饒河縣) 소남산 (小南山) 유적에서는 빗살무늬토기문화 계통의 홍산문화의 영향을 받은 유적이 조사되었다.3) 그러나 환동해 북부지역의 신석기문화는 연해주와 흑룡강 하류지역에서 발전한 편직문토기문화가 주류를 이루었다.

환동해지역의 신석기문화는 시기가 올라갈수록 흑룡강 하류지역과 연해 주 일대의 전통이 주류를 이루고, 후기로 내려오면서 요서의 홍산문화 등이 일부 영향을 미쳤다. 바이칼지역에서 신석기문화를 영위한 집단도 흑룡강 수로(水路)를 통해 환동해 북부지역으로 이주하여 일정한 영향력을 행사하였다.

환동해지역의 청동문화 역시 요서와 요동 방면이 아니라, 동부 시베리아와

集』, 文物出版社.

3) 譚英杰, 1972, 「黑龍江饒河小南山遺址試掘簡報」, 『考古』 第2期.

흑룡강 상류지역을 통해 유입되었따. 청동문화는 오논강·케룰렌강과 흑룡
강을 연결하는 수로(水路)를 통해 유입되었다. 흑룡강의 지류인 오논강,
대흥안령산맥 서쪽의 후룬호에서 끝나는 케룰렌강은 몽고 중앙부와 트랜스
바이칼리아산맥 및 동북평원 북부를 연결하는 통로 역할을 하였다.[4]

퉁구스족의 기원은 동부 시베리아와 몽고 방면에서 흑룡강 수로를 통해
환동해지역으로 이주한 집단에 있다. 이들이 토착주민과 교류·융합하여
퉁구스-만어민족을 형성한 것으로 보고 있다.[5] 이와는 달리 바이칼지역
및 흑룡강 유역과 연해주 일대에서 여러 유형의 청동문화를 영위한 집단을
고아시아족으로 보는 견해도 없지 않다.[6]

환동해지역의 청동문화 형성에 영향을 미친 유형은 글라스꼬보문화 등을
들 수 있다. 글라스꼬보문화는 바이칼지역·앙가라강 유역·레나강 상류지역·
셀렌가강 하류 일대에 분포하였다. 그 상한은 B.C. 20세기 전후이다.[7] 글라스
꼬보문화는 흑룡강 중·하류지역을 비롯하여 환동해지역으로 확산되면서
퉁구스족 형성의 근간이 되었다.

레나강 중류에서 B.C. 15세기부터 B.C. 10세기에 걸쳐 으이므이야흐따흐
문화를 영위한 집단도 퉁구스족의 형성에 영향을 미쳤다. 아브일라아후 I 유
적에서 청동을 주조한 흔적이 확인되었는데, 그 연대는 B.C. 12세기에 해당된
다. 으이므이야흐따흐문화를 영위한 집단과 베링 해협 부근에 현재 살고
있는 축치 및 까랴끼 등은 밀접한 관련이 있는 것으로 조사되었다.[8]

유라시아 초원지역에서 성행한 카라스크 유형의 청동문화 역시 일정한
영향을 미쳤다. 연해주 일대에서 카라스크문화와 스키토-시베리아 유형의

---

4) 니콜라 드코스모著/이재정 譯, 2005, 앞의 책, 29쪽.
5) 오클라드니코프, 1950, 「시베리아의 주민형성의 초기단계에 대하여」, 『소비에트민족
   학』 2호.
6) A. P. 데레반코, 1976, 『프리아무르(기원전 1000년기)』, 272~275쪽.
7) 정석배, 2004, 『북방유라시아대륙의 청동기문화』, 학연문화사, 227쪽.
8) 정석배, 2004, 위의 책, 233~235쪽.

동검을 모방한 석검이 조사된 사례가 참조된다.[9] 이들 고고자료는 남부 시베리아 및 바이칼지역 청동문화가 몽고 방면을 거쳐 환동해지역으로 전파되었거나 혹은 주민이 이주한 흔적을 반영한다.

환동해지역 일대에서 퉁구스족 혹은 고아시아족 일파가 영위한 청동문화는 흑룡강 중·하류지역의 우릴문화와 연해주 일대의 얀콥스키문화를 들 수 있다. 우릴문화와 얀콥스키문화는 다른 계통의 문화가 아니라 동일한 갈래에 속한 집단이 영위하였다.[10]

우릴문화와 얀콥스키문화의 담당자는 각각 흑룡강 중·하류지역과 연해주 일대에 거주하던 퉁구스 일파였다. 이들 문화를 영위한 집단은 일찍부터 철기문화를 형성하였다. 우릴문화 유적에서 수집된 목탄의 탄소연대측정에 의하면 철기시대의 상한은 B.C. 11세기, 수륜보정 연대는 B.C. 14세기 전후로 확인되었다.[11]

우릴문화는 폴체문화로 계승되었고,[12] 얀콥스키문화는 크로우노프카문화로 이어졌다. 크로우노프카문화의 유적은 연해주 남부지역에서 200곳 이상이 확인되었다.[13] 그 상한은 B.C. 9세기 전후, B.C. 5세기 무렵 등으로

---

9) 카라스크 문화의 중심지는 미누신스크분지이며, 서쪽으로 투르크메니스탄, 동쪽으로 자바이칼, 남쪽으로 내·외몽고와 중앙아시아 등에서 발견된다. 카라스크 문화는 B.C. 13세기를 전후한 시기에 시작되어 B.C. 8세기 무렵까지 지속되었다(E. A. 노브고로도바 지음/이재정 옮김, 2005, 『동북아시아와 카라스크문화』, 고구려연구재단).

10) 연해주 해안지역에서 얀콥스키문화를 영위한 집단은 흑룡강 중·하류지역의 우릴문화인과 토기의 기형조합, 석부, 주거지 등 문화양상이 유사한 양상을 보여 동일한 갈래였을 가능성이 높다(E.I. 데레뱐코, 1981).

11) 얀콥스키문화는 처음에는 시데미문화 혹은 패총문화로 불렀으며, 중심 연대는 B.C. 8세기부터 B.C. 4세기까지로 보고 있다. 페샨느이 유적에서 철제 유물이 발견되면서 철기시대로 귀속되었고, 그 중심지역은 연해주 남부의 해안지대이다(오클라드니코프, 1963, 『페샨느이 반도의 고대유적』).

12) 폴체문화는 지역별 차이가 나타나는데 흑룡강 중·하류 및 연해주 중부 이북의 폴체문화, 흑룡강성 서북부에 걸친 중국 지역의 蜿蜒河 유형 폴체문화, 삼강평원의 滾兎嶺文化, 칠성하 유역의 폴체문화로 구분된다. 이에 대해서는 다음의 글을 참조하기 바란다(강인욱, 2008, 『고고학으로 본 옥저문화』, 동북아역사재단, 40~59쪽).

13) 끌류예프, 2007, 「러시아 연해주 남부의 초기 철기시대문화(크로우노프카문화)」,

이해한다.[14)]

함북 무산 호곡동과 회령 오동 등에서도 관련 유적이 조사되었다.[15)] 한반도의 다른 지역과는 달리 함북은 고인돌이 확인되지 않는 특징을 보인다. 함북은 얀콥스키문화를 계승한 크로우노프카문화가 발전하였다.[16)] 우릴문화와 얀콥스키문화, 폴체문화와 크로우노프카문화를 영위한 집단은 퉁구스 일파 혹은 고아시아족이었다.

두만강 유역과 연해주 일대는 청동문화가 중국 동북지역을 거치지 않고 다른 루트를 통해 일찍부터 수용되었다.[17)] 이들 지역은 B.C. 4세기를 전후하여 크로우노프카 1기(전기 유형)가 종식되고, 북옥저와 관련된 크로우노프카 2기(후기 유형)가 시작되면서 변화가 일어났다.

『연해주와 인접지역의 고고학 자료로 본 *沃沮*』, 부경대 해양문화연구소 국제학술대회발표문.

14) 러시아 학계의 크로우노프카문화의 편년 구분에 대해서는 다음의 글을 참조하기 바란다(김재윤, 2008, 「북한과 중국 연변지구의 초기 철기시대 문화」, 『고고학으로 본 옥저문화』, 동북아역사재단, 88쪽 도표 1).

15) 북한 학계는 이들 유적에서 발견된 쇠도끼를 비롯한 철기유물이 석관묘의 마지막 시기에 해당되는 청동 유물과 함께 발견되는 것을 들어 그 시기를 B.C. 7세기~B.C. 5세기 무렵으로 추정하고 있다(황기덕, 1963, 「두만강 유역 철기시대의 개시에 대하여」, 『고고민속』 4, 사회과학출판사, 7쪽). 그 반면에 남한학계는 B.C. 3세기에 접어들어야 철기문화가 한반도로 유입된 것으로 보고 있다(金元龍, 1981, 『한국사』 1, 국사편찬위원회, 389쪽).

16) 함북의 무산 범의구석·회령 오동·나진 초도·온성 강안리 등의 유적에서는 장방형주거지·발류토기·석상형 노지 등이 조사되었으며, 크로우노프카문화 전기 양식에 해당된 것으로 보고 있다. 그 반면에 강원지역에서 확인되는 呂자형주거지, 凸자형주거지, 외반구연 무경식 호형토기, 진흙으로 축조된 아궁이와 부뚜막 등은 크로우노프카문화의 후기 형식을 따르고 있다(A.L. 수보티나, 2008, 「한반도의 중도식 토기문화와 크로우노프카문화의 비교」, 『고고학으로 본 옥저문화』, 동북아연구재단 참조).

17) 최근에 러시안 연해주 바라바쉬-3 철기시대의 주거지 발굴 과정에서 철곽계통의 굴지구 6점을 비롯하여 7점의 철제품이 출토되었는데, 대장간과 함께 조사되었으며 그 연대는 B.C. 7세기~B.C. 5세기로 추정한다. 이러한 사례는 중국을 통한 철기문화 유입이 아니라 스텝지대를 통해 전파된 것으로 생각한다(강인욱 외, 2007, 「러시아연해주 바라바쉬-3 유적발굴보고」, 『연해주와 인접지역의 고고학 자료로 본 *沃沮*』, 부경대 해양문화연구소 국제학술대회).

크로우노프카 2기문화의 기원에 대해서는 러시아 학계의 경우 북한 유적(오동 2·3기) 혹은 만주지역의 단결문화(團結文化)에서 비롯된 것으로 보고 있다. 만주의 동쪽에서 형성되어 흥개호 부근으로 확산된 것으로 이해하기도 한다. 또한 얀콥스키문화에서 기원한 것으로 추정하는 견해도 없지 않다.[18]

중국 학계는 북옥저의 기층문화를 수분하 유역의 동녕현(東寧縣)에서 조사된 단결 유적에 근거하여 단결문화(團結文化)라고 부르고 있다.[19] 크로우노프카 2기문화 혹은 단결문화를 영위한 집단을 북옥저로 보는 데는 별다른 이견이 없다. 이들은 경질무문토기·시루·고배·마제석기·철제도구 등을 문화적 특징으로 하였다.[20]

주지하듯이 북옥저의 건국 주체세력은 예족(濊族)이었다. 예족은 크로우노프카 2기문화(단결문화)를 영위하면서 환동해지역 일대를 중심으로 옥저를 세웠다.[21] 북옥저의 세력권은 크로우노프카 2기문화 혹은 단결문화의 분포 범위를 통해 알 수 있다.

단결문화는 수분하 유역과 두만강의 지류인 하알하(呀嘎河) 주변, 훈춘하(琿春河) 일대에서 확인되었다. 이들 지역의 대표적인 유적은 동녕현(東寧縣)의 대성자(大城子)와 러시아령 쌍성자(雙城子), 훈춘 일송정(一松亭), 연길 왕청(汪淸), 백초구(百草溝)의 신안려(新安閭), 함북 나진 초도·회령 오동·무산 호곡동 유적 등을 들 수 있다.

단결문화의 분포 범위를 남쪽의 함북에서 북쪽으로 완달산(完達山)의 기슭, 서쪽은 목단강과 노야령(老爺嶺) 일대에 이른 것으로 이해한다.[22]

---

18) 크로우노프카-단결문화의 기원과 관련한 러시아 학계의 연구 동향은 다음의 글을 참조하기 바란다(김재윤, 2008, 앞의 글, 128쪽).

19) 林澐, 1985, 「論團結文化」, 『北方文化』 1期.

20) 단결-크로우노프카문화는 옥저 혹은 북옥저의 기층문화로 이해되고 있다(브로댠스키 데. 엘. 1987, 『극동 고고학 개론』 ; 정석배 역, 1996, 『연해주의 고고학』).

21) 林澐, 1985, 앞의 글 ; 브로댠스키 데. 엘, 1987, 『극동 고고학 개론』(정석배 역, 1996, 『연해주의 고고학』).

22) 林澐, 1985, 「論團結文化」, 『北方文物』 1期, 16쪽.

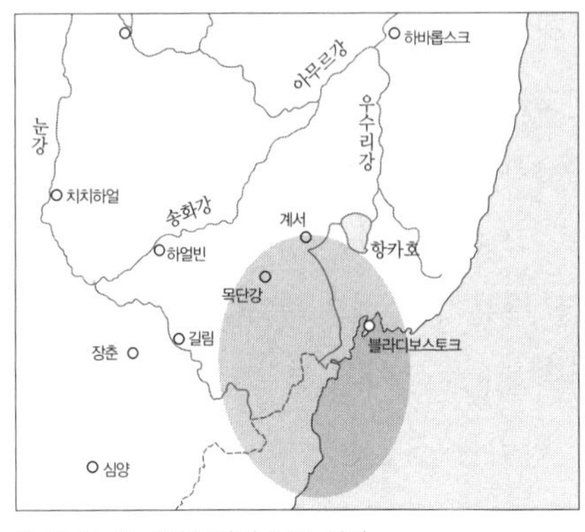

<〈그림 5-2〉 단결문화의 분포 범위>

또한 노야령 이동(以東)·흥개호(興凱湖) 이남(以南),23) 경박호(鏡泊湖) 이남(以南)·영액령(英額嶺) 이동(以東)의 두만강 북쪽지역,24) 혹은 목단강 유역까지 확대하여 보기도 한다.25) 단결문화의 분포 지역에 대해서는 학자들마다 견해 차이가 적지 않지만, 최대 범위는 <그림 5-2>와 같다.

옥저를 세운 예족은 토착 주민이 아니라 다른 지역에서 이주해 왔다. 예족의 이동 경로와 원주지에 대해서는 기록이 남아 있지 않아 잘 알 수 없다. 부여를 세운 예족의 일부가 환동해지역으로 이주하여 옥저를 세운 것으로 추정된다.

예족의 이주와 관련하여 세형동검이 이즈웨스토프카 유적을 비롯하여 연해주 남부의 피터대제만과 아무르만으로 흘러가는 하천의 비옥한 충적대지에서 확인된 사실이 참조된다.26) 우수리스크 부근에 위치한 체르냐치노 유적에서 온돌이 조사된 사실 역시 예족의 이주를 반영한다.27) 예족이 환동해지역으로 이주하여 옥저를 세운 시기는 B.C. 3세기 전후였다.

크로우노프카 2기문화 역시 비슷한 시기에 시작되었다.28) 문헌을 통해서

---

23) 李强, 1981, 「沃沮, 東沃沮考略」, 『北方文物』 1期, 6~8쪽.

24) 日野開三郎, 1988, 『東北アジア民族史』上, 三一書房, 104쪽.

25) 匡瑜, 1982, 「戰國至兩漢的北沃沮文化」, 『黑龍江文物叢刊』 1期, 27쪽.

26) 연해주 일대에서 세형동검이 발견된 경위와 그 성격에 대해서는 다음의 글을 참조하기 바란다(강인욱, 2008, 『춤추는 발해인』, 주류성, 195~200쪽).

27) 온돌을 최초로 사용한 집단은 북옥저인들이며, 고구려와 발해를 거쳐 고려와 조선으로 계승되었다. 그 외에 북흉노지역(바이칼호 동쪽인 자바이칼)이나 로마에서도 온돌이 발견됐지만, 북옥저보다 시기적으로 조금 늦은 편에 해당된다.

28) 김재윤, 2007, 「동북한과 연변지구의 초기철기시대문화(團結文化)」, 『연해주와 인접

도 옥저가 B.C. 3세기를 전후하여 건국된 사실이 확인된다.『삼국지』동옥저전에는 한(漢) 초에 연(燕)의 망명객 위만이 조선의 왕이 되면서 옥저의 읍락들을 복속한 내용이 남아 있다.29) 또한 무제(武帝)가 고조선을 멸망시킨 후 4군을 설치할 때 현도군의 치소(治所)를 옥저성(沃沮城)에 두었다는 기록도 전한다.30)

옥저는 위만이 고조선의 왕권을 장악한 B.C. 190년 무렵 이전부터 존재하였다. 예족의 환동해지역 이주는 B.C. 3세기를 전후하여 일어난 기후변화와 관련이 있다. 이들은 처음에는 수분하 유역을 비롯한 내륙지역에 거주하였으나, 온도가 5℃ 정도 추워진 한랭기(寒冷期)를 맞이하여 해안지역으로 이주하였다.31)

〈그림 5-3〉 연해주에서 발굴된 옥저의 온돌 흔적 : 한국 전통문화학교 박물관이 조사한 체르냐치노 유적에서 옥저시대에 사용된 쪽구들이 확인되었다. 한쪽 벽 부분만 10cm정도 남아 있고, 나머지 부분은 거의 남아 있지 않았다.

예족은 춥고 건조한 기후를 피해 연해주 남부, 함북과 강원의 해안지역으로 이주하였다. 예족의 해안지역 진출은 내륙지역을 버려둔 상태에서 추진된 것이 아니라, 내륙과 해안에서 공존하는 방향으로 이루어졌다.32) 연해주 남부지역과 두만강 하류지역은 예족이 이주하기 전에는 해양성 패총문화인 얀콥스키문화를 영

지역의 고고학 자료로 본 *沃沮*』, 부경대 해양문화연구소 국제학술대회, 84쪽.

29)『三國志』권30, 魏書30, 烏丸鮮卑東夷傳 30, 東沃沮.

30)『後漢書』권85, 東夷列傳75, 東沃沮.

31) 남부 연해주 일대의 기원전 1000년기 후반과 현재의 기후변화에 대해서는 다음의 글을 참조하기 바란다(A. L. 수보티나, 2008, 앞의 글, 247쪽 표21 참조).

32) 김재윤, 2007, 앞의 글, 84쪽. 한편 크로우노프카 2기문화의 담당자들이 해안지역으로 진출함에 따라 얀콥스키문화인의 일부는 내륙으로 이주하였다. 이들은 크로우노프카문화와 혼합하여 아누치노1 유적과 같은 '내륙 유형의 얀콥스키문화' 혹은 '크로우노프카-얀콥스키 유형'의 문화를 형성하였다(A.L. 수보티나, 2008, 위의 글, 247쪽).

위한 퉁구스 집단이 점유하였다.

예족의 이주는 강원 해안을 거쳐 영일만에 이르렀다. 다른 갈래는 태백산맥을 넘어 한강 중·상류를 비롯하여 영서지역까지 진출하였다.[33] 예족은 남쪽으로 이주하면서 동해안지역과 영서지역의 토착사회에 큰 영향을 미쳤다. 그리하여 동해안 일대에서는 남옥저(혹은 동옥저)가 건국되고, 남한강과 북한강 유역은 영서예문화권(嶺西濊文化圈)이 형성되는 계기가 되었다.[34]

2. 고구려·읍루의 각축과 북옥저의 쇠퇴

북옥저의 기층문화였던 단결문화 혹은 크로우노프카 2기문화는 서력 기원을 전후하여 종식되었다. 크로우노프카 2기문화의 소멸은 고구려의 두만강 유역 진출과 폴체문화를 영위한 읍루의 남하라는 두 가지 원인에 의해 일어났다.[35]

고구려의 북옥저 방면 진출은 동명왕 때부터 추진되었다. 동명왕은 북옥저 장악에 앞서 B.C. 32년에 오이(烏伊)와 부분노(扶芬奴)에게 명하여 행인국(荇人國)을 공격하였다.[36] 행인국은 압록강을 따라 두만강 유역의 북옥저로 가는 길목[37] 혹은 장백현 일대에 위치하였다.[38]

고구려는 행인국을 복속한 4년 뒤에 북옥저마저 장악하였다.[39] 고구려가 건국 직후부터 북옥저 방면으로 적극 진출한 까닭은 해안지대를 차지하기

---

33) 단결문화 혹은 크로우노프카 2기문화의 확산은 기후의 한랭화와 생활환경의 변화에 따라 농경을 위한 새로운 지역을 찾기 위한 과정에서 일어났다(보스트레초프, 1985, 『연해주 키롭스키유적 크로우노프까문화 주거지발굴』).

34) 문안식, 1996, 「嶺西濊文化圈의 設定과 歷史地理的 背景」, 『동국사학』 30.

35) 브로댠스키 데. 엘, 1987a, 앞의 글.

36) 『三國史記』 권13, 高句麗本紀1, 東明聖王 10年.

37) 金美烇, 2000, 앞의 글, 101쪽.

38) 행인국의 위치에 대해서는 장백산 동남지역, 즉 현재의 장백 조선족자치현 부근으로 보고 있다(孫進己·馮永謙, 1989, 『東北歷史地理』 第1卷, 黑龍江人民出版社, 264쪽).

39) 『三國史記』 권13, 高句麗本紀1, 東明聖王 6年.

〈그림 5-4〉 책성으로 추정되는 연길 성자산산성(城子山山城) 전경 : 연길시에서 동쪽으로 10km 지점의 장안진(長安鎭) 마반촌(磨盤村) 산성리둔(山城里屯) 서쪽의 성자산에 위치한다. 성자산의 동·남·서의 3면을 감싸 흐르는 포이합통하(布爾合通河)가 산성의 동남 성벽 아래에서 해란강(海蘭江)과 합류한다. 산성은 해발 390m의 주봉을 비롯한 4개의 봉우리를 연결하는 방식으로 축조되었다.

위해서였다. 고구려는 북옥저를 복속하여 소금·수산물 등을 공물로 징수하고, 부여의 배후를 견제할 수 있는 거점을 마련하였다.

또한 두만강 유역에서 생산되는 풍부한 철자원 등을 확보하기 위해서도 북옥저 방면으로 진출이 필요하였다.[40] 고구려는 신빈현으로 군치(郡治)를 옮긴 제2현도군이 부여-읍루-북옥저-남옥저를 연결하여 외곽을 포위하는 전략을 분쇄할 필요도 없지 않았다.[41]

고구려의 북옥저 진출은 동명왕 때부터 시작되어 대무신왕과 태조왕 때까지 지속적으로 추진되었다. 북옥저는 고구려에 복속된 상태에서 읍루의 침입을 자주 받았다. 읍루 사람들은 배를 타고 다니면서 노략질을 자행하여 북옥저가 많은 피해를 입었다.[42]

북옥저는 읍루의 공격에 시달리면서 고구려에 밀착하는 방향으로 나아갔다. 고구려는 A.D. 30년(대무신왕 13)에 이르러 상수(尙須) 등의 귀부[43]를 계기로 북옥저 진출을 본격화하였다. 매구곡은 매구루 혹은 치구루[44]와

---

40) 계루부의 발원지를 두만강 유역으로 간주하고 이곳의 철을 기반으로 성장한 것으로 생각하는 견해도 있다(이용범, 1966, 「고구려의 성장과 철」, 『백산학보』 1). 또한 무산 호곡동유적 역시 철산지로 잘 알려져 있다(황기덕, 1963, 앞의 글, 9쪽).

41) 神崎勝, 1995·1996, 「夫餘の歷史に關する覺書」 上·下, 『立命館文學』 542·544.

42) 『三國志』 권30, 魏書30, 烏丸鮮卑東夷傳, 東沃沮.

43) 『三國史記』 권14, 高句麗本紀2, 大武神王 13年.

44) 『三國志』 권30, 魏書30, 烏丸鮮卑東夷傳, 東沃沮.

동일한 지역으로 추정되며, 북옥저의 중심지인 책성(柵城)[45]을 가리킨다.

책성의 위치는 훈춘(琿春) 일대 혹은 온특혁부성(溫特赫部城),[46] 함북 경성(鏡城),[47] 연길 성자산산성(城子山山城)[48] 등으로 보고 있다. 대무신왕은 적극적인 팽창정책을 통해 매구루·치구루로 불리던 책성을 장악하는 등 북옥저의 중심지역을 차지하였다.[49]

고구려의 북옥저 통치는 태조왕 때에 이르러 지방관을 파견하는 단계로 발전하였다. 태조왕은 A.D. 98년(동왕 46)에 책성을 방문하여 사냥을 하였고, 성(城)을 지키는 관리들에게 차등을 두어 물건을 하사하였다.[50] 태조왕은 그 다음 해에도 사신을 보내 백성을 안심시키는[51] 등 북옥저 통치에 많은 노력을 기울였다.

북옥저는 동명왕의 진출 이래 대무신왕과 태조왕의 적극적인 노력에 의하여 고구려의 영토로 편입되었다. 북옥저는 고구려의 지배를 받으면서 단결문화 혹은 크로우노프카 2기문화로 명명된 토착전통이 사라져 갔다. 그러나 고구려가 북옥저의 모든 영역을 차지한 것은 아니었고, 그 중심지에 해당되는 책성 일대를 복속한 것에 불과하였다.

연해주 남부지역은 고구려가 아니라 읍루의 세력권에 편입되었다. 읍루의 일파는 크로우노프카 2기문화를 영위하던 옥저계 주민과 접촉하여 연해주 폴체문화(올가문화)를 형성하였다.[52] 그리하여 수분하 유역과 목단강 유역

---

45) 『魏書』 列傳88, 高句麗傳을 참조하여 동부여의 중심지를 책성으로 보고 있다(노태돈, 1993, 「주몽의 출자전승과 계루부의 기원」, 『한국고대사논총』 5).

46) 엄장록·정영진, 1989, 「연변의 주요한 고구려 고성에 대한 고찰─고구려의 책성을 겸하여 논함」, 『연변대학조선학국제학술토론회론문집(1)』.

47) 李丙燾, 1976, 앞의 책, 229쪽.

48) 박진석, 1995, 「고구려 柵城遺址를 다시 논함」, 『中國境內高句麗遺蹟研究』, 85쪽.

49) 이지린·강인숙, 1976, 앞의 책, 68쪽.

50) 『三國史記』 권15, 高句麗本紀3, 太祖王 46年.

51) 『三國史記』 권15, 高句麗本紀3, 太祖王 47年.

52) 국립문화재연구소, 2004, 『연해주 블로치카 유적 I』, 제4차 한·러 공동발굴조사. 한편 읍루의 기층문화를 폴체문화로 보지 않고, 그 일부 집단이 연해주 남부지역으로

및 연해주 남부지역 일대는 옥저인의 자취가 사라지고 읍루 사람들의 무대가 되었다.

읍루는 목단강 유역과 삼강평원 및 연해주 남부지역까지 세력을 확대하였다. 읍루는 오곡·마포·적옥(赤玉) 등을 생산하며 자급자족 경제를 영위하였다. 그러나 읍루 사람들은 주로 산악지대에 거주하였기 때문에 식생활이 풍족하지 못하여 북옥저를 약탈하여 부족한 물자를 해결하고자 하였다.

북옥저는 읍루의 잦은 침입을 받아 많은 피해를 당하였다.『후한서』동옥저 전에는

> A. 읍루 사람들은 배를 타고 노략질하는 것을 즐겼는데, 북옥저는 이들의 노략질을 두려워하여 매년 여름이 되면 번번이 바위굴에 숨었다가 겨울이 되어 뱃길이 통하지 않으면 이에 내려와 읍락에 거처하였다.[53]

라고 하였듯이, 읍루가 북옥저를 자주 공격하여 약탈행위를 자행한 사실이 남아 있다.

양국의 적대관계는 폴체문화가 남쪽으로 확산되는 과정에서 형성되었다. 폴체문화는 무기류의 비중이 높으며, 철기와 골각기로 만든 화살촉과 찰갑·철검 등이 여러 유적에서 확인되었다. 찰갑이 폴체문화의 거의 모든 주거지에서 발견되는 등 읍루 사람들은 전쟁이 생활의 일부가 되었다.[54]

읍루 사람들은 높은 산 위에 자리한 성곽에 거주하는 등 호전적인 집단이었다. 이들은 갑옷과 철제무기로 무장한 채 북옥저를 자주 공격하였다. 읍루의 무기 중에서 위력이 쇠뇌와 같은 활이 특히 위협적이었다. 이들은 청석(靑石)

진출한 이후 크로우노프카문화를 받아들이며 형성된 올가문화(연해주 폴체문화)로 국한하여 보기도 한다(보스트레초프, 1996,『동해의 해양적응과 농경 적응의 상호관계』).

53)『三國志』권30, 魏書30, 烏丸鮮卑東夷傳, 東沃沮.

54) 강인욱, 2008, 앞의 책, 45쪽.

〈그림 5-5〉 폴체문화를 영위한 집단이 남긴 찰갑 : 초기 철기시대에 만들어진 찰갑으로 하바로프스크에서 출토되었으며, 아무르고고학 박물관에 소장되어 있다.

으로 만든 화살촉에 독을 발라 정확하게 쏠 수 있었다.

옥저 사람들은 잡곡농경을 주요 생계로 하면서 강가에 취락을 이루고 생활하였다. 두만강 하류지역이나 바닷가의 사정도 큰 차이가 없었다. 북옥저는 고구려에 신속된 상태에서 읍루의 잦은 침입에 시달리는 등 어려운 생활을 이어갔다.

북옥저는 3세기 후반에 위(魏)를 대신하여 진(晉)이 중국대륙을 장악한 후 격랑 속으로 빠져 들었다. 북중국과 만주지역 역시 유목민족들이 끊임없이 분파되면서 각축전을 펼쳤다. 그 과정에서 길림시 일대에 중심지를 두고 있던 부여는 모용선비의 공격을 받아 285년에 수도가 함락되고 국왕 의려(依慮)가 자살하는 등 큰 타격을 받았다.[55]

부여의 왕족과 주민들 중에 모용선비의 공격을 피해 두만강 유역의 북옥저 방면으로 피란 온 무리가 생겨났다. 부여의 일파가 망명한 옥저의 위치를 동해안 일대로 보기도 하지만,[56] 두만강 유역으로 이해하는 것이 일반적이다.[57]

부여가 진(晉)의 도움을 받아 모용선비를 물리친 후 피난민들은 귀국하였다. 부여로 돌아가지 않고 두만강 유역에 남은 유민들도 없지 않았다. 이들이 중심이 되어 새로운 나라가 세워졌다. 부여 유민들이 두만강 유역에 세운 국가를 동부여로 보고 있다.[58]

---

55) 『晉書』 권97, 東夷列傳67, 夫餘.

56) 李丙燾, 1976, 앞의 책, 201~206쪽.

57) 池內宏, 1951, 위의 글, 462~464쪽.

58) 盧泰敦, 1999, 앞의 책, 31쪽.

북부여와 부여 및 동부여를 동일한 국가로 생각하는 견해도 있다.[59] 또한 동부여와 북부여를 동일한 실체로 이해하기도 한다.[60] 이와는 달리 부여와 북부여 만이 동일한 집단이며, 동부여는 실체가 다른 집단으로 생각하는 견해도 없지 않다.[61] 북옥저의 원주민들은 고구려의 지배에서 벗어나 동부여에 흡수 동화되면서 역사의 장막 너머로 사라지게 되었다.[62]

II. 남옥저의 기원과 대외관계의 변화

1. 임둔의 성장과 창해군 설치

예족이 목단강 유역과 수분하 유역, 두만강 유역 및 연해주 일대로 이주하여 세운 국가는 북옥저였다. 예족의 일부는 B.C. 3세기를 전후하여 한랭기가 도래한 후 동해안지역과 영서지역 일대로 남하하였다. 이들이 동해안 일대에 정착하여 세운 국가가 남옥저였다.

남옥저는 함흥을 비롯하여 함남 해안지역이 중심이 되었다. 예족이 이주하기 전에 함흥을 비롯한 함남 일대는 청동문화를 영위하던 토착민이 거주하였다. 동해안지역의 청동문화는 여러 방면에서 전파된 문화 양식의 영향을

---

59) 金毓黻, 1940, 『東北通史』 5, 國立東北大學硏究室叢書 ; 李健才, 1986, 「北扶餘, 東扶餘, 豆莫婁的由來」, 『東北史地考略』, 吉林文史出版社.

60) 張博泉, 1981, 「夫余史地叢說」, 『社會科學輯刊』 6期 ; 김병룡, 1991, 「후부여의 성립」, 『력사과학』 3기 ; 李道學, 1991, 「方位名 夫餘國의 성립에 관한 檢討」, 『백산학보』 38 ; 魏國忠, 1995, 『東北民族史硏究』 2, 中州古籍出版社 ; 송호정, 1997, 「부여의 성립」, 『한국사』 4, 국사편찬위원회.

61) 북부여와 부여를 동일한 집단으로 보고, 여기서 동부여가 갈라져 나간 것으로 보는 견해는 다음의 글을 참고하기 바란다. 池內宏, 1992, 「夫餘考」, 『滿鮮地理歷史硏究報告』 13 ; 日野開三郞, 1946, 「夫餘國考─特にその中心地の位置に就いて─」, 『史淵』 34 ; 孫進己, 1987, 『東北民族源流』, 黑龍江人民出版社 ; 盧泰敦, 1989, 「夫餘國의 境域과 그 變遷」, 『國史館論叢』 4 ; 朴京哲, 1992, 「扶餘史 展開에 關한 再認識 試論」, 『白山學報』 40.

62) 문안식, 2008, 「옥저의 기원과 대외관계의 변화」, 『역사학연구』 32.

받았다.

동해안지역의 청동기시대 유적에서 확인되는 이중구연토기는 평안도의 팽이형토기와 유사한 형태이고, 공열토기는 압록강 중류지역의 영향을 받았다. 영동지방은 한반도 중부 이남지역에서 성행한 가락동유형, 역삼동 유형 혹은 흔암리유형 청동문화와도 교류관계를 유지하였다.[63]

청동문화를 영위한 사람들은 구릉에 위치한 취락에 살면서 반월형석도를 비롯한 수확도구, 벌목 및 개간 도구 등을 이용하였다.[64] 청동문화를 영위한 사람들은 채집과 어로 위주에서 벗어나 농경활동에 종사하였다. 동해안지역 의 토착사회는 예인(濊人)이 이주하면서 국가형성 단계로 접어들었다.

동해안지역에 들어선 최초의 국가는 임둔(臨屯)이었다. 임둔이 사서(史書) 에 처음으로 등장한 것은 위만조선과 맺은 대외관계 기사이다. 위만이 한(漢)의 선진물자를 얻어 진번과 임둔을 복속하였다는 기록에서 비롯된 다.[65]

위만이 고조선의 왕권을 장악한 후 한(漢)의 외신(外臣)에 책봉된 시기는 대략 B.C. 193년 무렵으로 보고 있다.[66] 임둔은 B.C. 3세기 이전부터 존재하였 으며, 종족 혹은 특정 국가를 의미하는 정치체가 아니라 지역 명칭이었다. 임둔은 동해안지역에 거주하던 예족(濊族)의 분포지역을 지칭한다.

임둔의 영역은 대략 북쪽의 마천령에서 남쪽으로 예백장(濊伯長)의 구리도 장(銅印)[67]이 발견된 영일만 부근까지 해당된다. 임둔지역은 철기문화의 유입에 따른 토착사회의 발전에도 불구하고 독자적인 성장을 지속하지 못한 채 위만에게 복속되었다.

---

63) 이성주, 2008, 앞의 글.

64) 백홍기·오건환 1997, 「중부 동해안지역 선사유적의 분포특성과 지형환경」, 『古文化』 50, 한국대학박물관협회.

65) 『史記』 권115, 朝鮮列傳55.

66) 국사편찬위원회, 1989, 『譯註 中國正史朝鮮傳』, 91쪽.

67) 梅原末治, 1967, 「晉率善濊伯長銅印」, 『考古美術』 8-1·2.

고조선의 영향력은

> A. 예(濊)는 북쪽으로 고구려·옥저, 남쪽으로 진한(辰韓)과 접해 있고, 동쪽은 대해(大海)에 닿았으며, 서쪽은 낙랑에 이른다. 예 및 옥저·고구려는 본디 모두 옛 조선의 지역이다.[68]

라고 하였듯이, 동예와 옥저(남옥저)가 위치한 동해안 일대까지 미쳤다. 고조선의 활발한 영역확장은 한(漢)과 대립을 촉발하였다. 한(漢)은 건국 초기여서 통치 질서가 아직 확립되지 못하였고, 흉노의 계속되는 위협에 직면하여 고조선과 우호관계를 맺었다.

한(漢)은 위만이 고조선의 왕위를 차지하자 요동군을 통해 관계를 맺었다. 위만은 한(漢)의 효제(孝帝) 때에 외신(外臣)이 되었다. 한(漢)은 철제무기와 재물을 제공하였다. 위만은 한(漢)에서 받은 선진물자를 활용하여 임둔과 진번 등의 주변 제국을 복속하여 그 영역이 사방 수천 리에 이르렀다.[69]

위만은 동해안의 토착집단을 복속한 후 토산물을 공납으로 받아들였다.[70] 위만은 임둔에서 공물로 받아들인 특산물의 일부를 전한(前漢) 및 흉노 등과 교역에 활용하였다. 고조선은 일찍부터 문피(文皮)와 타복(鼉服) 등을 제(齊)와의 교역에 이용하였다.[71] 흉노에서 예지(濊地)의 산물로 추정되는 예구(濊裘)가 발견[72]된 사례를 통해 볼 때 교역이 매우 활발하게 이루어진 사실을 알 수 있다.

고조선은 처음에는 교역에 필요한 문피(文皮) 등의 토산품을 상인을 통해 구입했다. 위만이 임둔을 복속한 이후에는 토산물을 공납으로 제공받아

---

68) 『後漢書』 권85, 東夷列傳75, 濊.

69) 『史記』 권115, 朝鮮列傳55.

70) 이는 고구려가 훗날 남옥저를 지배한 후 조세와 공물 등을 징수한 사실(『後漢書』 권85, 東夷列傳75, 東沃沮)을 통해 유추된다.

71) 『管子』 揆道, 輕重甲.

72) 『淮南子』 原道訓.

대외교역에 충당하였다. 임둔에서 거두어들인 토산물은 함흥을 경유하여 평양을 거쳐 한(漢)과 흉노 등으로 팔려나갔다.[73)]

〈그림 5-6〉 영일에서 출토된 구리 도장 : 진솔선예백장동인(晉率善穢伯長銅印)이라는 글자가 새겨져 있다.

고조선과 임둔 사이의 왕래는 함흥에서 용흥·맹산·순천·평양으로 연결되는 교통로를 통해 이루어졌다.[74)] 고조선과 임둔 사이의 교역이 활발해지면서 양쪽을 연결하는 교통로 상에 위치한 함흥 일대를 중심으로 남옥저가 발흥하였다.

남옥저의 중심지는 함흥만으로 흘러드는 성천강 하류의 함흥시와 함주군 일대로 보고 있다.[75)] 남옥저는 함흥을 비롯한 신포·북청·단천 등 함남 해안지역과 김책·길주 등 함북 남부 해안지역을 망라하였다.[76)] 남옥저의

---

73) 위만 조선이 漢·匈奴 등과의 교역에 동해안지역에서 산출되는 文皮와 毹服, 蕨菜 등의 산물을 활용한 사실을 언급한 직접적인 자료는 없다. 또한 『管子』등에 보이는 文皮와 毹服 등의 기록 역시 B.C. 7세기 전후의 기록에 해당된다. 그러나 창해군의 설치가 동해안지역에 대한 영향력 확대, 해산물의 확보 등과 관련이 있고, 設郡을 주도한 사람이 상인 출신 彭吳였던 사실을 고려하면 대외교섭이 활발하게 이루어졌을 가능성이 있다. 그 외에 漢의 武帝가 고조선을 공격할 때 구실로 한반도 남부지역에 위치한 衆國(혹은 辰國)과의 직접통교를 방해한 사실을 지적한 사실 역시 고려할 필요가 있다. 고조선이 漢과 辰國 사이의 직접 통교를 차단한 것은 중개무역의 이익을 차지하기 위해서였다. 고조선은 漢과 辰國 사이에서 중개무역의 이익을 독점하였듯이, 임둔·남옥저와 漢 사이의 직접교역을 통제하고 중개무역을 꾀하였을 가능성이 높다.

74) 함흥은 고조선의 중심지역과 통하는 도로의 시발점이었을 뿐만 아니라 북쪽의 고구려, 부여 및 읍루와도 연결되는 교통의 요충지였다. 그 외에도 함흥은 남쪽에 위치한 원산에서 추가령구조곡을 통하여 한반도 중부지방으로 진출하거나 동해안을 따라 뻗어 있는 천연의 교통로를 통해 진·변한과 접촉할 수 있는 무역과 교통의 중심지였다.

75) 성천강 하류지역에서 청동기와 철기 유물의 출토량이 많고 분포가 밀집된 곳은 함흥시 이화동유적과 그 인근의 함주시 대성리·조양리 등지이다. 따라서 이곳에 夫租縣治가 설치되었을 가능성이 높다(李賢惠, 1997, 앞의 글, 253쪽).

76) 남옥저와 북옥저의 경계는 함남과 함북을 가로지르는 마천령으로 볼 수 있다. 마천령은 함경남도 단천시 용덕리와 함경북도 김책시 장현동 경계에 위치하며, 해발고도 709m에 이를 만큼 높아 구름과 맞닿을 것 같다는 데서 이름이 유래하였다.

성장 배경은 고조선과 동해안지역 토착사회 사이의 무역거점 역할을 수행한 데 있다.

함흥은 대외교역의 이점 외에도 토질이 비옥하여 오곡이 잘 자라는 등 농경에 적합하였다.[77] 함흥평야에서 소출된 농산물과 인근 바다에서 거둬들인 소금을 비롯한 해산물은 남옥저의 성장과 발전에 필요한 자양분이 되었다.

고조선을 통해서 들어온 철기문화도 남옥저의 성장과 발전에 큰 영향을 미쳤다. 한(漢)에서 유입된 철기문화는 고조선의 수도였던 평양을 거쳐 주변지역으로 확산되었다.[78] 그러나 남옥저의 성장은 고조선의 견제 때문에 쉽지 않았다.

고조선은 교역로 차단과 무역 독점을 통해 많은 이득을 취하였다.[79] 고조선은 진국(辰國)을 비롯한 주변 소국들이 한(漢)과 직접 접촉하는 것을 차단하였다.[80] 그 외에 남옥저를 비롯한 동해안지역 수장층의 독자적인 대외교섭과 교역활동 역시 방해하였다.

동해안지역 토착사회는 고조선을 통해 선진문물을 수입하여 성장의 토대

그러나 함흥의 성천강에서 함북 길주의 무수단까지는 해안가에 좁고 길다란 평야지대가 동북에서 서남으로 펼쳐져 있어 『三國志』東沃沮傳에 보이는 지형 서술과 일치한다. 이를 근거로 남옥저의 영역을 마천령 이북에 위치한 길주와 김책까지 포함하기도 한다.

77) 함흥을 비롯하여 흥남·함주·정평·신흥 등에는 넓은 함흥평야가 펼쳐져 있는데, 城川江·廣浦江·金津江의 3강 유역에 발달되어 있다. 함흥평야는 남쪽의 영흥(금야)과 안변 등의 평야와 합하여 함남평야를 이룬다.

78) 이는 고조선의 영향력 하에 있던 진번과 임둔지역에서 비슷한 성격의 유물이 출토되는 것을 통해 입증된다. 함흥 이화동 등지에서 출토된 B.C. 2세기 무렵의 청동기와 철기 유물들은 황해도 봉산군 송산리와 배천군 석산리 등에서 출토된 것과 유사한 면모를 보인다(李賢惠, 1997, 앞의 글, 248쪽). 이들 유물은 평양을 거쳐 봉산과 함흥 일대로 유입되었을 가능성이 높다. 임둔지역에 속하는 영흥군(현 금야군) 소라리토성에서 조사된 쇠도끼·쇠단검·말재갈·쇠갈구리·쇠단지 등은 철기문화에 기반한 토착사회의 발전 양상을 보여준다(안영준, 1983, 「함경남도에서 새로 알려진 고대유물」, 『고고학자료집』 6).

79) 崔夢龍, 1985, 「고대국가의 성장과 무역」, 『한국고대의 국가와 사회』, 일조각, 75쪽.

80) 『史記』 권105, 朝鮮列傳55.

를 마련하였다. 고조선의 간섭과 견제라는 부정적인 측면도 없지 않았다. 남옥저의 수장층은 고조선의 간섭을 피해 혼강 유역과 압록강 중류지역의 예맥, 요동군 등과 직접 통교를 시도하였다. 부여 및 읍루 등과 접촉했을 가능성도 없지 않다.

남옥저와 한(漢)의 직접교섭은 B.C. 128년에 예군(濊君) 남려(南閭)가 28만 명을 이끌고 복속하는 형태로 나아갔다.[81] 남려는 동해안지역 토착사회의 유력한 수장층으로 추정된다. 이는 『후한서』 예전(濊傳)에 관련 기사가 실려 있는 사실을 통해 입증된다.

남려가 한(漢)에 복속한 까닭은 고조선을 경유하여 간접적으로 중국과 관계를 맺는 데 불만을 가졌기 때문이다.[82] 한(漢)은 남려가 휘하세력을 이끌고 복속하자 동방진출의 기회로 활용하기 위해 창해군(滄海郡)을 설치하였다.[83]

창해군은 요동에서 동해안에 이르는 교통로를 따라 설치되었다.[84] 창해군의 치소(治所)를 북청의 청해토성으로 보는 견해도 있지만,[85] 훗날 현도군치(玄菟郡治)가 들어선 옥저성(沃沮城)[86]이 아닐까 한다.[87] 함경북도[88]·동가강

---

81) 『後漢書』 권85, 東夷列傳75, 濊.

82) 이종욱, 1982, 「고구려 초기의 정치적 성장과 대중국관계의 전개」, 『동아사의 비교연구』, 일조각, 63쪽.

83) 漢과 고조선의 관계가 악화된 것은 흉노 문제가 계기가 되었다. 武帝는 흉노정벌을 위해 주변에 있던 여러 국가와 동맹을 맺은 후 협공을 도모하였다. 고조선은 漢의 의도에 따르지 않았을 뿐만 아니라 주변집단과의 통교마저 방해하였다(『史記』 권115, 朝鮮 列傳55). 고조선은 흉노와 적극 연결을 꾀하면서 武帝의 간섭을 배제하였다. 『鹽鐵論』 復古篇에 보이듯이 武帝는 東胡와 고조선의 연결을 차단하여 흉노의 單于를 사로잡는 데 관심을 기울였다.

84) 李丙燾, 1976, 「후방행렬사회의 扶餘·沃沮 및 東濊」, 『韓國古代史研究』, 박영사 ; 金美 炅, 2002, 「제1현도군의 위치에 대한 재검토」, 『실학사상연구』 24, 30쪽.

85) 도유호, 1962, 앞의 글, 2쪽.

86) 『後漢書』 권85, 東夷列傳75, 東沃沮.

87) 和田淸, 1955, 「玄菟郡考」, 『東亞史研究』 滿洲篇 ; 田中俊明, 1994, 「高句麗の興起と玄菟 郡」, 『朝鮮文化研究』 1, 東京大 朝鮮文化研究室 ; 尹善泰, 2001, 「滄海郡과 玄菟郡−漢四

유역[89]·동해와 접한 발해지역[90] 등으로 보는 견해도 없지 않다.

　창해군이 동해안 일대를 관할하면서 행정 치소를 옥저성에 둔 사실은 다음의 몇 가지 내용을 통해 입증된다. 첫째, 창해군의 명칭 그 자체이다. 창해군은 명칭과 같이 푸른 바다와 접한 동해안지역을 관할하였을 가능성이 높다.

　조선시대의 실학자 안정복(安鼎福)·한진서(韓鎭書)·정약용(丁若鏞) 등도 창해군의 치소(治所)를 동해안 방면에서 찾았다.[91]『삼국사기』태조왕 4년조에도 동옥저를 장악하여 동쪽 방면으로 창해에 이르렀다는 기록이 남아 있다.[92]

　둘째, 창해군이 설치된 지 2년만에 폐지된 이유는 원거리 도로를 개통하는데 많은 경비가 소요되었기 때문이었다. 한(漢)과 환인·집안 일대의 예맥은 천산산맥을 경계로 하여 국경을 마주하였다.[93] 환인과 집안 등에서 명도전이 출토된 사례[94]는 한(漢)과 예맥 사이에 빈번한 접촉이 이루어진 사실을 반영한다.

郡의 交通路와 관련하여-」, 충남대 백제연구소 월례발표회 발표요지문 ; 金美景, 2002, 위의 글, 22쪽.

88) 池內宏, 1912,「遼東の玄菟郡と其の屬縣」,『朝鮮地理歷史硏究報告』第16冊 ; 和田淸, 1951,「玄菟郡考」,『東方學』1.

89) 李丙燾, 1976, 앞의 책, 169~176쪽.

90) 王雷鳴 編注, 1984,『歷代食貨志注釋』, 893쪽 ; 권오중, 2000,「창해군과 요동동부도위」,『역사학보』168.

91) 도유호, 1962, 앞의 글, 2쪽.

92)『三國史記』권14, 高句麗本紀2, 太祖王 4年.

93) 요동지역에서 漢代나 그 이전 시기에 축조된 長城 관련 흔적은 주로 천산산맥 서쪽지역에서 확인된다. 이는 천산산맥이 燕北長城의 실질적인 동쪽 경계였음을 의미한다(송호정, 2003, 앞의 책, 306쪽).

94) 환인과 집안 일대에서 발견되는 비파형동검과 세형동검 사이의 과도기 형태의 銅劍 및 철제 농공구, 무기류를 공반하는 유적에 대해서는 다음의 글을 참조하기 바란다(池炳穆, 1987,「高句麗 成立過程考」,『白山學報』34 ; 손량구, 1990,「료동지방과 서북조선에서 드러난 명도전에 대하여」,『고고민속론문집』12).

창해군의 도로 개설은 혼강 유역과 압록강 중류지역을 거쳐 동해안에 이르는 장거리 루트를 만들기 위해서였다. 무제(武帝)는 창해군을 설치한 후 팽오(彭吳) 등으로 하여금 요동군에서 동해안에 이르는 교통로를 뚫게 하였다.[95] 요동에서 동해안에 이르는 교통로는 심양-무순-신빈-통화를 거쳐 혼강을 따라 환인-집안으로 이어졌으며,[96] 집안에서 개마고원을 넘어 옥저성으로 연결되었다.[97]

셋째, 한(漢)이 창해군을 설치한 목적 중의 하나는 환인과 집안 일대의 예맥 및 동해안의 토착사회를 장악하여 고조선의 외곽을 포위하려는 전략의 일환이었다.[98] 한(漢)은 동해안지역을 장악하여 문피(文皮) 등의 특산물을 확보하여 경제적 이익을 취하려고 하였다. 요동에서 동해안으로 이어지는 교통로의 개설을 상인 출신 팽오(彭吳)가 주도한 사실을 통해 유추된다.[99]

넷째, 창해군의 치소를 옥저성에 두었다는 사료[100] 그 자체를 굳이 부정할 필요가 없다. 창해군의 치소가 옥저성에 설치된 배경은 일찍부터 함흥지역이 대외교섭과 교역활동의 중심지 역할을 하였기 때문이다. 옥저성을 함흥지역에 축조한 배경 역시 대외무역과 교통로를 보호하기 위한 목적으로 추정된다.

옥저성 내에는 수장층을 비롯한 토착주민이 거주하였고, 여러 지역 출신의 상인이나 무역 업무에 종사하는 사람들이 왕래하였다. 함흥의 사통팔달한

---

95) 『史記』 권30, 平準書 ; 『漢書』 권24下, 食貨志4下.

96) 고구려의 교통로는 통화에서 혼강을 따라 남하하여 환인에 이르는 南道와 곧바로 집안으로 내려오는 길인 北道가 함께 이용되었다(여호규, 1995, 「3세기 후반～4세기 전반 고구려의 교통로와 지방통치조직-남도와 북도를 중심으로-」, 『한국사연구』 91).

97) 졸본에서 옥저로 가는 길은 압록강을 건너 독로강에 연하는 강계를 거쳐, 독로강의 지류인 남천의 계곡을 동으로 거슬러 牙得嶺을 넘는 루트가 존재하였다. 강계에서 독로강의 본류를 따라 薛寒嶺을 넘어 장진강 유역으로 나와 함흥에 도달하는 루트도 활용되었다(日野開三郎, 1988, 『東北アジア民族史』上, 三一書房, 14쪽).

98) 尹善泰, 2001, 위의 글.

99) 『史記』 권30, 平準書 ; 『漢書』 권24下, 食貨志4下.

100) 『後漢書』 권85, 東夷列傳75, 東沃沮.

교통여건과 대외교역을 통한 번영은 광개토왕릉비에 보이는 '동해가(東海賈)'라는 지명을 통해서도 입증된다. 동해가(東海賈)는 옥저지역에서 가장 번화한 도회지(都會地)로 추정된다.[101]

요동군에서 창해군에 이르는 도로 개설은 인력과 비용이 지나치게 소요되어 재정 압박을 가져왔다. 군현의 유지와 토목공사 등에 필요한 경비는 내지(內地)의 여러 군이 나누어 부담하였다.[102] 무제(武帝)는 비용이 많이 들고 공사 진척이 부진하자 B.C. 126년에 이르러 도로 개설을 중단하고 창해군마저 폐지하였다.

옥저를 비롯한 동해안지역의 토착집단은 창해군의 폐지에도 불구하고 요동군 및 환인(桓仁)·집안(集安) 일대의 예맥 등과 관계를 유지하였다. 요동에서 동해안에 이르는 도로의 개설은 중단되었지만 물자 유통은 지속되었다. 옥저성은 동해안지역의 중심지로서의 역할을 유지하였다.

함흥은 창해군의 설치를 전후하여 행정 치소가 들어서는 등 발전이 본격화되었다. 함흥 일대는 남옥저가 건국될 수 있는 사회·경제적인 여건이 마련되었다. 현도군의 속현에 해당되는 환인지역의 고구려현을 중심으로 고구려가 건국되었듯이, 함흥의 옥저성을 중심으로 남옥저가 발흥하였다.

2. 현도군의 퇴축과 낙랑 동부도위 설치

한(漢)의 무제(武帝)는 B.C. 108년에 고조선을 멸망하고 낙랑과 임둔 및 진번 3군(郡)을 설치하였다. 그 다음해는 창해군이 설치되었다가 폐지된 지역을 관할하기 위해 현도군을 두었다. 낙랑군을 비롯하여 임둔군과 진번군의 설치가 군사정벌의 결과로 이루어졌다면, 현도군 설치는 창해군을 계승한 연장선상에서 추진되었다.[103]

---

101) 尹善泰, 2001, 앞의 글.
102) 傅樂成 著/신승하 역, 1981, 『中國通史』上, 우종사, 194쪽.

동해안지역은 한사군(漢四郡)이 설치된 후 현도군과 임둔군의 관할지역으로 분리되었다.[104] 현도군은 함흥을 비롯한 동해안지역 외에 환인과 집안 일대에 거주한 예맥을 관할하였다. 현도군은 B.C. 75년에 소자하 유역에 위치한 신빈현 영릉진고성(永陵鎭古城)으로 군치(郡治)를 옮기면서 옥저지역을 관할할 수 없게 되었다.

낙랑군은 황해도 방면에 위치한 진번군의 7현과 동해안지역 임둔군 7현을 넘겨받았다. 낙랑군은 이들 지역을 관할하기 위해 남부도위(南部都尉)와 동부도위(東部都尉)를 설치하였는데, 이를 대낙랑군(大樂浪郡)으로 부르고 있다.

현도군의 후퇴와 낙랑 동부도위의 설치는 옥저지역의 토착사회에 큰 영향을 미쳤다. 한(漢)은 낙랑 동부도위(東部都尉)를 신설한 후 동이(東暆)·불내(不耐)·잠대(蠶臺)·화려(華麗)·사두매(邪頭昧)·전막(前莫)·부조(夫租) 등 7현을 두었다. 동부도위의 속현에 부조현(夫租縣)이 포함된 것으로 볼 때 옥저지역 역시 그 지배를 받은 것으로 추정된다.[105]

동부도위의 치소(治所)는 불내성(不耐城)[106]에 위치하였는데, 오늘날의 함남 금야군(옛 영흥) 일대로 보고 있다.[107] 불내현은 동부도위가 폐지된 후 불내예국(不耐濊國)이 세워진 지역이며, 그 중심지는 소라리토성 일대였다.[108] 동부도위는 양한(兩漢) 교체의 혼란기에 직면하여 약화될 때까지

---

103) 김기홍, 1987, 앞의 글, 19쪽.

104) 和田淸, 1955, 「玄菟郡考」, 『東亞史硏究』 滿洲篇. 그러나 동해안지역에 존재한 沃沮와 濊는 종족·문화적 측면에서 분리될 수 없으며, 후일의 옥저와 동예가 모두 樂浪郡의 東部都尉로 편입되었기 때문에 인정할 수 없다는 다른 견해도 있다(李丙燾, 1976, 앞의 책, 195쪽).

105) 부조현은 낙랑 동부도위의 관할 하에 있던 7縣 중의 하나였다. 『後漢書』 東沃沮 전에 "不耐·華麗·沃沮 등의 모든 縣이 전부 侯國이 되었다"라고 하였듯이, 夫租縣은 沃沮縣으로 불리기도 하였다.

106) 『三國志』 권30, 魏書30, 烏丸鮮卑東夷傳30, 濊.

107) 池內宏, 1951, 『朝鮮史硏究』 上世第一冊, 吉川弘文館, 140~142쪽. 그 외에 불내현의 위치를 안변 등으로 보는 견해도 없지 않다(李丙燾, 1976, 앞의 책, 196~208쪽).

대략 70여 년 동안 옥저지역을 지배하였다. 토착집단은 동부도위의 지배를 받으면서 독자적인 성장이 억제되었다.

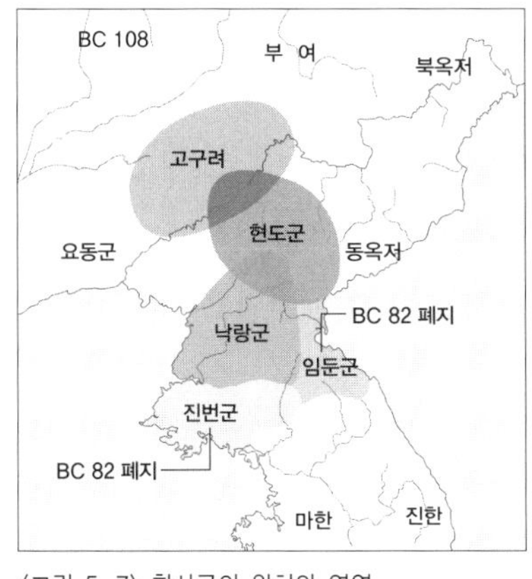

〈그림 5-7〉 한사군의 위치와 영역

한(漢)은 현령(縣令)을 비롯한 여러 속관(屬官)을 직접 파견해 다스렸다. 그러나 현지의 상황에 밝지 못했기 때문에 토착민을 활용할 수밖에 없었다.[109] 옥저지역은 낙랑을 통해 선진 문물을 받아들여 토착사회의 성장에 유리한 여건이 조성된 측면도 무시할 수 없다.[110] 옥저지역의 발전은 『후한서』 예전(濊傳)에

> B. 예(濊)가 한(漢)에 복속한 후부터 풍속이 점점 나빠짐에 따라, 법령도 점차 늘어나 60여 조(條)에 이르렀다.[111]

라고 하였듯이, 풍속의 변화와 법령의 분화를 통해 유추된다. 그러나 군현의 지배로부터 탈피라는 근본적인 조건이 갖추어지지 못하면 토착사회의 성장

---

108) 소라리토성은 영흥평야 가운데를 흐르는 용흥강 하류의 강변 언덕 위에 위치한다. 토성 안에서 출토된 유물은 세형동검을 비롯하여 중국 전국계 철제도끼, 청동제 수레부속 등 여러 시기의 것이 혼재되어 있다. 세형동검을 비롯한 청동 유물과 철기 유물이 공반되는 사실을 참조하여 B.C. 1세기~A.D. 2세기의 유적으로 보고 있다(안영준, 1983, 앞의 글).

109) 권오중, 1992, 앞의 책, 46~59쪽 ; 오영찬, 1996, 「낙랑군의 토착세력 재편과 지배구조」, 『한국사론』 35, 서울대 국사학과, 29~41쪽.

110) 都尉體制는 수취 등의 측면에서 군현체제보다 완화된 지배형태였다(權五重, 1992, 『낙랑군연구』, 일조각, 42쪽). 또한 漢代의 군현 설치는 亭·部의 배치→都尉에 의한 관할구 설정→군현통치 단계를 밟아 이루어졌고, 토착민의 저항에 따라 다시 역순으로 후퇴하기도 하였다(張春樹, 1967, 「漢代 河西四郡의 建置年代와 開拓過程의 推測」, 『歷史言語硏究所集刊』 37).

111) 『後漢書』 권85, 東夷列傳75, 濊.

과 발전은 제약을 받을 수밖에 없었다.

옥저지역의 토착집단은 현도군을 서북으로 밀어내고 고구려를 건국한 예맥과는 달리 동부도위에 정면으로 맞설 만한 제반 여건을 갖추지 못하였다. 이들은 철기문화 수용과 선진적인 정치운영에 대한 경험을 축적하였지만, 군현에 맞서 독립을 달성할 만한 단계에 이르지는 못하였다. 옥저의 자립은 군현의 쇠퇴라는 외적인 조건의 충족을 기다려야 하였다. 옥저가 군현의 지배에서 벗어난 것은 A.D. 32년에 이르러 동부도위가 폐지된 후 이루어졌다.

3. 남옥저의 자립과 고구려의 간섭

낙랑 동부도위의 지배력은 양한(兩漢)의 교체에 따른 혼란기에 직면하여 약화되었다. 낙랑군은 본국이 군사적·재정적 지원을 못하게 되자 옥저지역에 대한 영향력이 현저하게 위축되었다. 평양 정백동 1호분으로 알려진 부조예군묘(夫租薉君墓)에서 출토된 인장(印章)[112]을 통해서 입증된다.

부조예군은 부조현(夫租縣)의 책임자였다. 그는 낙랑의 지배력이 약화된 후 옥저를 떠나 평양으로 이주하였다.[113] 옥저지역의 토착사회는 낙랑군의 약화에 편승하여 세력의 재편이 일어났다.[114] 부조예군의 무덤이 옥저가

---

112) 이 銀印은 前漢 말기에 낙랑군 동부도위 부조현의 유력자에게 漢이 하사한 것으로 보고 있다(이순진, 1974, 「부조예군무덤 발굴보고」, 『고고학자료집』 4, 사회과학출판사, 191쪽).

113) 부조예군묘가 축조된 시기는 동일한 유물이 출토된 정백동 2호묘와 비슷한데, 高常賢의 무덤으로 알려진 2호묘는 永始 3년(B.C. 14)에 조성되었다(과학백과사전출판사, 1983, 『고고학자료집』 6, 17~25쪽).

114) 중국의 군현지배가 약화된 것은 前漢 말기에 이르러 시작되었지만, 그 결정적인 계기는 王莽에 의한 新王朝(A.D. 8~24)의 건국이라 할 수 있다. 왕망의 개혁정치는 前漢 말기의 여러 모순과 사회문제를 해결하지 못하고 혼란만 가중시켰으며, 대외정책에도 실패하여 匈奴와 서역의 여러 나라가 離反하였다. 또한 왕망의 대외정책이 파탄나면서 고구려와 충돌을 야기하였고, 後漢의 건국자 劉秀를 비롯한 각지의 호족들이 잇따라 거병함으로써 낙랑군에 대한 영향력 행사는 거의 불가능하게 되었다.

아니라 평양에 축조된 이유는 부조지역에서 축출된 후 돌아가지 못했기 때문으로 보고 있다.[115]

한(漢)이 부조예군을 낙랑으로 이주시켜 토착사회와 연결을 차단하고, 옥저지역이 고구려에 의하여 통합되는 것을 억제하였을 가능성도 없지 않다.[116] 군현통치를 강화하기 위해 옥저지역 토착세력의 수장을 평양으로 이주시킨 것으로 이해하기도 한다.[117]

그러나 부조예군은 옥저지역의 세력재편 과정에서 몰락하여 평양으로 이주하였을 가능성이 높다. 낙랑군의 영향력 쇠퇴는 친군현계(親郡縣系) 집단의 입지 약화를 초래하여 부조예군과 같은 인물들은 정치적 실권을 잃고 평양으로 이주하였다.[118]

전한과 후한의 왕조교체에 직면하여 낙랑군에서는 토착인(土着人) 왕조(王調)[119]가 주도하는 반란이 일어났다.[120] 왕조(王調)의 반란은 토착세력들이 후한(後漢)의 간섭에 맞서 기득권을 유지하기 위한 과정에서 발생하였다.

왕조(王調)는 후한(後漢)이 세력재편을 추진하자 반기를 들었다. 그는 자립에 성공하여 6년 동안(A.D. 25~30) 낙랑을 점거하였다.[121] 후한(後漢)의

---

115) 도유호, 1962, 「왕검성의 위치」, 『문화유산』 5기, 61쪽.

116) 서영수, 1987, 「삼국시대 한중외교의 전개와 성격」, 『고대한중관계사의 연구』, 삼지원, 110쪽.

117) 김기흥, 1985, 「夫祖 薉君에 대한 일고찰」, 『한국사론』 12, 서울대 국사학과, 30쪽.

118) 剛崎敬, 1968, 「夫租薉君銀印をめぐる諸問題」, 『朝鮮學報』 46, 51쪽.

119) 王調는 『後漢書』 列傳76, 循吏列傳66, 王景傳에 의하면 土人이라고 되어 있다. 토인으로 명시한 것은 그가 중국계가 아닌 지역토착민 출신임을 반영한다. 또한 그의 姓이 王氏인 것은 토착민 집단에게 사여된 성씨일 가능성이 높다고 한다(조법종, 2003, 「낙랑군의 성격문제」, 『한국고대사연구』 32, 171쪽). 한편 낙랑군의 토착지배층의 계통에 대해서는 토광묘에 대한 검토와 낙랑군에 대한 대규모 주민 이주가 없었던 사실 등을 근거로 낙랑 전기 군현 지배세력을 토착원주민으로 파악하기도 하며(윤용구, 1990, 「군현지배세력의 종족계통과 성격」, 『역사학보』 126), 漢人의 歸葬 풍습을 감안하여 낙랑 분묘의 피장자를 토착민 관료로 보기도 한다(高久建二, 1995, 『낙랑고분문화연구』, 학연문화사).

120) 『後漢書』 本紀1下, 光武帝紀1下.

광무제(光武帝)는 왕준(王遵)을 파견하여 왕조(王調)의 반란을 진압하였다.[122]

낙랑군은 왕조의 반란 등으로 말미암아 세력이 크게 약화되고 말았다. 후한은 A.D. 32년에 이르러 동부도위를 폐지하기에 이르렀다. 후한은 토착민의 거수(渠帥)를 현후(縣侯)로 책봉하는 등 자치를 허락하는 방향으로 군현정책을 변화하였다. 옥저를 비롯한 토착사회의 성장이 두드러져 동부도위의 직접통치가 불가능해졌다.

옥저를 비롯한 동해안지역의 토착집단은 동부도위의 폐지 이전에 실질적인 자치를 누렸다. 동부도위의 폐지는 토착사회가 누리던 자치상태를 공식적으로 인정한 것에 불과하다. 옥저는 동부도위가 폐지된 후 독자적인 발전의 계기가 마련되었다. 『후한서』 예전(濊傳)에는

C-1. 건무(建武) 6년에 변경의 군(郡)을 줄였는데, 도위(都尉)도 이때 폐지되었다. 그 후 현(縣)에 있던 우두머리(渠帥)를 모두 현후(縣侯)로 삼으니, 불내(不耐)·화려(華麗)·옥저(沃沮) 등 모든 현(縣)은 전부 후국(侯國)이 되었다.[123]

2. 건무(建武) 6년에 (동부)도위의 관직을 폐지하고, 대령(大嶺) 동쪽의 지역을 포기하여 모든 땅을 그 지방의 우두머리(渠帥)들을 봉해 현후(縣侯)로 삼으니, 세시(歲時)마다 모두 와서 조하(朝賀)하였다.[124]

라고 하여, 단단대령(單單大嶺) 동쪽에 위치한 옥저와 동예가 낙랑의 지배에서 벗어나 자립한 상황을 보여준다.

---

121) 『後漢書』 권76, 王景傳.

122) 光武帝는 建武 6년(A.D. 30)에 王遵을 낙랑태수로 임명하여 군사를 거느리고 가서 王調를 치게 하였다. 王遵이 이끄는 군대가 요동에 이르자 낙랑의 三老이었던 王閎이 郡決曹吏 楊邑 등과 함께 王調를 죽이고 왕준을 맞아 들였다(『後漢書』 本紀1下, 光武帝紀1下). 이로써 王調의 반란은 종식되고 王遵이 태수로 부임하면서 낙랑군의 혼란 상태는 종식되었다.

123) 『後漢書』 권85, 東夷列傳75, 濊.

124) 『後漢書』 권85, 東夷列傳75, 濊.

한(漢)의 관직체계는 사라지고 지방관 파견은 더 이상 이루어지지 않았다. 토착수장층이 전면에 나서 낙랑군과 관계를 맺게 되었다. 후한(後漢)의 동해안지역에 대한 통치는 종식되고 토착세력이 자립하여 국가를 운영하는 시대가 도래하였다.

후한이 불내(不耐) 등 7현(縣)을 폐지하고 후국(侯國)으로 삼은 것은 군현통치가 불가능해졌기 때문이다. 낙랑군의 지배에서 벗어난 동해안지역은 거수(渠帥)들이 자립하면서 연맹체사회가 형성되었다. 함남 남부지역의 부조현을 중심으로 남옥저가 발흥하였고, 그 남쪽에서는 사두매·불내 등을 중심으로 동예가 일어났다.

이들 소국의 수장들은 자신의 밑에 공조(功曹)나 주부(主簿) 등의 제조(諸曹)를 두고 피지배층을 통치하였다. 읍락에 거주하던 거수(渠帥)들은 스스로를 삼로(三老)라 일컬었지만, 옥저의 수장은 자신을 후왕(侯王) 또는 국왕(國王)으로 높여 불렀다.

옥저지역은 군현과의 친연성을 강조하기 위해 '낙랑왕'을 자처하는 수장층도 생겨났다. 『삼국사기』 고구려본기 대무신왕 조에 보이는 낙랑국 관련 사료가 참조된다. 이를 옥저지방에 있는 낙랑 동부도위 지배하의 토착세력으로 보는 재옥저설(在沃沮說)이 있다.[125] 또한 평양 일대의 낙랑군 내에 낙랑국이 존재한 것으로 추정하고, '일군일국론(一郡一國論)'의 관점에서 파악한 재평양설(在平壤說)도 제기되었다.[126]

낙랑군과 낙랑국을 구별하여 낙랑군은 요동지역, 낙랑국은 대동강 유

---

125) 김미경, 1996, 「고구려의 낙랑·대방지역 진출과 그 지배형태」, 『學林』 17, 4쪽 ; 金賢淑, 1996, 「고구려 지방통치체제 연구」, 경북대 박사학위논문, 36쪽 ; 文安植, 1997, 「'三國史記' 新羅本紀에 보이는 樂浪·靺鞨史料에 관한 검토」, 『전통문화연구』 5, 22쪽 ; 全德在, 2003, 「尼師今時期 新羅의 成長과 6部」, 『新羅文化』 2 ; 임기환, 2003, 「고구려와 낙랑」, 『동아시아에서의 낙랑』 제5회 한국고대사학회 하계세미나 발표문.

126) 孫晉泰, 1948, 『한국민족사개설』, 을유문화사, 95쪽 ; 서영수, 1998, 「대외관계사에서 본 낙랑군」, 『사학지』 31, 단국사학회 ; 조법종, 2003, 「낙랑군의 성격문제」, 『한국고대사연구』 32.

역[127] 혹은 대동강 이북-청천강 이남에 위치한 것으로 이해하는 견해도 있다.[128] 낙랑군에 존재한 여러 국읍 중의 특정 세력으로 이해하거나,[129] 낙랑의 속현 중의 하나로 추정하는 견해[130]도 있다.

그러나『삼국사기』고구려본기 대무신왕 15년 조에 보이는 낙랑왕 최리(崔理)는 옥저지역 수장으로 판단된다.[131] 최리가 지배권을 행사한 지역은 두만강 유역의 북옥저는 해당되지 않고, 함경도의 해안지역에 위치한 남옥저 방면으로 생각된다.

낙랑국의 자립은 오래 지속되지 못하고 고구려의 남하 위협에 직면하였다. 고구려는 B.C. 37년 무렵에 주몽의 왕권 장악을 계기로 환인과 집안 일대를 차지하였다. 고구려는 압록강 지류를 따라 낙랑군의 북변에 해당되는 희천과 운산을 차지한 후 동해안지역으로 진출하면서 남옥저를 압박하였다.

고구려의 동해안지역 진출은 대무신왕 때에 이르러 본격화되었다. 대무신왕은 A.D. 22년(동왕 5)에 부여의 공격을 물리치고 국왕 대소를 살해하였으며, 4년 후에는 개마국(蓋馬國)과 구다국(句茶國)을 복속하는 등 적극적으로 영토 확장에 나섰다.[132] 대무신왕은 개마국 등을 복속시켜 남옥저 진출을 위한 교두보로 삼았다.[133]

후한(後漢)의 요동태수는 고구려의 팽창정책에 맞서 반격을 꾀했으나

---

127) 李翼,『星湖僿說類選』권1下, 天地 下, 地理門 四 ; 申采浩, 1978,「朝鮮上古史」,『단재신채호전집』上, 141쪽 ; 리지린, 1996,「삼국사기를 통해 본 고조선의 위치」,『력사과학』3기, 20쪽 ; 尹乃鉉, 1996,「崔氏樂浪國興亡考」,『김문경교수 정년퇴임기념 동아시아연구논총』, 혜안.

128) 李康來, 1986,「'삼국사기'에 보이는 말갈의 군사활동」,『영토문제연구』2 ; 朴京哲, 1996,「고구려의 국가형성 연구」, 고려대 박사학위논문 ; 張傚晶, 2001,「고구려왕의 平壤移居와 왕권강화」,『實學思想研究』15·16合.

129) 권오중, 1992,『낙랑군연구』, 일조각, 54쪽.

130) 이종욱, 1993,『고조선사연구』, 일조각, 291쪽.

131) 文安植, 1997, 앞의 글.

132)『三國史記』권14, 高句麗本紀2, 大武神王 9年.

133) 金美玆, 2000, 앞의 글, 104쪽.

대무신왕의 굴복을 받아내지 못하였다.[134] 대무신왕은 요동태수의 공격을 물리친 후 A.D. 32년(동왕 15)에 이르러 옥저지역 진출을 본격적으로 추진하였다.

낙랑왕 최리는 고구려의 남하 위협이 가중되자 혼인관계를 맺어 국가를 지키려고 하였으나 실패로 돌아갔다.[135] 최리의 항복은 낙랑과 유대관계를 맺고 있던 옥저지역 토착세력의 구심력 와해를 초래하였다. 고구려는 옥저를 복속시킨 데 그치지 않고, 5년 후에는 낙랑국을 습격하여 차지하였다.[136]

후한은 고구려가 동해안지역 경략에 적극 나서자 위협을 느꼈다. 후한은 A.D. 44년(대무신왕 27)에 낙랑군을 평정하고 치안을 회복한 후 살수 이남지역을 영역으로 삼았다.[137] 고구려는 낙랑군의 견제를 피해 동해안지역 진출에 박차를 가하였다.

고구려는 A.D. 56년(태조왕 4)에 남옥저를 복속하여 성읍으로 삼은 후 창해(滄海)에 이르렀다.[138] 그런데 대무신왕이 호동을 내세워 낙랑을 복속한 A.D. 32년과 태조왕이 남옥저를 정벌한 A.D. 56년은 27년의 시기 차이가 있다. 이는 대무신왕 때의 옥저지역 장악을 발판으로 태조왕이 순수(巡狩)한 것과 관련이 있다.

국왕의 변경 순행은 속민지배에 대한 통치의 미숙성을 극복하기 위한 방법으로 행해졌다.[139] 고구려는 옥저지역을 직접 지배하지 않고 토착수장을 이용한 간접지배를 실시하였다.[140] 고구려는 남옥저를 복속한 후 대인(大

---

134) 『三國史記』 권14, 高句麗本紀2, 大武神王 11年.
135) 『三國史記』 권14, 高句麗本紀2, 大武神王 15年
136) 『三國史記』 권14, 高句麗本紀2, 大武神王 20年.
137) 『三國史記』 권14, 高句麗本紀2, 大武神王 27年.
138) 『三國史記』 권15, 高句麗本紀3, 太祖王 4年.
139) 고구려의 국왕은 수시로 변방지역을 순행하여 그 지배권을 공고히 하고자 노력하였다. 태조왕 46년(A.D. 98)의 책성 巡狩는 북옥저를 비롯한 두만강유역에 대한 통치권의 확인이었고, 남해 순수 역시 남옥저의 지배권을 확인하려는 의도가 없지 않았다(金瑛河, 1985, 「高句麗의 巡狩制」, 『歷史學報』 106, 61~65쪽).

人)을 사자(使者)로 삼아 읍락을 통치하였다.[141]

고구려는 후한이 중국과 한반도를 연결하는 전략 거점이었던 서안평(西安平)[142]을 장악하고 있었기 때문에 서해 방면으로 진출하기 어려웠다. 그 대신에 고구려는 남옥저를 장악하여 소금을 비롯한 해산물을 공물로 징수하였다. 남옥저 사람들은 천리 길을 걸어 공물을 납부해야 하였다. 고구려는 미인을 뽑아 종이나 첩으로 삼는 등 남옥저 주민들을 노복(奴僕)처럼 대우하였다.

〈그림 5-8〉 무구검 기공기의 파편 조각 탁본 : 무구검의 전공을 기념하는 비석의 일부가 1906년 집안현(輯安縣) 판석령(板石嶺)에서 도로공사 중에 발견되었다. 비면의 좌우와 아래쪽이 떨어져 내용을 완전히 파악할 수는 없는 상태이다.

고구려의 동해안지역 통치는 3세기 중엽에 이르러 위장(魏將) 무구검(毌丘儉)의 침입을 받아 흔들리게 되었다. 무구검은 고구려의 수도였던 환도성을 파괴한 데 그치지 않고, 부장(部將) 왕기(王頎)를 파견하여 동천왕을 옥저까지 추격하였다.

위군(魏軍)은 옥저를 점령한 후 읍락을 유린하면서 수많은 인명을 살해하는 등 갖은 횡포를 자행하였다.[143] 고구려는 위군(魏軍)이 낙랑을 거쳐 퇴각한 후 다시 옥저지역을 회복하였다.[144] 고구려는 공납을 매개로 하여 간접통치를 실시하였다. 『삼국지』 동이전에 동옥저전이 별도로 실린 것은 토착질서가 오랫동안 유지된 사실을 반증한다.

---

140) 고구려의 옥저지역 지배와 그 추이에 대해서는 다음의 글을 참조하기 바란다. 임기환, 1995, 「고구려 집권체제 성립과정의 연구」, 경희대 박사학위논문 ; 김현숙, 1996, 앞의 글 ; 여호규, 1997, 「1~4세기 고구려 정치체제 연구」, 서울대 박사학위논문.

141) 『後漢書』 권85, 東夷列傳75, 東沃沮.

142) 서안평의 위치는 압록강 북안에 자리한 중국 丹東市 靉河尖古城으로 보고 있다.

143) 『三國志』 권30, 魏書30, 烏丸鮮卑東夷, 東沃沮.

144) 『三國史記』 권17, 高句麗本紀5, 東川王 20年.

Ⅲ. 예족의 동해안지역 이주와 동예 건국

1. 동예의 기원과 문화원형

동예는 후한(後漢)이 A.D. 32년에 낙랑 동부도위(東部都尉)를 폐지한 이후 자립하였다. 동예의 명칭은 단단대령(單單大嶺)의 동쪽에 위치한 예족의 거주지를 의미한다. 예족은 함남 남부지역 일대를 중심으로 남옥저를 세웠고, 그 남쪽에서는 동예가 일어났다.

동예와 남옥저는 함남 정평(금야와 함흥 사이)[145] 혹은 영흥만(금야와 원산 사이)[146] 일대에서 경계를 이루었다. 동예와 남옥저는 언어와 풍습·문화 등이 동일한 갈래였다.[147] 또한 남옥저는 언어·음식·거처·의복이 고구려와 비슷하였다는 기록도 남아 있다.[148] 남옥저와 고구려 및 동예는 종족과 풍습, 문화 등이 상호간에 비슷하였다.

동예와 남옥저를 세운 예인(濊人)은 토착집단이 아니라 북쪽에서 내려온 이주민이었다. 동예의 영역은 낙랑 동부도위의 관할지역 중에서 부조(함흥)를 제외한 덕원·안변·영흥·문천 등의 함남 남부와 강원 북부지역 일대가 해당된다.

영동지역의 예계문화(濊系文化)의 성립과 발전에 대해서는 청동문화를 계승한 것으로 이해한다.[149] 그러나 최근에 이르러 영동지역에서 조사된 후기 청동문화와 초기 철기문화의 양상은 계승관계가 아니라 이질적이었다는 사실이 밝혀지고 있다.

예족의 이주는 여자형(呂字型) 및 철자형(凸字型) 주거지, 중도식토기 등을

---

145) 李丙燾, 1976, 앞의 책, 201~208쪽.
146) 이지린·강인숙, 1976, 앞의 책, 67쪽.
147) 『後漢書』 권85, 東夷列傳75, 濊.
148) 『後漢書』 권85, 東夷列傳75, 東沃沮傳.
149) 池賢柄, 1999, 「嶺東地域의 鐵器時代 研究─住居址를 中心으로─」, 단국대 대학원 박사학위논문.

통해 입증된다. 예계문화(濊系文化)는 동해안 일대에 국한되지 않고 태백산맥을 넘어 영서지역까지 전파되었다.[150] 한강 유역에서 점토대토기가 B.C. 2세기 무렵에 갑자기 소멸하고 중도식토기가 출현한 사례 역시 예계문화(濊系文化)의 확산과 관련이 있다.[151]

〈그림 5-9〉 동해시 송정동 철(凸)자형 집자리 : 철자형(凸字型) 주거지는 여자형(呂字型) 및 중도식토기 등과 함께 예족이 동북한지역을 거쳐 남하한 사실을 입증한다.

예족이 남하하여 동해안 일대에 세운 최초의 국가는 임둔이었다. 임둔은 위만조선과 창해군의 정치적 간섭을 받았다. 전한(前漢) 무제(武帝)는 동해안 일대를 관할하기 위해 현도군과 임둔군을 설치하였으며, B.C. 82년 이르러 2군을 폐지하고 낙랑 동부도위를 신설하였다.

동해안지역은 낙랑 동부도위가 A.D. 32년에 폐지된 후 남옥저와 동예가 건국되었다. 남옥저는 고구려의 지배를 받게 되었고, 동예는 자립을 유지하였다. 동예의 구심점 역할은 불내국(不耐國)의 수장이 담당하게 되었다.

불내후(不耐侯)는 다른 소국의 수장과는 달리 공조(功曹)나 주부(主簿) 등 여러 관직을 두고, 하호(下戶)로 불리는 피지배층을 통치하였다.[152] 그러나 불내후가 주변 소국의 군사권과 외교권을 장악한 연맹왕국 단계의 수장으로 성장한 것은 아니었다.

동예는 소국들의 정치적 통합을 이루지 못한 채 고구려와 낙랑군의 압박을 받았다. 고구려가 남옥저를 점령하여 동해안지역에 대한 영향력을 확대하자, 낙랑군 역시 동예 경영에 적극적인 노력을 기울였다. 낙랑군은 본국의

---

150) 노혁진 2004, 「중도식토기의 由來에 대한 一硏究」, 『호남고고학보』 19 ; A.L 수보티나, 2008, 앞의 책, 242~245쪽.

151) 朴淳發, 1993, 「漢江流域의 靑銅器·初期鐵器文化」, 『漢江流域史』, 민음사, 115~223쪽.

152) 『三國志』 권30, 魏書30, 烏丸鮮卑東夷傳, 東沃沮.

지원이 약화된 상태에서 군현 유지에 필요한 물적·인적자원을 확보하기 위해 동예를 포기할 수 없었다.

낙랑군의 호구는 A.D. 2년의 상황을 전하는『한서(漢書)』지리지에 의하면 62,812호 406,748명이었다.[153] 그 중에서 동부도위에 속하였던 동예는 2만 호에 이르렀다. 낙랑군 전체 호구의 25%를 차지하는 적지 않은 규모였다.

낙랑군은 동부도위가 A.D. 32년에 폐지된 후 직접적인 영향력 행사가 어려워졌다. 그 대신에 낙랑과 동예 사이에는 조공무역이 활발하게 이루어졌다.[154] 동예의 특산물 중에서 단궁과 반어의 가죽 및 과하마 등은

> A. 낙랑의 단궁(檀弓)이 그 지역에서 산출된다. 바다에서는 반어(班魚)의 가죽이 산출되며, 땅은 기름지고 무늬 있는 표범이 많다. 또한 과하마(果下馬)가 나는데 후한의 환제(桓帝) 때 헌상하였다.[155]

라고 하였듯이, 중국에도 널리 알려진 명품이었다. 낙랑은 동예의 토산물을 조공품으로 제공받아 본국에 보내거나 대외교역에 충당하였다.

낙랑은 동예를 직접지배 하지 않고 조공관계를 통해 일정한 영향력을 행사하는 데 머물렀다. 동예의 각 소국에는 낙랑군에 의하여 현후(縣侯)에 봉해진 수장층이 존재하였다. 여러 읍락의 거수(渠帥)들은 스스로를 삼로(三老)[156]라고 칭하였다.[157]

---

153)『漢書』권28下, 地理志.

154) 군현은 그 관할지역 내에 互市를 개설하여 토착세력과의 무역관계를 통하여 필요한 물자를 조달하기도 하였다(權五重, 1992,『樂浪郡研究』, 일조각, 83쪽). 또한 변방지역 군현의 上計吏(郡의 丞)는 屬吏를 거느리고 3년간의 計簿와 貢物을 수도로 보내는 임무를 맡았고, 이들은 각종 물품을 받았을 뿐만 아니라 사사로운 상업활동을 통해 수익을 올릴 수 있었다(鎌田重雄, 1966,「郡國の上計」,『秦漢政治制度の研究』, 日本學術 振興會, 369~412쪽).

155)『三國志』권30, 魏書30, 烏丸鮮卑東夷傳, 濊.

156) 三老는 군의 삼로와 현의 삼로로 구분된다. 이들은 각각 해당 군과 현의 유력한 토착세력이었다. 낙랑군은 이들을 삼로로 임명하여 군현지배 질서 내로 편입하였다 (오영찬, 2006,『낙랑군 연구』, 사계절, 118쪽).

불내후는 정식으로 칭왕(稱王)하지 못하고, 군현에서 책봉한 '후(侯)'라는 관직을 활용하였다. 낙랑에 의해 현후(縣侯)로 책봉된 여러 소국의 거수들은 계절마다 군현을 예방하였다. 동예는 토착사회가 자립하면서 소국 혹은 집단 별로 서로 침입하는 등 내부 충돌이 일어났다.[158]

동예의 풍습에 이웃 부락을 침범하는 일이 발생하면 생구(生口)와 소·말을 이용해 보상한 책화(責禍)[159]라는 제도가 있었다. 책화는 여러 소국 사이에 충돌이 자주 발생하고 있던 사실을 반증한다. 책화는 토착사회가 발전하고 계층분화가 촉진되면서 소국 또는 읍락 사이에서 일어난 갈등과 대립을 조절하는 역할을 하였다.

2. 동예의 발전과 주변세력의 간섭

동예의 자립은 오래가지 못하고 A.D. 2세기 초반에 이르러 고구려의 남진 경략을 받아 위태롭게 되었다. 고구려는 동예가 낙랑에 대해 인적·물적 자원을 제공하는 것을 차단하려고 하였다. 고구려의 동해안 진출은 과하마·반어피 등의 특산물을 획득하려는 측면도 없지 않았다. 고구려는 서안평을 장악하지 못하여 서해 방면으로 진출이 어려웠기 때문에 해산물을 동해 방면에서 조달하였다.

또한 고구려는 동예를 장악한 후 동해안로(東海岸路)를 통해 진한세력과 접촉을 시도하였다. 그러나 고구려의 동해안 진출은 쉽지 않았다. 고구려와 동예는 지리적으로 멀리 떨어져 있었으며, 동예는 낙랑과 우호관계를 맺고 후원을 받았다. 고구려가 동예를 장악한 것은 후한 말에 해당되는 신대왕 때에 가능하게 되었다.[160]

---

157) 『三國志』 권30, 魏書30, 烏丸鮮卑東夷傳, 東沃沮.
158) 『後漢書』 권85, 東夷列傳75, 濊.
159) 『後漢書』 권85, 東夷列傳75, 濊.

고구려는 동옥저를 복속한 후 수장층을 내세워 간접지배를 실시하였듯이, 동예에 대해서도 비슷한 형식을 취하였다. 고구려가 토착 수장층을 활용한 간접통치를 구사하였기 때문에 불내후 등은 여전히 지배권을 행사하였다. 이는 3세기 중엽에 위(魏)가 군현을 재편한 후 동예지역을 정벌하자, 불내후(不耐侯) 등이 고을을 들어 항복을 하였다는 사료161)를 통해 입증된다.

불내후를 비롯한 동예의 수장층은 고구려에 맞서 저항하지 않고 협력관계를 구축하였다. 동예의 수장층은 고구려의 지배를 받으면서 우호관계를 유지하였다.162) 고구려의 동예 지배는 3세기 초반에 요동에 근거를 둔 공손씨(公孫氏)가 군현을 장악한 후 위기에 봉착하였다. 공손씨는 낙랑군이 약화된 후 자비령 이남지역에 대방군을 설치하는 등 군현체제를 재편하였다.163)

공손씨(公孫氏)는 낙랑군 재편과 대방군 신설을 통해 영향력 확대에 나섰다.164) 고구려의 남하에 대한 견제는 낙랑군, 백제를 비롯한 한족(韓族)에

---

160) 고구려는 태조왕 때부터 요동지역 진출을 본격적으로 추진하였으나, 차대왕이 146년에 즉위한 후 팽창정책을 중단하면서 20년 동안 後漢과 충돌을 자제하였다. 그러나 신대왕이 167년에 즉위하면서 고구려는 요동지역을 다시 빈번하게 공격하게 되었다. 그 외에도 신대왕은 선비족으로 추정되는 胡族의 복속을 받아들였으며(『三國志』 권30, 魏書30, 烏丸鮮卑東夷傳, 高句麗), 요동지역 공격을 전후하여 동해안으로 진출하여 동예를 점령한 것으로 추정된다. 고구려의 동예 진출과 대외정세의 변화에 대해서는 다음의 글을 참조하기 바란다(여호규, 2007, 「고구려 초기 對中戰爭의 전개과정과 그 성격」, 『東北亞歷史論叢』 15).

161) 『後漢書』 권85, 東夷列傳 75, 東沃沮.

162) 『三國志』 권30, 魏書30, 烏丸鮮卑東夷傳, 濊.

163) 대방군은 자비령 이남지역을 그 영역으로 하였다. 최초의 대방은 B.C. 108년에 설치된 漢四郡의 하나인 眞番郡 15屬縣의 帶方縣이었다. 대방현은 B.C. 82년 진번군의 7縣과 함께 낙랑군의 屬縣이 되어 南部都尉의 지배를 받았다. 대방군을 이루었던 7縣은 대방현을 비롯하여 昭明·列口·長岑·含資·海冥·提奚로 구성되었다.

164) 대방군 설치를 낙랑군의 실질적인 南遷 내지 終末로 이해하는 견해도 있지만(金元龍, 1976, 「樂浪 文化의 歷史的 位置」, 『한국 문화의 기원』, 탐구당, 166쪽), 그 후에도 鮮于嗣·劉茂 등 낙랑태수 이름이 계속 역사서에 등장하고 있기 때문에 재고의 여지가 있다(李基白·李基東 共著, 1982, 앞의 책, 69~70쪽). 그러나 대동강 이북지역에 위치한 낙랑군의 屬縣이 점차 고구려의 세력권으로 편입되었던 사실은 인정해도 좋을

대한 관계는 대방군에서 전담하는 분담형태를 취하였다.[165] 공손씨의 낙랑
군 장악과 대방군 설치에도 불구하고 동예는 여전히 고구려의 지배에 놓여
있었다.

위(魏)가 공손씨를 격파하고 동방사회에 대한 대대적인 침입을 감행하면
서 고구려의 영향력은 약화되었다. 위(魏)는 고구려 동천왕이 서안평을
습격하는 등 요동 진출을 위한 적극적인 공세를 취하자,[166] 대오항쟁(對吳抗
爭)의 배후 위협을 제거하기 위해 군사작전을 전개하였다.

위(魏)는 고구려와 옥저에 대해서는 유주자사(幽州刺史) 휘하의 주력과
주변의 이민족, 요동군과 현도군 등의 군대를 동원하였다. 위군(魏軍)은
고구려의 수도 환도성을 함락한 후 후퇴하는 동천왕을 쫓아 옥저에 이르렀다.
읍락을 불태우고 주민들을 살해하는 등 만행을 저질렀다.[167]

그 반면에 동예에 대해서는 낙랑군과 대방군의 병력을 파견하여 위무작전
을 수행하였다. 위(魏)는 현도군과 대립하면서 성장한 고구려와 옥저를
파괴한 것에 그치지 않고 동예마저 복속하였다. 옥저가 위군(魏軍)의 별동대
로 구성된 추격군의 공격을 받아 많은 인명 피해를 본 것과는 달리 동예는
참상을 면하였다.

위(魏)는 동예를 다시 복속한 후

> B. 정시(正始) 6년에 낙랑태수 유무(劉茂)와 대방태수 궁준(弓遵)이 단단대령 동쪽의
> 예(濊)가 고구려에 복속하였다 하여 군대를 일으켜 정복하니, 불내후(不耐侯)
> 등이 고을을 들어 항복하였다. 8년에는 조정에 와 조공하므로, 칙명으로 봉작을
> 불내예왕(不耐濊王)으로 고쳐주었다. 백성들 사이에 섞여 살면서 계절마다 군(郡)

듯하다(池內宏, 1951, 「公孫氏の帶方郡設置と曹魏の樂浪·帶方2郡」, 『滿鮮史硏 究』, 上世
第一篇).

165) 文安植, 1996, 「百濟의 對中國郡縣關係 一考察」, 『전통문화연구』 4, 조선대 전통문화연
구소.

166) 『三國史記』 권17, 高句麗本紀5, 東川王 16年.

167) 『三國志』 권30, 魏書30, 烏丸鮮卑東夷傳, 東沃沮.

에 와서 조알(朝謁)하였다. 2군(郡)에 전역(戰役)이 있거나 조세를 거둘 일이 있으면 공급케 하고 사역(使役)을 시키니 마치 백성처럼 취급하였다.[168]

라고 하였듯이, 경제적·군사적인 부담을 강요하였다. 위(魏)가 동예를 장악한 후 수취체계에 편입시켰지만 지방관 파견을 통한 직접지배를 실시한 것은 아니었다.

위(魏)는 동예의 토착 수장층을 활용한 간접지배를 실시하였다. 동예는 무구검(毌丘儉)이 이끈 위군(魏軍)의 압도적인 무력과 동옥저의 피해 상황을 목도하였기 때문에 적극적인 저항을 꾀할 수 없었다.[169] 낙랑 역시 동예에 대한 직접지배를 포기하고 정치적 영향력을 유지하는 데 만족하였다.

위(魏)는 불내예왕(不耐濊王)의 권위를 높여 주는 등 우대정책을 펼쳤다. 무구검이 주도한 동방 침입의 군사적 성과에도 불구하고, 고구려의 분전과 백제의 반격이라는 돌발 변수로 말미암아 동예에 대하여 강압적인 정책을 펼치기 어려웠다.

낙랑군과 대방군의 역할이 점차 축소되고, 유주자사(幽州刺史)가 동방정책의 실질적인 책임자로 부상하였다. 낙랑군이 관할하던 한(韓)과 예맥(濊貊) 등의 토착집단은

C. 경원(景元) 2년 가을 7월에 낙랑의 외이(外夷)인 한(韓)과 예맥(穢貊)이 각각 그 무리를 이끌고 조공하였다.[170]

라고 하였듯이, 유주자사(幽州刺史)와 직접 통교하게 되었다. 동예 등의

---

168) 『三國志』 권30, 魏書30, 烏丸鮮卑東夷傳 30, 濊.
169) 평양에서 영동지역의 동예로 가는 길은 원산에서 평양으로 연결된 도로를 이용하였다. 낙랑에서 동예로 가는 교통로는 평양에서 출발하여 동남쪽의 곡산 방면을 지나 원산으로 올라갔다가 남하하는 노선이었다(李道學, 1997, 「고대국가의 성장과 교통로」, 『국사관논총』 74, 146쪽).
170) 『三國志』 권4, 魏書4, 陳留王奐紀.

토착집단과 중국왕조의 관계는 낙랑 등의 군현을 예방하는 것이 중심이 되었다. 군현은 이들을 맞이하여 조공 업무를 주관하였다.

그러나 위대(魏代)에 이르러 낙랑군의 통제를 받던 한(韓)과 예맥(穢貊)은 유주(幽州)까지 왕래하게 되었다.[171] 사료 C에 보이는 예맥은 한(韓)과 병기된 것으로 볼 때 동예를 지칭하는 것으로 추정된다. 불내후가 낙랑 아닌 유주자사(幽州刺史)와 접촉한 사실이 특기(特記)된 것으로 판단된다.

진(晉)이 촉(蜀)과 오(吳)를 멸망시키고 통일을 달성함에 따라 낙랑군과 대방군의 전략적 가치는 더욱 감소되었다.[172] 위(魏)가 촉(蜀)·오(吳)와 대치한 상황에서 남방물자에 많은 관심을 가졌다면,[173] 서진(西晉)은 280년 대륙을 통일한 후 중국 자체 내에서 물자를 거의 자급할 수 있게 되었다.

그리하여 서진(西晉)은 동예를 비롯한 주변 국가와 대외교섭의 필요성이 감소되었다.[174] 낙랑군과 대방군은 동이교위부에 대부분의 외교적인 역할을 이관하고 세력마저 약화되어 갔다.[175] 동이교위는 낙랑군의 역할을 이관받은 후 동이제족(東夷諸族)과 활발한 교섭활동을 추진하였다.

동이교위의 영향력은 장화(張華)가 282년에 유주제군사(幽州諸軍事)에 임명된 후 적극적인 무납정책(撫納政策)을 추진하면서 더욱 확대되었다.[176]

---

171) 임기환, 2000, 「3세기~4세기 초 위(魏)·진(晉)의 동방정책」, 『역사와 현실』 36, 한국역사연구회 ; 여호규, 2000, 「4세기 동아시아 국제질서와 고구려 대외정책의 변화」, 『역사와 현실』 36, 한국역사연구회.

172) 晉은 274년에 幽州를 분할하여 平州를 설치하면서 東夷校尉를 두었다. 그러나 요동 방면으로 선비 모용씨의 진출이 두드러지면서, 동이교위는 과거 선비를 감호하던 오환교위의 역할까지 겸유하는 등 그 활동의 폭이 확대되었다(權五重, 1987, 「樂浪郡을 통해본 古代中國 內屬郡의 性格」, 서강대 박사학위논문, 114~118쪽). 동방정책의 중심은 이전의 '유주-낙랑·대방·현도'의 체계에서 동이교위가 직접 통괄하는 방식으로 바뀌게 되었고, 현도·낙랑·대방은 이전의 중개 기능조차 상실하게 되었다(오영찬, 2006, 앞의 책, 219쪽).

173) 윤용구, 1999, 「삼한의 조공무역에 대한 일고찰」, 『歷史學報』 162, 118쪽.

174) 宣石悅, 2001, 『新羅國家成立過程研究』, 혜안, 104쪽.

175) 임기환, 2000, 앞의 글.

176) 『晉書』 권36, 列傳6, 張華.

〈그림 5-10〉 예백장동인(濊伯長銅印) : 진솔선 예백장동인(晋率善濊伯長銅印)이라는 글자가 새겨진 구리 도장은 경북 영일 신광면에서 출토되었다. 부여왕을 상징하는 예왕지인(濊王之印)은 구리가 아닌 금으로 만들어졌다.

진(晉)은 8왕의 난(291~306)이 일어난 후 내분과 황위계승분쟁으로 인해 급격히 쇠약해졌다. 동예를 비롯한 동이제족(東夷諸族)의 대외관계 역시 변화가 일어났다.

진이 약화된 후 전연(前燕)의 모용외(慕容廆)가 영향력을 확대하면서 동이교위부와 낙랑·대방은 관계가 단절되었다.[177] 동예는 동이교위부와 접촉이 어렵게 되면서 낙랑과 관계개선을 도모하였다.

그러나 낙랑군은 세력이 크게 약화되어 교역 창구의 기능을 발휘할 수 없게 되었다. 동예는 4세기 초반에 이르러 낙랑군과 대방군이 축출된 후 고구려의 지배를 받았다.[178] 고구려는 전대(前代)와 마찬가지로 토착 수장층을 활용한 간접지배를 실시하였다.[179]

한편 동해안에 거주하던 예족은 남옥저와 동예 외에 강릉 일대를 중심으로 별도의 세력권을 형성한 집단이 존재하였다. 이들의 존재와 관련하여 명주(溟州, 강릉)가 '예의 옛 나라(濊之古國)'라고 기록한 사료가 참조된다.[180] 북명(北

---

177) 晉의 平州 설치와 모용씨의 요동 진출 과정에서 대해서는 다음의 글을 참조하기 바란다. 공석구, 1991, 「고구려의 영역확장에 대한 연구」, 충남대 대학원 박사학위논문 ; 임기환, 2000, 앞의 글 ; 여호규, 2000, 앞의 글.

178) 고구려가 미천왕대를 전후하여 동예지역을 장악한 사실을 보여주는 직접 사료는 남아 있지 않다. 다만 『晉書』 지리지에 낙랑군의 統縣이 6縣, 戶數가 3,700이었다는 사료를 참조하면 고구려가 대동강 이북지역에 위치한 낙랑군의 속현을 점령할 무렵에 동예도 함께 복속하였을 가능성이 높다.

179) 광개토왕릉비에 의하면 수묘호를 구민과 신민 출신으로 구별하였다. 구민 수묘호는 광개토대왕 이전에 복속된 매구여민·동해가·돈성민·우성·비리성의 함경남도, 평양성의 평안도지역, 양곡·양성·안부연·개곡·신성·남소성의 요동지역 주민으로 충당되었다(林起煥, 1987, 「고구려 초기의 지방통치체제」, 『경희사학』 14, 58~63쪽). 신민 수묘호는 광개토대왕이 백제와의 전쟁에서 노획한 한족과 영서의 예족 출신들을 원주지에서 이주하여 편성하였다. 따라서 고구려는 늦어도 광개토왕의 등장 이전에 동예지역을 장악한 것으로 판단된다.

溟, 강릉) 사람이 밭을 갈다가 예왕(濊王)의 도장(印)을 얻어 바쳤다는 기록도 남아 있다.[181]

동예와 남방 예국(濊國)의 경계는 강원도 고성 일대였다. 동해안지역에서 확인되는 고고유적과 유물의 양상을 통해서도 확인된다.[182] 남방 예국의 주민들은 사로국을 비롯한 진한 사람과도 뚜렷이 구분되었다.[183] 신라 법흥왕 11년(524)에 건립된 울진봉평비에 의하면

> D. 거벌모라 남미지(촌)에 별교령을 내렸다. 이는 본디 노인촌(奴人村)이다. 비록 노인촌에 왕이 전시(前時)에 대교법을 내렸으나, 길이 좁고 험함을 믿고서 이야은 성 실견요성촌의 대군을 일으키고 우자(右者)와 같은 자들 일행이 여기에 이르렀다. 그리고 (실지군)주를 얕보고 왕을 깎아 내리고 헐뜯었으므로 태노촌은 공히 치(値) 다섯을 부담하고, 그 나머지의 노인촌은 여러 노인법에 따르게 하였다.[184]

라고 하여, 신라가 동해안의 예인(濊人)을 자국의 주민들과 구별하여 '노인(奴人)'으로 인식하였음을 알 수 있다.[185]

봉평비에 기록된 노인(奴人)의 존재는 진한연맹체를 모체로 하여 성장한

---

180) 『三國史記』 권35, 雜志4, 地理2, 溟州.

181) 『三國史記』 권1, 新羅本紀1, 南解王 16年.

182) 함남과 강원 해안지역의 고고 자료를 보면 동일한 성격을 가진 유적들이 함흥을 중심으로 북쪽의 함남 신창에서 남쪽의 강원 문천까지 남북 60~70km 범위에 걸쳐 있다. 이들 유적의 분포 양상은 임둔의 세력권을 반영하며, 그 중심지는 함흥과 금야(옛 영흥) 일대였을 가능성이 높다(李賢惠, 앞의 글, 1997, 249쪽).

183) 강릉을 중심으로 하였던 영동의 소위 '濊之古國'의 범위는 신라 하대에 溟州君王 金周元의 식읍(『新增東國輿地勝覽』 권44, 江陵大都護府, 人物)으로 봉해진 강릉·양양· 삼척·평해·울진 등을 포함하여 濊佰長의 銅印이 발견된 영일을 남단으로 하였다(文安植, 2003, 『한국고대사와 말갈』, 혜안, 162쪽).

184) 한국고대사회연구소, 1992, 「丹陽赤城碑」, 『譯註 韓國古代金石文』II, 가락국 사적개발연구소, 35쪽.

185) 신라가 거벌모라에 거주하던 사람들을 奴人으로 인식한 것은 새로이 편입한 변방의 주민을 집단예민 같은 피복속민으로 파악했기 때문으로 보고 있다(朱甫暾, 1989, 「蔚珍鳳坪新羅碑와 法興王代 律令」, 『한국고대사연구』 2).

〈그림 5-11〉 울진봉평신라비 : 경북 울진군 죽변면 봉평리에서 발견된 신라의 비석. 높이는 204cm, 400여 자가 새겨져 있으며, 서체는 해서체이다.

신라가 그 영역 밖에 거주하던 예인(濊人)을 차별적인 존재로 파악하였음을 의미한다. 신라의 차별적인 인식은 6세기에 이르러 동해안으로 지방관이 파견되면서 점차 해소되었다.[186]

동예와 옥저는 낙랑 등과 오랜 동안 밀접한 관계를 유지하였기 때문에『후한서』와『삼국지』동이열전에 입전되어 단편적이나마 사료를 남기게 되었다. 그러나 남방에 거주하던 예인(濊人)의 활동에 관해서는 사료가 남아 있지 않아 자세한 상황을 알 수 없다. 남방의 예족은 군현의 지배에서 일찍 벗어났고, 삼한사회와 필적할 만한 위상을 갖지 못했기 때문에 관련 사료를 남기지 못하였다.

IV. 신라·고구려의 대립과 동해안지역 예족사회의 동향

1. 옥저 유민의 경주지역 정착과 석씨집단의 등장

예족은 동해안을 따라 영일만 일대까지 남하하면서 여러 지역에 세력권을 형성하였다. 이들은 신라가 524년에 세운 울진봉평비를 통해 볼 때 6세기 초반까지 독자적인 세력을 유지하였다. 또한 예족의 일부가 영일만을 벗어나 경주지역으로 진출하여 일정한 영향력을 미쳤을 가능성도 없지 않다.『삼국사기』신라본기(이하 신라본기) 초기기록에 보이는 낙랑 관련 사료가 참조된

---

186) 文安植, 2003, 앞의 책, 175쪽.

다.

　신라가 박혁거세·남해차차웅·유리니사금·기림니사금 때에 낙랑과 전쟁
등을 치른 기록이 남아 있다. 낙랑은 박혁거세 때부터 기림니사금 시기까지
신라의 북쪽 변경을 공격하던 위협적인 존재였다. 신라와 낙랑의 대립은
박혁거세 때에 시작되어 유리니사금 시기에 종식되었다.[187]

　신라와 대립한 낙랑의 실체는 명확하게 밝혀지지 않았다.[188] 고구려에
복속된 옥저지역의 낙랑국과 관련이 있지 않을까 한다. 고구려의 옥저지역
진출은

A. 여름 4월에 왕자 호동이 옥저로 놀러 갔을 때 낙랑왕 최리가 나왔다가 그를
　보고서 묻기를 "그대의 안색을 보니 비상한 사람이구나. 어찌 북국 신왕의 아들이
　아니겠느냐?" 하고는 마침내 함께 돌아와 딸을 아내로 삼게 하였다. 이에 앞서
　낙랑에는 북과 뿔피리가 있어서 적의 군사가 침입하면 저절로 울었으므로 명령을
　내려 격파하였다. 이리하여 최씨의 딸이 날이 선 칼을 가지고 몰래 창고에 들어가
　북의 면과 뿔피리의 주둥이를 찢고 호동에게 알렸다. 호동은 왕에게 권하여
　낙랑을 치게 하였다. 최리는 북과 뿔피리가 울리지 않았으므로 대비하지 않다가,
　우리 군사가 갑자기 성 밑에 도달한 연후에 북과 뿔피리가 모두 부서진 것을

---

187) 한편 기림니사금 때의 기록은 신라가 동해안지역으로 진출하면서 이루어진 후대의
　　사실이 소급되어 있다. 신라가 기림니사금 때에 안변에 해당하는 비열홀 일대까지
　　북상하여 군사행동을 전개하였을 가능성은 거의 없다. 이 사료는 6세기 중반에
　　해당하는 진흥왕 때에 이루어진 비열홀 순행 등이 소급하여 정리되었다(문안식,
　　2003, 앞의 책, 139쪽).

188) 『삼국사기』 신라본기의 초기기록을 허구로 보는 견해(津田左右吉, 1924, 「三國史記の新
　　羅本紀について」, 『古事記及日本書紀の研究』, 岩波書店), 요동 방면에 있던 삼한세력이
　　이동하는 과정에서 낙랑과 접촉한 것으로 이해하는 입장(申采浩, 1930, 「前後三韓考」,
　　『朝鮮史研究草』; 千寬宇, 1989, 「三韓攷 第1部」, 『古朝鮮史·三韓史研究』, 일조각, 182쪽)
　　등이 있다. 그 외에 경주 중심의 원래 사로세력과 한반도 중부에서 남하하는 舊辰國＝
　　辰韓勢力이 단일 편년사 속에 교착 배열된 이중구성으로 이해하는 견해도 없지
　　않다(姜鍾薰, 1995, 「『三國史記』初期記錄에 보이는 "樂浪"의 실체」, 『三韓의 社會와
　　文化』, 신서원, 133~151쪽). 낙랑을 백제의 동쪽에 위치한 춘천 일대의 토착세력으로
　　파악하는 견해도 있다(金起燮, 1991, 「三國史記 '百濟本紀'에 보이는 靺鞨과 樂浪의
　　위치에 대한 재검토」, 『淸溪史學』 8, 14~20쪽).

알고 마침내 딸을 죽이고 나와서 항복하였다.[189]

라고 하였듯이, 낙랑공주와 호동왕자의 슬픈 사랑이 깃든 설화를 통해 알 수 있다.

호동왕자는 고구려 제3대 대무신왕의 아들이다. 고구려는 대무신왕 때에 옥저지역으로 진출하기 시작하여 제6대 태조왕 4년(A.D. 51)에 실질적인 복속을 이루었다.[190] 고구려의 남하 위협이 가중되는 와중에 낙랑왕 최리는 혼인 등을 통해 세력 유지를 도모하였다.

그러나 최리는 끝내 국가를 고구려에게 잃고 말았다. 호동설화와 관련되는 낙랑국의 위치에 대해서는 다음의 4가지 견해로 구분된다. 첫째, 낙랑국을 옥저지방에 있던 낙랑 동부도위 지배하의 토착세력으로 보는 재옥저설(在沃沮說)이다.[191]

둘째, 평양 일대의 낙랑군에 낙랑국이 존재한 것으로 이해하는 '일군일국(一郡一國)'의 관점에서 파악한 재평양설(在平壤說)이다.[192] 셋째, 낙랑군과 낙랑국을 구별하여 낙랑군은 요동지역, 낙랑국은 대동강 유역[193] 혹은 대동강 이북－청천강 사이에 위치한 것으로 파악한다.[194] 넷째, 낙랑군에 다수의 국읍이 존재하였으며, 그 중의 하나를 낙랑국으로 이해한다.[195]

---

189) 『三國史記』 권14, 高句麗本紀2, 大武神王 15年.
190) 『三國史記』 권15, 高句麗本紀3, 太祖王 4年.
191) 김미경, 1996, 앞의 글, 4쪽 ; 金賢淑, 1996, 앞의 글, 36쪽 ; 文安植, 1997, 앞의 글, 22쪽.
192) 孫晉泰, 1948, 앞의 책, 95쪽.
193) 李瀷, 『星湖僿說類選』 권1下, 天地 下, 地理門 四郡 ; 申采浩, 1978, 「朝鮮上古史」, 『단재신채호전집』上, 141쪽 ; 리지린, 1966-3, 「삼국사기를 통해 본 고조선의 위치」, 『력사과학』, 20쪽 ; 尹乃鉉, 1996, 「崔氏樂浪國 興亡考」, 『김문경교수정년퇴임기념 동아시아연구논총』.
194) 李康來, 1986, 「"삼국사기"에 보이는 말갈의 군사활동」, 『영토문제연구』 2 ; 朴京哲, 1996, 「고구려의 국가형성 연구」, 고려대 대학원 박사학위논문 ; 張傚晶, 2001, 「고구려왕의 平壤移居와 왕권강화」, 『實學思想研究』 15·16合.
195) 권오중, 1992, 『낙랑군연구』, 일조각, 54쪽.

낙랑국을 낙랑군의 속현 중의 하나로 보는 견해도 없지 않다.[196) 낙랑국의 위치에 대해서도 여러 견해가 제시되었다. 그 위치는

> B. 유리니사금 14년 고구려 왕 무휼이 낙랑을 습격하여 멸망시켰다. 그 나라 사람 5천여 명이 와서 투항하였으므로 6부에 나누어 살게 하였다.[197)

라고 하였듯이, 고구려의 무휼(대무신왕)에 의한 복속과 신라 방면으로 대량의 유민이 발생한 사실 등을 고려하여 생각할 필요가 있다. 낙랑국은 평양 일대의 낙랑군과 직접적인 관계가 없는 옥저 방면의 토착집단으로 짐작된다.

신라와 옥저는 일찍부터 동해안을 따라 뻗어 있는 교통로를 이용하여 접촉하였다. 동옥저가 B.C. 5년(박혁거세 53)에 신라에 사신을 보내 좋은 말(良馬) 20필을 헌상한 사실[198)을 통해 입증된다. 또한 대동강 유역에 위치한 낙랑의 대표적인 호족의 성씨였던 왕(王)·한(韓)[199) 등과 비교하여, 옥저지역 낙랑왕이 최씨(崔氏)였던 사실도 갈래가 달랐던 사실을 반영한다.

낙랑은 신라와 접경하지 않았고, 함남 남부와 강원 영동 일대에는 동예가 자리하였다. 신라본기에 보이는 낙랑의 멸망, 이주민의 남하와 신라 공격 등의 기사는 예계(濊系) 주민의 남하 이주와 관련된 일련의 사실이 압축 정리되었다. 고구려 대무신왕에게 멸망된 낙랑인의 일부가 동해안을 따라 남하한 사실과 신라의 국경지역에 머무르면서 대치한 사실 등이 포함되지 않았을까 한다.

옥저지역 낙랑 유민의 남하는 고구려의 지배와 수탈을 피해 이루어졌다. 고구려는 옥저 등을 복속한 후 맥포(貊布)와 어염(魚鹽) 및 해산물을 조세로

---

196) 이종욱, 1993, 『고조선사연구』, 일조각, 291쪽.
197) 『三國史記』 권1, 新羅本紀1, 儒理尼師今 14年.
198) 『三國史記』 권1, 新羅本紀1, 朴赫居世 53年.
199) 三上次男, 1964, 「樂浪郡の社會支配構造」, 『朝鮮學報』 30, 35~43쪽.

징수하였고, 미녀를 뽑아 노비나 첩으로 삼는 등 가혹한 수탈을 하였다.[200] 낙랑국의 일부 집단은 고구려의 가혹한 수탈을 피해 신라 방면으로 남하하였다. 이들의 남하 이주 과정에서 이루어진 접촉이 신라본기에 보이는 낙랑 관련 사료로 생각된다.

신라 방면으로 유입된 낙랑인들은 옥저지역 외에 서북지역 출신도 상당수 포함되었다.『삼국지』동이전에 따르면 진한 사람들이 낙랑인을 본래 자신들의 남은 무리로 여겨 '아잔(阿殘)'으로 불렀다는 기록이 있다.[201] 이는 사로국의 성장 과정에 낙랑 출신의 유민들이 대거 유입된 사실을 반영한다.[202] 진한지역으로 이주한 집단은 진(秦)의 통일 이후 만리장성 수축 등에 동원되는 등의 고역을 피해 중국 동북부지역에서 이주한 사람들도 포함되었다.

낙랑 방면의 유이민 파동은 사로국의 지배세력 교체에 영향을 미쳤다.[203] 신라에 정착한 낙랑인들은 다기한 사건의 여파로 인해 수차례에 걸쳐 서북지역에서 내려온 사람들과 옥저지역의 낙랑국에서 남하한 사람들로 구성되었다.

그러나 신라본기에는 주로 옥저지역에서 내려온 낙랑국 출신 이주민의 행적이 기술되어 있다. 서북지역에서 내려온 낙랑 사람들은 사로국에 큰 위협이 되지 못하였다. 그 반면에 옥저지역에서 남하한 이주민들은 대규모 집단을 형성한 채 신라와 수차례에 걸쳐 접전을 펼쳤다.[204]

옥저지역 출신의 낙랑 유민들은 경주와 가까운 영일만 혹은 울산 방면에 머물면서 신라와 대치하였다. 낙랑은 경주를 공격하여 금성을 몇 겹으로 포위하였으며,[205] 신라 북쪽 변경을 공격하여 타산성을 함락하였다.[206]

---

200) 『後漢書』 권85, 東夷列傳75, 東沃沮.

201) 『三國志』 권30, 東夷傳30, 辰韓.

202) 문창로, 2004, 「신라와 낙랑의 관계」, 『한국고대사연구』 34.

203) 이기동, 1988, 「신라의 성립과 변천」, 『한국고대사론』, 한길사, 81쪽.

204) 문안식, 2008, 「삼국사기 초기기록에 보이는 낙랑의 실체에 대하여」, 『전통문화논총』 6, 209쪽.

낙랑은 왜군(倭軍)이 동해변으로 쳐들어오자, 그 틈을 타서 금성을 공격한 후 알천(閼川) 방향으로 물러나기도 하였다.[207] 낙랑의 병력은 알천 북쪽에서 형산강지구대를 따라 포항 방면으로 퇴각한 것으로 이해된다.[208]

낙랑의 군사 활동은 A.D. 37년(유리니사금 14)에 이르러 5천여 명이 신라에 항복하면서 종식되었다.[209] 낙랑국 유민들은 신라에 투항한 후 사료 B와 같이 경주의 6부에 분산 거주하면서 족적기반이 해체되었다. 그러나 이들이 선주한 토착세력과 일정한 관계를 맺고 유력한 집단으로 성장하였을 가능성도 없지 않다.

원래 신라의 모체는 진한 12개 성읍국가 중의 하나인 사로국이었다. 사로국은 6촌으로 구성되었는데, 북방에서 내려온 유이민 세력이 주축이 되었다. 사로 6촌에는 박씨집단 외에 김씨집단과 석씨집단이 포함되었다. 이들 3성 집단과 6촌의 관계에 대해서는 다양한 견해가 제기되었다.

김씨집단이 경주에 먼저 정착하였으며, 그 뒤 박씨집단이 이주한 것으로 이해하는 견해가 있다. 이들은 2부체제를 형성하면서 사로국으로 발전하였고, 다시 동해 방면에서 석씨집단이 진출하여 3성 연립체제를 형성한 것으로 보고 있다.[210]

경주의 가장 오래된 선주민은 김씨집단이며, 박씨집단과 석씨집단이 나중에 도래한 것으로 추정하기도 한다.[211] 근래에 이르러 경주의 토착세력으로 생각하였던 김씨집단을 소백산맥 일대에 거주하던 진한계로 보는 견해도 제기되었다.[212]

---

205) 『三國史記』 권1, 新羅本紀1, 南解次次雄 元年.
206) 『三國史記』 권1, 新羅本紀1, 儒理尼師今 13年.
207) 『三國史記』 권1, 新羅本紀1, 南解次次雄 11年.
208) 전덕재, 2003, 「尼師今時期 신라의 성장과 6部」, 『신라문화』 21.
209) 『三國史記』 권1, 新羅本紀1, 儒理尼師今 14年.
210) 金哲埈, 1952, 「新羅 上代社會의 Dual Organization」, 『歷史學報』 1, 44쪽.
211) 千寬宇, 1976, 「三韓의 國家形成(上)-三韓攷 제3부」, 『韓國學報』 2, 38쪽.

3성을 각각 독자적인 집단으로 파악하는 견해도 있다. 석씨집단의 근거지는 감포를 비롯한 동해안 일대이며, 박씨집단은 상주 방면에 사벌국을 세웠고, 김씨집단은 경주를 근거지로 계림국을 건국한 것으로 이해한다. 상주 출신의 박씨집단이 경주로 이주한 사실이 박혁거세의 건국설화가 된 것으로 보는 견해도 있다.[213]

탈해가 육로가 아닌 해로를 이용하여 김해지역을 거쳐 울산이나 경주로 이주한 것으로 보는 견해도 없지 않다. 탈해가 중국인과 접촉한 사실[214]을 근거로 해로(海路)를 통해 이주한 낙랑 유민으로 파악하는 것이다.[215] 탈해집단이 아진포(阿珍浦, 감포 부근)에 도착한 후 해상집단을 규합하여 사로국의 중심부로 진출한 것으로 추정하는 견해도 있다.[216]

경주 일대에 정착한 이주민들은 한반도 중부지방을 거쳐 소백산맥을 넘어 온 것으로 보는 것이 일반적이다. 그러나 신라는 동해안지역을 통해서도 상당한 영향을 받았기 때문에 동예나 옥저 등과의 관계에 대해서도 주목할 필요가 있다.

신라와 옥저·동예는 육로뿐만 아니라 해로를 통해서도 접촉하였다. 동해안의 바닷길은 선진문화의 수용과 대외교섭 통로로 이용되었다.『삼국지』 변진 조에

> C. 나라에서는 철이 생산되는데, 한·예·왜인들이 모두 와서 사 간다. 시장에서의 모든 매매는 철로 이루어져서 마치 중국에서 돈을 쓰는 것과 같으며, 또 두 군에도 공급하였다.[217]

---

212) 朴南守, 1987,「新羅上古 金氏系의 起源과 登場」,『慶州史學』6, 1~21쪽 ; 姜鍾薰, 1998, 앞의 글, 329쪽.

213) 盧重國, 1989,「鷄林國考」,『歷史敎育論集』13·14合, 169~203쪽.

214)『三國遺事』권2, 紀異2, 駕洛國記.

215) 金泰植, 1993,『가야연맹사』, 일조각, 54쪽.

216) 李炯佑, 2000,『新羅初期國家成長史硏究』, 영남대 출판부, 58쪽.

217)『三國志』권30, 魏書30, 烏丸鮮卑東夷列傳30, 弁辰.

라고 하였듯이, 철을 매개로 한 원거리 시장망이 형성되어 있었다.

진한의 철이 옥저지역으로 수출되었는지의 여부는 알 수 없지만, 동해안의 바닷길을 이용하여 상당할 만한 대외교섭이 이루어진 사실은 확인된다. 내물왕 때에 김제상이 고구려에서 왕자 보해를 탈출시킬 때 원산만 부근의 고성에서 바닷길을 이용한 사실218)도 활발한 해상교섭이 이루어진 방증 사례이다.

이와 같이 신라지역으로 남하한 유민들은 한반도 서북방 계통만이 아니라, 옥저를 비롯한 동북지역에 살던 주민들도 포함되었다. 신라와 격렬하게 충돌한 낙랑 역시 동해안지역에 거주하던 집단이었다. 이들이 신라에 흡수된 유리니사금 때를 전후로 하여 탈해가 이끄는 집단이 두각을 나타내기 시작하였다.

탈해의 신라지역 진출과 왕권 장악은

> D. 탈해는 처음에 고기잡이를 업으로 하여 그 어머니를 봉양하였는데, 한 번도 게으른 기색이 없었다. 어머니가 말하기를 "너는 보통사람이 아니다. 골상이 특이하니 마땅히 학문을 하여 공명을 세워라"고 하였다. 이에 오로지 학문에 힘써 지리(地理)까지도 겸하여 알았다. 양산 아래 호공(瓠公)의 집을 바라보고 길지라고 여겨 속임수를 써서 그곳을 빼앗아 살았는데, 그 땅은 후에 월성(月城)이 되었다. 남해왕 5년에 이르러 그가 어질다는 소문을 듣고, 그의 딸을 시집보냈다. 7년에는 등용하여 대보(大輔)로 삼아 정치를 맡겼다. 유리왕이 장차 죽을 즈음에 다음과 같이 말하였다. 선왕의 유언으로 말하기를 '내가 죽은 후에는 아들이나 사위를 논하지 말고 나이가 많고 또한 어진 사람으로 왕위를 잇게 하라!'고 하셨으므로 내가 먼저 왕위에 올랐다. 이제 마땅히 왕위를 물려주어야겠다.219)

라고 하였듯이, 자신의 개인적인 능력에 따른 것이었다. 그러나 석씨집단의 왕권 장악은 탈해의 뛰어난 능력에 기인한 것만은 아니었다. 탈해의 야장(冶

---

218) 『三國遺事』 권1, 紀異2, 奈勿王·金堤上.
219) 『三國史記』 권1, 新羅本紀1, 脫解王 卽位年.

〈그림 5-12〉 경주시 동천동에 위치한 신라 탈해왕릉 전경

匠) 면모를 통해 볼 때 선진적인 철기문화 단계를 경험한 집단의 뒷받침이 있었다.

고조선 준왕이 위만에게 패하자 무리 수천 명을 거느리고 바닷길을 통해 남하한 후 마한왕이 된 사실이 참조된다.[220] 준왕이 마한의 왕이 될 수 있었던 배경은 따르는 수천 명의 무리가 존재하였기 때문에 가능하였다. 고조선과 한(漢)이 전쟁을 치를 때 역계경(歷谿卿)은 2000여 호(戶)의 주민을 거느리고 남하하기도 하였다.[221]

탈해가 신라의 왕권을 장악한 배경 역시 동료집단이 존재하였기 때문에 가능하였다. 탈해가 바다 속에서 표류한 끝에 도착한 장소는 계림 동쪽의 하서지촌 아진포이었다. 아진포는 현재의 울산이나 감포 일대로 보고 있다.[222] 탈해는 울산 방면의 해상세력과 밀접한 관련이 있다. 신라의 영토 확장이 동해안 방면부터 시작된 사실 역시 울산 부근의 탈해 집단과 사로의 박혁거세 집단이 연맹체를 형성한 것을 반영한다.

탈해가 이끈 세력은 특정지역에서 동해안 일대로 이주하였다. 사료 상에는 아쉽게도 이를 구체적으로 특기(特記)한 기록은 찾을 수 없다. 탈해와 관련되는 집단을 상기의 조건에 맞추어 유추해 볼 때 낙랑의 유민 5천여 명이 신라에 항복[223]한 사실이 주목된다.

대무신왕이 옥저지역의 낙랑국을 정벌하자, 그 유민의 일부가 신라 방면으

---

220) 『後漢書』 권85, 東夷列傳75, 韓.
221) 『三國志』 권30, 魏書30, 烏丸鮮卑東夷傳, 韓.
222) 千寬宇, 1989, 앞의 책, 283쪽.
223) 『三國史記』 권1, 新羅本紀1, 儒理尼師今 14年.

로 남하하였다. 탈해집단의 등장은 경주지역에 선주한 박씨집단과 갈등을 유발하였다. 양 세력은 갈등과 대립을 청산하고 혼인관계를 맺으면서 연대를 강화하였다. 그리하여 탈해집단은 성장을 거듭한 끝에 제9대 벌휴왕(184~196)부터 제16대 흘해왕(310~356)까지 신라 왕권을 차지하였다.

신라의 왕위계승은 박혁거세-남해차차웅-유리니사금-탈해니사금-파사니사금-지마니사금-일성니사금-아달라니사금-벌휴니사금 순으로 이루어졌다. 그러나 탈해가 유리니사금을 계승한 것으로 보기에는 무리가 따른다. 언어학적인 해석을 통해 탈해와 그의 손자로 기록된 벌휴를 동일한 인물로 보고 있다. 탈해=벌휴는 3세기 전반에 활약한 인물이며, 박씨와 석씨의 왕계(王系) 교체는 251년에 이루어진 것으로 이해한다.[224]

3성 족단의 계보를 출생 시기를 중심으로 역추적하여 탈해를 대략 250년에 활동한 인물로 파악하는 견해도 있다.[225] 그 외에 탈해를 북쪽에서 남하해 온 북방세력으로 이해하는 견해,[226] 바다와 관련된 해양세력으로 파악하는 입장[227] 등이 있다.

이와 같이 탈해의 활동 시기나 종족 갈래 및 남하 경로 등에 대해서는 여러 견해가 대립한다. 그러나 탈해집단이 울산 혹은 감포 방면에서 일정 기간 동안 거주한 사실은 부정할 수 없다. 또한 이들이 경주로 진출하여 사로국의 왕권을 장악한 시기는 3세기 전반으로 짐작된다.

벌휴왕의 왕권 장악은

E. 벌휴니사금이 즉위하니 성은 석씨, 탈해왕자 구추각간의 아들이요, 어머니의 성은 김씨, 지진내례부인이다. 아달라가 돌아가고 아들이 없어, 국인이 세웠는데, 왕은 풍운을 보고 점치어 미리 수재(水災), 한재(旱災)와 풍흉(豊凶)이 있을 것을

---

224) 金光洙, 1973, 「新羅 上古世系의 再構成 試圖」, 『東洋學』 3, 단국대, 363쪽.
225) 姜鍾薰, 1991, 「新羅 上古紀年의 再檢討」, 『韓國史論』 26, 서울대, 1~58쪽.
226) 千寬宇, 1976, 「三國志 韓傳의 再檢討」, 『震檀學報』 41, 25~26쪽.
227) 李炳佑, 1993, 「新羅 初期國家 成長史 硏究」, 건국대 박사학위논문, 160쪽.

알고, 또한 남의 사(邪)·정(正)을 아는 까닭에 사람들이 성인이라 하였다.[228]

라고 하였듯이, 국인의 추대를 받아 이루어졌다. 벌휴를 국왕으로 추대한 국인(國人)은 왕위계승 등 중대사를 결정한 화백회의의 성원들이었다.

화백회의 구성원들은 석씨왕시대에 타성(他姓)으로 유일하게 미추왕을 추대하기도 하였다.[229] 그러나 박씨왕시대의 중간에 석씨계통의 탈해니사금, 석씨왕계의 중간에 김씨계통 미추니사금을 존치한 것은 사료 정리 과정에서 일어난 인위적인 조정으로 생각된다.[230]

2. 신라·동예의 대립과 말갈(靺鞨)의 실체

신라의 국가형성기에 있어서 북변의 위협은 낙랑으로 기록된 옥저 유민과의 충돌이었다. 낙랑은 경주지역으로 이주하여 석씨집단으로 변모하였고, 신라의 새로운 위협세력은 말갈(靺鞨)이었다. 신라와 말갈의 대립은 A.D. 125년(지마니사금 14)부터 시작되었는데

A. 봄 정월에 말갈이 북쪽 변경에 대거 침입하여 관리와 백성을 죽이고 노략질하였다. 가을 칠월에 또 대령책을 습격하고 니하를 지났으므로 백제에 글을 보내 구원을 청하였다. 백제가 다섯 명의 장군을 보내 도우니 적병이 듣고서 물러갔다.[231]

라고 하였듯이, 충돌지점은 주로 강릉 부근의 대령책과 니하 일대였다.

---

228) 『三國史記』 권2, 新羅本紀2, 伐休尼師今 卽位年.

229) 『三國史記』 권2, 新羅本紀2, 味鄒尼師今 卽位年.

230) 한편 『삼국사기』 신라본기 초기기록을 수정론의 관점에서 보는 견해에 따르면 박·석·김 3성의 순차적 계승은 인정되나, 박씨 계보 속에 끼어 있는 미추의 경우는 계보 상의 위치가 의심스럽다고 한다. 따라서 탈해와 벌휴를 왕계에서 제외시키고, 미추의 위치를 내물왕 직전으로 끌어내려 기년을 조정하기도 한다(金哲埈, 1962, 「新羅上古世系와 그 紀年」, 『歷史學報』 17·18合, 151~192쪽).

231) 『三國史記』 권1, 新羅本紀1, 祇摩尼師今 14年.

그러나 사료 A는 후대의 사실을 소급하여 정리한 것으로 생각된다. 왜냐하면 백제가 신라의 요청을 받아들여 구원병을 보낸 것은 5세기 전반에 나제동맹이 형성된 이후에 가능하였기 때문이다.

신라는 3세기 후반에 이르러서도 영일만 일대에 거주하던 예족을 장악하지 못하였다. 따라서 신라가 영일과 삼척을 넘어 강릉 부근의 대령책과 니하 일대에서 말갈과 격전을 치른 것으로 볼 수 없다. 사료 A는 신라가 강릉지역으로 진출하여 남방 예국을 장악하고, 대관령 일대에서 말갈(동예)[232]과 대치하게 된 후대의 사실이 소급되어 있다.

동해안의 예족집단은 3세기 중엽 위(魏)에 의하여 군현이 재편된 후 그 관할 하에 놓였다. 동예는 낙랑이 축출되기 이전까지 그 지배를 받았다. 낙랑이 축출된 후 동예는 고구려의 지배를 받았고, 남방 예국은 동해안을 따라 북상한 신라의 영향력 하에 놓이게 되었다.

신라가 경주를 벗어나 경북 일원을 장악한 것은 3세기 중엽에 이르러 가능하였다.[233] 신라는 군현이 축출된 후 안강-포항을 거쳐 동해안을 따라 북상하였다. 신라는 동해안 일대의 예지(濊地)를 장악한 후 직접지배를 실시하지 않았다. 당시의 복속은 영토의 확장을 의미하는 것이 아니었기 때문에 예족은 일정 정도 독자성을 유지하였다.[234]

신라의 동해안지역 진출은

> B-1. 가을 7월에 북쪽 변방 하슬라에 가뭄이 들고 누리의 재해가 있어 흉년이 들었으며 백성들이 굶주렸다. 죄수를 살펴서 사면하고 1년의 조(租)와 조(調)를 면제해 주었다.[235]
>
> 2. 가을 8월에 음즙벌국과 실직곡국이 강역을 다투다가, 왕을 찾아와 해결해

---

232) 말갈과 동예의 관계에 대해서는 본서 6장 Ⅲ절을 참조하기 바란다.

233) 千寬宇, 1993, 앞의 책, 300쪽.

234) 李宇泰, 1997, 「신라의 성립과 발전」, 『한국사』 7, 국사편찬위원회, 49쪽.

235) 『三國史記』 권3, 新羅本紀3, 奈勿尼師今 42年 7月.

주기를 청하였다. 왕이 이를 어렵게 여겨 말하기를 "금관국의 수로왕은 나이가 많고 지식이 많다." 하고, 그를 불러 물었더니 수로가 의논하여 다투던 땅을 음즙벌국에 속하게 하였다. 이에 왕이 6부에 명하여 수로를 위한 연회에 모이게 하였는데, 5부는 모두 이찬으로서 접대 주인을 삼았으나 오직 한기부만은 지위가 낮은 사람으로 주관하게 하였다. 수로가 노하여 종인 탐하리에게 명하여 한기부의 우두머리 보제를 죽이게 하고 돌아갔다. 그 종은 도망하여 음즙벌국의 우두머리 타추간의 집에 의지해 있었다. 왕이 사람을 시켜 그 종을 찾았으나 타추가 보내주지 않으므로 왕이 노하여 군사로 음즙벌국을 치니 그 우두머리가 무리와 함께 스스로 항복하였다. 실직국과 압독국 두 나라의 왕도 와서 항복하였다.[236]

라고 하였듯이, 하슬라에 대한 구휼과 동북방의 영토분쟁 사료를 통해 입증된다.

내물왕은 사료 B-1과 같이 하슬라에 흉년이 들자 죄수를 사면하고 조세를 면제하였다. 내물왕의 하슬라 구휼은 신라가 북상하여 예지(濊地)를 영역으로 편입한 사실을 반증한다. 또한 신라는 B-2와 같이 실직국(삼척)[237]과 음즙벌국(경주시 안강읍)의 영토분쟁에 개입하였다. 신라는 4세기 후반에 이르면 실직국이 위치한 삼척지방을 넘어 강릉의 하슬라 일대까지 영향력을 확대하였다.[238]

신라는 하슬라 등 남방 예지(濊地)를 장악한 후 우호관계를 유지하였다.

---

236) 『三國史記』 권1, 新羅本紀1, 婆娑尼師今 23年.

237) 실직국과 관련하여 삼척시 성북동의 갈야산(해발 111m) 자락에 위치한 고분군이 참조된다. 갈야산고분군은 5세기에서 6세기대의 무덤들이 존재하며, 금제귀고리·유리옥 및 굽은옥 등의 장신구, 굽다리접시 및 항아리 등의 토기류, 철제 마구류 등이 출토되었다. 특히 이곳에서 출토된 5세기대의 신라토기는 동해안을 따라 삼척 방면으로 진출한 사실을 반영한다(김일기, 1988, 「삼척 갈야산 출토 신라토기」, 『강원사학』 4).

238) 신라는 동해안을 따라 세력을 확장하여 강릉의 초당동·병산동 및 영진리·방내리 일대에 고분을 축조한 집단을 지배하였다. 초당동고분군에서 출토된 出자형 금동관 등은 신라의 진출과 지배방식을 반영한다. 신라가 강릉을 중심으로 영동지역을 차지한 사실을 반영한 고고 자료에 대해서는 다음의 글을 참조하기 바란다(이창현, 2006, 「강릉지역의 신라화 과정－고분자료를 중심으로」, 『문화사학』 25).

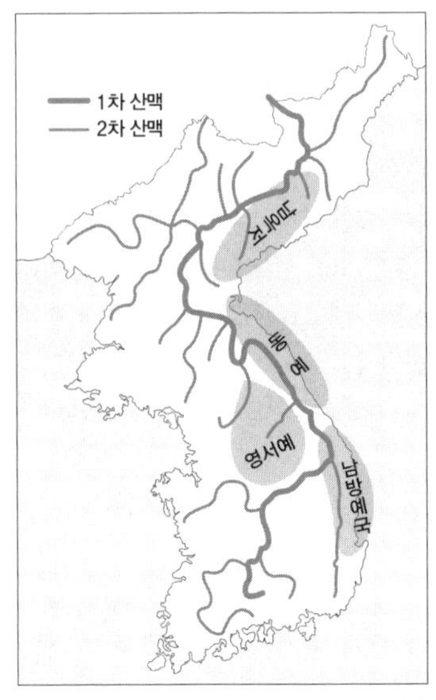

〈그림 5-13〉 동해안지역 예족집단의 세력권

신라와 남방 예국 사이에 우호관계가 맺어진 계기는 동예의 압박에 맞서 연합전선을 구축하면서 이루어졌다.239) 신라가 하슬라 일대로 진출하여 남방의 예국을 복속하면서 동예와는 갈등관계가 조성되었다.

양국의 대립 사실은 신라본기에 전하는 말갈 사료를 통해 알 수 있다. 신라와 말갈(동예)의 대립은 신라가 하슬라를 복속한 후 대립관계가 조성된 사실을 반영한다.240) 화려와 불내 등 동예의 소국들이 기병을 이끌고 동해안을 따라 남쪽으로 내려오자, 맥국(貊國)의 거수(渠帥)가 곡하의 서쪽에서 격퇴하기도 하였다. 맥국은 남방 예국의 구심적 역할을 하던 강릉 예국의 오기(誤記)로 추정된다.

동예의 맥국 공격을 계기로 신라와 남방 예국은 우호관계를 맺게 되었다. 동예가 공격 대상으로 삼은 신라의 북변지역은 동해안 일대의 남방 예지(濊地)가 중심이 되었다. 동예는 신라의 북쪽 변경을 대거 침입하여 관리와 백성을 죽이고 노략질을 자행하였으며,241) 국경 부근에 위치한 장령(長嶺) 일대에 설치된 목책을 공격하였다.242)

동예는 신라 변경을 공격하여 백성의 약탈뿐만 아니라 가축이나 재보 획득 등을 도모하였다. 신라는 동예의 침입에 맞서 장령에 1차 방위선을 구축하였다.243) 신라는 동예가 북쪽 변경을 침범하자 군사를 파견하여 실직

---

239) 『三國史記』 권1, 新羅本紀1, 儒理尼師今 17年.

240) 문안식, 1998, 「三國史記 羅·濟本紀의 靺鞨使料에 대하여」, 『한국고대사연구』 13.

241) 『三國史記』 권1, 新羅本紀1, 祇摩尼師今 14年.

242) 『三國史記』 권1, 新羅本紀1, 逸聖尼師今 4年.

벌판에서 대파하기도 하였다.[244] 신라는 군대를 동원하여 말갈에 대한 정벌을 논의한 바도 있었다. 그러나 신라가 동예를 제압할 수 있을 만큼의 국력이 축적되지 않아 군사행동으로 이어지지 못하였다.[245]

한편 동예는 낙랑의 축출 이후 고구려의 영향력 하에 놓이게 되었다. 예지(濊地)가 언제 고구려에 예속되었는지 정확히 알 수는 없지만, 군현의 축출을 전후로 하여 지배를 받게 되었다. 신라 역시 광개토왕의 군사원조가 시작되는 4세기를 전후로 약 1세기 동안 정치적·군사적 간섭을 받았다.

내물왕 때에 왜구를 몰아내기 위해 고구려에 청병(請兵)한 것이 계기가 되었다. 신라는 실성[246]과 복호[247]를 인질로 삼아 고구려에 보냈고, 실성왕과 눌지왕의 즉위 과정에서도 고구려의 간섭을 받았다.[248] 신라의 고구려에 대한 예속은 점점 심화되어 고구려군이 신라에 주둔할 정도였다.[249]

중원고구려비의 전면에 보이는 '동이매금(東夷寐錦)', '노객(奴客)' 등의 구절은 양국 관계를 대변한다. 동이매금은 신라왕을 말하는데, 고구려가 신라를 속국의 형태로 인식했음을 보여준다. 동예와 신라는 고구려의 영향을 받게 되었지만, 양자 사이에 조성된 갈등관계가 해소된 것은 아니었다.

고구려와 신라의 관계 역시 433년의 나제동맹 체결[250]과 450년에 하슬라 성주 삼직(三直)이 고구려 변방 장수를 살해한 사건[251]을 계기로 경색되었다. 동예와 신라의 대립관계는 고구려가 개입한 후 더욱 첨예화 되었다.

고구려는 신라가 백제에 접근하자, 동예를 동원하여 견제에 나섰다. 고구

---

243) 『三國史記』 권1, 新羅本紀1, 逸聖尼師今 7年.
244) 『三國史記』 권2, 新羅本紀2, 奈勿尼師今 40年.
245) 『三國史記』 권1, 新羅本紀1, 逸聖尼師今 9年.
246) 『三國史記』 권3, 新羅本紀3, 實聖尼師今 11年.
247) 『三國史記』 권3, 新羅本紀3, 奈勿王 37年.
248) 李基東, 1972, 「新羅 奈勿王系의 血緣意識」, 『歷史學報』 52·53, 74쪽.
249) 『日本書紀』 권14, 雄略天皇 8年 2月條.
250) 『三國史記』 권3, 新羅本紀3, 訥祇麻立干 17年.
251) 『三國史記』 권3, 新羅本紀3, 訥祇麻立干 34年.

려는 동해안을 따라 남하하면서

〈그림 5-14〉 중원고구려비 : 동이매금(東夷寐錦)과 노객(奴客) 등의 내용을 통해 볼 때 고구려가 신라를 속국의 형태인 동이(東夷)로 인식했음을 알 수 있다.

C. 겨울 10월에 고구려가 북변을 침략하자, 우로가 군사를 거느리고 나아가 치다가 이기지 못하고 물러와 마두책에 의거하였는데, 그날 밤이 몹시 추웠다. 우로가 사졸을 위로하여 몸소 나무에 불을 살라 따뜻하게 하니 군중이 감격하였다.[252]

라고 하였듯이, 신라의 북쪽 변경을 공격하였다. 사료 C에 보이는 우로 설화는 본디 동해안 울진지역의 우유촌(于柚村)에 퍼져 있던 민간전승이었다. 이곳은 일찍부터 계절풍을 이용한 왜인의 침범이 잦은 지역이었는데, 성읍국가의 수장이 왜구를 격퇴하다가 전사한 사실이 모티브가 되었다. 우로설화는 사로국에 의해서 우시(于尸)가 복속된 후 신라 왕족의 영웅설화로 변개·확대·정리되었다.[253]

사료 C에 따르면 우로의 활동 시기는 3세기 전반이다. 그러나 고구려와 신라가 3세기 전반에 대립한 것으로 보기는 어렵다. 신라와 고구려가 소백산맥 남쪽지역 및 동해안 일대에서 대치·충돌한 것은 5세기 후반에 이루어졌다.[254] 신라가 고구려의 압력에서 벗어나기 시작할 무렵부터 동예와의 충돌도 한층 격화되었다.

동예의 군사 행동은 고구려와 연대하여 수행한 것이 보통이었다. 동예는 현지에 파견된 고구려 군사지휘관의 감독과 통제를 받았으며, 주요 전투는

---

252) 『三國史記』 권2, 新羅本紀2, 助賁尼師今 16年.
253) 李基東, 1997, 『新羅社會史硏究』, 일조각, 41쪽.
254) 李基東, 1997, 위의 책, 32쪽.

고구려와 공동으로 수행되었다.[255] 동예는 고구려에 예속된 후에도 약탈 등을 위해 신라를 독자적으로 침입하였다.[256]

동예가 동원한 군사는 3천 명을 헤아리는 대규모의 경우도 있었으나, 대개 200~300명 정도의 소규모에 그쳤다. 장수왕이 신라의 동북방 요충지 실직성을 공격할 때에 동원한 병력과 같이 1만 명에 이르는 대규모 군단이 편성되기도 하였다.[257]

한편 고구려는 동해안 일대에 지방관을 파견하여 직접지배한 것은 아니었다. 고구려는 변방의 거점이 되는 중심지와 요충지에 지방관을 파견하였다. 중앙에서 파견된 지방관은 토착 수장층을 하위 관직에 임명하여 조세수취와 역역동원 등에 활용하였다.[258]

동해안 일대의 예족사회는 고구려의 간접지배를 받았기 때문에 토착질서는 해체되지 않고 일정 정도 유지되었다. 예족사회의 토착기반은 신라가 6세기 초반에 이르러 동해안지역에 군현을 설치한 후 해체되기 시작하였다. 신라는 504년(지증왕 5)에 경주 동북방의 동해안지역에 파리·미실·진덕·골화 등 12성을 쌓고,[259] 505년에는 실직(삼척)에 군주(軍主)를 파견하였다.[260]

신라는 몇 해 뒤에 다시 하슬라에 군주(軍主)를 파견하였고, 우산국을 정벌[261]하는 등 삼척·강릉 방면의 경영에 집중하였다. 신라의 지배를 받으면서 동해안지역의 토착사회는 '노인(奴人)' 단계의 차별적 상태에서 벗어나 일반 백성으로 편입되었다.[262]

---

255) 『三國史記』 권3, 新羅本紀3, 慈悲麻立干 11年.
256) 『三國史記』 권3, 新羅本紀3, 炤知麻立干 2年.
257) 『三國史記』 권18, 高句麗本紀6, 長壽王 56年.
258) 林起煥, 1996, 「지방·군사제도」, 『한국사』 5, 국사편찬위원회, 173쪽.
259) 『三國史記』 권4, 新羅本紀4, 智證麻立干 5年.
260) 『三國史記』 권4, 新羅本紀4, 智證麻立干 6年.
261) 『三國史記』 권4, 新羅本紀4, 智證麻立干 13年.
262) 朱甫暾, 1986, 「新羅中古期 村落構造에 대하여(2)－外位와 地方民 身分制」, 『경북사학』 9, 136쪽.

제6장 예맥의 한반도 중남부지역 이주와 국가형성

Ⅰ. 예맥의 이주와 삼한의 형성

1. 토착사회의 성장과 국가형성

1) 석기문화의 발전과 성격

한반도 중남부지역은 B.C. 4000년을 전후하여 뾰족밑 빗살무늬토기가 전파되면서 신석기시대로 접어들었다. 동해안지역이 B.C. 6000년을 전후하여 납작밑 빗살무늬토기가 출현하면서 조기 신석기시대에서 전기 신석기시대로 이행한 것과 비교하여 늦은 편에 해당된다.

신석기문화의 기원은 요하 유역에서 성행한 지자형(之字型)·인자형(人字型)·사선(斜線) 빗살무늬토기의 전파와 관련이 있다.[1] 요하 유역에서 납작밑 빗살무늬토기를 사용한 사람들은 흥륭와문화와 사해문화 등을 영위하였다. 이들의 일부는 납작밑토기와 옥기 등을 가지고 요동을 거쳐 한반도 동해안지역 및 연해주 방면으로 이주하였다. 납작밑토기가 연해주와 흑룡강 중·하류지역, 한반도 동북지방과 동해안 일대 및 압록강 하류의 미송리 등에서 조사된 사실을 통해 입증된다.[2]

---

1) 이형구, 1989, 「발해연안 빗살무늬토기문화의 연구」, 『한국사학』 10, 정신문화연구원.

납작밑토기는 한반도 동북부 일대에서 동해안을 따라 남해안 지방으로 전파되었다. 납작밑토기는 통영 상노대도[3]와 김해 수가리[4] 유적 등에서 조사되었다. 이들 유적에서 확인된 납작밑토기의 제작 방식과 문양 등은 흥륭와문화의 수법과 동일한 것으로 밝혀졌다.[5]

동북아시아 일대의 토기문화는 대릉하 유역에서 선도적 변용이 일어나 요동반도를 거쳐 서북한, 동북한, 한반도 중남부 및 연해주 일대로 파급되는 축차적 변화가 일어났다. 빗살무늬토기와 옥기(玉器) 등의 선진문화를 소유한 집단은 한반도와 주변지역으로 이주하여 덧무늬토기를 사용하던 선주민을 압도하였다.

그런데 빗살무늬토기와 덧무늬토기는 제작 수법·뼈 연모 등을 볼 때 양자 사이에 이질적이거나 비약적인 요소가 발견되지 않고 있다.[6] 덧무늬토기를 사용한 사람들이 빗살무늬토기를 받아들여 토착문화를 발전시켰을 가능성이 높다. 한반도 일대에서 확인된 납작밑토기와 옥기 등을 모두 이주민이 남긴 흔적으로 보기는 어렵고, 문화 교류와 교역 등을 반영하는 측면도 있다.

덧무늬토기를 사용하던 토착집단은 납작밑토기를 받아들이며 한 차원 높은 문화 단계로 진입하였다. 납작밑토기가 전파된 B.C. 6000년 무렵 한반도의 신석기문화는 서포항 2기층 및 나진 초도 패총이 조사된 동북지방과 양양 오산리 유적 등이 위치한 중부 동해안이 중심이 되었다. 그 문화는 동남해안 지방으로 파급되었으며, 황해도 봉산 지탑리1호 주거지[7]·평양 금탄리2기 문화층[8]·대동강 유역의 청호리 유적[9] 등 중서부 지방에서도

2) 김용간, 1962, 「미송리동굴유적 발굴중간보고(1)·(2)」, 『문화유산』 1·2기.
3) 신숙정, 1984, 「상노대도 조갯더미 유적의 토기 연구」, 『백산학보』 28.
4) 정징원, 1981, 『김해수가리패총』, 부산대학교박물관유적조사보고 제4집, 90~92쪽.
5) 백홍기, 1997, 「주변지역 신석기문화와의 비교」, 『한국사』 2, 국사편찬위원회, 146쪽.
6) 신숙정, 1997, 앞의 글, 441쪽.
7) 도유호, 1981, 『지탑리유적발굴보고』(유적발굴보고 8집), 과학원출판사.

확인된다.

그러나 한강 이남지역은 아직까지 납작밑 빗살무늬토기가 조사되지 않고 있다. 한반도 중서부와 서남부 지역은 동해안 및 서북지방과는 달리 후기 구석기문화가 오랫동안 존속되었다. 중남부지역은 B.C. 4000년을 전후하여 첨저 혹은 뾰족 빗살무늬토기가 등장하면서 본격적인 신석기시대로 접어들 었다.

뾰족밑 빗살무늬토기는 B.C. 4000~B.C. 3000년 사이에 집중되며 북쪽의 청천강 유역 및 한강 유역과 도서지역에서 주로 조사되었다.[10] 뾰족밑토기의 기원은 시베리아 계통의 캄케라믹이 한반도 동북지역을 거쳐 남하한 것으로 이해한다.[11] 그러나 요하 유역 납작밑토기와 한반도 중서부지방 뾰족밑토기 사이의 연관성 역시 무시할 수 없다.[12]

뾰족밑토기는 요동에서 육로(陸路)가 아니라 해로(海路)를 통해 전파되었 다. 뾰족밑토기는 반죽한 점토에 운모와 석면 및 활석 등을 섞어 만들었다. 서해안 일대의 빗살무늬토기는 구연부와 기복부에 각각 다른 무늬를 새긴 것이 특징이다. 구연부에 짧은 선을 상하로 여러 줄 돌리고, 기복부에는 어골문을 새긴 것이 주류를 이루고 있다.

이와 같은 토기 유형을 어골문토기라고 부르고 있다. 서울 암사동·광주 미사리·동막동 유적 등 한강 중류지역, 대동강 유역의 궁산리와 봉산 지탑리 등 한반도 중서부 지역에서 주로 조사되었다. 그 반면에 남해안 일대는 덧무늬토기가 동해안을 통해 확산되어 중기 신석기시대까지 지속되었다.

중기 신석기시대(B.C. 3500~B.C. 2000)에 이르면 한반도 중서부지역에

---

8) 김용간, 1964, 『금탄리원시유적발굴보고』(유적발굴보고 10집), 34쪽.

9) 한영희, 1978, 「한반도 중서부지방의 신석기문화」, 『한국고고학보』 5, 105쪽.

10) 임효재, 2002, 앞의 책, 167쪽.

11) 橫山將三郞. 1939, 「朝鮮の史前土器硏究」, 『人類學·先史學講座』 9, 雄山閣.

12) 백홍기, 1994, 앞의 책, 166쪽.

국한되어 있던 뾰족밑토기가 남부지방과 동해안 등 주변지역으로 확산된다. 사람들은 전대와 마찬가지로 수혈주거지에 거주했으며, 생활도구에 있어서도 큰 차이가 없다. 생활경제 역시 농경활동 이전 단계의 어로와 수렵에 의존하였다.

최근 동해안지역의 고성 문암리에서 중기 신석기시대기에 경작된 밭의 흔적이 확인되었다. 밭 유적은 농경의 증거이며, 집 앞에서 조·기장 등을 재배하여 빗살무늬토기에 보관한 사실이 입증되었다. 빗살무늬토기는 밭 유적을 파고 들어간 집자리에서 4점이 수습되었으며, 밭 유적 토양을 시료로 분석한 결과 5000년 전에 조성된 것으로 드러났다.[13)]

〈그림 6-1〉 고성 문암리 신석기 시대 밭 유적 전경

문암리 유적에서 이랑과 고랑을 갖춘 밭 유적이 확인된 것으로 볼 때 화전(火田) 등의 초보적 농경이 아니라, 지속적으로 농사를 짓는 단계에 진입하였음을 알 수 있다. 신석기시대에 벼농사를 지은 논 유적은 1990년대 중반 중국 양자강 유역에서 확인되었으나, 문암리에서 확인된 밭 유적은 중국이나 일본에서 확인된 사례가 없었다.

한반도의 농경의 역사는 지금까지 최초로 알려진 진주 대평리 유적보다 1500년 이상 올려 볼 수 있게 되었다. 그러나 동해안을 제외한 다른 지역은 다른 양상을 보인다. 중남부지역은 중기를 거쳐 후기 신석기시대(B.C. 2000~B.C. 1000)에 이르러 많은 변화가 일어난다.

황해도 지탑리 유적에서는 피와 조 등의 곡물이 농경 도구와 함께 조사되었다.[14)] 궁산리 유적에서도 돌가래(石嵩)와 뿔가래(骨嵩) 및 산돼지 이빨로

---

13) 국립문화재연구소, 2012, 「강원 고성 문암리유적에서 신석기시대 경작유구(밭) 발굴」, 현장설명회자료.

14) 지탑리 유적에서는 탄화된 피 혹은 조의 실물과 함께 돌로 만든 쟁기와 가래 및 호미 등의 농기구가 조사되었다. 이들 유물은 개간−경작−수확−조리의 모든 과정을 보여주며, 후기 신석기시대에 이루어진 농경 활동이 확인된 사례이다(고고민속학

만든 낫과 같은 농경 도구가 출토되었다.[15] 농경 도구의 등장은 한정된 지역에 불과하지만 초보 단계의 전작농경(田作農耕)이 이루어진 사실을 알려준다.

농경활동이 시작되었지만 여전히 어로와 수렵에 의한 경제생활이 영위되었다. 빗살무늬토기의 제작 과정에도 변화가 일어나 서해안지역의 경우 전형적인 빗살무늬토기가 퇴화되고, 아가리 부분에 만 무늬를 새기는 유형이 성행하였다. 남부지방의 빗살무늬토기 역시 처음에는 아가리 부분에 만 무늬를 넣었지만, 후대에 이르러 전면무늬로 바뀌게 되었다.

중남부지역은 B.C. 10세기를 전후한 시기까지 신석기시대가 지속되었다. 중서부지방과 마찬가지로 무늬가 생략되는 과정을 거쳐 청동기시대의 민무늬토기로 넘어 가게 되었다. 한반도의 청동기시대 시작은 B.C. 12세기~B.C. 8세기 무렵에 이르러 시베리아 카라스크문화, 예니세이강 상류의 미누신스크문화, 그 서쪽에서 퍼져오는 스키타이문화가 전파되면서 이루어진 것으로 보고 있다.[16]

청동문화를 가지고 이주해 온 집단이 신석기시대의 토착주민을 일방적으로 흡수·동화한 것으로 이해한다.[17] 그러나 북방에서 내려온 이주민이 단기간에 신석기문화를 일소하며 국가형성 단계에 이른 것은 아니었다. 중남부지역은 주석과 아연을 합금한 동물 문양으로 상징되는 북방계통 청동문화의 전파에 앞서 조기 청동문화가 영위되었다.

조기 청동문화는 비파형동검으로 상징되는 전형적인 청동양식이 출현하기 이전의 선동검기(先銅劍期)에 해당된다. 평북 용천 신암리에서 확인된 B.C. 15세기 무렵의 청동 칼과 청동 단추 등이 참조된다.[18] 신암리 유적은

연구소, 1961, 『지탑리원시유적발굴보고』 ; 西谷正, 1969, 「朝鮮半島における初期稲作」, 『考古學研究』 16-2).

15) 고고민속학연구소, 1957, 『궁산원시유적발굴보고』.

16) 김원룡, 1973, 앞의 책, 97쪽 ; 김정배, 1973, 앞의 책, 154~155쪽.

17) 이건무·조현종, 2003, 『선사유물과 유적』한국미의 재발견1, 30쪽.

요동반도의 우가촌(牛家村) 및 양두와(羊頭窪) 유적[19]과 동일한 성격을 갖고 있다.

조기 청동문화의 기원을 알려주는 표징으로 덧띠새김무늬토기(突帶文 혹은 刻目突帶文土器)의 등장을 거론하기도 한다.[20] 덧띠새김무늬토기는 신석기시대와 청동기시대를 연결하는 고리 역할을 하였다. 덧띠새김무늬토기는 신석기시대의 덧무늬토기(융기문토기) 및 철기시대의 덧띠토기(점토대토기)와는 다른 양식에 해당된다.

덧띠새김무늬토기는 한반도 북부지역의 신암리를 비롯하여 평북 세죽리, 평남 공귀리, 서울 미사리, 제천 황석리, 정선 아우라지, 홍천 외삼포리, 경주 충효동, 진주 대평리, 산청 소남리 등에서 출토되었다.[21] 그 외에 요동반도의 대취자(大嘴子)와 상마석(上馬石) 및 연해주 일대와 흑룡강 유역에서도 조사되었다.[22]

덧띠새김무늬토기의 기원에 대해서는 압록강 유역 혹은 요동반도의 농경문화가 남하한 후 남한지역의 빗살무늬토기와 결합하여 형성된 것으로 이해한다.[23] 빗살무늬토기가 민무늬토기로 이행하는 과도기에 등장한 것으로 보는 견해도 없지 않다.[24]

그러나 덧띠새김무늬토기는 전기 신석기시대의 납작밑토기와 마찬가지로 요하 유역에서 기원하여 한반도 방면으로 전파되었을 가능성이 높다.

---

18) 리순진, 1965, 「신암리 유적 발굴 중간보고」, 『고고민속』 3기.

19) 許明綱·劉俊勇, 1981, 「旅順于家村遺址發掘簡報」, 『考古學集刊(1)』, 中國社會科學出版社.

20) 덧띠새김무늬토기는 토기의 아가리 부분 바깥쪽에 점토 띠를 붙인 것을 말한다. 그 위에 빗금무늬나 눌러 찍은 무늬를 새기거나 두 손가락으로 점토 띠를 서로 어긋나게 비틀어 붙여 무늬 효과를 냈으며, 주로 아가리 부분에 장식하였다.

21) 국립김해박물관, 2005, 『전환기의 선사토기』, 김해박물관, 74쪽.

22) 이형구, 2004, 『발해연안에서 찾은 한국고대문화의 비밀』, 김영사.

23) 안재호, 2000, 「한국농경사회의 성립」, 『한국고고학보』 43.

24) 이상길, 1999, 「진주 대평 어은 1지구 발굴조사개요」, 『남강선사문화세미나 요지』, 동아대박물관.

덧띠새김무늬토기가 성행한 시기는 B.C. 15~B.C. 13세기 무렵이었다. 강원도 홍천군 외삼포리 유적에서 조사된 토기는 AMS(질량가속분석기) 측정결과 B.C. 14세기 전후를 전후하여 제작된 것으로 확인되었다.[25]

〈그림 6-2〉 덧띠새김무늬토기 : 진주 대평리 유적에서 출토되었으며, 조기 청동기시대를 상징하는 유물이다.

덧띠새김무늬토기를 사용한 집단은 세장방형 혹은 장방형 평면의 바닥에 판돌을 깔고 주위에 돌을 돌려 화덕을 만든 집에서 살았다. 이를 가장 이른 시기의 청동문화에 해당하는 미사리유형으로 부르기도 한다.[26]

한반도 일대는 소형 장신구 위주의 조기 청동문화와 덧띠새김무늬토기 등이 등장하면서 새로운 문화단계로 접어들었다. 조기 청동문화를 향유한 집단이 이주하면서 토착사회는 많은 변화가 일어났다. 그러나 조기 청동문화를 향유한 이주민 집단 외에 신석기문화를 영위하던 다수의 토착민 역시 존재하였다.

후기 신석기시대와 조기 청동기시대는 500여 년 동안 공존하다가 B.C. 10세기를 전후하여 청동기시대로 접어들었다. 후기 신석기시대에서 청동기시대로 접어드는 500여 년에 걸친 과도기 동안 급진적인 사회변동이 일어난 것은 아니었다. 신석기시대의 주민을 복속하고 토착문화를 해체할 만한 제반 여건을 구비한 집단이 이주하여 비약적 발전을 이룩한 흔적 역시 찾아보기 어렵다.

조기 청동문화를 소유한 채 요동을 거쳐 한반도 일대로 이주한 집단의 등장은 여러 유적을 통해 확인된다. 그러나 이들이 토착집단을 흡수·동화한 것으로 보기는 어렵다. 후기 신석기시대의 전통을 유지한 토착집단이 조기

---

25) 이희준, 2007, 「홍천 외삼포리유적 조사개보」, 2007년 춘계학술대회(강원고고학회).
26) 朴淳發, 2003, 「渼沙里類型 形成考」, 『湖西考古學』 9.

청동문화를 받아들여 한 차원 높은 사회생활을 영위하였을 가능성이 높다.

2) 청동문화의 발전과 진국(辰國)의 형성

한반도 중남부지역은 조기 청동문화를 영위한 북방계 이주민과 토착집단이 상호 영향을 미치면서 점진적인 성장과 발전을 이루어 나갔다. 덧띠새김무늬토기는 점차 사라지고, B.C. 1000년 무렵에 이르러 민무늬토기의 사용이 일반화되면서 청동기시대로의 전환이 이루어졌다.

민무늬토기는 노천의 요(窯)에서 구워져 질이 대체로 무르고 흡수성이 강하며 주로 황적색을 띠고 있다. 민무늬토기는 청동기시대를 대표하는 토기로 무늬가 다양한 빗살무늬토기와는 달리, 무늬가 없거나 간단한 공열문(孔列文) 혹은 단사선문(單斜線文) 등 단순한 것이 특색이다. 토기에서 무늬가 사라진 이유는 시간 절감과 단단한 토기를 얻기 위한 제작 방식의 차이를 들 수 있다.

한반도의 청동문화는 민무늬토기 외에 마제석기의 발달, 비파형동검의 사용, 지석묘와 석관묘의 축조를 특징으로 한다. 청동기시대를 동검(銅劍)의 사용을 중심으로 전기 비파형동검 단계(B.C. 6세기~B.C. 4세기)와 후기 세형동검 단계(B.C. 4세기~B.C. 1세기)로 구분하고 있다.

토기를 비롯한 제반 문화양식을 참조하여 조기·전기·중기·후기로 세분하는 견해도 없지 않다. 한반도 일대는 전기 청동기시대에 이르러 압록강 중·상류의 공귀리형토기문화, 서북지방의 팽이형토기문화, 동북지방의 공열문토기문화, 한강 유역의 흔암리유형·역삼동유형 및 차령산맥 이남의 가락동유형 등 여러 문화유형이 형성되었다.[27]

요동지역과 한반도 일대에 형성된 청동문화의 분포 상태는 <그림 6-3>과 같다.[28] 이들 유형의 청동문화는 요하 유역에서 발전한 청동문화의 영향을

---

27) 尹武炳, 1975, 「無文土器 形式分類試攷」, 『震檀學報』 39 ; 임병태, 1986, 「韓國無文土器의 研究」, 『韓國史學』 7.

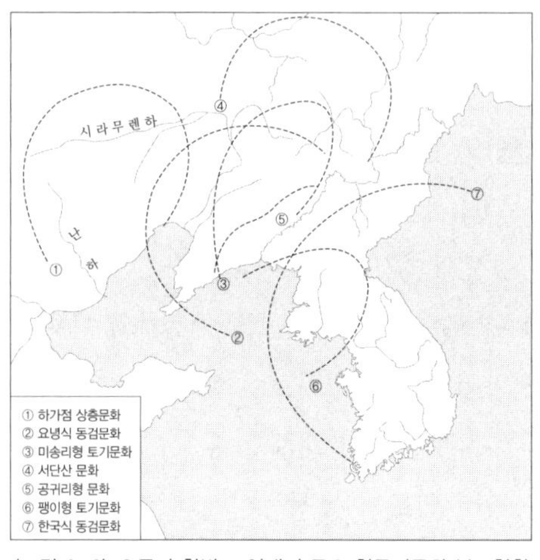

〈그림 6-3〉 요동과 한반도 일대의 주요 청동기문화 분포현황

받으면서 성장하였다. 외래적인 요소 외에 신석기시대와 조기 청동기시대를 거치며 성장해 온 토착문화 전통 역시 무시할 수 없다.

한반도 일대는 청동기시대에 이르러 농경이 발전한 정착생활 단계로 접어들면서 촌락의 규모가 커지는 등 사회경제의 발전이 이루어졌다. 청동문화의 성장과 발전에도 불구하고 한반도의 주인공은 양적(量的)인 측면에서 볼 때 여전히 토착주민이었다.

신석기문화를 영위하던 사람들은 청동문화 담당자들에 의해 흡수·동화되거나 산간오지로 밀려난 것으로 이해한다. 청동문화를 소유한 이주민들이 한반도 방면으로 남하하여 선주민에게 많은 영향을 끼친 사실 역시 인정된다. 그러나 신석기문화를 영위하던 토착민이 선진문화를 받아들여 한 차원 높은 사회 단계로 발전하였을 가능성도 없지 않다.

사실 청동문화 단계의 무문토기를 사용한 사람들과 그 이전 빗살무늬토기를 사용한 집단은 문화양식이 달랐다. 양자 사이에는 생업·무덤·토기 등 사회문화 전반에 걸쳐 많은 차이가 존재하였다. 예컨대 무문토기를 사용한 주민들은 낮은 구릉지대에 주로 거주하였고, 빗살무늬토기를 사용한 사람들은 강가나 바닷가에 생활하였다.

그러나 최근의 고고조사 사례를 보면 무문토기문화와 빗살무늬토기문화의 많은 차이에도 불구하고 유사점 역시 드러나고 있다. 평안도와 황해도

---

28) 송호정, 2008, 「요하유역 고대문명의 변천과 주민집단」, 『중국동북지역 고고학 연구현황과 문제점』, 동북아역사재단.

일대의 팽이형토기, 동북지방의 공열문토기는 형태와 무늬 및 바탕흙 등에서 빗살무늬토기의 제작 전통을 계승한 사실이 확인된다. 또한 도끼·끌·대패날 등의 공구류, 반달칼·갈돌과 갈판·곰배괭이 등의 농공류, 화살촉·창끝 등의 무구류(武具類) 등 석기의 여러 형태에서도 신석기시대 말기와 비슷한 점이 많이 발견된다.[29]

신석기문화와 청동문화의 계승 관계는 진주 남강 유적과 동해안지역의 여러 유적 등을 통해서도 확인된다. 진주 옥방 5지구는 신석기시대에서 청동기시대로 넘어가는 과도기에 해당하는 유적인데, 빗살무늬토기가 끝이 뾰족한 첨저형에서 바닥이 편평한 평저형 무문토기로 변화해 가는 양상이 확인되었다.

또한 빗살무늬 계통의 단사선문(短斜線文)이 무문토기의 구연부로 계승된 사실도 드러났다.[30] 동해안지역에서도 청동기시대의 위석식노지(圍石式爐址)와 이중구연토기(二重口緣土器) 및 대형 장방형 주거지 등에서 신석기시대 말기의 전통을 물려받은 사실이 드러났다.[31]

한편 청동문화의 기원과 관련하여 북방계 주민의 남하 외에 남방계 주민의 이주를 거론하기도 한다. 문헌 연구와 고고자료를 통한 조사보다 인류학적 측면에서 제기된 주장이다. 한반도 도처에 산재해 있는 고인돌과 솟대 등을 남방에서 전해진 문화 요소로 이해한다. 벼농사의 전파 역시 남방기원설의 근거로 들고 있다.

정선 아우라지의 고인돌 유적에서 확인된 B.C. 8세기 전후의 두개골과 대퇴부 뼈 등도 참조된다. 제천 황석리의 고인돌에서도 비슷한 유골이 수습되었는데, 두개골과 쇄골 및 상완골 모두 오늘날의 한국인보다 크다는 결론이 도출되었다.

---

29) 이건무, 2000, 『청동기문화』, 대원사, 17쪽.
30) 이형구, 2000, 『진주대평리 옥방5지구 선사유적』, 선문대학교 박물관.
31) 이성주, 2008, 앞의 글.

유골의 주인공은 현재의 영국인과 비슷한 DNA 염기서열을 하고 있다. 이를 히타이트족의 정복 과정에서 흑해지역에 살고 있던 아리아족이 인도 방면으로 이주하였다가, 벼농사의 전파경로를 따라 고인돌 등을 가지고 동남아시아~한반도 방면으로 이주한 사실을 반영한 것으로 이해한다.[32]

이와 같이 중남부지역의 청동문화는 북방에서 내려온 문화 요소와 남방의 문화 요소들이 복합되어 있다. 중남부지역의 청동문화 형성에 직접적인 영향을 미친 것은 동북지방의 공열문토기문화와 서북지방의 팽이형토기문화를 들 수 있다.

이들 문화는 중남부지역에 영향을 미쳐 서울의 가락동·역삼동, 경기도 여주 흔암리 등에서 새로운 유형의 토기문화가 등장하는 계기가 되었다. 가락동유형·역삼동유형·흔암리유형의 청동문화는 B.C. 7세기 무렵에 시작된 것으로 보고 있다.[33] 그러나 최근에 이르러 상한을 대폭 올려 보는 견해가 제기되고 있다.

역삼동유형의 경우 상한과 하한을 B.C. 11세기~B.C. 9세기,[34] B.C. 13세기~B.C. 9세기 등으로 이해한다.[35] 그 중심연대는 B.C. 10세기~B.C. 9세기 혹은 B.C. 10세기 전후로 보고 있다.[36] 이들 유형의 문화를 역삼동유형으로 합쳐 부르거나, 역삼동-흔암리유형으로 칭하면서 가락동유형과 구분하기도 한다.[37]

사실 문화 요소 사이에 별다른 차이가 발견되지 않기 때문에 계통을

---

32) 이기환, 2004, 『고고학자 조유전의 한국사 미스터리』, 황금부엉이.

33) 서울대학교 박물관, 1972~1977, 『欣岩里住居址 1~5』.

34) 나건주, 2006, 「전·중기 무문토기 문화의 변천과정에 대한 고찰」, 충남대 대학원 석사학위논문, 67쪽.

35) 이형원, 2002, 「한국 청동기시대 전기 중부지역 무문토기 편년연구」, 충남대 석사학위 논문, 63~64쪽.

36) 박순발, 2006, 「청동기시대」, 『충청남도지』 6, 충청남도지편찬위원회, 221쪽.

37) 이진민, 2004, 「중부지역 역삼동유형과 송국리유형의 관계에 대한 일고찰」, 『한국고고 학보』 54, 37쪽.

달리하는 별도 집단이 영위한 것으로 보기 어렵다.[38] 역삼동-흔암리유형은
한강 유역을 비롯하여 충남 북부의 곡교천 유역과 경기 남부의 안성천
유역 및 강원도 동해안지역 등 차령산맥 이북지역에 주로 분포한다. 그
반면에 가락동유형은 대전과 청주를 비롯한 금강 유역에 자리한다.[39]

흔암리유형의 담당자는 덧띠새김무늬토기문화를 영위하던 조기 청동기
시대 사람들이 중심이 되었다. 흔암리 유적에서는 민무늬토기와 다양한
석기가 출토되었지만, 청동 유물은 확인되지 않았다. 이들은 동북지역과
서북지역에서 전파된 팽이형토기와 공열토기 등의 영향을 받아 전기 청동기
사회에 이른 것으로 짐작된다.

흔암리유형은 북방에서 내려온 이주민이 이룩한 문화가 아니라, 토착집단
의 내재적인 발전 과정에서 외부 영향을 받아 형성되었다. 흔암리유형은
원산만 일대에서 형성되어 동해안을 따라 남하하였거나, 태백산맥을 넘어
남한강 유역으로 전파되었을 가능성도 있다. 흔암리 등에 출현한 후 한강
하류지역 혹은 금강 지류인 미호천 방향으로 남하하여 차령 이북의 여러
지역에 흔적을 남긴 것으로 이해한다.[40]

가락동유형의 청동문화는 동북지역과 대동강 유역의 문화 요소가 결합되
어 형성된 것으로 이해한다.[41] 가락동유형은 팽이형토기문화와 관련된
것이 아니라 압록강 유역의 무문토기문화에 기원을 두고 있다. 가락동유형은
청천강 유역 및 원산만을 거쳐 남한지역으로 전파되었다.[42]

가락동유형의 청동문화의 기원은 B.C. 7세기 무렵에 형성된 것으로 이해하
였다. 근래에 이르러 상한과 하한을 B.C. 13세기 전반~B.C. 8세기 전반으로

---

38) 김장석, 2001, 「흔암리유형 재고 : 기원과 연대」, 『영남고고학』 28.
39) 이형원, 2002, 앞의 글, 49쪽.
40) 박순발, 2006, 앞의 글, 220쪽.
41) 이백규, 1974, 「경기도 출토 무문토기·마제석기 – 토기편년을 중심으로」, 『고고학』
   3, 한국고고학회.
42) 박순발, 1999, 「흔암리유형 형성과정 재검토」, 『호서고고학』 1, 호서고고학회.

올려 보는 견해가 늘고 있다.[43) 가락동유형의 형성 시기를 전기와 후기로 구분하여 각각 B.C. 1100~B.C. 870년, B.C. 870년~B.C. 750년 무렵으로 이해한다.[44)

가락동유형의 청동문화는 대전의 둔산·용산동·노은동·궁동·상서동 등 대전분지 일대에 집중되어 있다. 그 외에 금강 유역에 위치한 청주 내곡동·용정동, 익산 영등동 등에서도 확인된다. 이들 유적의 입지는 거의 대부분 얕은 구릉의 정상부에 자리한다. 구릉의 높이는 30m 내외이며, 그 주변에는 큰 하천에 의해 형성된 충적지가 펼쳐져 있다.

가락동유형의 청동문화를 영위한 집단은 정착 단계에는 화전(火田) 방식을 통해 농경지를 개척하였다. 혈연관계를 이룬 구성원들이 취락을 형성하였는데, 대부분의 유적에서 1~5·6채의 집자리가 조사되었다.[45) 농경이 발전한 정착생활 단계로 접어들면서 촌락의 규모가 커지는 등 사회경제의 발전이 이루어진 모습이 확인된다.

한편 한반도 중남부지역은 역삼동-흔암리유형을 대신하여 송국리형문화로 불리는 새로운 청동문화가 출현한다. 송국리유형의 기원에 대해서는 역삼동-흔암리유형과 무관한 선후관계로 보는 견해, 역삼동-흔암리유형의 후기 단계가 송국리유형의 초기 단계로 계승되는 것으로 이해하는 입장으로 구분된다.

전자는 새로운 집단이 한반도 외부에서 중서부지역 혹은 금강 유역으로 이주하면서 시작된 것으로 이해한다. 송국리유형의 문화는 완성된 형태를 띤 채 중서부지방에 처음 등장하였으며, 주변으로 전파되는 와중에 공열문토기문화 혹은 지석묘사회와 접촉을 통해 발전을 거듭한 것으로 이해한다.[46)

---

43) 이형원, 2002, 앞의 글, 47쪽.

44) 김명진 외, 2005, 「베이지안 통계학을 이용한 한국청동기시대 전기 가락동유형의 연대고찰」, 『한국상고사학보』 47.

45) 박순발, 2006, 앞의 글.

46) 김규정, 2006, 「호서·호남지역의 송국리형 주거지」, 『금강 : 송국리형 문화의 형성과

후자는 한반도 중남부지역의 무문토기문화가 점진적으로 발전하여 송국리유형을 이룬 것으로 이해한다. 역삼동−흔암리유형과 송국리유형이 일부 겹치며, 방형과 원형 집자리가 공존한 유적에서 방형이 시기적으로 빠른 사실이 참조된다.[47]

송국리유형의 상한은 B.C. 6세기 무렵으로 보는 것이 일반적이다. 부여 송국리 54지구의 집자리에서 수습된 숯을 방사성탄소연대 측정 결과 B.P. 2665±60년과 B.P. 2565±90년으로 밝혀졌다.[48] 그러나 최근에는 송국리유형의 상한을 B.C. 900년,[49] 혹은 B.C. 800년[50] 등으로 상향하는 견해가 늘어나고 있다.

송국리유형의 문화는 한반도 남부지역을 공간적 범위로 하는데, 토기와 집자리 등에서 특징적인 면모를 보인다. 송국리식토기는 금강 유역에서 발생하여 서남부지방으로 전파되었으며, 영남 서부지역의 황강 유역 등에서도 조사되었다.[51]

송국리식토기는 고운 진흙으로 소성된 붉은 간토기와 가지문토기 등이 무덤의 부장용으로 사용되었다. 송국리식토기의 바닥에 구멍을 뚫어 어린아이의 장례용품으로 사용한 독널(甕棺)은 '송국리식옹관'으로 부르기도 한다. 송국리유형의 집자리는 내부 중앙에 타원형 구덩이와 함께 기둥 구멍이 배치된 형태를 보인다.

발전』, 호남·호서고고학회 합동학술대회 발표요지, 19~20쪽.

47) 나건주, 2006, 앞의 글, 46~49쪽.

48) 국립중앙박물관, 1979, 『松菊里』.

49) 이홍종, 2006, 「송국리문화의 전개과정과 실년대」, 『금강 : 송국리형 문화의 형성과 발전』, 호남·호서고고학회 합동학술대회 발표요지, 121쪽.

50) 나건주, 2006, 앞의 글, 67쪽.

51) 송국리식토기는 납작바닥에 작은 굽을 가졌으며, 계란모양으로 부풀은 몸통과 밖으로 바라진 짧은 입술부분이 특징이다. 바탕흙이 고운 것과 그릇 표면이 거친 것 등 2가지가 있다. 그릇 모양은 단지 형태가 많고 긴목단지(長頸壺), 굽그릇, 바리(鉢) 등과 함께 조사되었다. 그릇의 크기는 높이가 20~40cm되는 것이 많고, 작은 것은 10cm 안팎, 큰 것은 높이가 80cm에 이른 것도 있다.

집자리의 평면 형태와 관계없이 타원형 구덩이를 갖춘 모든 집자리를 송국리유형으로 이해하는 것이 일반적이다. 그러나 원형 집자리의 내부 중앙에 타원형 구덩이가 배치된 주거지만을 송국리형 집자리로 보는 견해도 있다. 또한 타원형 구덩이의 기능에 대해서는 석기 또는 옥(玉)의 제작 공간·노지·제습용 구덩이·집수시설·저장공 등으로 추정한다.52)

〈그림 6-4〉 송국리 유적에서 발견된 항아리형 토기 : 송국리토기는 색채 개념이 등장하기 시작하는 지표로 평가된다.

송국리형 집자리는 부여 송국리·서산 휴암리·영암 장천리 등 주로 서남부지방을 중심을 분포한다. 최근에는 경상도 동남 내륙지방의 황강 및 남강 유역에서도 다수 확인되고 있다. 대구·경주·울산·양산 등 영남 동남부 지방에서도 송국리형 집자리가 조사된 사례가 늘고 있다. 그 외에 제주도와 일본 구주지방에서도 확인되었다. 제주도의 경우 제주 삼양동과 용담동 일대에서 송국리형 주거지가 조사되었다.53)

한반도 남부지역은 송국리유형 청동문화의 발전과 더불어 비파형동검이 등장하는 등 사회발전이 가속화되었다. 송국리형문화와 비파형동검, 남방식 고인돌이 동일한 주민에 의해 만들어졌을 가능성도 없지 않다.54) 비파형동검은 한반도에서 60여 곳에서 조사되었는데, 석관묘와 지석묘 및 토광묘 등에서 출토되었다. 그 외에 돌무지 속에 청동기를 넣어둔 제사 혹은 퇴장(退藏) 유적, 주거지·패총과 같은 생활 유적 등에서 출토되기도 한다.

---

52) 국립중앙박물관, 1979, 『松菊里』.
53) 김경주, 2009, 「유구와 유물로 본 제주도 송국리문화의 수용과 전개」, 제3회 한국청동기학회 학술대회.
54) 이건무, 2000, 앞의 책, 90쪽.

비파형동검이 석관묘에서 출토된 사례는 백천 대아리·신평 선암리·사리원시 상매리·부여 송국리 유적이 해당된다.[55] 비파형동검이 지석묘에서 확인된 사례는 승주 우산리·보성 덕치리·여천 적량동·고흥 운대리·여수 오림동 유적 등을 들 수 있다.

비파형동검은 재령 고산리와 연안 금곡동 등 토광묘에서 확인되기도 하였다. 제사 또는 퇴장 유적에서 확인된 사례는 청도 예전동과 개풍 해평리 등이 대표적이다. 그런데 송국리형문화의 분포 범위와 유구경식(有溝莖式) 비파형동검이 출토된 유적이 일치한다. 또한 경부(莖部)에 홈이 파진 형식은 요녕에서는 보이지 않고, 한반도의 중서부와 남부지역에서만 조사되고 있다.

이들 유물은 한반도 중부 이남지역에서 제작된 특수 형식이었을 가능성이 높다. 한반도 중남부지역은 비파형동검문화가 유입되면서 본격적인 청동기 사회로 진입하였다. 비파형동검문화의 유입 경로는 육로를 통해 평북을 경유하여 남쪽으로 전파되었을 가능성은 희박하고, 요동반도 일대에서 해로(海路)를 통해 서북지역·중서부지역으로 먼저 들어온 후 다른 지역으로 전파되었을 가능성이 크다.

비파형동검이 유입된 시기에 대해서도 이론(異論)이 적지 않다. 경북 청도 예전동 유적에서 출토된 비파형동검은 요서지역의 십이대영자유형 및 요동지역의 쌍방(雙房)유형과 가깝기 때문에 B.C. 8세기 무렵에 제작된 것으로 추정한다. 또한 여수시 적량동 고인돌에서 출토된 비파형동검의 상한 역시 B.C. 8세기 전후로 보고 있다.

그런데 한반도 중남부지역의 비파형동검문화는 요녕지방에 비해 단순한 내용을 보이고 있다. 청동 무기는 동검(銅劍)과 동모(銅矛)·동촉(銅鏃) 등이

---

55) 한편 전북 완주군에서는 桃氏劍 26점이 일괄 출토되었는데, 요녕지역 청동기와 계통을 달리하는 중국식 청동기의 전파를 시사해 준다(全榮來, 1976, 「완주 상림리 출토 中國式銅劍」, 『전북유적조사보고』 5, 11쪽).

확인된다.56) 청동 공구는 도자(刀子)·동부(銅斧)가 조사되었고, 마구류(馬具類)·청동장식(靑銅裝飾)·청동의기류(靑銅儀器類) 등은 확인되지 않았다.

또한 다량의 청동기가 일괄적으로 출토된 사례는 거의 없다. 마제석검(磨製石劍)·석촉(石鏃)·석부(石斧)와 함께 동검이 출토되는 경우가 많다. 출토 유물은 무문토기·석촉(石鏃)·반월형석도(半月形石刀)·타제석부(打製石斧)·석봉(石棒)·지석(砥石) 등을 들 수 있다.

따라서 송국리형문화는 이주민이 토착집단을 해체하거나 흡수·동화하면서 형성되었을 가능성은 희박하다. 토착주민이 북쪽에서 유입되는 선진문화를 주체적으로 수용하여 한 차원 높은 사회단계로 진입하지 않았을까 한다. 송국리형문화는 고인돌 등을 문화요소로 활용하던 토착집단이 외부의 선진문화를 받아들여 이룩한 것으로 짐작된다.

한반도 중남부지역은 송국리유형 단계에 이르러 관련 유적의 숫자가 대폭 늘어난다. 역삼동-흔암리유형 단계에는 사람들이 자연제방이나 충적평야가 발달된 대하천변의 얕은 구릉을 선택하거나 곡간을 낀 구릉의 정상부나 사면에 주로 거주하였다.

송국리형 단계에 이르면 해발 40~60m 정도 되는 현재의 자연마을과 가까운 구릉의 사면이나 저지대 등으로 확산된다. 인구가 크게 증가하면서 사람이 살 수 있는 지역은 대부분 점유되어 취락의 평면적 확대가 포화상태에 이른다.57)

인구가 증가하고 거주 면적이 확대된 배경은 생업 형태가 집적도가 높은 벼농사 위주로 변화되었기 때문이다.58) 금강 유역을 비롯한 충남지역의

---

56) 보성 덕치리 지석묘에서 석검 1점·석촉 29점과 함께 동촉이 출토되었는데, 비파형동검의 파손품을 재가공하였다. 또한 비파형 동모는 여천 적량동 지석묘에서 비파형동검, 관옥 5점과 공반된 채 발견되었으나 봉부쪽이 결실된 상태였다(이영문·정기진, 1993, 『여천 적량동 상적 지석묘』, 전남대 박물관, 145쪽).

57) 이강승, 2007, 「마한사회의 형성과 문화기반」, 『백제의 기원과 건국』, 충청남도역사문화연구원, 214쪽.

경우 논산 마전리, 보령 관창리, 부여 송학리 등에서 벼농사의 흔적이 확인되었다.

송국리유형의 문화가 발전하면서 사회경제 전반에 걸쳐 일대 혁신이 일어났다. 생업은 수렵과 채집 단계를 벗어나 농경이 중심이 되었다. 쌀 외에 보리·콩·팥·조·피·수수·기장 등이 재배되었다. 농경 도구는 반달돌칼·돌낫·돌괭이·돌보습 등이 있고, 그 외에 나무로 만든 여러 종류가 사용되었다.

기온이 내려가 해수면이 저하되는 변화가 일어나 저습지가 생겨났다. 저수지와 수로를 파서 인공으로 물을 댄 관개시설은 안동 저전리 유적 등에서 확인되었다.[59] 농경을 알려주는 자료는 집터에서 출토된 탄화미 등의 곡물자료에 한정된다. 최근에 울산 옥현 유적과 진주 남강댐 수몰지구의 취락 주변에서 경작지로 이용된 논과 밭이 발견되어 농경의 실물 자료를 확보하게 되었다.[60]

그 외에 농경 모습을 보여주는 유물은 대전 괴정동에서 출토된 농경무늬 청동기를 들 수 있다.[61] 춘천 천전리 유적에서는 수백 개에 달하는 저장용 원형 구덩이가 조사되기도 하였다. 천전리 유적은 청동기시대 사람들이 대규모 농경활동을 영위한 사실을 보여준다.[62]

이렇듯 논농사의 성장으로 생산량이 증대되고 정착 생활이 가능해졌다. 또한 대규모 취락이 등장하면서 지배층과 하층민 사이에 계층 분화가 심화되는 등 국가형성을 위한 토대가 마련되었다. 안정적인 식량 확보와 경제성장 역시 국가형성의 기틀이 되었다.

---

58) 김범철, 2006, 「충남지역 송국리문화의 생계경제와 정치경제」, 『금강 : 송국리형 문화의 형성과 발전』, 호남·호서고고학회 합동학술대회 발표요지, 95쪽.

59) 동양대박물관, 2005, 「안동 저전리 유적 지도위원회 자료」.

60) 청동기시대의 농경발전과 사회경제의 변모에 대해서는 다음의 글을 참조하기 바란다. 김권구, 2005, 『청동기시대의 영남지역의 농경사회』, 학연문화사 ; 이성주, 2007, 『청동기 철기시대 사회변동론』, 학연문화사.

61) 이은창, 1967, 「대전시 괴정동 출토 일괄유물 조사약보」, 『고고미술』 제8권 9호.

62) 강원문화재연구소, 2005, 「춘천 천전리유적 현장설명회 자료」.

강변 또는 물가 가까운 야산의 사면에 장방형 움집을 짓고 살았으며, 농구의 개량과 농경 기술의 발전을 통해 생산력이 증대되었다. 또한 청동기의 제작에 필요한 특수 기술을 소유한 집단의 등장, 교역의 발전 등 사회·경제적인 면모가 후기 신석기시대와 비교하여 크게 발전하였다.

〈그림 6-5〉 여수 오림동암각화 : 덮개돌의 옆면에 돌칼, 인물상 등 여러 종류의 암각화들이 음각되어 있다. 암각화는 돌칼이 중심을 이루고, 사람이 무언가를 바치거나 기원하는 모습을 띠고 있다.

농업기술의 발달로 생산물이 늘어났으며, 생산물을 놓고 분쟁이 잦아지면서 방어 시설이 만들어지는 등 전쟁이 일반화 되었다. 창을 든 사람과 칼을 숭배하는 두 사람의 모습이 새겨진 여수 오림동 고인돌암각화가 참조된다.[63]

또한 여러 집단 사이에 갈등이 심화되어 전쟁이 본격화 되었다. 이는 울주 검단리 마을 유적을 통해 입증된다. 검단리 유적은 해발 104~123m 높이의 구릉 중심부에 위치하는데, 마을 전체가 방어용 도랑(環壕)으로 둘러싸인 사실이 확인되었다.[64]

농경의 발전, 무덤의 규모와 껴묻거리의 차이, 청동기와 옥을 제작한 전문 장인 등이 출현하면서 지배자가 등장하였다. 국가형성의 태동을 가져왔고, 점차 유력한 세력을 중심으로 이합집산이 거듭되면서 수장권의 강화가 이루어졌다. 우월한 집단이 주변의 약한 집단을 통제하며 성읍국가로 발전하는 모습은 고인돌의 분포상태를 통해 유추된다.

전남지역의 경우 고인돌이 소규모의 산간 분지마다 분포되어 있는데, 그 중심에 대규모 군락이 자리한다.[65] 이는 중심부에 위치한 대규모의

63) 이영문·정기진, 1992,『여수시 오림동 지석묘』, 전남대학교 박물관.

64) 배진성, 2005,「검단리유형의 성립」,『한국상고사학보』48.

65) 李榮文, 1993,「전남지방 지석묘사회의 구조와 영역권문제」,『한국 선사고고학의

군락을 지배하던 집단이 주변의 약한 세력을 통제하면서 성읍국가로 발전한 사실을 입증한다.

고인돌은 철기문화를 수용하기 이전 단계에 해당하는 마한 성립 전야의 사회와 연결된다. 지석묘는 마한 성립 이전의 청동기사회에 토대를 둔 진국(辰國)의 기층문화로 보고 있다.[66] 한반도 중남부지역은 청동문화의 발전을 통해 진국(辰國) 형성의 기반이 마련되었다.

〈그림 6-6〉 원형 점토대토기 : 대전 괴정동에서 출토되었으며, 진흙 띠의 자른 단면이 원형을 띠고 있다.

한반도 중남부지역은 B.C. 4세기를 전후한 시기에 점토대토기의 전파와 초기 철기문화의 확산을 통해 삼한사회의 형성단계로 진입하였다. 요녕지방의 점토대토기문화가 파급된 이후 새로이 대두하는 사회를 진국(辰國)으로 보기도 한다.[67] 그러나 점토대토기를 비롯한 초기 철기문화는 마한을 비롯한 삼한사회 형성의 토대가 된 것으로 이해하는 것이 일반적이다.[68]

2. 철기문화의 수용과 삼한의 성립

삼한사회는 문헌을 통해 볼 때 늦어도 B.C. 3세기 이전에 형성되었다. 『후한서(後漢書)』 동이전(東夷傳)에는 고조선의 준왕(準王)이 위만(衛滿)에게 나라를 빼앗긴 후 수천 명을 거느리고 마한으로 이주한 기록이 남아 있다.[69] 마한은 위만이 고조선의 왕위를 차지한 B.C. 193년 무렵[70]에 이미 성립되어

제문제』, 한국고대학회 제4회 학술발표요지, 25쪽.

66) 최성락, 1993, 『한국 원삼국문화의 연구 – 전남지방을 중심으로』, 학연문화사.

67) 이강승, 2007, 앞의 책, 217쪽.

68) 박순발, 1998, 「전기마한의 시공간적 위치에 대하여」, 『마한사연구』, 충남대 출판부, 31쪽.

69) 『後漢書』 권85, 列傳75, 東夷傳 韓.

70) 국사편찬위원회, 1989, 『譯註 中國正史朝鮮傳』, 91쪽.

있었다.

삼한의 문화기반은 송국리유형의 청동문화가 끝나면서 등장한 점토대토기 및 초기 철기문화로 보고 있다. 점토대토기[71]는 원형의 형태가 먼저 등장한 후 단면 삼각형이 나타났다. 원형 점토대토기는 세형동검을 비롯한 거친무늬거울·이형동기 등과 함께 등장하였다. 그 후 단면 삼각형 점토대토기가 동모(銅鉾)를 비롯하여 동과(銅戈)·방울류 청동기·고운무늬거울 등과 함께 출현하였다.

단면 삼각형 점토대토기의 출현은 초기 철기문화의 등장과 시기를 같이한다. 이들 문화는 중국의 연(燕)이 요서지역의 예맥과 요동 일대의 고조선을 복속한 시기를 전후하여 전파되었다.[72] 요서 일대에 거주하던 예맥의 한반도 이주를 직접 언급한 문헌사료는 남아 있지 않지만, 세형동검과 점토대토기의 전파 과정을 통해 유추된다.

한반도 중남부지역은 초기 철기문화의 전파에 앞서 세형동검을 비롯한 거친무늬거울·이형동기와 점토대토기가 유입되었다. 세형동검이 조사된 지역은 비파형동검이 출토된 곳과 뚜렷하게 구분된다. 또한 주거지·매장시설·토기와 같이 생활과 직접 관련된 유구와 유물들이 조사된 것으로 볼 때 단순한 문화 전파를 넘어 세형동검문화를 향유하던 집단의 이주를 암시한

---

71) 점토대토기란 토기의 구연부에 점토띠를 덧붙인 무문토기를 말한다. 또한 점토띠의 단면 형태를 기준으로 원형점토대토기와 삼각형점토대토기로 구분된다. 원형점토대토기와 함께 출토되는 흑색마연장경호·두형토기·파수부호 등은 이전까지 한반도에서는 보이지 않고, 중국 요녕지역에 국한하여 확인되었다. 따라서 점토대토기의 출현은 B.C. 3세기를 전후하여 요녕의 주민이 한반도 방면으로 이주하여 새로운 문화가 영위된 사실을 반영한다.

72) 경질무문토기 혹은 삼각(형)점토대토기의 기원을 중국 戰國時代 灰陶와 花盆型土器에서 구하는 견해도 없지 않다. 전국시대 燕의 토기가 한반도 서북지방을 거쳐 삼각형 점토대토기의 성립에 영향을 끼쳤으며, 그 계기는 燕將 秦開가 고조선과 東胡를 격퇴한 후 중국 동북지방으로 진출하면서 확산된 것으로 이해한다. 또한 그 대표적인 유적으로 撫順 蓮花堡 등을 들고 있다(정인승, 2010, 「동북아시아에서 타날문 단경호의 확산」, 『중도식 무문토기의 전개와 성격』 제7회 매산기념강좌, 숭실대 한국기독교박물관).

다.[73]

세형동검문화의 이주 경로는 대릉하-심양지구에서 한반도 중서부 해안지역으로 전파된 것으로 보고 있다.[74] 서해를 통한 해로(海路) 외에 서북부지역 혹은 원산만을 경유한 육로를 이용하였을 가능성도 없지 않다.[75]

요녕지역에서 조사된 세형동검·점토대토기 외에 흑도장경호·두형토기·조합식 우각형파수부호 등도 한반도 중남부지역에서 조사되었다. 뇌문과 조문경·동착·나팔형동기 등의 이형동기(異形銅器) 역시 두 지역에서 모두 확인된다.[76]

초기 철기문화의 전파 경로는 요녕지방에서 기원하여 한반도 방면으로 유입된 외래기원설이 설득력을 얻고 있다.[77] 점토대토기와 초기 철기문화를 소유한 집단 역시 요녕에서 약간의 시간적인 격차를 두고 이주하였다.[78] 그러나 한반도 중남부지역은 점토대토기문화와 초기 철기문화의 확산에 따른 비약적 발전이 이루어진 것은 아니었다.[79]

---

73) 김장석, 2002, 「이주와 전파의 고고학적 구분 : 시험적 모델의 제시」, 『한국상고사학보』 38.

74) 이건무, 1994, 앞의 글.

75) 박순발, 1993, 「우리나라 초기 철기문화의 전개과정에 대한 약간의 고찰」, 『고고미술사론』 3, 충남대고고미술사학과.

76) 조진선, 2005, 『세형동검문화의 연구』, 학연문화사, 216~217쪽.

77) 이형원, 2005, 앞의 글, 16쪽. 한편 요녕지역의 점토대토기는 건창 동대장자 적석목관곽묘, 객좌 원림처 석곽묘, 심양 정가와자, 무순 연화보, 철령 구대, 본계 상보촌 석관묘 등의 유적에서 조사되었다. 점토대토기는 비파형동검단계 최말기~중세형동검단계 초기(B.C. 5세기~B.C. 4세기)에 요서지역에서 처음으로 조합되기 시작한 다음 B.C. 4세기 무렵 요동 방면으로 확산되었다(오강원, 2006, 앞의 책, 333쪽).

78) 박순발, 2006, 앞의 글, 249쪽.

79) 한반도의 철기문화는 중국 전국시대 철기의 영향을 받아 성립되었으며, 초기에는 鑄造鐵斧를 위시하여 農工具類가 우세하였다. 이 단계에는 지역에 따라 철기 사용의 내용이 조금씩 다르고 시간적인 차이도 있다. 청천강 이북지역은 철제무기를 사용하였지만, 그 나머지 지역은 여전히 銅劍·銅鉾·銅戈가 무기의 주종을 이루며 精文鏡과 靑銅儀器 등이 제작되었다. 또한 농기류와 공구류도 기능적인 측면에서 다양화된 燕의 것이 모두 수용되지 않고 3~4종류만이 제작되었다(崔夢龍, 1997, 「철기문화」, 『한국사』 3, 국사편찬위원회, 456쪽).

한반도 남부지역이 사회 전반에 걸쳐 철기문화 단계로 진입한 것은 B.C. 108년에 한사군이 설치된 이후였다. 초기 철기시대에 이르러 세형동검을 비롯하여 잔무늬거울·청동꺽창·청동투겁창·청동끌·청동도끼·청동방울류·검파두식 등 다양한 청동 제품이 사용되었다. 특히 전남 영암에서 출토된 것으로 전해지는 용범(鎔范)은 현지에서 청동기가 대량으로 생산된 사실을 반영한다.80)

점토대토기와 세형동검 등의 선진적인 외래 문화요소는 송국리유형의 토착문화와 접촉하여 사회발전의 촉매제 역할을 하였다. 그러나 세형동검으로 상징되는 초기 청동기시대로의 전환에도 불구하고 사회경제적인 측면에서 획기적인 변화가 일어난 것은 아니었다. 송국리형 집자리와 고인돌 등에서 세형동검 및 점토대토기 등이 출토된 사실이 주목된다.

세형동검이 출토된 고인돌은 양평 상자포리 1호·영암 장천리 1호·김해 내동·순천 평중리·화순 절산리·봉산 어수구 도마산·성천 백원리 노동자 9호 유적 등 20여 개소에 이른다. 그 외에 장흥 송정리 지석묘에서 동과편(銅戈片), 속초 조양동 1호 지석묘에서 선형동부, 성천 백원리 노동자 9호 지석묘에서 동사(銅絲)와 청동장식이 출토되었다.

광주 매월동 동산·보성 송곡리·장흥 송정리·강진 영복리·의령 석곡리·안동 지례동·영양 신원리·김해 내동 지석묘에서는 원형점토대토기와 흑도가 조사되었다. 창원 덕천리 지석묘에서도 삼각형점토대옹이 출토되었고, 완주 반교리 8호 지석묘에서는 송국리형토기와 점토대토기 등이 조사되었다.

또한 대전 궁동과 노은동·공주 장원리·보령 진죽리와 관창리·전주 송촌

---

80) 이 용범은 영암 월출산 주변인 적천리 또는 동구림리에서 출토되어 현재 숭실대학교 박물관에 소장되어 있다. 골석제로 만들어진 세형동검용범 1쌍, 세형동검·동과용범 1쌍, 동부·동반용범, 선형동부용범, 동부용범, 동부·동착용범, 동검사용범, 동검, 동부용범 등 모두 6쌍 12점과 한쪽만 남아 있는 1점, 그리고 한쪽만의 작은 파편 1점 등 14점이다. 이는 모두 15종의 청동기를 주조하였던 용범이며, 15종 외에 9종의 청동기를 주조하기 위한 틀에 새기다가 만 흔적이 한쪽 면에 남아 있다.

동·제주 삼양동 등 송국리형 주거지에서는 원형점토대토기와 두형토기가 조사되었다. 고창 산정리·함평 소명 등에서는 조금 늦은 시기의 유물이 출토되었다.

세형동검과 점토대토기를 비롯한 외래적인 문화요소는 송국리유형의 청동문화를 영위하던 토착사회로 확산되었다. 그러나 이주민이 토착집단을 압도한 상태에서 국가형성을 주도하며 새로운 지배층으로 부상한 것은 아니었다. 청동의 무기와 의기(儀器) 역시 일반 주민들이 사용한 것은 아니었다. 이들 유물은 높은 신분을 유지한 소수의 지배계층만이 소유하였다.

일반 주민들은 전시대와 마찬가지로 여전히 무문토기와 다양한 석기 및 목기 등을 이용하였다. 세형동검문화를 향유하며 지배층으로 군림한 집단 역시 요동반도 일대에서 해로(海路)를 통해 내려온 이주민으로 한정할 수 없다. 초기 철기사회의 지배층은 이주민 외에 토착집단의 수장층 일부도 선진문화를 흡수하여 새로운 시대의 주인공으로 부상하였다.

양자의 관계는 보령과 대전·공주·부여·서천 등에서 확인된 여러 유적을 통해 확인된다. 이들 유적에서는 북방계 주민의 문화와 앞선 시대의 문화 요소가 함께 조사되었다. 보령 관창리 유적은 송국리유형을 바탕으로 점토대토기와 흑색마연토기와 같은 외래문화 요소가 유입된 양상을 띤다.[81] 그 반면에 보령 교성리 유적은 점토대토기 등의 외래 문화요소를 바탕으로 토착 송국리유형이 가미되었다.[82]

한편 점토대토기문화를 영위한 집단은 정착 초기에는 토착집단의 견제를 피해 고지에 자리 잡았다. 이들은 점차 저평한 구릉지대로 내려오게 되었다. 보령 교성리 유적의 경우 바닷가 산 정상부의 해발 188m에 위치한다. 송국리 유형의 청동문화를 영위한 집단이 들판을 낀 강가나 구릉지대에 거주한

---

81) 고려대 매장문화재연구소, 2001, 『관창리 유적』.
82) 국립부여박물관, 1987, 『보령 교성리 집자리 ‒ 발굴조사중간보고서』, 국립부여박물관 고적조사보고 제1책.

사실과 비교된다.[83]

또한 안성시 반제리 유적도 해발 98m 능선의 정상부에 위치하는데, 주거지 72기와 환호 1기 및 토광묘 3기 등이 조사되었다. 그 외에 보령 교성리를 비롯하여 안성 반제리·남양주시 수석리·화성시 동학산·음성군 망이산성·대전 보문산성·합천 영천리 유적 등에서 비슷한 면모가 확인된다.

〈그림 6-7〉 화순 대곡리 출토 일괄 유물 : 세형동검을 비롯하여 11점의 여러 종류의 유물이 출토되어 국보 143호로 일괄 지정되었다.

이들 유적을 남긴 집단은 처음에는 금강 유역에 주로 정착하였다. 금강 유역은 수준 높은 주조 기술을 자랑하는 세형동검·다뉴세문경 및 각종 청동의기 등이 확인된다. 세형동검을 비롯한 초기 철기문화를 소유한 집단은 송국리유형의 청동문화를 영위하던 토착세력이 아니라 이주민이 중심이 되었다.

이들은 연(燕)의 요서지역 진출에 밀려 바닷길을 통해 한반도 방면으로 이주하였다. 한반도 남부지역은 지석묘를 축조하던 청동기시대 사람들이 곳곳에 자리 잡고 있었다. 토착민의 거주지는 고인돌의 분포를 통해 볼 때 3~4km 정도로 지금의 시골과 비슷한 밀도를 보였다.[84]

이주민과 토착민은 점차 접촉을 늘리고 서로 간에 긴밀한 관계를 맺으면서 한족(韓族) 형성의 근간을 이루었다. 한족(韓族) 형성은 송국리형문화를 영위

---

83) 중원문화재연구원, 2007, 『안성 반제리유적』.

84) 전남지역의 지석묘의 분포 상태는 직경 18~20km에 이르는 대밀집 분포권이 형성된 지역이 25곳, 직경 4~6km의 소밀집지는 86곳이다. 또한 지석묘를 축조한 사람들은 직경 5km의 범위로 활동 영역을 이루면서 소밀집지 3~6개가 모여 하나의 밀집분포권을 형성하며, 직경 20km 정도를 범위로 하는 대밀집 분포권을 형성하였다(이영문, 1993, 『전남지방 지석묘 사회의 연구』, 한국교원대 대학원 박사학위논문, 207~210쪽).

하며 지석묘를 축조하던 토착집단이 주체가 되었다. 요녕 지방에서 이주한 사람들은 토착세력을 압도하지 못하고 오히려 흡수·동화되었다.

한반도 중남부지역의 국가형성은 능하 유역에 거주하던 예맥이 요하를 건너 국가를 세운 부여 및 고구려 등과는 다른 모습을 띠게 되었다. 부여와 고구려를 건국한 예맥은 토착세력을 복속하면서 국가형성 단계로 나갔다. 그러나 한반도 중남부지역으로 이주한 사람들은 삼한사회 형성의 디딤돌 역할을 수행하였다.

한반도 중남부지역은 B.C. 4세기를 전후하여 사회문화적 격동이 일어나면서 마한을 비롯하여 삼한사회가 발흥하였다. 세형동검문화는 B.C. 3세기 후반에서 B.C. 2세기 초에 한반도 중서부지역을 벗어나 서남부와 동남부, 한강 유역과 강원도 해안지역을 거쳐 일본 열도로 확산되었다.

지석묘의 축조가 점차 사라지고 토광묘와 적석목관묘가 축조되기 시작하였다. 또한 송국리형토기를 대신하여 원형점토대토기가 일반화되었다. 비파동형동검에서 세형동검으로 변화가 일어났고, 적색마연토기의 소멸과 함께 마제석기의 쇠퇴가 진행되었다.

마한을 비롯한 삼한사회는 B.C. 3세기를 전후하여 여러 지역에서 성읍국가가 생겨나기 시작하였다. 성읍국가는 여러 집단 가운데 우월한 집단을 중심으로 둘레에 성곽을 쌓고, 각종 공공시설을 설치하여 하나의 독립된 국가를 이룬 상태를 의미한다.[85]

삼한사회의 성읍국가는 세형동검문화를 가지고 외부에서 이주한 집단이 정복적인 성격을 띠고 토착세력을 흡수·동화하는 과정을 거쳐 형성된 것은 아니었다. 여러 지역의 지석묘에서 세형동검이 출토되듯이 토착집단이 자신들의 전통을 유지한 채 선진문물을 흡수하여 성읍국가로 발전하였다.

---

85) 李基白, 1976, 『韓國史新論(개정판)』, 일조각, 25~26쪽 ; 千寬宇, 1976, 「三韓의 國家形成 (上)」, 『韓國學報』 2, 6~18쪽 ; 李基東, 1990, 「百濟國의 成長과 馬韓 倂合」, 『百濟論叢』 2, 50~51쪽.

한반도 중남부지역은 고조선의 세형동검문화와 버금가는 높은 수준의 청동기 유물들이 충청과 전라 지역에서 주로 확인된다. 세형동검과 관련된 청동 유물들이 충청·전라지역에 출현하는 시기도 대동강 유역에 비해 별로 늦지 않다.[86)

충청은 전남보다 시기적으로 앞선 청동기시대 유적이 집중되어 있어 세형동검문화가 처음 유입된 지역으로 이해한다.[87) 그러나 한반도 남부지역이 본격적인 철기문화 단계에 이른 것은 낙랑군의 설치 이후로 보고 있다.[88)

이와는 달리 한사군 설치 이전에 중원문화가 한반도 남부지역까지 파급된 것으로 추정하는 견해도 있다.[89) 고성 동외동패총에서 발견된 인문도편(印文陶片)은 중국 화남지방과 관련이 있고, 유리의 전파 역시 중국을 거치지 않고 다른 루트를 통해서 유입되었을 가능성이 제기되었다.[90) 한반도의 철기문화가 북방 오르도스의 철기문화와 관련된 것으로 보는 견해도 없지 않다.[91)

이와 같이 삼한사회는 B.C. 2세기 말엽부터 B.C. 1세기에 이르러 본격적인 철기문화의 단계에 도달하였다. 그러나 문화 주체에는 근본적인 변화가

---

86) 이건무, 1992, 「한국 청동의기의 연구」,『한국고고학보』 23, 196쪽 ; 조진선, 2005, 앞의 책, 202~203쪽.

87) 李健茂·徐聲勳, 1988,『함평 초포리유적』, 34쪽.

88) 철기의 금속학적 분석을 통해 남한지역의 제철기술은 낙랑과의 접촉을 통해 도입된 것으로 이해한다(李南圭, 1992, 「남한 초기철기문화의 일고찰」,『한국고고학보』 13, 28~53쪽). 한사군의 설치 이후 漢式鏡 등이 유입되면서 철기와 청동기의 혼용이 이루어진 것으로 보는 견해도 있다(전영래, 1977, 「한국 청동가문화의 계보와 편년」,『전북유적조사보고』 7). B.C. 2세기 초~B.C. 2세기 말 사이에 북부지역에 일부 초기 현상이 나타나고, B.C. 2세기 말~B.C. 1세기 전반에 접어들어 남부지역에 처음으로 철기가 함께 반출된 것으로 보는 견해도 있다(李淸圭, 1982, 「세형동검의 형식분류 및 그 변천과정에 대하여」,『한국고고학보』 13, 1~26쪽).

89) 철기문화의 시작과 관련이 있는 打捺文土器가 登窯와 함께 위만조선의 건국을 전후하여 한반도로 유입되었고, 그 여파가 남부지역까지 파급된 것으로 이해한다(崔秉鉉, 1990, 「신라고분의 연구」, 숭전대 박사학위논문, 543~548쪽).

90) 崔盛洛, 1993, 앞의 책, 334쪽.

91) 李鐘宣, 1989, 「후기 오로도스문화와 한국청동기문화」,『한국상고사학보』 2.

일어나지 않았다. 삼한의 여러 성읍국가 중에서 상당수는 구래의 청동문화를 담당한 집단이 모체가 되었다.

삼한사회는 철기문화를 기반으로 하여 지역별로 정치적 구심체가 등장하면서 소국 사이의 연맹체를 형성하였다.[92] 삼한사회의 수장 역할을 수행한 것은 목지국의 진왕(辰王)이었다. 진왕은 삼한의 여러 소국과 종주·부용 관계를 토대로 낙랑과의 대외교섭에 있어서 주도적인 역할을 하였다.[93]

진왕은 낙랑을 비롯한 중국 군현(郡縣)과의 교섭활동에서 중심적인 역할을 하였다.[94] 목지국 진왕의 영향력은 군현의 약화와 때를 같이 하여 교역권이 붕괴되고, 지역별로 새로운 교역의 대상과 중심지가 대두되면서 점차 위축되었다.[95]

한반도 남부지방의 토착세력에 대한 진왕의 영향력이 발휘된 것은 2세기 중반까지이며, 그 이후에는 상징성 정도만 유지되었다. 낙랑군의 약화는 진왕의 권위 상실로 이어졌고, 삼한 각지의 토착세력은 그 영향에서 벗어나 독자적인 발전을 꾀하였다. 진왕의 권위 약화와 때를 같이하여 백제와 신라가 유력한 세력으로 등장하였다.

Ⅱ. 고구려 이주민의 남하와 백제 건국

1. 온조집단의 남하와 백제(伯濟) 건국

백제를 건국한 사람은 온조(溫祚)이다. 그 외에 비류(沸流), 구이(仇台), 도모(都慕)의 건국 관련 사료가 여러 사서에 남아 있다. 시조가 온조라는

---

92) 李賢惠, 1997, 「삼한의 정치와 사회」, 『한국사』 4, 국사편찬위원회, 264쪽.
93) 李丙燾, 1976, 앞의 책, 240~241쪽.
94) 文昌魯, 2005, 「마한의 세력범위와 백제」, 『한성백제총서』, 94쪽.
95) 李賢惠, 1984, 『삼한사회형성과정연구』, 일조각, 171쪽.

주장은『삼국사기』백제본기와『삼국유사』남부여전백제(南夫餘前百濟) 조에 전한다.

비류설은 백제본기 온조왕의 세주(細註)에 기록되었고, 도모설은『일본서기(續日本紀)』에 관련 사료가 남아 있다. 그 반면에 구이설96)은『주서(周書)』와『수서(隋書)』백제전 등 중국의 사서에 보인다. 상기의 사료를 종합해 보면 백제의 시조 전승은 하나의 계통이 아니라 다수였음을 알 수 있다.

그러나 시조가 한 사람이 아니고, 다수라는 점은 선뜻 수긍하기 어렵다. 복수의 시조 전승은 백제만의 경우가 아니라 고구려와 신라도 마찬가지이다. 고구려는 주몽 외에 다른 의미를 갖는 시조(始祖) 또는 국조(國祖)가 존재했다. 그러나 태조왕 때에 이르러 계루부의 영도권이 확립되면서 하나로 통합되기에 이르렀다.97)

신라의 경우 박(朴)·석(昔)·김(金) 3성이 왕위를 교립(交立)하다가, 내물왕 때에 이르러 김씨왕권의 세습체제가 확립되었다.98) 백제 역시 고구려와 신라처럼 복수의 왕실이 존재하였을 가능성이 있다. 백제 건국 집단에 대해서는 고구려 이주민, 부여 출신 등으로 이해한다.99)

이주민의 남하는 수차례에 걸쳐 이루어졌다. 온조와 비류를 형제 관계로 전하는 설화가 참조된다. 비류계 집단과 온조계 집단이 연맹체를 형성하였는데, 비류집단이 먼저 내려와 정착한 것으로 보고 있다.100) 비류집단은 김포와

---

96) ‘仇台’는 ‘구이’와 ‘구태’로 읽혀지고 있다. 仇台를 백제의 고이왕으로 보는 논자들은 구이로 읽고(李丙燾, 1936, 「三韓問題의 新考察」, 『震檀學報』 6, 77~84쪽), 다른 존재로 볼 경우에는 구태로 읽는 것이 일반적이다(李弘稙, 1971, 「百濟建國說話에 대한 再檢討」, 『한국고대사의 연구』 6, 331쪽).

97) 金哲埈, 1956, 「高句麗·新羅 官階組織의 成立過程」, 『李丙燾博士華甲記念論叢』.

98) 李基白·李基東, 1982, 앞의 책, 149쪽.

99) 백제의 건국설화와 왕실의 계통에 대해서는 다음의 글을 참조하기 바란다. 金在鵬, 1976, 「百濟仇台考」, 『朝鮮學報』 78 ; 盧明鎬, 1981, 「百濟의 東明說話와 東明墓」, 『歷史學研究』 10 ; 金哲埈, 1982, 「百濟建國考」, 『百濟研究』 특집호 ; 盧重國, 1983, 「解氏와 夫餘氏의 왕실교체와 초기백제의 성장」, 『김철준박사화갑기념사학논총』 ; 李鍾泰, 1998, 「百濟 始祖仇台廟의 成立과 繼承」, 『韓國古代史研究』 13.

〈그림 6-8〉 서울 석촌동 백제 적석총 3호분 전경 : 서울지역에 남아 있는 적석총은 고구려 이주민에 의한 백제 건국을 증명하는 고고 자료이다.

강화 및 서산 일대에 토광묘를 축조한 집단이며, 온조집단은 한강 유역에 정착하여 적석총을 축조한 것으로 이해한다.[101]

인천의 문학산성, 관교동 토성지 등을 비류집단의 유적으로 보는 견해도 있다. 문학산성은 인천 문학산의 정상에 축조되었는데, 미추홀고성 혹은 남산성 등으로 부른다.[102] 관교동 토성 역시 백제 초기에 축조되었을 가능성이 있다.[103]

비류집단은 황해의 여러 지역과 연결되는 교통의 중심지에 위치한 인천(미추홀) 일대가 중심지였다. 이들은 서해와 남해를 거쳐 가야와 왜를 잇는 고대 해로(海路)를 장악하면서 성장하였다.[104] 온조집단은 패수(浿水)와 대수(帶水)를 건너 위례지역에 정착하였다.

패수를 임진강, 대수를 한강으로 비정하여 서해안 항로를 이용하여 남하했거나 평안도를 관통하여 한강 유역에 정착한 것으로 보고 있다.[105] 그러나 고구려 이주민들은 동해안의 함흥과 원산을 거쳐 추가령지구대[106]를 통과한

---

100) 盧重國, 1988, 『백제정치사연구』, 일조각, 76~77쪽.

101) 權五榮, 1986, 앞의 글, 88~89쪽.

102) 문학산성은 1997년 실시한 지표조사 결과 처음에는 토성이었던 것을 삼국 말기 혹은 통일신라를 거치면서 석성으로 개축한 사실이 밝혀졌다. 성의 축조형식은 테뫼식의 내·외성으로 되어 있으며, 정상에는 봉수대 터가 남아 있다. 성의 둘레는 총 577m이며, 현존하는 부분은 339m 정도이다. 전체 구간을 거친 마름돌로 축조하였으며, 층마다 수평을 이루고 뒤로 조금씩 퇴물림 하였다(인천광역시, 1997, 『文鶴山城地表調査報告書』, 99쪽).

103) 서울대학교 박물관, 1990, 『仁川-蘇來, 仁川-始興고속도로 문화유적지표조사보고서』, 28쪽.

104) 千寬宇, 1979, 「目支國考」, 『한국사연구』24, 29쪽.

105) 이병도, 1976, 앞의 책, 470~471쪽.

후 한강 상류를 타고 내려와 위례지역에 정착하였을 가능성이 높다.[107]
온조가 정착한 위례의 위치는

    C-1. 위례성에 도읍하니 일명은 사천(蛇川)이라고도 하며 지금의 직산(稷山)이다.
    병진(丙辰)에 한산(漢山)으로 도읍을 옮기니 지금의 광주(廣州)이다.[108]
    2. 훗날 성왕 때에 이르러 서울을 사비로 옮겼으니 지금의 부여군이다. 미추홀은
    인주(仁州)이며, 위례는 지금의 직산이다.[109]

라고 하였듯이, 충청도 직산(稷山)으로 이해하였다. 직산설이 정약용(1762~
1836)에 의해 논파된 후 서울 강북설이 통용되기 시작하였다.[110] 강북설의
근거는 온조가 삼각산 인수봉으로 추정되는 부아악(負兒岳)에 올라 도읍지를
택하였다는 사료에 의거한다.[111]

  해당 사료가 부족하고 관련 유적이 별로 남아 있지 않아 위례의 정확한
위치를 알 수 없는 실정이다. 그 위치에 대해서는 삼각산 동쪽 기슭,[112]
세검정 일대,[113] 경기도 고양,[114] 서울 강북,[115] 북한산성,[116] 중랑천 일대[117]

---

106) 추가령지구대는 광주산맥과 마식령산맥 사이의 협곡으로 서울과 원산을 잇는 천연의
교통로로 이용되었다. 추가령지구대는 강원도 평강군 고삽면과 함남 안변군 신고산
면과의 경계에 위치한 추가령을 중심으로 北北東에서 南南西 방향으로 뻗어 있다.
추가령지구대는 예로부터 서울과 원산을 잇는 京元街道가 통과하였고, 근대에는
경원선이 개통되어 중요한 교통로가 되었다. 1913년에 개통된 경원선은 추가령지구
대를 따라 남북으로 종관하였고, 삼방협·삼방·신고산·용지원·석왕사·남산·안변·배
화의 8개 驛이 설치되었다.

107) 盧重國, 1988, 앞의 책, 51쪽.

108) 『三國遺事』 권1, 王曆1, 百濟1, 溫祚王 15年.

109) 『三國遺事』 권2, 南夫餘 前百濟.

110) 丁若鏞, 「我邦疆域考-慰禮考-」, 『與猶堂全書』 6集 3冊.

111) 『三國史記』 권23, 百濟本紀1, 溫祚王 前文.

112) 丁若鏞, 『疆域考』 권3, 慰禮考 ; 金龍國, 1983, 「河南慰禮城考」, 『鄕土서울』 41.

113) 李丙燾, 1976, 「慰禮考」, 『한국고대사연구』, 박영사.

114) 金映遂, 1957, 「百濟國都의 變遷에 對하여」, 『전북대논문집』 1.

115) 李弘稙, 1971, 앞의 글 ; 千寬宇, 1976, 「삼한의 국가형성」下, 『한국학보』 3 ; 사회과학
원력사연구소, 1979, 『조선전사-중세편』 4.

등 다양한 견해가 제시되었다.

위례성은 자연 구릉을 최대한 활용한 상태에서 목책(木柵)을 세우고 일부를 흙으로 쌓은 상태에 불과하였다. '위례'가 '우리(柵)'에서 기원한 것[118]으로 볼 때 다른 성읍국가의 중심지와 차이가 없다. 따라서 위례성의 위치를 증명할 수 있는 고고 유적이나 자료를 찾기가 쉽지 않다.

백제를 건국한 집단이 고구려 계통의 이주민이었던 점을 인정할 수 있다면 적석총이 축조된 지역에서 위례성을 찾을 필요가 있다.[119] 현재까지 한반도 중부지방에서 조사된 무기단식 적석총은 군사분계선 일대와 남·북한강 유역에서 주로 확인된다.[120] 그 반면에 서울을 중심으로 하는 한강 하류지역은 서기 1~2세기에 걸쳐 문화적 공백지대였다.[121]

---

116) 金廷鶴, 1981,「서울근교의 백제유적」,『鄕土서울』39.

117) 車勇杰, 1981,「위례성과 한성에 대하여(1)」,『鄕土서울』39 ; 崔夢龍·權五榮, 1985,「고고학 자료를 통해 본 백제초기의 영역고찰」,『천관우선생환력기념 한국사학논총』; 成周鐸, 1985,「百濟城址硏究」, 동국대 박사학위논문 ; 金起燮, 1990,「백제전기 都城에 관한 일고찰」,『청계사학』7 ; 李道學, 1991,「백제 집권국가형성과정 연구」, 한양대 박사학위논문 ; 金崙禹, 1993,「河北慰禮城과 河南慰禮城考」,『史學志』26.

118) 慰禮라 함은 우리말에 匡郭의 둘레를 울(圍哩)이라고 하는데, 이것이 위례와 발음이 비슷하며, 城柵을 세우고 흙을 쌓아 匡欌을 만들었기 때문에 위례라고 하였다(丁若鏞,「我邦疆域考 -慰禮考-」,『與猶堂全書』6集 3冊).

119) 적석총의 조영 집단에 대해서는 고구려계 유이민 집단으로 생각하는 견해(李東熙, 1998,「南韓地域의 高句麗系 積石塚에 대한 再考」,『한국상고사학보』28 ; 권오영, 1986, 앞의 글 ; 기전문화재연구원, 2002,「연천 학곡제 개수공사지역내 학곡리 적석총 발굴조사」, 현장설명자료)와 재지세력으로 보는 견해(문화재연구소, 1994,『연천 삼곶리 백제적석총 발굴조사보고서』, 58쪽 ; 강인구, 1989,「한강유역 백제고분의 재검토」,『한국고고학보』22 ; 박순발, 2002,『한성백제의 탄생』, 서경문화사, 134쪽)로 대별된다.

120) 임진강 유역의 남쪽에는 서울의 풍납토성에 비유할 수 있을 만큼의 규모를 갖춘 육계토성이 존재하는데, 이 부근에는 적석총과 관련된 유적들이 남아 있다(車勇杰, 1994,「제1회 학술세미나 특집호 종합토론」,『百濟論叢』4, 131쪽). 또한 연천군 중면 삼곶리와 군남면 선곡리·백하면 학곡리·마산면 우정리 등지에도 적석총이 조영되어 있다.

121) 초기 철기시대에 한강 유역은 낙동강 유역이나 충남지역의 세형동검문화와 비교하여 힘의 공백지대였다(權五榮, 1986,「초기백제의 성장과정에 관한 일고찰」,『韓國史論』15). 또한 한강 유역은 북한지역의 목곽묘나 전축분을 조영한 세력과

백제의 건국지는 고구려 계통의 유적·유물이 남아 있지 않은 서울 강북지역보다는 무기단식 적석총이 조영된 임진강 유역과 군사분계선 일대로 짐작된다. 남·북한강 유역에 적석총을 조영한 집단은 백제본기에 보이는 말갈세력이다.[122)

고구려계 이주민들은 한반도 중부지역으로 내려와 임진강 유역·군사분계선 일대의 초기 백제와 남·북한강 유역의 말갈세력권을 형성하였다.[123) 임진강 유역은 고구려에서 내려온 집단 외에 낙랑에서 남하한 이주민, 마한에서 북상한 집단, 원래의 토착세력 등이 혼거(混居)하였다.

그러나 백제의 건국은 고구려에서 선진문화를 체험한 선진적인 이주민 집단이 중심이 되었다. 이들은 국가조직을 편성하여 운영할 수 있었고, 기마와 철제무기를 바탕으로 뛰어난 군사적인 능력도 겸비하였다.[124) 또한 백제는 군현에서 유입되는 선진문화를 수용하여 국가발전의 원동력으로 삼았다.[125)

남한지역의 토광묘를 축조한 집단 사이에서 일종의 완충지대를 이루었다(林永珍, 1994, 「漢城時代 百濟의 建國과 漢江流域 百濟 古墳」, 『百濟論叢』 4, 58쪽).

122) 文安植, 1997, 「百濟의 對中國郡縣關係 一考察」, 『전통문화연구』 4, 조선대 전통문화연구소, 172쪽. 온조가 임진강 유역에서 백제를 건국한 정확한 장소는 알 수 없지만, 무기단식 적석총이 밀집 분포되어 있는 연천군 일원에 위치하였을 가능성이 높다.

123) 文安植, 1995, 「百濟 聯盟王國 形成期의 對中國郡縣關係 研究」, 동국대 대학원 석사학위논문, 34쪽.

124) 李鎔彬, 1999, 「백제초기의 지방통치체제 연구」, 『실학사상연구』 12, 104~111쪽.

125) 伯濟國을 비롯한 마한 북부지역은 낙랑에서 주민이 유입되는 등 빈번한 접촉을 하였다. 낙랑과 관련이 있는 고고유적과 출토 유물을 통해 입증된다. 가평 마장리에서는 낙랑 토기의 영향을 받은 회흑색 무문토기가 출토되었고(朴淳發, 1989, 「한강유역 원삼국시대의 초기의 양상과 변천」, 『한국고고학보』 23, 38쪽), 서울의 가락동 2호분은 낙랑계 토광묘와 연결되며(姜仁求, 1984, 「한국유역의 토축묘」, 『삼국시대분구묘연구』, 영남대 출판부, 11~40쪽), 풍납토성 내부에서는 낙랑계통의 기와와 토기가 조사되었다(金元龍, 1967, 「풍납리토성내포함층조사보고」, 서울대 고고인류학과). 또한 가평읍 달천리의 토광묘에서도 낙랑계통의 토기가 조사되었고(한림대 박물관, 2003, 「경춘선 복선전철 제6공구 가평역사부지내 문화유적 발굴조사 지도위원회자료」), 화성 기안리 제철유적 역시 다양한 형태의 낙랑계 토기가 다량 출토되었다(기전문화재연구원, 2003, 「화성 발안리 마을유적」, 기안리 제철유적발굴조사 현장설명회

백제의 성장 과정에서 분수령은 낙랑과 마한 목지국의 약화가 계기가 되었다. 낙랑의 영향력은 2세기 중엽에 이르러 후한(後漢)이 쇠퇴하면서 약화되었다. 백제는 낙랑과 마한의 간섭에서 벗어나 성장에 박차를 가할 수 있었다.

백제는 목지국과 더불어 유력한 소국(小國)으로 부상하였다.『후한서』 한전(韓傳)에는 '한(韓)은 모두 78개 나라로서 백제(伯濟)는 그 중의 하나이다'126)라고 언급한 사료가 남아 있다. 다른 소국들의 국명을 생략하고, 백제를 특별히 언급한 사실이 주목된다.

마한의 여러 소국 가운데 백제를 거론한 것은 목지국과 함께 마한의 유력한 세력으로 부각된 사실을 반영한다. 백제를 비롯한 마한의 북부세력을 『삼국지』 한전(韓傳)의 사료를 이용하여 '근군제국(近郡諸國)'으로 명명하기도 한다.127) 백제는 소위 '근군제국(近郡諸國)'의 연맹체 형성을 주도하면서 낙랑의 통제에서 벗어나게 되었다.

2. 구이(仇台)의 즉위와 백제(百濟)로의 성장

백제의 성장은 3세기 초에 공손씨(公孫氏)가 대방군을 설치한 후 새로운 국면으로 접어들었다. 공손씨가 대방군을 설치한 목적은 약화된 낙랑군을 보완하여 백제를 비롯한 주변 국가에 대한 영향력을 확대하기 위한 것으로 보고 있다.128)

자료).

126) 『後漢書』 권85, 東夷列傳, 韓.

127) 文昌魯, 2005, 앞의 글, 89쪽.

128) 대방군은 韓族과 濊族에 의해 낙랑군의 남방이 편입되는 것을 방지하고, 낙랑군의 治所가 북방에 편중되어 남방을 소홀히 할 결점이 있으므로 이를 보완하기 위해 설치된 것으로 이해한다(池內宏, 1951, 「公孫氏の帶方郡設置と曹魏の樂浪·帶方2郡」, 『滿鮮史硏究』 上世第一篇, 239쪽). 또한 後漢이 약화된 2세기 중엽 이후 삼한의 강성으로 낙랑군 지배하의 고조선 사람들이 한족사회로 흘러가면서, 낙랑군의 지배력이

공손씨는 낙랑군을 활용하여 고구려의 남하를 견제하고, 백제를 비롯한 한족세력(韓族勢力)과의 관계는 대방군에서 전담하는 분담형태를 취하였다. 공손씨는 군현을 재편한 후 백제를 비롯한 한족세력과 우호관계를 맺어 고구려의 후방을 견제하려고 하였다. 그리하여 백제는 대방군의 설치에도 불구하고 지속적인 성장을 도모할 수 있었다.

백제는 3세기 중엽에 이르러 위(魏)가 공손씨를 멸망시키고 군현을 관할하게 되면서 위축되었다. 위(魏)는 여러 지역의 토착 수장층과 조공관계를 맺고 의책(衣幘)과 읍군(邑君)·읍장(邑長) 등의 인수(印綬)를 지급하는 등 분열을 획책하였다.

백제를 비롯한 한족세력은 군현에 맞서 즉각적인 대항을 꾀하기 어려웠다. 백제는 차후의 대안을 모색하면서 위기 극복에 나섰다. 우선 백제는 군현의 영향력이 직접 미치지 못하는 지역으로 수도를 옮겼다.[129] 백제는 군현과 말갈의 압력에 밀려 임진강 일대를 벗어나 하남위례성으로 천도하였다. 하남위례성 천도는 연맹왕국으로 성장하는 계기가 되었다.[130]

백제가 군현의 간섭을 배제한 채 연맹왕국을 형성할 수 있었던 배경은 한(韓)·위(魏) 사이에 벌어진 무력충돌에서 승리한 것이 계기가 되었다. 위(魏)의 강경책은 토착세력의 반발을 유발하였고, 고이왕이 주도한 한인동맹군이

한계를 노출된 후 위기를 수습하기 위해 설치된 것으로 보기도 한다(李基白, 1976, 『한국사신론』, 일조각, 31쪽).

129) 문안식, 2002, 『백제의 영역확장과 지방통치』, 신서원, 69쪽.

130) 백제가 하남위례성으로 천도한 시기에 대해서는 『三國史記』 백제본기 온조왕 14년 조의 기록을 그대로 따르기도 한다(千寬宇, 1976, 앞의 논문). 또한 온조집단이 미추홀의 비류집단과 연맹을 형성한 후 주도권을 장악한 시기를 초고왕 때로 간주하고, 이 시기를 전후하여 하남위례성 천도가 이루어진 것으로 이해하는 견해도 있다(盧重國, 1988, 앞의 책, 58쪽). 또한 책계·분서왕이 낙랑인과 貊人에 의하여 害를 입은 후 그를 계승한 비류왕의 천도 사실을 부회한 것으로 파악하는 입장도 있다(李丙燾, 1976, 앞의 책, 491~497쪽). 그러나 하남위례성 천도는 魏에 의하여 군현이 평정된 후 영서의 말갈이 그 부용세력으로 전락되고, 군현과 韓族勢力 사이에 辰韓 8국에 대한 영유권 문제로 갈등이 야기된 고이왕 초반에 이루어졌을 가능성이 높다(文安植, 2002, 앞의 책, 85쪽).

대방군(帶方郡)을 공격하면서 전쟁으로 비화되었다.

  양측 사이에 전쟁이 일어난 직접적인 원인은

  A. 부종사(部從事) 오림(吳林)은 낙랑이 본래 한국을 통치했다는 이유로 진한 팔국(辰韓
    八國)을 분할하여 낙랑에 넣으려 하였다. 그 때 통역하는 관리가 말을 옮기면서
    틀리게 설명하는 부분이 있었기 때문에 신지(臣智)가 한인(韓人)을 격분케 하여
    대방군의 기리영을 공격하였다. 이때 대방태수(帶方太守) 궁준(弓遵)과 낙랑태수
    (樂浪太守) 유무(劉茂)가 군사를 일으켜 이들을 정벌하였는데, 궁준은 전사하였으
    나 2군은 마침내 한(韓)을 멸하였다.[131]

라고 하였듯이, '진한(辰韓) 8국'에 대한 군현의 영유권 주장과 한족세력의
반발이었다. 분쟁의 초점이 되었던 진한 8국의 위치는 예성강 이남의 경기지
역,[132] 춘천에서 충주에 이르는 중부지역,[133] 영남의 일부 지역[134] 등으로
보고 있다.

  그러나 춘천에서 충주에 이르는 지역은 말갈(靺鞨)의 거주지였기 때문에
진한 8국과는 무관하다. 진한 8국을 영남지역으로 보는 견해 역시 『삼국지(三
國志)』 동이전 진한 조에 보이는 진한 12국과 연결한 견강부회에 불과하다.

  진한 8국은 예성강 유역과 임진강 유역 일대였는데, 비옥한 농경지가
존재하고 군현에서 이탈한 상당수의 주민이 머무르고 있었다. 위는 군현통치
의 인적·물적기반을 강화하기 위해 진한 8국을 차지하려고 하였다. 위의
영유권 주장은 백제를 비롯한 한족사회의 자립과 성장에 대한 전면적인
부정이었다. 이들은 군현이 약화된 후 외부의 간섭 없이 자치를 누리면서

---

131) 『三國志』 권30, 魏書30, 烏丸鮮卑東夷30, 韓.
132) 李丙燾, 1976, 앞의 책, 121쪽.
133) 崔海龍, 1997, 「辰韓聯盟의 形成과 變遷－下」, 『大丘史學』 53, 5쪽.
134) 池內宏, 1928, 「曹魏の東方經略」, 『滿鮮地理歷史研究報告』 12 ; 尹龍九, 1998, 「"三國志"
    韓傳 대외관계기사에 대한 일검토」, 『마한사연구』 백제사연구논총6, 충남대 백제연
    구소, 123쪽.

성장하고 있었기 때문에 인정할 수 없었다.

백제를 비롯한 한족세력은 무력행사를 통해 위의 분할지배 의도와 진한 8국에 대한 영유권 주장을 정면으로 거부하였다. 백제의 고이왕은 한인동맹군을 이끌고 대방군의 기리영을 기습하였다.[135] 기리영은 황해도 평산군 기린역(麒麟驛) 부근에 위치하였다.[136]

위는 한인동맹군의 공격을 받자 군사를 동원하여 반격에 나섰다. 위는 병력의 열세를 극복하지 못하고 대방태수가 전사하는 등 어려움을 겪었다. 위는 진한 8국의 영유권 확보를 통한 군현의 물적·인적기반을 강화하려 하였던 계획을 포기할 수밖에 없었다. 백제는 무력충돌에서 승리한 여세를 몰아 성장을 위한 일대 전기를 마련하였다.

고이왕은 군사권과 외교권을 장악하여 강력한 통솔력을 갖춘 정치권력자로 성장하였다.[137] 고이왕은 중국 사료에는 구이(仇台)로 기록되어 있다. 『주서(周書)』백제 조에는 대방의 땅에서 구이가 백제를 건국한 사실이 전해지고 있다.[138]

구이에 대해서는『삼국사기』백제본기에 비류의 생부로 전하는 우태(優台)의 음전(音轉),[139] 온조의 형으로 전해지는 비류,[140] 근초고왕,[141] 부여신 하백녀(河伯女)[142] 등으로 이해한다. 그러나 구이를 고이왕의 별칭으로 보는 견해를 일반적으로 따르고 있다.[143]『주서』를 비롯한 중국 사서에서 백제의 건국자로 구이의 존재를 주목한 것은 마한 소국 단계를 벗어나 연맹왕국을

---

135)『三國史記』권24, 百濟本紀2, 古尒王 13年.

136) 金起燮, 2000,『백제와 근초고왕』, 학연문화사, 65쪽.

137) 文安植, 2002, 앞의 책, 85~101쪽.

138)『周書』권49, 列傳41, 異域上, 百濟.

139) 千寬宇, 1976,「삼한의 국가형성(下)」,『한국학보』3, 134~137쪽.

140) 金聖昊, 1982,『비류백제와 일본의 국가기원』, 지문사, 41~45쪽.

141) 金在鵬, 1976,「百濟仇台考」,『朝鮮學報』78.

142) 王民信, 1986,「百濟始祖'仇台'考」,『百濟研究』1, 충남대 백제연구소.

143) 李丙燾, 1976, 앞의 책, 476쪽.

형성하는 등 두드러진 역할을 하였기 때문이다.

백제가 군현을 매개로 하여 서진(西晉)에 사절을 파견한 사실 역시 고이왕 때가 변혁기였음을 반증한다.[144] 고이왕은 내정정비와 제도개혁을 통해 확대된 지배체제를 마련하였다. 6좌평과 남당 설치, 16관등 제정, 복색규정 마련, 율령 반포 등 일련의 개혁정책을 추진하였다.[145] 내정개혁과 제도정비가 모두 고이왕 때에 이루어진 것으로 보기 어렵지만, 후대에 완비된 제도의 기본골격이 형성된 것으로 이해한다.[146]

3. 정복집단의 등장과 왕실교체

고이왕은 백제의 건국과 성장 과정에서 온조와 비견되는 역할을 하였다. 그러나 고이왕의 즉위는 자연스런 승계과정을 통해 이루어진 것이 아니었다.[147] 고이왕의 왕위계승은 온조계의 해씨집단을 대신하여 우씨왕계(優氏王系)의 등장을 수반하였다.[148]

고이왕이 우씨였던 사실은 왕제(王弟) 우수(優壽)가 내신좌평에 임명된 사실을 통해서 입증된다.[149] 고이왕을 온조왕의 후예가 아니라 미추홀에 정착한 비류계의 후손으로 보기도 한다.[150] 고이계를 온조~초고계와 분리

---

144) 李基東, 1987, 「마한영역에서의 백제의 성장」, 『마한백제문화』 10, 59쪽.

145) 『三國史記』 권24, 百濟本紀2, 古尒王 27·28·29年.

146) 고이왕 29년 조의 禁令頒布의 내용은 『舊唐書』 백제전의 字句와 거의 일치되기 때문에 『三國史記』 편찬시 『舊唐書』의 기록을 참조한 것으로 보고 있다(李道學, 1990, 「백제의 기원과 국가형성에 관한 재검토」, 『한국고대국가의 형성』, 민음사).

147) 『삼국사기』 백제본기 고이왕 즉위년 조에 의하면 초고왕의 長子 沙伴이 嗣位 하였지만, 나이가 어려 정사를 볼 수 없으므로 대신하여 즉위하였다. 또한 『삼국유사』 南夫餘 前百濟 條에서는 고이왕의 즉위는 沙伴(沙沸)이 폐위된 뒤에 이루어졌으며, 沙伴이 薨去한 뒤에 즉위한 것으로 전해지는 異說도 있다.

148) 金起燮, 1993, 「漢城時代 백제의 王系에 대하여」, 『韓國史研究』 83 ; 姜鍾元, 1998, 「4세기 백제정치사연구」, 충남대 대학원 박사학위논문.

149) 『三國史記』 권24, 百濟本紀2, 古爾王 27年.

150) 千寬宇, 1976, 「삼한의 국가형성」下, 『한국학보』 3.

시켜 백제(伯濟)의 서북방에 위치한 소국의 출신으로 이해하는 견해도 있다.[151]

한편 비류를 온조계나 고이계와 전혀 무관한 백제 정복국가의 시조로 보는 견해도 없지 않다. 백제 정복국가설은 논자에 따라 다소간의 견해 차이가 있지만, 모용씨(慕容氏)에 밀린 부여 일파의 남하와 관련된 것으로 이해한다.

정복국가의 출현은 4세기를 시간적 배경으로 하여 북중국과 만주지역에서 유목계 주민들이 끊임없이 분파되면서 전개된 각축전의 결과였다. 부여는 285년에 모용선비의 공격을 받아 수도가 함락되고, 국왕이 자살하는 등 타격을 받았다.

그 와중에 부여의 왕족을 포함한 일부 집단이 북옥저 방면으로 피난하였다. 이들은 진(晉)의 도움을 받아 모용선비의 군대를 물리치고 길림지역으로 돌아가 복국(復國)하였다. 그러나 망명 집단의 일부는 부여로 돌아가지 않고 두만강 유역에 정착하여 동부여를 세운 것으로 보고 있다.[152]

또한 두만강 유역에 머물고 있던 집단 중에서 함흥지역을 거쳐 한반도 중부지방으로 이주한 무리가 생겨났다. 이들은 동옥저를 거쳐 한강 유역으로 진출한 후 백제의 왕권을 장악하였다.[153]

옥저에 머물고 있던 부여족이 낙랑이 축출된 후 대방 땅을 차지하기 위한 국제전쟁에 참여한 것으로 이해하는 견해도 없지 않다. 부여족이 백제의 파병 요청을 받아들여 구원한 후 양족(兩族)이 연합하여 백제를

---

151) 金起燮, 1993, 앞의 글.

152) 盧泰敦, 1999, 앞의 책, 31쪽.

153) 백제 정복국가설에 대해서는 다음의 글을 참조하기 바란다. 稻葉岩吉(外), 1935, 「朝鮮滿洲史」,『世界歷史大系』11 ; 白鳥庫吉, 1970, 「百濟の基源について」,『歷史』창간 호 ; 末松保和, 1954, 「新羅建國考」,『新羅史の諸問題』; K.J.H. Gardiner, 1969, The Early History of Korea, Australian National University Press ; Gari K. Ledyard, 1975, Galloping Aiong With the Horseriders, Looking for the of Japan Journal of Japanese Vol.1, No.2 ; 岡田英弘, 1977,『倭國』, 中公新書.

건국한 것으로 이해한다.[154] 부여족의 일파가 백제를 건국한 시기를 342년,[155] 350년 무렵,[156] 352~372년 사이[157] 등으로 보고 있다.

정복국가설을 주장하는 논자들은 『삼국사기』 백제본기의 초기기록을 부정하고, 『삼국지』 동이전에 보이는 백제(伯濟)와 후대의 백제(百濟)는 직접적인 관계가 없는 것으로 이해한다. 또한 부여의 일파가 한강 유역으로 이동한 후 한족계열(韓族系列)의 백제(伯濟)를 정복하여 왕실이 교체된 것으로 이해한다.

국내학계 역시 백제의 비약적인 발전을 해명하기 위하여 정복국가설이 제기되었다. 일본학계와는 달리 고이왕 때에 형성된 백제 연맹왕국의 실체를 인정하는 입장을 취하며, 근초고왕대의 비약적 발전의 계기를 정복국가의 출현과 왕실교대의 시각에서 접근한다.[158]

정복집단이 3세기 중엽에 남하하여 한강 상류지역에 정착해 있다가, 훗날 하류지역의 백제를 통합한 것으로 추정하는 견해도 있다.[159] 이와는 달리 백제(伯濟)는 3세기 중반 이전에 고구려계 이주민이 남하하여 세운 국가이며, 백제(百濟)는 4세기 중반 무렵에 부여계 집단이 내려와 건국한 것으로 이해하는 견해도 없지 않다.[160]

정복집단의 등장과 왕실교체는 백제의 성장 과정에서 일대 분수령이 되었다. 백제는 정복집단이 등장할 무렵 책계왕이 군현과 전투 중에 전사하고,[161] 분서왕이 암살되는 등 매우 혼란한 상태에 있었다.[162] 또한 백제는

---

154) 白鳥庫吉, 1970, 위의 글.
155) 岡田英弘, 1977, 앞의 책.
156) 末松保和, 1954, 앞의 책.
157) Gari K, Ledyard, 1977, 앞의 글.
158) 李基東, 1981, 「百濟 王室交代論에 대하여」, 『百濟研究』 12.
159) 金起燮, 1993, 앞의 글.
160) 李道學, 1991, 『百濟 集權國家形成過程 研究』, 한양대 대학원 박사학위논문.
161) 『三國史記』 권23, 百濟本紀1, 責稽王 13年.
162) 『三國史記』 권23, 百濟本紀1, 分西王 7年.

사회구성이 복잡하고 지역공동체의 세력이 강고하여, 국가권력이 재지사회의 밑바닥까지 파고 들어가는 데 일정한 한계가 있었다.[163] 백제의 지배층은 토착세력의 복속과 협력을 위해 국호를 응준(鷹準)으로 표방하기도 하였다.[164]

정복집단은 백제의 대외적 위기와 사회구성의 취약성을 활용하여 큰 마찰 없이 왕권을 장악하였다. 백제의 건국과 시조 등에 관한 기록은 근초고왕 때에 이르러 체계적으로 정리되었다. 근초고왕은 고흥(高興)으로 하여금 서기(書記)를 편찬케 하면서 정복왕실의 존엄과 정통성을 내세우는 방식을 택하였다.

정복집단은 『삼국사기』 백제본기에 보이듯이 비류를 온조의 형으로 가탁시켜 정복왕실의 유구성을 강조하였다. 비류왕을 구수왕의 둘째 아들로 설정한 사실 역시 전왕조(前王朝)와 연결시키려는 조치의 일환이었다.[165] 또한 정복왕실은 부여의 시조였던 동명의 사당을 세워 정통성을 강화하였다. 온조왕 원년 조에 보이는 동명왕묘(東明王廟) 건립 기사가 참조된다.[166] 동명묘 건립은 온조왕 때가 아니라, 정복왕실이 백제의 왕권을 장악한 후에 건립되었을 가능성이 높다.

한편 일본측 사료에는 도모(都慕)라는 별도의 인물을 백제의 시조로 보고 있다.[167] 도모는 부여의 동명과 고구려의 주몽·추모 가운데 누구에 해당되는지 단언하기 어렵다. 당시 백제와 고구려 사이에 대립이 격화되어 배타적인 정서가 팽배한 사실을 고려하면 주몽이 아니라 동명이었을 가능성이 높다.

백제는 성왕의 사비 천도 이후 국호를 '남부여', 왕족의 성씨를 '부여씨(夫

---

163) 李基東, 1994, 「백제사회의 지역공동체와 국가권력」, 『百濟社會의 諸問題』, 충남대 백제연구소 제7회 백제연구 국제학술회의, 182~183쪽.
164) 趙法鍾, 1989, 「백제 별칭 응준고」, 『한국사연구』 66집, 3~8쪽.
165) 李基東, 1981, 앞의 글.
166) 『三國史記』 권23, 百濟本紀1, 溫祚王 元年.
167) 『續日本紀』 권40, 延曆 8年 明年 正月·9年 7月.

餘氏)’로 정하기도 하였다. 백제의 시조가 기록에 따라 차이가 있고, 다수의 인물이 등장하는 것은 백제의 발전 과정에서 표출된 역동성의 산물로 이해된다.

Ⅲ. 영서예문화권의 설정과 역사지리적 배경

1. 예맥의 영서지역 진출과 활동양상

남한강과 북한강 유역을 비롯한 영서지역 일대는 백제를 비롯한 삼국과 다른 별도의 집단이 존재하였다. 이들은 크로우노프카 2기문화 혹은 단결문화를 영위한 예족의 갈래에 해당되며, B.C. 3세기를 전후하여 동해안을 거쳐 태백산맥을 넘어 영서지역으로 이주하였다.

〈그림 6-9〉 여(呂)자형 주거지 : 횡성 둔내 유적에서 확인되었으며, 초가 철기시대의 문화교류 및 전파경로 등을 규명하는 중요한 자료이다.

두만강 하류지역과 연해주 남부지역 일대에 거주하던 예족의 남하 이주를 촉발한 배경은 한랭화에 따른 기후 변화, 해수면의 강하와 농경자원의 부족, 폴체문화를 영위한 읍루의 군사적 위협 등을 들 수 있다. 이들은 동해안을 거쳐 영일만 일대까지 이주하였으며, 그 일부는 다시 태백산맥을 넘어 영서지역으로 진출하였다.[168]

예족의 이주 흔적은 영동과 영서 일대의 여러 유적에서 조사된 중도식토기, 凸자형·呂자형 주거지 등을 통해 확인된다.[169] 춘천 신매리·횡성 화전리·양

---

168) A. L. 수보티나, 2008, 앞의 글, 250~252쪽.

169) 朴淳發, 1996, 앞의 글.

양 가평리·강릉 강문동 등에서 조사된 경질무문토기의 상한이 B.C. 2세기 전후로 확인된 사실 역시 참조된다.[170]

한편 중도식토기의 명칭은 국립중앙박물관이 1980년에 춘천 중도 유적을 발굴하는 과정에서 경질무문토기가 조사되면서 유래하였다. 중도식 무문토기는 남부지방에서 경질무문토기 혹은 삼각(형)점토대토기 등으로 불리고 있다.

중도식토기문화는 크로우노프카문화를 영위한 집단이 동해안의 함경도와 강원도 방면으로 남하하면서 확산되었다. 이들은 태백산맥을 건너 북한강의 수계를 따라 한반도 중부권으로 이주한 것으로 이해한다.[171] 그 반면에 동해안지역의 경우 영동의 남부지역에 해당하는 동해시를 남방 한계선으로 하고 있다.

횡성 둔내와 화전리 유적을 비롯하여 남한강 유역에서 조사되는 중도식토기문화는 북한강 유역을 거쳐 남하한 것이 아니라 동해안 방면에서 곧바로 유입되었을 가능성도 없지 않다. 동해안 일대와 영서지역은 태백산맥의 고산준령으로 차단되어 있지만, 정선군 임계면 일대에는 동해안 방면으로 이어지는 나지막한 고갯길이 자리한다.

임계면에서 강릉으로 이어지는 삽당령, 동해시로 이어지는 백목령, 삼척과 연결되는 은고개 등이 통로역할을 하였다. 이와 관련하여 임계면은 영서지역에 위치하지만 삼국시대 이래 대한제국기에 해당하는 1906년까지 영동의 명주 관할에 포함된 사실이 참조된다.

---

170) A. L. 수보티나, 2008, 앞의 글, 244쪽.

171) 노혁진, 2004, 「中島式土器의 由來에 대한 一考」, 『호남고고학보』 19. 이와는 달리 중도식토기의 기원을 청동기시대 이래 한반도에서 지속한 무문토기 전통을 중도식토기의 등장에서 찾기도 한다. 또한 제작 기법을 통해볼 때 중부지역권과 호남지역권, 그리고 영남지역권의 3구역으로 구분하고 있다(이성주, 2010, 「원삼국시대의 무문토기 전통」, 『중도식 무문토기의 전개와 성격』 제7회 매산기념강좌, 숭실대 한국기독교박물관).

　영동과 영서 일대에 정착한 사람들은 밭농사를 주로 경작하면서 생활하였다. 중도식토기문화 유적에서 콩·팥·보리·조 등이 출토된 사실을 통해 유추된다. 강원 저문동 저습지에서 복숭아·호두·가래·잣나무·마름·박·동백나무 씨앗이 조사되어 농경 외에 식물 채취가 이루어졌음을 알 수 있다.[172]

　예족이 영동지역과 영서지역에 정착한 후 통합된 정치체 또는 국가를 형성한 것은 아니었다. 동해안 일대에 정착한 예족은 남옥저와 동예 및 영동 예국(嶺東 濊國)을 건국하였고, 영서지역으로 진출한 집단은 남한강 유역과 북한강 유역에 정착하였다.

　영서지역은 두만강 하류지역 등에서 내려온 예족 외에 무기단식 적석총[173]을 조영한 고구려 계통 맥족의 흔적도 확인된다. 북한강 유역과 남한강 유역에 분포하는 무기단식 적석총은 A.D. 1세기~2세기에 걸쳐 축조된 것으로 보고 있다.[174] 예족이 먼저 이주한 후 고구려 계통의 이주민이 내려와 정착하였다.

　맥족은 선주한 예인(濊人)을 흡수 또는 동화하면서 영서지역 토착사회의 주도권을 장악해 나갔다. 고구려 이주민의 정착 과정은 춘천의 맥국설을 통해 입증된다. 가탐(賈耽)의 『고금군국지(古今郡國志)』에는 '고구려 동남쪽과 예(濊)의 서쪽에 위치한 옛 맥의 땅은 대개 지금의 신라 북쪽 경계인 삭주(朔州)이다'라는 사료가 남아 있다.

　『수서(隋書)』 백제전에도 '백제에서 서쪽[175]으로 사흘을 가면 맥국에 이른

---

172) 백홍기, 2002, 앞의 책, 174쪽.

173) 한강 유역에 조영된 무기단식 적석총의 명칭에 대해서는 葺石封土墳(李道學, 1995, 『백제 고대국가 연구』, 일지사, 90쪽), 葺石墓(崔秉鉉, 1994, 「묘제를 통해 본 4~5세기 한국 고대사회」, 『한국고대사논총』 6, 한국고대사회연구소), 葺石式 積石墓(朴淳發, 1993, 「한성백제성립기 諸墓制의 편년검토」, 『백제고고학의 제문제』, 한국고대학회 제5회 학술발표회 논문집) 등 다양한 의견이 제기되고 있다.

174) 權五榮, 1986, 앞의 글, 83쪽.

175) 백제에서 서쪽으로 가면 西海에 이르며, 맥국은 동쪽에 있기 때문에 史料상의 誤記로 추정된다.

다'라고 하였다. 정인지(鄭麟趾)의 지지(地志)에는 '춘천은 본래 맥국이다'라고 하였고, 『택리지(擇里志)』에는 '맥국의 옛터는 우두촌 안에 있다'라고 하였다. 이들 문헌기록을 통해 볼 때 춘천 일대에 맥국이 존재하였을 가능성이 높다.

영서지역으로 이주한 예인(濊人)과 맥인(貊人)의 활동양상은 『삼국사기』 백제본기에 보이는 말갈 사료를 통해서도 살펴볼 수 있다. 말갈 관련 사료는 『삼국사기』 백제본기 외에 신라본기와 고구려본기에도 남아 있다. 백제본기와 신라본기에 보이는 말갈의 계통에 대해서는 예족(濊族), 옥저와 예맥 사이에 있던 별종(別種), 고구려 내의 말갈(靺鞨), 옥저,[176] 영서지역 토착세력,[177] 마한 소국[178] 등으로 보고 있다.

예족설은 백제본기와 신라본기에 보이는 말갈을 숙신보다는 동예 등과 종족적으로 유사한 예맥 계통으로 이해한다.[179] 또한 말갈은 시간적·공간적으로 볼 때 중국의 동북방에 있던 집단과는 무관한 '불내예(不耐濊)'이며, 신라 사람들이 북에서 침입하는 이족(異族)을 말갈이라 부른 데서 비롯된 것으로 추정한다.[180]

고구려 별종설은 중국 동북방에 있던 말갈이 고구려를 거쳐 백제와 신라를

---

176) 옥저설은 『三國史記』를 찬술한 김부식이 옥저에 관한 대부분의 기사를 말갈로 고친 것으로 보는 견해이다(채태형, 1992, 「『三國史記』의 말갈관계기사에 대하여」, 『력사과학』 3, 42쪽).

177) 文安植, 1996, 「嶺西濊文化圈의 設定과 歷史地理的 背景」, 『동국사학』 30 ; 金澤均, 1997, 「江原濊貊攷」, 『江原文化史研究』 2.

178) 말갈을 마한의 소국으로 보는 견해는 3세기 중엽에 전개된 韓族과 대방군 사이의 전쟁에서 투쟁 주체를 臣濆沽國으로 보고, 이들이 백제를 공격해 온 말갈집단으로 간주한다(尹善泰, 2001, 「馬韓의 辰王과 臣濆沽國－領西濊 지역의 歷史的 推移와 관련하여」, 『百濟研究』 34, 16쪽).

179) 濊族說의 대표적인 견해는 다음과 같다. 韓致奫, 『海東繹史』 ; 韓鎭書, 『海東繹史續』 卷7 ; 丁若鏞, 「靺鞨考」, 『與猶堂全書』 ; 津田左右吉, 1913, 「好太王征服地域考」, 『朝鮮歷史地理第一』 ; 金元龍, 1967, 「삼국시대 개시에 대한 고찰」, 『東亞文化』 7 ; 李龍範, 1974, 「三國史記에 보이는 對外關係記事－特히 북방민족에 對하여」, 『震檀學報』 38.

180) 丁若鏞, 「靺鞨考」, 『與猶堂全書』.

침입하기 어렵다는 사실을 근거로 들고 있다. 그 실체를 옥저와 예맥의 사이에 위치한 집단으로 이해한다. 이 견해는 백제본기와 신라본기에 보이는 말갈이 만주지역에 있던 원래의 말갈과는 다른 점은 인정하고 있다. 불내예(不耐濊)와 예(濊)로 보지 않고, 예맥과 옥저 사이에 위치한 별종으로 파악한 점에서 차이가 있다.181)

고구려 영내의 말갈설은 예맥과 무관한 숙신 계통의 집단을 남진 경략에 동원한 것으로 이해한다.182) 이들의 실체는 여러 계통의 말갈 중에서 백산부와 속말부 집단으로 보고 있다.183) 또한 신라본기에 보이는 말갈관계 사료를 고구려가 말갈을 동원하여 신라를 침공한 6세기 중엽의 사실을 소급하여 정리한 것으로 이해하는 견해도 있다.184)

말갈이 백제와 항쟁하면서 밀려나 남하하는 도중에 신라와 접촉한 사실을 기록한 것으로 보기도 한다.185) 또한『삼국사기』초기기록에 나오는 말갈은 원래 사료에 예맥으로 기록되었는데, 통일신라시대에 이르러 말갈이라 고쳐 쓴 것으로 이해하는 견해도 있다.186)

백제본기와 신라본기에 기록된 말갈에 대하여 여러 견해가 제시되었지만, '동예(東濊)＝위말갈(僞靺鞨)'로 파악한 정약용의 견해를 일반적으로 따르고 있다. 그러나 동예의 실상을 이해하기 위해서는 전체 호수가 겨우 2만에 불과한 사실을 고려할 필요가 있다. 또한 동예는 대군장이 없으며 후·읍군·삼로 등이 각기 하호(下戶)를 통치하던 수준에 머물렀다.187)

---

181) 安鼎福,「靺鞨考」,『東史綱目』4.
182) 徐炳國, 1974,「靺鞨의 韓半島 南下」,『광운전자공과대학논문집』3 ; 宣石悅, 1996, 「『三國史記』「新羅本紀」上代 百濟關係記事의 檢討와 그 紀年」,『新羅末 高麗初의 政治·社會 變動』, 신서원.
183) 徐炳國, 1974, 위의 글, 285쪽.
184) 宣石悅, 1996, 앞의 책, 308쪽.
185) 李康來, 1985, 앞의 글, 58쪽.
186) 姜鍾薰, 1995,「『三國史記』初期記錄에 보이는 "樂浪"의 실체」,『三韓의 社會와 文化』, 신서원, 130쪽.

동예가 원거리에 위치한 백제와 신라에 군사적 타격을 줄 수 있는 무력(武力)의 소유 여부와 활동 반경 등도 염두에 두어야 한다. 동예는 중무장한 기병집단을 중심으로 원거리 전투를 수행하는 군대가 아니라 보병 부대가 중심이 되었다.

동예는 『삼국지』 예전(濊傳)에 따르면 길이가 3장(丈)이나 되는 창을 만들어 사용하였다. 동예인들은 긴 창을 여러 사람이 함께 잡고 사용하는 등 보병전투(步兵戰鬪)에 능숙하였다.[188] 또한 동예가 신라와 백제를 대상으로 광범위한 지역에 걸쳐 군사작전을 펼치는 것은 사실상 불가능하였다.[189]

동예는 고구려의 지배를 거쳐 다시 군현의 지배를 받게 되었다. 동예의 주민들은 군현의 주민과 동일하게 부역이나 군역에 동원되었다.[190] 따라서 동예가 신라와 백제를 대상으로 하여 독자적인 군사작전을 감행할 수 있는 역량을 보유한 것으로 보기는 어렵다.

한편 백제는 말갈과 국경을 마주하여 자주 침입을 받았다. 말갈은 백제를 단독으로 침입하는 경우도 있었지만, 군현과 함께 군사작전을 감행할 때도 적지 않았다. 백제는 군현과 말갈의 접촉을 차단하기 위해 교통로에 목책을 설치하였다.

군현은 말갈을 동원하여 백제의 병산책(甁山柵)을 쳐서 파괴하고 백여 명을 살해하고 재물을 약탈하기도 하였다. 백제는 독산(禿山)과 구천(狗川)에

---

187) 『三國志』 권30, 魏書30, 烏丸鮮卑東夷列傳30, 濊.

188) 『三國志』 권30, 魏書30, 烏丸鮮卑東夷列傳30, 濊.

189) 동예가 東海岸路를 따라 남진하면서 강릉 일원에서 신라와 전쟁을 치른 것은 사실로 인정된다. 그러나 백제본기에 보이는 말갈세력을 동예로 간주할 때, 그들이 예성강 유역으로 추정되는 곤미천과 개성 부근의 청목령 일대(『三國史記』 권23, 百濟本紀1, 溫祚王 10年)부터 평강지역에 위치한 부현성(『三國史記』 권23, 百濟本紀1, 溫祚王 40年)을 넘어 여주에 축조된 술천성(『三國史記』 권23, 百濟本紀1, 溫祚王 40年)까지를 포괄하는 광대한 지역에서 백제와 전쟁을 치를 수 있는 역량을 보유하였는지에 대해서는 의구심이 든다.

190) 『三國志』 권30, 魏書30, 烏丸鮮卑東夷傳30, 濊.

목책을 설치하는 등 군현과 말갈의 접촉을 차단하기 위해 부심하였다.[191) 당시 평양의 낙랑군에서 동해안의 동예로 가는 길은 원산에서 평양에 이르는 도로를 이용하였다.

낙랑은 황해도의 곡산에서 원산 방향으로 통하는 안전하고 가까운 도로를 활용하였다. 평양에서 출발하여 동남쪽의 곡산 방면을 지나 원산으로 올라갔다가 남하하는 노선이 주로 이용되었다.[192) 백제에 의한 낙랑과 동예의 교통로 차단은 곡산지역을 장악할 경우에 가능하였다. 그러나 백제가 예성강을 건너 곡산을 비롯하여 옛 대방지역을 차지한 것은 근초고왕 때에 이르러 이루어졌다.

고이왕 때에는 황해도 평산군 저탄(猪灘)에 해당되는 패하(浿河)를 북계(北界)로 하여 군현과 영역을 마주하였다.[193) 그 이전에는 낙랑과 동예의 교통로를 차단하기 위한 목책 설치는 불가능하였다. 따라서 백제와 대립한 말갈세력은 동예가 아니라 백제와 인접한 영서지역의 토착집단으로 생각된다.[194)

영서지역의 토착집단은 남한강과 북한강의 중·상류지역을 비롯하여 태백고원 지대에 거주한 말갈세력이 중심이 되었다. 영동의 말갈(동예)과 영서의 말갈은 동일한 집단이 아니라[195) 별도의 세력권을 형성한 다른 갈래였다.[196)

---

191) 『三國史記』 권23, 百濟本紀1, 溫祚王 11年.

192) 李道學, 1997, 「고대국가의 성장과 교통로」, 『국사관논총』 74, 146쪽.

193) 고이왕대 백제의 北界인 浿河는 예성강을 지칭하며, 백제는 이곳을 경계로 하여 북쪽의 대방군과 접하였다. 또한 고대 지리지에는 나루 명칭이 곧 江의 호칭으로 사용되는 경우가 일반적이었다(沈正輔, 1983, 「백제부흥군의 주요거점에 관한 연구」, 『백제연구』 14, 충남대 백제연구소). 따라서 浿河는 예성강을 가리키는 일반 명사가 아니라 특정 나루를 지칭하며, 평산군의 猪灘일 가능성이 높다. 『高麗史』에서는 평산을 지나는 예성강의 한 부분을 猪灘 혹은 浿江으로 불렀다(『高麗史』 권58, 志3, 平州). 또한 『黃海道邑誌』 권1, 平山의 山川 조에도 온조왕 13년에 사방의 강역을 정할 때 북쪽은 浿河를 경계로 하였는데, 그 浿河가 猪灘임을 밝히고 있다. 한성 백제 때 北界와 東界에 대해서는 다음 글을 참조하기 바란다(文安植, 2006, 「백제 한성기 北界와 東界의 변천」, 『백제연구』 42).

194) 文安植, 1996, 「嶺西濊文化圈의 設定과 歷史地理的 背景」, 『東國史學』 30.

195) 朴淳發, 1996, 「漢城 百濟 基層文化의 性格」, 『百濟研究』 16 ; 李弘鍾, 1998, 「『三國史記』

다만 영서의 말갈세력이 지리적으로 동예의 변경에 분포하고 있기 때문에 일정한 연관성은 있을 것으로 짐작된다.[197]

한반도 중·남부지방에서 평야와 농경지가 발달한 곳은 서해안과 남해안지역이다. 삼한의 성읍국가는 주로 서·남해안의 평야지역에 위치하였다. 그러나 영서 말갈세력은 남한강과 북한강 중·상류지역 및 영서 내륙지역에 분포하였다. 이들의 국가발전 과정이나 연맹체 형성에 대한 자세한 내막은 잘 알 수 없는 실정이다.

마한의 여러 소국들이 통일성을 결여하고 지역성을 갖고 있었듯이,[198] 말갈 역시 남한강 유역과 북한강 유역의 양대 세력권으로 구분된다.[199] 영서 말갈세력의 공간적 범위는 남·북한강 유역과 태백고원 일대이며, 고구려계 무기단식 적석총의 분포지와 대략 일치한다.

임진강 유역과 군사분계선 일대의 무기단식 적석총 조영지 부근은 하남위례성으로 천도하기 이전의 초기 백제의 근거지였고, 남·북한강 유역은 말갈세력권이었다.[200] 남·북한강 유역의 말갈세력은 함남 남부와 강원 북부에 존재하던 신라본기의 말갈(동예)과는 문화적 기반과 세력 분포지를 달리하며 '영서예문화권(嶺西濊文化圈)'을 형성하였다.[201] 한강 유역의 원삼국문화가 연천－양평－남한강을 연결하는 선에서 예계(濊系)의 중도유형과 마한의 중서부형으로 구분된다는 사실[202] 역시 시사하는 바가 적지 않다.

靺鞨기사의 고고학적 접근」,『韓國史學報』5 ; 沈載淵, 1998, 「강원지역 철기문화 연구」,『韓國上古史學報』29.

196) 文安植, 1996, 앞의 글 ; 金澤均, 1997, 앞의 글.

197) 朴淳發, 1998,「百濟國家의 形成 硏究」, 서울대 박사학위논문, 48쪽.

198) 李基東, 1994,「馬韓史의 上限과 下限」,『文山金三龍博士古稀紀念 馬韓·百濟文化와 彌勒思想』, 9쪽.

199) 文安植, 1996, 앞의 글, 53쪽.

200) 文安植, 1995,「百濟 聯盟王國 形成期의 對中國郡縣關係 硏究」, 동국대 대학원 석사학위논문, 34쪽.

201) 文安植, 1996,「嶺西濊文化圈의 設定과 歷史地理的 背景」,『동국사학』30.

202) 朴淳發, 1998, 앞의 글, 52쪽.

북한강 유역에서 적석총이 조사된 지역은 춘천의 중도, 서면 신매리, 신북읍 산천리, 평창군 응암리·마지리·하안미리 등이다. 춘천은 적석총 외에 맥국(貊國) 관련 전승을 고려할 때 말갈세력의 중심지였을 가능성이 높다.[203] 평창강 유역에도 말갈집단이 존재하였을 가능성이 있다. 평창강 유역은 철기시대 유적은 확인되지 않으나, 그 상류에 횡성 둔내 유적 등이 자리한다. 또한 평창에서는 앞선 청동기시대의 유적이 다수 확인되었다.[204]

남한강 유역은 무기단식 적석총이 충북 제천시 한수면 학산리, 청풍면 연곡리·양평리·도화리, 중원군 동량면 지동리 일대에 분포한다. 남한강 유역에 거주하던 말갈세력은 제천분지 일대가 중심지였다.[205] 남·북한강 유역을 중심으로 영서지역에 적석총을 축조한 집단은 『삼국사기』 백제본기에 보이는 맥계말갈(貊系靺鞨)이다. 그 반면에 신라본기에 보이는 말갈은 동해안 일대에서 신라와 대립한 동예 즉, 예계말갈(濊系靺鞨)로 짐작된다.[206]

2. 삼국의 정립과 영서지역 토착세력의 추이

영서의 말갈세력은 남한강 유역과 북한강 유역의 양대 집단으로 구분된다. 그러나 말갈세력이 연맹왕국 단계로 진입하여 영역국가를 형성한 것은 아니었다. 말갈은 삼국의 정립과 맞물려 백제·고구려·신라에 차례로 예속되면서 독자적인 발전이 저지되었다.

삼국 중에서 영서지역으로 가장 먼저 진출한 국가는 백제였다. 백제는 낙랑을 비롯한 중국군현이 축출된 4세기 초반에 이르러 한강 중·상류지역으

---

203) 영서 말갈 혹은 춘천 맥국의 성장 배경과 토착문화의 성격에 대해서는 다음의 글을 참조하기 바란다. 김용백, 2010, 「춘천 貊國 연구」, 강원대 대학원 박사학위논문.
204) 沈載淵, 1999, 「강원지역 철기문화의 성격」, 『백제연구』 30.
205) 文安植, 1995, 앞의 글. 한편 李東熙도 북한강과 남한강 유역에 분포된 적석총의 분포 상태를 통하여 그 중심지역을 필자와 마찬가지로 각각 춘천과 제원 일대로 비정한 바 있다(李東熙, 1998, 앞의 글).
206) 文安植, 1998, 앞의 글, 151쪽.

로 진출하여 말갈세력을 장악하였다. 백제는 영서의 말갈을 제압한 후에 마한 방면으로 진출하였는데,[207] 먼저 한강 본류와 남·북한강 유역 방면으로 진출한 것이 고고학적 성과를 통해서도 입증된다.[208]

백제가 영서 말갈을 복속한 시기는 군현 축출 이후부터 마한 경략 이전 사이에 걸쳐 이루어졌다. 백제와 말갈은 군현이 존속한 기간 동안 대립관계를 유지하였다. 이에 대한 일련의 기록이 백제본기 말갈 사료로 추정된다. 백제와 말갈의 대립 기사는 후대의 사실이 온조왕 때를 중심으로 소급 정리되어 있다. 말갈 관련 사료는 3세기 후반부터 4세기 초반까지 집중적으로 전개된 사건에 대한 일련의 기록으로 추정된다.[209]

영서 말갈과 백제의 충돌은 대부분의 경우 말갈의 선공(先攻)으로 시작되었다. 백제와 말갈이 충돌한 지역은 북경(北境), 북비(北鄙), 대부현(大釜峴), 청목령(靑木山), 칠중하(七重河) 등 임진강 유역과 경기 동북부지역으로,[210] 백제의 북쪽이나 동북 방면이다.

백제와 대립한 말갈세력은 주로 북한강 유역의 집단이었다. 이 세력이 군현에 인접하여 이이제이(以夷制夷)의 대상이 된 것과 무관하지 않다. 북한 강 유역의 산록에 위치한 말갈세력은 부족한 생필품을 보충하기 위하여 평야지방에 위치한 집단과 교역이 필요하였다. 이들은 적대적인 관계에 있었던 백제와 경제적인 교류보다는 무장한 군대를 파견하여 생활물자와 필요한 노동력의 일부를 약탈하는 것으로 교역을 대신하였다.

---

207) 文安植, 2000, 「百濟의 領域擴張과 邊方勢力의 推移」, 동국대 대학원 박사학위논문, 158쪽.

208) 崔夢龍·權五榮, 1985, 「고고학 자료를 통해 본 백제초기의 영역고찰」, 『천관우선생환력기념 한국사학논총』.

209) 文安植, 2001, 앞의 글, 105쪽.

210) 말갈의 위치비정에 대해서는 다음의 글을 참조하기 바란다. 李丙燾, 1983, 『國譯 三國史記』, 을유문화사 ; 千寬宇, 1976, 「三韓의 國家形成(下)」, 『韓國學報』 3 ; 金鍾權 譯, 1978, 『三國史記』, 대양서적 ; 酒井改藏, 1970, 「三國史記の地名考」, 『朝鮮學報』 54 ; 李康來, 1986, 「三國史記에 보이는 靺鞨의 軍事活動」, 『領土問題研究』 2.

이처럼 북한강 유역의 산간지대에 거주한 말갈세력은 백제를 침입하여 노략질이나 민구(民口) 약탈[211] 등을 자행하였다. 그리하여 영서 말갈의 상징성은 춘천의 '맥국'설로 후대까지 전승되었다. 말갈은 낙랑군이 존속한 동안에 분열정책에 편승하여 백제를 침입하는 경우도 적지 않았다.

그러나 영서 말갈세력이 군현의 직접지배를 받은 것은 아니었다.『삼국지』 예전(濊傳)에 따르면

A-1. 단단대산령의 서쪽은 낙랑에 속한다.[212]
  2. 령(嶺)의 동쪽 일곱 현은 도위(都尉)가 통치하며, 그 백성은 모두 예인(濊人)이다.[213]

라고 하였듯이, 사료 A-1과 같이 영서지역이 군현의 영향력을 받은 것은 사실이다. 낙랑은 선진문물의 수여나 책봉 등을 통해 영서 말갈의 토착 수장층에 대해 영향력을 발휘하였다.

낙랑은 백제의 성장에 대처하기 위해 영서 말갈과 유대관계를 맺고 백제를 압박하였다. 영서 말갈 역시 군현과 교섭관계를 유지하는 것이 선진문물의 흡수와 교역관계를 맺는 데 도움이 되었고, 백제를 견제할 수 있는 효과적인 방안이었다. 낙랑과 영서 말갈은 상호간에 동일한 이해관계를 가지고 있었기 때문에 백제에 맞서 공동으로 대처하였다.[214]

백제는 군현과 말갈을 연결하는 교통로에 목책을 설치[215]하여 연계를

---

211) 『三國史記』 권23, 百濟本紀1, 溫祚王 40年.
212) 『三國志』 권30, 魏書30, 烏丸鮮卑東夷傳, 濊.
213) 『三國志』 권30, 魏書30, 烏丸鮮卑東夷傳, 濊.
214) 영서 말갈이 낙랑과 밀접한 관계를 유지한 사실은 고고 자료를 통해 입증된다. 춘천 일대에서 확인되는 초기 철기시대 주거지에서는 낙랑과의 교류를 엿볼 수 있는 군현 계통의 토기와 농기구 및 오수전 등이 출토되었다. 이들 유물은 춘천이 낙랑의 영향력 하에서 영서 내륙지역에서 중심지 역할을 했음을 반영한다(김용백, 2010, 「춘천 맥국 연구」, 강원대대학원 박사학위논문).
215) 『三國史記』 권23, 百濟本紀1, 溫祚王 11年.

차단하였다. 백제와 영서 말갈은 군현의 분할통치로 말미암아 대립관계가 형성되었다. 말갈은 백제가 군현과의 교통로에 목책을 설치하는 등 압박을 가하자, 이를 확보하기 위해 줄기차게 공격하였다. 말갈의 공격에 대항하는 백제의 반격이 맞물리면서 일정기간 동안 양 세력은 격렬하게 충돌하였다.

백제는 영서 말갈과 군현의 연합공격에 밀려 수도를 옮겨야 할 만큼 수세에 처하였다.216) 그러나 백제의 천도 원인은 복합적인 것으로 영서 말갈의 위협보다는 위(魏)의 압박 때문이었다.217) 백제는 영서 말갈의 공격을 거의 격퇴하였고, 패주하는 말갈군을 추격하여 참살하는 것이 일반적이었다.

이들의 관계는 말갈이 258년(고이왕 25)에 사절을 파견한 것을 계기로

C. 봄에 말갈의 추장인 나갈이 좋은 말 10필을 바쳤다. 왕은 사자를 후하게 위로하여 돌려보냈다.218)

라고 하였듯이, 소강상태에 접어들게 되었다. 말갈은 좋은 말 10필을 백제에 헌상하여 관계개선을 도모하였다.

고이왕은 마한과 군현의 중간지대에 위치한 지리적 이점을 이용하여 선진문물을 적극적으로 수용하면서 연맹왕국 형성을 주도하였다. 그러나 백제는 군현의 영향력을 무시할 수 있거나, 그 세력을 능가할만한 단계에 이르지 못하였다. 백제가 군현과 계속적으로 대립하면 이이제이(以夷制夷) 책략에 말려 대외적인 고립에 빠질 수도 있었다.

백제는 선진문물의 원활한 수용을 도모하고, 지방세력에 대한 대외적인 권위를 확보하기 위해서도 관계개선이 필요하였다. 백제와 군현은 대립에서 벗어나 새로운 관계를 모색하였다. 이는 백제가 한인동맹군의 수장국으로서

---

216)『三國史記』권23, 百濟本紀1, 溫祚王 13年.
217) 文安植, 1996, 앞의 글, 39쪽.
218)『三國史記』권24, 百濟本紀2, 古尒王 25年.

예하집단을 이끌고 군현에 사절을 보내어 조공하는 방식으로 이루어졌다.

낙랑 역시 관직의 책봉, 의책(衣幘)과 인수(印綬)의 지급을 통해 영향력을 유지하는 선에서 만족하였다. 백제는 군현과의 대규모 무력 충돌 끝에 분할통치 의도를 최소화하면서 성장을 위한 일대 전기를 마련하였다. 백제는 외부로부터 가해지는 위협에 대한 대처방안으로 군사권과 외교권의 중앙집중을 통하여 왕권의 강화를 도모하였다. 이를 주도한 고이왕은 강력한 통솔력을 갖춘 정치권력자로 성장할 수 있었다.[219]

백제는 군현의 간섭을 배제할 수 있을 만큼 성장이 이루어졌다. 말갈은 시대적 변화에 따라 백제의 실체를 인정하면서 양마(良馬)를 바치는 등 관계 변화의 가능성을 타진하였다. 백제 역시 군현과 긴박한 대치상황이 지속되었고, 마한을 복속하지 못했기 때문에 서쪽의 바다를 제외하면 삼면이 강대한 세력들에 의하여 포위된 형세였다.

때문에 백제는 말갈의 사자를 정중히 대우하는 등 평화 제안을 수용하였다. 그러나 말갈이 백제에 좋은 말 10필을 헌상한 측면에서 볼 때 양 세력이 대등한 수평관계에 있지는 않았다.『삼국사기』의 서술 방식은 삼국간 혹은 삼국과 주변세력 사이에 전개된 물물의 수수관계를 '헌(獻)'과 '송(送)'으로 명확히 구분하여 기록하였다.

삼국 사이의 외교기사에서 '헌'의 용례는 전혀 보이지 않으나, 부여·말갈·맥·탐라·우산 등이 삼국에 대하여 각각 '헌'의 외교형식을 취하였다.[220] 말갈의 양마의 헌상은 백제를 상위로 하는 조공형식을 취하였음을 보여준다.[221]

그런데 백제의 급속한 성장은 군현과 영서 말갈세력에게 큰 위협이 되었다.

---

219) 文安植, 2000, 앞의 글, 67~68쪽.
220) 李永植, 1994,「加耶諸國의 外交形式」,『新羅末 高麗初의 政治·社會變動』, 신서원, 286~302쪽.
221) 李永植, 1994, 위의 글, 287쪽.

군현은 점증되는 고구려의 남하정책과 백제의 공세에 밀려 날로 약화되어
갔다. 낙랑은 백제의 공세에 밀려

> D. 분서왕 7년 봄 2월에 몰래 군사를 보내어 낙랑의 서쪽 현을 습격하여 빼앗았다.
> 겨울 10월에 왕은 낙랑태수가 보낸 자객에게 살해되었다.[222]

라고 하였듯이, 서쪽의 지역을 빼앗기고 말았다. 군현은 난관을 벗어나기
위하여 말갈과 공동전선을 취하였다. 말갈과 군현의 전통적인 우호관계에
영향을 받았지만, 백제의 활발한 영토 확장에 따라 수세에 놓인 인근 세력
사이의 자연스러운 유대였다.

  말갈과 연대하여 백제를 제압하려 했던 군현의 대외정책은 일시적으로
성공을 거두었다. 군현은 말갈과 공동 출병하여 백제의 책계왕을 전사케
하였고,[223] 다시 자객을 파견하여 분서왕을 암살하였다.[224] 그러나 말갈은
고구려가 낙랑을 축출하면서 새로운 위기에 봉착하였다.

  낙랑의 축출은 말갈의 약화를 초래하였고, 백제는 기회를 틈타 말갈지역으
로 진출하였다. 말갈은 군현이 축출되자 후원세력을 잃고 백제에 복속되고
말았다. 이로부터 말갈은 백제에 예속되어 독자적인 대외활동이 불가능해졌
다.

  말갈은 군현의 축출 이후 고구려의 압력이 작용한 것으로 추정되는 387년
(진사왕 3)의 관미령 전투[225] 이전까지 백제의 지배를 받았다. 원주 등에서
발견되는 중국제 도자(陶瓷) 등을 통해 백제의 영향력이 말갈지역까지 미친
사실이 확인된다.

  원주 법천리에서 출토된 동진제(東晉製) 청자는 위신재 성격을 띠고 있다.

---

222) 『三國史記』 권24, 百濟本紀2, 汾西王 7年.
223) 『三國史記』 권24, 百濟本紀2, 責稽王 13年.
224) 『三國史記』 권24, 百濟本紀2, 汾西王 7年.
225) 『三國史記』 권25, 百濟本紀3, 辰斯王 3年.

〈그림 6-10〉 원주 법천리 출토 청자 : 백제가 동진에서 수입하여 지방의 수장층에게 분배해준 위세품의 성격을 갖고 있다.

곧 백제가 복속지역의 호족들에게 분배하여 부장된 것으로 보고 있다.226) 그 시점에 대해서는 4세기 전반에서 중반 사이,227) 근초고왕 때,228) 4세기 중반부터 5세기 초기229) 등으로 이해한다.

백제는 청자와 같은 위신재를 주어 수장층의 권위를 인정하고, 이를 매개로 하여 공납지배를 실시하였다. 남한강 중·상류 일대가 백제계 토기의 분포권을 이룬 사실 역시 백제의 영향을 받았던 사실을 반영한다.230) 그러나 백제는 말갈지역의 전통적인 재지기반을 해체한 후 지방통치를 실시한 것은 아니었다.

영서 말갈은 백제에 예속되어 군사·경제적인 부담 등이 강요되었다. 그러나 재지의 토착질서는 일정 정도 유지되었다. 광개토왕릉비에 보이듯이 고구려는 수묘인을 구민(舊民)과 신민(新民)으로 구분하였다. 신민 수묘호는 백제를 공략하여 노획한 '신래한예(新來韓穢)' 출신이 중심이 되었다.

이들의 존재는 4~5세기 당시 백제의 영역 내에 영서 말갈이 포함되었음을 의미한다. 한예(韓穢)의 거주지는 충북과 강원의 경계인 남한강 상류지역으로 한인(韓人)과 예인(穢人)의 접경 내지 혼거 지역이었다.231) 또한 광개토왕릉비 영락 8년 조에 보이는 '백신토곡(帛愼土谷)'을 백제와 인접한 예지(穢地)로 보기도 한다.232)

---

226) 權五榮, 1988, 「4세기 百濟의 地方統制方式一例」, 『韓國史論』 18.

227) 權五榮, 1988, 위의 글, 2쪽.

228) 小田富士雄, 1982, 「越州窯靑磁를 伴出한 忠南의 百濟土器」, 『백제연구』특집호.

229) 李道學, 1995, 『백제 고대국가 연구』, 일지사, 182쪽.

230) 車勇杰, 1989, 「忠北地域의 百濟土器遺蹟」, 『忠北史學』 2, 9쪽.

231) 千寬宇, 1979, 「馬韓諸國의 位置試論」, 『東洋學』 9, 9쪽.

232) 濱田耕策, 1974, 「高句麗廣開土王陵碑文の硏究」, 『古代朝鮮と日本』, 85쪽 ; 王健群,

『삼국사기』백제본기와 신라본기에 기록된 말갈의 거주지를 남한강 중·상류 일대로 파악하는 견해도 있다.[233] 백제와 인접한 영서지역은 말갈이 반독립적인 상태를 유지하면서 오랫동안 존속하였다. 이들은 백제에 예속된 후 여러 부담이 강요되었다.

〈그림 6-11〉 흑색마연 직구단경호 : 화천 원천리 유적에서 출토되었으며, 백제가 북한강 유역으로 진출한 사실을 반영한다.

최근 강원도 화천군 원천리에서 백제의 북한강 유역 진출을 시사하는 유적이 확인되었다. 원천리 유적은 북한강 상류지역에서 확인된 최초의 대규모 취락지에 해당된다. 주거지의 평면 형태는 여자형(呂字型)과 철자형(凸字型)이며, 그 내부에서 광구단경호·무뉴식뚜껑·흑색마연토기·직구호류·고배 등 한성백제의 유물이 다량 조사되었다.

원천리 유적에서 출토된 유물 중에는 등자(鐙子)·재갈·마갑(馬甲) 등이 포함되어 있다. 이들 유물을 통해 볼 때 단순한 생활 유적이 아니라, 군사적인 성격이 가미된 복합유적일 가능성이 높다. 원천리 유적은 3세기 무렵부터 5세기 전반기까지 이용되었는데, 백제의 영역 확장과 토착집단의 해체 및 백제화 과정에 따른 지배형태를 규명하는 단서가 되고 있다.[234]

한편 남한강 유역은 비옥한 농경지가 존재하고 교통이 상대적으로 편리한 지역이다. 이를 반증하듯이 최상류에 위치한 영월군 외룡리[235]와 청룡포[236]

1984, 『好太王碑の研究』, 雄渾社, 148쪽.

233) 李康來, 1985, 앞의 글, 54쪽.

234) 예맥문화재연구원, 2011, 「화천 원천리 2지구 유물산포지 내 유적 발굴조사」, 학술자문회의자료.

235) 盧爀眞 외, 1998, 『영월 외룡리 주거지 지석묘 발굴 보고서』, 영월군·한림대학교박물관.

236) 한국문화재보호재단·영월군, 1999, 『영월 청령포 단종관련 유적 발굴조사보고서』.

등에서 백제 계통의 토기가 조사되었다. 원주의 법천리고분군 역시 묘제의 형식과 토기 기종 등에서 백제와 관련이 있다. 법천리고분군은 3세기 후반에서 5세기 전반에 축조된 경기도 화성군 마하리고분과 백곡리고분군과 유사한 백제계통의 석곽묘가 중심을 이룬다.[237]

백제의 남한강 유역 지배와 관련하여 철 생산지의 확보 역시 주목할 필요가 있다. 충북 진천군 석장리 유적은 한강 남쪽 지역에서 발견된 철생산지 중에서 시기가 가장 빠른 3~5세기 때에 이용되었다.[238] 백제가 마한을 정복하고, 고구려와의 서전에서 승기를 장악한 배경은 철소재와 무기를 대량 생산할 수 있는 제련술을 확보했기 때문이었다.[239]

백제는 철소재를 확보하기 위하여 석장리 유적이 위치한 진천지역에 관심을 가졌던 것으로 짐작된다. 충주지역 역시 고려시대에 다인철소(多仁鐵所)가 설치된 곳이므로,[240] 삼국시대에 철의 생산이 이루어졌을 가능성이 있다. 백제는 남한강 유역을 장악하여 철산지 경영에 노력을 기울였고, 그 결과 영월 등지까지 영향력이 미치게 되었다.

남한강 유역의 말갈세력은 백제의 압박을 받아 토착사회가 해체되고, 다른 지역으로 이주하는 집단이 생겨났다. 이들은 충북 보은·옥천·영동 일대로 이주하거나, 경상도 상주 방면으로 남하하여 백제와 대치하였다. 충북의 서남부지역이 도내(道內)의 다른 곳과는 달리 백제 계통의 토기나 유물 등이 거의 출토되지 않는 사실이 참조된다.[241] 이는 백제의 영향력이

---

237) 한반도 중부지방 3~4세기 고분군의 세부적인 편년과 관련성에 대해서는 다음의 글을 참조하기 바란다. 김성남, 2001, 「中部地方 3~4世紀 古墳群 細部編年」, 『백제연구』 33, 충남대 백제연구소, 109~162쪽.

238) 국립청주박물관·산업과학기술연구소, 1996, 『한국 고대 철생산유적 발굴조사』(중간 결과보고).

239) 盧泰天, 1999, 「韓國古代 冶金技術史 硏究」, 한국정신문화연구원 한국학대학원 박사학위논문, 225쪽.

240) 『新增東國輿地勝覽』 권14, 忠淸道 忠州牧.

241) 車勇杰, 1989, 앞의 글, 8쪽.

충북의 남부지역에 미치지 않았음을 의미한다.

말갈의 이주민은 충북 서남부지역으로 남하하여 상당한 기간 동안 백제와 대치하였다. 『삼국사기』 백제본기와 신라본기의 초기사료에는 신라가 경북 일대의 성읍국가를 통합하기 이전에 백제와 소백산맥 계선 일대에서 전쟁을 치른 기록이 남아 있다.[242]

백제와 신라는 백제본기와 신라본기의 초기 사료에 따르면 충북 남부로 추정되는 괴목성, 와산성, 구양성과 경북 상주에 위치한 요차성 일대에서 수차례에 걸쳐 공방전을 전개하였다. 이들 사료는 오기(誤記)이거나 찬자(撰者)가 원래 사료를 정리하면서 삼국의 상황으로 배치하여 편찬한 것으로 보고 있다.

또한 삼한이동설에 입각하여 구진국(舊辰國)＝진한계(辰韓系)＝석씨계(昔氏系)가 경주지역에 도달하기 이전에 청주·괴산 방면에 일시 머무르면서 백제와 전투를 치른 것으로 이해하는 견해가 있다.[243] 그리고 백제와 대립한 신라를 마한연맹체의 소국으로 보기도 하며,[244] 백제와 충돌한 신라를 진한 세력 중의 유력한 족장으로 파악하고, 이들이 뒤에 신라에 병합되면서 그 역사까지 신라사에 편입된 것으로 추정한다.[245] 이들을 소백산맥 일대에 거주한 '진한계(辰韓系)' 혹은 '구도계(仇道系)' 등의 김씨세력으로 이해하는 견해도 없지 않다.[246]

---

242) 신라본기와 백제본기의 교섭 기사는 단일한 원전을 토대로 하여 하나의 사건을 각 본기에 중복 기재하였다. 다만 신라본기의 일부 기사가 상대적으로 상세한 것으로 볼 때 일차 전거가 되었고, 백제본기는 이를 해당 연대에 맞춰 보입한 것으로 이해한다 (이강래, 2002, 「『삼국사기』의 마한 인식」, 『全南史學』 19, 11쪽).

243) 千寬宇, 1976, 앞의 글, 31~41쪽.

244) 이종욱, 1996, 「百濟 初期國家로서 十濟의 形成」, 『國史館論叢』 69, 54쪽 ; 김기섭, 2000, 『백제와 근초고왕』, 학연문화사, 179쪽.

245) 申東河, 1979, 「신라 골품제의 형성과정」, 『한국사론』 5 ; 金瑛河, 2002, 『韓國古代社會의 軍事와 政治』, 고려대 민족문화연구원, 110~121쪽.

246) 崔炳云, 1982, 「西紀 2世紀頃 新羅의 領域擴大」, 『全北史學』 6 ; 朴南守, 1987, 「新羅上古 金氏系의 起源과 登場」, 『慶州史學』 6 ; 姜鍾薰, 1991, 「新羅 上古紀年의 再檢討」, 『韓國

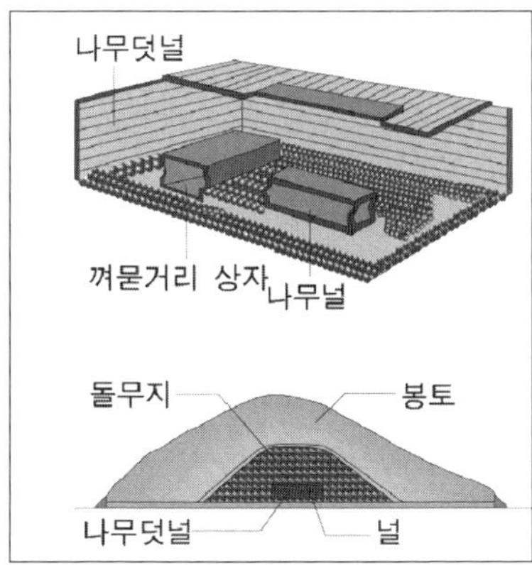

〈그림 6-12〉 적석목곽분 구조 : 지상 또는 지하에 피장자(被葬者)와 부장품을 안치한 목곽을 수혈식(豎穴式)으로 설치하였다. 그 다음 사람의 머리 만한 크기의 냇돌로 목곽을 덮어 적석시설을 하고, 바깥에 점토 등의 흙을 입혀 다지는 방법을 사용하였다(도면 활용 : blog.naver.com/vannews).

한편 백제와 대립한 신라는 마한의 동쪽에 존재하던 세력이며, 백제와의 항쟁에서 밀려나 남하하는 도중에 말갈과 접촉한 사실이 신라본기 초기기록에 남게 된 것으로 이해하는 견해도 있다.[247] 이와 관련하여 4세기 중엽을 전후하여 경주지역에 등장하는 적석목곽분[248]이 주목된다. 적석목곽분의 기원에 대해서는 특정 집단이 경주 방면으로 남하하여 신라의 왕권을 장악한 후 조성된 것으로 이해한다.[249]

그러나 적석목곽분의 적석(積石)은 고구려 적석총의 양식이며, 목곽분(木槨墳)은 진한지역으로 남하한 이주민에 의하여 도입된 낙랑양식으로 보기도 한다. 적석목곽분은 몽고에서 전파되지 않고, 두 양식을 조합하여 만들어진 것으로 이해하는 것이다.[250]

적석목곽분은 영서지역 일대에서 무기단식 적석총을 축조한 말갈세력이 신라 방면으로 남하한 후 축조되기 시작하였을 가능성이 있다.[251] 곧 소백산

史論』 26.

247) 李康來, 1985, 앞의 글, 54쪽.

248) 적석목곽분은 지하에 무덤광을 파고 상자형 나무덧널을 넣은 뒤 그 주위와 위를 돌로 덮은 다음 그 바깥을 봉토로 덮었다. 외부형태에 따라 瓢形墓와 圓形墓로 나누고, 그것을 다시 副槨의 有無와 墓槨의 수 등 내부형태에 따라 구분한다. 널의 위치에 따라 지하식·지상식·반지하식 등으로 구분하는데 대부분이 지하식이며, 追加葬이 어려운 單墓라는 점이 특색이다.

249) 崔秉鉉, 1981, 「古新羅 積石木槨墳 研究」, 숭전대 석사학위논문.

250) 姜仁求, 1981, 「新羅 積石封土墳의 構造와 系統」, 『韓國史論』 7, 37~47쪽 ; 金昌鎬, 1996, 「新羅 積石木槨墳에 대한 몇 가지 문제」, 『碩晤 尹容鎭敎授停年退任紀念論叢』 ; 崔鍾圭, 1995, 『삼한고고학연구』, 서경문화사.

251) 이와는 달리 적석목곽분의 축조를 A.D. 1세기 중엽 이전에 고구려 계통의 적석묘와

맥 일대에서 백제와 대립한 신라는 다름 아닌 남한강 유역에서 밀려난 영서 말갈의 일부 집단으로 추정된다.[252) 경주 방면으로 이주한 영서 말갈집단은 김씨집단으로 성장하면서 석씨집단을 밀어내고 신라 왕권을 장악하였다.

한편 영서 말갈은 고구려의 남진공략이 본격화되면서 백제의 지배에서 벗어나게 되었다. 고구려는 고국양왕 때에 이르러 백제의 주력 방어선을 피해, 예성강 상류에 위치한 신계의 수곡성에서 마식령산맥을 넘었다. 고구려는 강원도 이천과 평강을 거쳐 북한강 유역의 말갈세력에 대하여 영향력을 확대하였다.

그리하여 백제의 영향력 하에 있던 말갈세력의 동요가 일어나게 되었다. 이는 진사왕 3년(387)과 7년에 말갈이 백제를 공격한 사실을 통해 입증된다.[253) 말갈은 백제가 고구려의 남하에 대처하기 위하여 전력을 기울이자 그 틈을 이용한 것이다. 이 또한 고구려가 말갈을 배후에서 조종한 측면도 없지 않았다.

고국양왕은 말갈에 대한 영향력을 확대하면서 대백제전선(對百濟戰線)을 마식령산맥 이남지역으로 확대하는 데 성공하였다. 이로써 전선은 확대되고, 백제의 방어망은 흔들리게 되었다. 백제는 말갈세력의 이탈로 여러 가지 난관에 봉착하였다. 고구려의 영향력을 받은 집단은 북한강 유역의 말갈세력이었고, 남한강 유역의 말갈세력은 계속 백제의 지배를 받았다.

백제는 고구려가 말갈에 대하여 영향력을 확대하자, 단양의 온달산성이나 적성 등을 거점으로 하여 고구려의 남진을 저지하였다. 온달산성과 적성에서 조사된 백제 계통의 토기편[254)은 이를 반증한다. 또 백제는 충주의 장미산성

고조선 계통의 토광묘가 구조적으로 결합되면서 시작된 것으로 보는 견해도 없지 않다(李喜寬, 1989, 「古新羅時代의 재갈과 積石木槨墓築造者들－新羅의 國家形成과 관련하여－」, 『東亞硏究』 17, 23~24쪽).

252) 문안식, 2003, 앞의 책, 69쪽.

253) 『三國史記』 권25, 百濟本紀3, 辰斯王 3年·7年.

을 남한강 유역 지배거점으로 활용하였다.[255]

　백제와 고구려의 대립은 광개토왕이 즉위하면서 일대 변화가 일어났다. 고구려는 백제가 차지하고 있던 남한강 유역의 말갈지역마저 점령하였고, 광개토왕은 백제의 수도 한성(漢城) 공격을 전후하여 남한강 유역까지 진출하였다. 광개토왕은 북한강 유역의 말갈지역을 거쳐 남한강 유역을 석권한 후 죽령과 조령 등을 통해 신라와 연결되는 교통로[256]를 개통하였다.

　이제 영서 말갈은 백제의 영향력에서 벗어나 고구려의 지배를 받게 되었다. 영서 말갈은 고구려의 지배를 받게 된 후 정치·군사적인 예속이 심화되어 남진의 첨병으로 동원되었다. 고구려는 548년에 예병(濊兵) 6천 명을 동원하여 백제의 독산성을 공격하기도 하였다.[257] 고구려의 말갈지배는 6세기 중반 신라가 한강 유역을 장악할 때까지 지속되었다.[258]

---

254) 金元龍, 1978, 「단양적성의 역사지리적 성격」, 『史學志』 12, 8쪽 ; 충청북도, 1982, 『文化財誌』, 310쪽.

255) 충주 금릉동·주덕읍 원신중리·노은면 문성리 등에 백제 관련 유적이 존재하며, 장미산성에도 많은 백제계 유물이 출토되었다(충북대 박물관, 1992, 『薔薇山城』, 172쪽).

256) 고구려는 광개토왕 때에 이르러 신계에서 이천을 거쳐 평강분수령을 넘어 춘천으로 진출하는 교통로를 개통하고(장국종, 1985, 「고구려에서의 도로 발전」, 『력사과학』 114, 12~13쪽) 계속하여 홍천→횡성→원주를 거쳐 영월→영춘→단양→중원 일대로 진출하였다. 또한 광개토왕은 서기 400년에 내물왕의 요청을 받아들여 죽령을 거쳐 소백산맥을 넘어 군사 5만을 신라와 가야의 접경지역으로 파견하는 등 적극적인 남진정책을 추진하였다.

257) 『三國史記』 권19, 高句麗本紀7, 陽原王 4年.

258) 문안식, 2004, 앞의 책, 98쪽.

결 론

요하문명의 기원과 여러 유형의 석기문화

인류의 발전 과정에서 중기 구석기시대를 벗어나 후기 구석기시대로의 전환은 큰 변화를 수반하였다. 후기 구석기시대에 살았던 사람들을 호모사피엔스 사피엔스라고 부르는데, 이들의 등장은 형질 인류학 측면에서 '대전이(大轉移)'로 불릴 만한 진보였다.

후기 구석기시대는 지금부터 12,000년 전을 전후하여 뷔름빙하기가 끝나면서 종식되었다. 인류는 빙하기를 벗어나 원시농경과 목축에 의한 식량생산을 하였다. 요하 유역의 신석기문화는 빙하기가 끝난 후 중석기시대를 거쳐 B.C. 7000년 무렵에 시작되어 500여 년 동안 지속된 소하서문화(小河西文化)에서 비롯되었다.

요하 유역의 신석기문화는 소하서문화를 거쳐 사해문화(査海文化)와 흥륭와문화(興隆窪文化)에 이르면 한층 발전된 면모를 보인다. 흥륭와문화는 집단주거지가 출현하는 정착 농경단계에 이르렀다. 또한 납작밑 빗살무늬토기와 옥기(玉器)를 사용하는 등 발전된 사회경제의 면모를 보였다.

황하 유역의 자산문화와 배리강문화는 앙소문화를 거쳐 중원문명의 젖줄이 되었으며, 요하 유역의 사해문화와 흥륭와문화는 요하문명을 잉태하였다. 흥륭와문화 등을 영위한 사람들은 시베리아 등 외부에서 이주해 온 갈래가 아니라 요하 유역의 토착집단이 중심이 되었다.

이들은 대릉하 유역의 어렵문화 및 세석기문화의 전통을 계승한 집단의 후손이며, 다른 지역의 신석기문화와 비교해도 전혀 뒤처지지 않는 발전을 이루었다. 요하 유역에서 흥륭와문화와 사해문화 등을 영위한 집단은 B.C. 4000년을 전후한 시기에 홍산문화(紅山文化) 단계로 접어들었다.

홍산문화는 노합하 유역과 대릉하 유역을 중심으로 분포하며, 그 남쪽에 위치한 연산산맥 일대의 조보구문화(趙寶溝文化) 및 북쪽의 부하문화(富河文化)와 병행하였다. 홍산문화는 1000년 동안 지속하며 주변의 여러 문화와 다양한 관계를 유지하였다.

홍산문화는 B.C. 3500년을 전후하여 전기 홍산문화와 후기 홍산문화로 구분된다. 후기 홍산문화의 대표적인 유적이 위치한 능원(凌源) 건평현(建平縣) 우하량(牛河梁)을 비롯한 여러 유적에서 대형의 적석총이 조사되었다. 그 외에 조상신과 하늘에 제사지낸 원형 제단, 지모신(地母神) 신앙의 상징인 여신묘(女神廟)와 여신상(女神像)이 확인되었다.

후기 홍산문화는 여러 갈래 종족의 이주와 문화의 전파에 따른 토착사회의 도약을 통해 형성되었다. 시베리아 일대의 고아시아족 혹은 퉁구스 일파 및 황하 유역에서 앙소문화를 영위한 집단이 이주하여 영향을 미쳤다. 후기 홍산문화를 영위한 주체 역시 이주민이 아니라 요하 유역에 거주하던 토착민이었다.

홍산문화를 영위한 집단은 수렵과 어로 및 채집 위주의 경제생활에서 벗어나 정착 농경생활을 하였다. 요하 유역은 B.C. 3000년을 전후하여 소하연문화(小河沿文化)가 형성되면서 문자를 사용하는 등 문명형성의 여명 단계로 진입하였다. 소하연문화는 남쪽 방면으로 확산되어 발해 연안 및 연산(燕山)을 넘어 화북평원 북부 일대까지 영향을 미쳤다.

소하연문화는 후기 홍산문화와 하가점 하층문화(夏家店 下層文化)를 이어

주는 과도기 단계였으며, B.C. 2400년을 전후하여 소하연문화 단계의 순동시대에서 벗어나 조기 청동기시대로 진입하는 하가점 하층문화가 나타났다.

하가점 하층문화는 중원지역의 이리두문화(二里頭文化) 및 산동지방의 악석문화(岳石文化)와 병립한 조기 청동문화에 해당된다. 하가점 하층문화 유적에서는 청동 귀걸이·반지·지팡이 장식 등 소형 장식품이 주로 조사되었다.

하가점 하층문화 단계에 이르러 요하 유역 일대에는 대규모 취락과 성곽이 출현하였다. 취락은 대소 하천 부근의 낮은 대지와 구릉에 위치하며, 당시의 기후는 현재보다 3℃ 정도 높아 농경에 적합하였다. 하가점 하층문화를 영위한 집단은 생산발전 수준, 취락 규모, 계층분화가 이루어진 사회구조를 갖추는 등 중원지역의 하(夏)와 필적할 만한 국가형성 단계에 이르렀다.

예맥의 기원과 문화원형

하가점 하층문화는 B.C. 15세기를 전후하여 갑자기 소멸되었다. 요하 유역의 기온이 3℃ 정도 내려가고 토질이 건조해져 유목과 목축 경제생활로 바뀐 것이 원인이었다. 하가점 하층문화의 소멸을 전후하여 노노아호산(努魯兒虎山)을 경계로 동부지역과 서부지역의 문화 담당자가 달라지고, 문화양상마저 확연한 차이를 보였다.

서부지역은 평균 700m 이상의 고원지대를 중심으로 산융(山戎)이 거주하였다. 동부지역은 노노아호산과 발해만으로 둘러싸인 해발 200m 이하의 평원지대를 중심으로 예맥(濊貊)이 자리하였다. 산융은 하가점 하층문화가 소멸된 이후 주변지역에서 유입된 청동문화를 받아들여 하가점 상층문화를 발전시켰다.

하가점 상층문화는 초기에는 주로 요하 중·상류지역에서 꽃을 피웠지만, 후대에 이르러 남쪽의 건평과 능원 및 객좌 일대로 중심지를 옮겼다. 산융은 중심지를 남쪽으로 옮긴 후 중원 방면으로 진출하여 조(趙)와 연(燕) 및 제(齊) 등과 치열한 공방전을 전개하였다.

능하 유역 및 발해만 연안 일대는 토착민이 중심이 된 채 여러 지역의 문화를 받아들여 위영자문화-능하문화가 형성되었다. 위영자문화(魏營子文化)는 B.C. 14세기 혹은 B.C. 12세기를 전후하여 형성되었다. 위영자문화는 비파형동검문화가 출현하기 이전의 문화였으며 지속적인 발전을 이루지 못하고 소멸되었다.

위영자문화가 쇠퇴한 후 비파형동검과 다뉴세문경을 특징으로 하는 능하문화(凌河文化)가 일어났다. 비파형동검 등을 사용한 집단에 대해서는 산융을 비롯한 북방 계통의 종족으로 보기도 하지만, 능하 유역과 발해만 연안 일대에 거주하던 토착민이 중심이 되었다.

능하문화는 B.C. 9세기 중엽 무렵에 출현하여 B.C. 4세기를 전후하여 중원 계통의 철기문화가 전파되기 이전까지 영위되었다. 능하문화는 하가점 상층문화와 동일한 유형이 아니라 요서 일대의 고유한 문화이며, 위영자문화와 주변의 여러 문화를 흡수하면서 발전하였다.

요서지역에서 능하문화를 영위한 집단이 바로 선진문헌(先秦文獻)에 활동 기록이 남아 있는 예맥이다. 예맥은 시베리아를 비롯한 북방지역에서 이주해 온 사람들이 아니라, 요서와 내몽고 동남부 일대에서 조기 청동문화를 영위한 집단에 뿌리를 두고 있다.

이들은 소하서문화 이래 사해문화와 흥륭와문화 및 홍산문화와 하가점 하층문화를 영위한 집단의 한 갈래였다. 하가점 하층문화를 영위한 집단은 예맥의 기원이 되었을 뿐만 아니라, 중원의 상(商)과 연(燕), 고죽(孤竹)과 영지(令支), 산융(山戎) 등이 여기서 갈라져 나왔다. 하가점 하층문화를 영위한 집단 중에서 요서와 내몽고 동남부 일대에 거주하던 세력을 박(亳)이라 하였다.

박(亳)은 B.C. 15세기를 전후하여 하가점 하층문화가 소멸된 이후 산융(山 戎)과 발(發)로 분화되었다. 발(發)은 능하 유역 및 발해만 연안을 비롯한 요서 일대에 거주하며 능하문화를 영위하였다. 발(發)은 다시 맥(貊)과 예(穢 혹은 濊)로 분화되었다. 이들은 고조선과 종족 갈래가 다른 별도의 집단이었 다. 예맥과 고조선은 능하 유역과 요동 일대에서 각각 독자적인 문화를 영위하였다.

한편 섬서와 하북 일대에도 다른 갈래의 예맥이 거주하였다. 이들은 전국시대 초기까지 활약하였으며, 요서지역의 예맥이 서주(西周) 초기에 서진(西進) 혹은 남진(南進)하여 장성 연변지역에 정착한 갈래였다. 이들은 춘추시대를 거쳐 전국시대에 이르러 중원의 역사 속으로 편입되고 말았다.

요서와 발해만 일대의 예맥은 B.C. 4세기를 전후한 시기까지 존속하였다. 이들은 연(燕)이 B.C. 4세기를 전후하여 북상하여 요서군을 비롯한 5군(郡)을 설치하기 이전까지 여러 집단과 다양한 관계를 맺으며 존속하였다. 연(燕)은 고조선 및 동호(東胡)와 치열한 대립을 펼친 끝에 요서 일대를 차지하였다. 연(燕)의 군현(郡縣) 설치에 따라 한화(漢化)가 이루어지면서 예맥의 토착문화 는 소멸되었다.

예맥은 토착기반이 해체되고 역사의 장막 너머로 사라져갔다. 그러나 연의 지배를 받아들이지 않고 다른 지역으로 이주하는 무리도 생겨났다. 이들은 요하를 건너 동쪽으로 이주하여 부여와 고구려 및 옥저와 동예 등을 세웠다.

요하문명의 주변지역 확산과 그 여파

하가점 하층문화는 B.C. 20세기를 전후하여 요하를 건너 동쪽으로 전파되 었다. 하가점 하층문화의 영향을 받아 형성된 요동 방면의 조기 청동문화는 고대산문화(高臺山文化), 쌍타자문화(雙砣子文化), 마성자문화(馬城子文化)

등을 들 수 있다. 이들 문화는 요동지역의 토착집단이 내재적인 성장을 통해 이룩한 것이 아니라, 서요하(西遼河) 유역 혹은 산동반도 방면에서 유입된 문화의 영향을 받아 형성되었다.

요동 일대는 시베리아 방면에서 전파된 북방 청동문화의 유입에 앞서 조기 청동문화 단계로 진입하였다. 조기 청동기시대는 덧띠새김무늬토기를 비롯하여 청동 화살촉·청동 단추·청동 고리·청동 낚시바늘 등 소형 청동기와 장신구 등을 사용하였다.

요동 일대에서 조기 청동문화를 영위하던 집단은 선진문헌(先秦文獻)에 보이는 '숙신(肅愼)'이었다. 이들은 시베리아 방면을 통해 유입된 북방계통의 청동문화가 아니라 요하 유역에서 파급된 조기 청동문화를 받아들여 마성자문화 등을 영위하였다.

숙신은 『사기(史記)』 오제본기(五帝本紀)와 『좌전(左傳)』 등에 보이듯이 산융(山戎)·발(發) 등과 함께 주(周)의 북방에 거주하면서 동북이(東北夷)의 갈래에 속하였다. 연(燕)과 박(亳)은 하가점 하층문화를 영위한 집단과 관련이 있고, 숙신은 요서와 요동의 경계를 이루는 의무려산(醫巫閭山)의 우측(右側)에 자리하였다.

숙신은 후대의 읍루와는 무관하고, 고조선의 선대집단과 관련이 있다. 숙신과 고조선의 경계는 조기 청동문화의 소멸에 있으며, 양자는 종족이나 영역에서도 일부 차이가 없지 않다. 요동 일대는 B.C. 12세기를 전후하여 조기 청동기시대를 마감하고 본격적인 청동문화 단계로 접어들었다. 비파형동검문화가 B.C. 10세기를 전후하여 출현하면서 넓은 지역에 걸쳐 동일한 문화권이 형성되었다.

요동지역은 조기 청동문화 단계의 숙신을 거쳐, 비파형동검문화가 발전하면서 고조선이 등장하였다. 고조선 건국은 짧은 기간에 이루어진 것이 아니라 점진적인 발전을 통해 이루어졌다. 하가점 하층문화를 영위한 집단이 요동 방면으로 이주하여 숙신 단계를 거쳐 고조선 건국의 토대를 마련하였다.

고조선의 건국은 마성자문화를 비롯한 여러 조기 청동문화를 영위한 집단의 동맹이나 연합을 통해 이루어졌다. 고조선의 중심지는 처음에는 여대시(旅大市)였으나, 그 후 북상하여 심양(瀋陽) 정가와자(鄭家窪子) 일대가 되었다. 고조선은 정가와자 유형의 비파형동검문화를 상위로 하여 하위에 속하는 주변집단과 교섭관계를 맺었다.

또한 고조선은 요서지역까지 진출하여 능하문화를 영위하던 예맥을 복속하였다. 고조선이 요하를 건너 요서지역으로 진출할 무렵 연나라 역시 연산(燕山)을 넘어 북방으로 진출하였다. 연(燕)은 진개(秦開)의 공격 이전에 요서지역을 복속하였고, 그 여세를 몰아 고조선과 동호(東胡)를 격파한 후 5군(郡)을 설치하였다. 고조선은 연(燕)에 밀려 대동강 유역으로 중심지를 옮겼으며, 양국의 경계는 요동의 해성현(海城縣)과 개평현(蓋平縣) 일대가 되었다.

한편 하가점 하층문화를 영위하던 집단 중에서 연산(燕山) 남쪽으로 내려간 사람들도 적지 않았다. 이들은 연산의 남쪽에 위치한 천진과 북경 일대를 중심으로 대타두문화(大坨頭文化)를 형성하였다. 이들의 일부는 다시 중원으로 진출하여 상(商)을 건국하였고, 원거주지에 남은 사람들이 연국(燕國)의 핵심 성원이 되었다.

선진문헌(先秦文獻)에 보이는 상(商)·주(周)와 대립한 동이(東夷)는 요동을 비롯한 한반도 일대의 토착집단과 종족 갈래가 다른 집단이었다. 상(商)·주(周)와 대립한 동이(東夷)는 강소성과 산동성 일대에 거주하면서 북신문화ー대문구문화ー산동 용산문하ー악석문화를 순차적으로 영위한 집단과 관련이 있다.

동이는 일찍부터 문자를 사용하고, 중원과 비슷한 시기에 성곽을 축조하는 등 발전된 문화를 영위하였다. 동이는 서주 때에 이르러 산동성 일대에서 밀려나 회수(淮水)와 사수(泗水) 유역 일대에 거주하였고, 서주(周周) 및 제후국과의 충돌이 끊이지 않고 일어났다.

동이는 중원제국에 밀리기 시작하였고, 진대(秦代)에 이르러 일반 호구로 편제되었다. 진(秦)의 지배를 거부하고 다른 지역으로 이주하는 무리도 생겨났다. 이들은 귀주를 비롯하여 호남·사천·광서·운남 등 중국 남부 및 베트남·라오스·태국 등으로 이주하여 묘족(苗族)의 기원이 되었다.

한편 주(周)가 상(商)을 무너뜨리고 중원을 차지하는 과정에서 많은 유민이 발생하여 사방으로 흩어져 나갔다. 이들 중에는 기자(箕子) 집단을 비롯하여 중원 계통의 청동예기(靑銅禮器)를 갖고 연산(燕山)을 넘어 요서 방면으로 이주한 무리도 존재하였다.

이들의 이주에도 불구하고 요서 일대가 서주(西周)의 직접적인 영향력 하에 놓인 것은 아니었다. 요서지역에서 확인되는 청동예기는 상나라 유민의 이주를 반영할 뿐이며, 토착집단 역시 재래의 문화전통을 유지하였다. 또한 기자를 비롯한 상나라 유민의 이주는 요서지역에 국한되고, 요하를 건너 동쪽으로 이주한 흔적은 확인되지 않고 있다.

기자의 조선왕 책봉은 허구이며 B.C. 3세기~B.C. 2세기 이후 확대된 중화주의 세계관의 확대와 관련이 있다. 중원의 역사가들은 연(燕)·진(秦)·한(漢)을 거쳐 이루어진 요동지역 진출을 가공(架空)의 기자 책봉과 연관시켜 정당성을 표명하였다.

예맥의 만주지역 이주와 부여 · 고구려 건국

부여가 건국의 터전을 마련한 길림과 장춘 일대는 일찍부터 신석기문화가 발전한 지역이다. 송화강 중류지역에서 신석기문화를 영위한 사람들은 앙앙계문화(昻昻溪文化)를 비롯하여 대흥안령산맥 일대에서 북방 계통의 신석기문화를 영위한 집단의 갈래에 속한다.

이들의 청동문화는 소랍합문화(小拉哈文化)와 백금보문화(白金寶文化)를 빼놓을 수 없다. 북방계통의 어로와 수렵 위주의 생활경제가 중심이 되었다. 송화강 중류지역은 B.C. 10세기를 전후하여 서단산문화(西團山文化)가 시작되면서 변화가 일어났다.

서단산문화는 고조선 계통의 주민이 영위한 마성자문화의 영향을 받았으며, 중원의 농경문화와 북방 초원문화 요소도 확인된다. 길장지구의 서단산문화는 청동기사회를 태동하면서 발전하였지만 국가형성으로 이어진 것은 아니었다. 서단산문화 유적에서 확인된 비파형동검을 비롯한 청동제품은 전반적으로 빈약하고, 독자적인 동검을 내제화(內製化)하지 못하는 등 요동지역 청동문화에 비해 현저한 열세를 보인다.

부여의 국가형성은 서단산문화가 소멸되는 B.C. 3세기 말 이후 본격화되었다. 부여의 건국 주체는 초기 철기문화를 가지고 요서지역에서 이주해 온 예족이 중심이 되었다. 이들은 연(燕)의 북진(北進)에 밀려 토착기반이 해체된 후 요하 상류 부근의 초원지대를 경유하여 눈강(嫩江)과 북류 송화강이 합류하는 초원지대로 북상하였다.

이들은 대안(大安)과 조원(肇源) 일대에 정착한 후 망해둔문화(望海屯文化)를 영위하면서 고리국을 세웠다. 고리국의 위치를 눈강과 북류 송화강이 합류하는 지역이 아니라, 그 남쪽에 위치한 요하 상류의 쌍요시(雙遼市) 일대로 보기도 한다.

망해둔문화를 영위하던 일부 집단은 제2송화강을 따라 남하하여 길림시 일대에 정착하였다. 이들은 서단산문화를 영위하던 선주민을 흡수·동화하면서 부여를 건국하였다. 부여의 연맹체사회 형성은 B.C. 2세기를 전후하여 이루어졌다. 철기문화 확산과 외부집단의 압박에 맞서 결속을 강화하면서 추진되었으며 토광묘의 확산을 통해 입증된다.

부여지역의 토광묘는 길림 외에 송눈평원, 서풍(西豊), 유수(楡樹) 등에서 조사되었다. 토광묘는 요서에서 이 방면들로 이주한 집단이 남긴 것이다. 부여의 중심지는 동단산성과 남성자성이 위치한 길림시 일대이며, 토광묘 발굴을 통해 확인된 문화 양상을 포자연문화(泡子沿文化)로 부르고 있다.

부여는 연맹체사회 형성 이후 사방으로 영역이 확장되었다. 동쪽으로 장광재령과 위호령을 경계로 읍루(挹婁)와 접하였고, 서쪽은 이통하 유역 및 눈강 하류에서 선비와 마주하였다. 또한 남쪽으로 휘발하와 길림 합달령을 경계로 예맥(濊貊, 고구려)과 접하였고, 북쪽은 동류 송화강 유역에 이르렀다.

부여는 왕권이 강화되고 영역이 확대되면서 국조(國祖) 관념이 생겨났다. 부여의 국왕은 권력자이면서도 귀족의 대표자라는 양면성을 갖고 있었다. 또한 제가(諸加)에 의해 공립(共立)되는 측면도 없지 않았다. 부여의 연맹체 형성은 흉노와 선비 및 중원왕조의 요동 진출에 맞서 이루어진 측면도 무시할 수 없다.

흉노는 한(漢) 무제(武帝)의 정벌전쟁이 본격화 된 B.C. 121년 이전까지 요동 일대를 점유하였다. 흉노는 연진장성(燕秦長城) 이북지역에 위치한 쌍요(雙遼)와 사평(四平) 등 동요하 유역의 장악에 그치지 않고, 천산산맥 서쪽에 위치한 요동의 대부분 지역을 차지하였다. 흉노가 요동지역으로 진출한 배경은 동호의 잔당을 추격하는 과정에서 이루어졌다.

부여는 흉노의 문화를 받아들여 연맹체 형성의 자양분으로 활용하였다. 그러나 송눈평원과 요동의 새외지역(塞外地域) 일대에 정착한 선비집단과는 갈등관계가 조성되었다. 선비 일파는 요동의 새외(塞外)와 송눈평원 일대에 거주하면서 부여의 안전을 위협하였다.

부여는 요동군 및 현도군과는 화친관계를 맺고 선비를 견제하였다. 고조선·동호·흉노·선비 등 강력한 집단이 주변에 포진한 상황에서 중원왕조와 우호관계를 유지하는 것이 당연하였다. 중원왕조 역시 동호와 흉노 등 북방종족, 고조선 및 고구려와 대립하는 과정에서 부여의 협조를 받고자

하였다. 부여와 중원왕조의 우호관계는 전한(前漢)과 신(新)을 거쳐 후한(後漢) 때에 더욱 강화되었다.

부여는 동류 송화강을 따라 서진(西進)하여 오늘날의 하얼빈 일대에 거주하게 된 읍루(挹婁)와도 접촉하였다. 부여는 읍루를 복속시켜 세금과 부역을 징수하는 간접지배 혹은 공납지배를 하였다. 그러나 부여와 읍루의 복속관계는 A.D. 220년 무렵에 단절되었다. 읍루는 4세기 무렵에 이르러 동인문화(同仁文化)를 영위하면서 물길(勿吉)이라 불리는 강력한 집단으로 성장해 나갔다.

한편 예족이 연(燕)의 진출에 밀려 송화강 중류지역으로 이주한 것과 마찬가지로 맥족 역시 압록강 중류지역과 혼강 유역으로 이주하였다. 맥족은 요하를 건너 심양과 무순 및 신빈 등을 거쳐 천산산맥 동쪽의 산악지대로 이주하여 고구려를 건국하였다. 그 외에 해로(海路)를 통해 혼강 유역과 압록강 중류지역으로 이주한 부류도 없지 않았다.

맥족의 이주를 전후하여 환인과 집안 일대는 비파형동검·세형동검 사이의 과도기 형태의 동검(銅劍)이 등장한다. 철제 농공구와 무기류 및 명도전을 동반하는 여러 유적은 청동문화를 벗어나 철기문화로 단계로 발전하였음을 보여준다. 적석총의 등장 역시 토착사회의 성장과 무관하지 않다.

철기문화의 보급에 따라 나(那)로 불리는 여러 집단이 곳곳에서 등장하였다. 이들 중에서 소노집단이 두각을 나타내면서 고구려의 국가형성을 주도하였다. 소노집단은 요하를 건너 무순 일대를 거쳐 이주한 맥족의 일파이며, 양맥(梁貊)과 소수맥(小水貊)·대수맥(大水貊) 등으로 불렸다.

이들은 처음에는 예맥 혹은 맥 등으로 불렸으나, 성장과 발전을 거듭한 끝에 B.C. 3세기 중엽을 전후하여 구려(句驪) 혹은 고구려를 건국하였다. 고구려의 건국은 주몽에 의해 이루어진 것이 아니라, 요서 방면에서 이주해 온 맥족에 의해 B.C. 3세기 무렵 형성되었다.

고구려는 지속적인 발전을 이루지 못한 채 고조선의 정치적 간섭을 받게 되었다. 고조선의 영향력은 한(漢)의 무제(武帝)가 B.C. 127년에 창해군을 설치하면서 소멸되었다. 한(漢)은 남려(南閭)가 휘하세력을 이끌고 복속하자, 동방진출의 기회로 활용하기 위해 창해군(滄海郡)을 설치하였다.

창해군은 도로 개설 등에 인력과 물력이 많이 소요되어 재정 압박을 가져왔으며, 공사의 진척마저 부진하여 2년만에 폐지되었다. 창해군이 폐지된 후 혼강 유역과 압록강 중류지역의 토착사회는 다시 발전이 가속화되었다. 토착집단은 창해군이 폐지된 후 나(那) 집단 사이의 결속과 통합을 추진하였다.

고구려(高句麗)와 상은태(上殷台) 및 서개마(西蓋馬) 등의 소국이 성장하는 계기가 되었다. 여러 소국의 성장과 발전은 지속되지 못하고 한(漢)의 지배를 받았다. 한(漢)의 지배를 받으면서 자립을 모색하였고, B.C. 75년에 촉발된 현도군에 대한 저항과 투쟁은 새로운 출발의 계기가 되었다.

그 중심에는 훗날 주몽과 왕권을 겨룬 송양왕의 선대집단이 있었다. 이들은 현도군을 요동 방면으로 밀어낸 후 결속을 강화하면서 B.C. 37년 무렵에 이르러 고구려를 건국하였다. 그러나 건국이 아니라 현도군의 지배에서 벗어나 자립을 이룬 것으로 보는 것이 타당하다.

고구려는 현도군을 서북쪽의 소자하 유역 방면으로 밀어냈지만, 더 이상의 충돌을 피하면서 화평관계를 유지하였다. 고구려는 현도군 및 부여 등과 대결을 피하면서 주변 소국의 복속에 주력하였다. 고구려는 동명왕 때에 압록강 중·상류지역과 혼강 유역 및 소자하 중류지역에 분포한 5부를 통합하였고, 그 외곽에 위치한 두만강 유역과 청천강 이북지역마저 복속하였다.

고구려의 성장과 발전은 필연적으로 부여, 현도군 등과 긴장관계를 조성하였다. 고구려는 부여와 대립 국면이 조성되자 대책 마련에 나섰다. 유리왕은 방어에 유리한 집안(集安)으로 수도를 옮겼다. 집안은 부여의 남진을 방어하기에 유리할 뿐만 아니라 소자하 유역의 신빈현(新濱縣)으로 치소를 옮겨간 현도군의 간섭과 견제에서 상대적으로 자유로웠다. 압록강 유역의 비옥한 토양과 수자원을 활용할 수 있는 여건도 고려되었다.

고구려는 후한과 부여의 견제를 극복하면서 성장을 거듭하였다. 대무신왕 때에는 두만강 유역과 동해안지역으로 진출하여 옥저를 장악하였다. 고구려는 태조왕의 즉위를 전후하여 소노부에서 계루부로 왕실이 바뀌게 되었다. 유리왕 이래 대무신왕·모본왕·민중왕은 소노부의 해씨왕실(解氏王室) 구성원이었다.

그 반면에 태조왕은 계루부 왕실의 첫 번째 국왕이었다. 계루부는 부여에서 내려온 예족의 갈래였다. 고구려는 태조왕 때에 이르러 맥족 갈래의 소노부를 대신하여 예족 출신의 계루부가 왕권을 장악함으로써 소노부의 해씨에서 계루부의 고씨로 왕실이 바뀌었다.

태조왕은 동옥저, 북옥저를 비롯하여 주변 소국에 대한 복속을 마무리한 후 요동군 공격에 나섰다. 고구려는 태조왕 후반기에 이르러 제3현도군이 위치한 무순(撫順) 방면으로 진출하여, 예맥과 선비 등의 도움을 받으면서 현도군과 요동군을 공격하였으나 부여의 급습을 받아 실패하였다.

그러나 고구려의 군사활동 반경은 환인과 졸본 일대를 방어하던 양상에서 벗어나 요동의 전체 지역을 대상으로 확대되었다. 고구려는 부여가 후한을 후원하여 결정적인 승기를 장악하지 못하였지만, 요동군과 현도군의 연합작전을 막아낼 수 있을 만큼 군사역량이 강화되었다.

예맥의 환동해지역 이주와 옥저 · 동예의 건국

예맥은 요하를 건너 부여와 고구려를 건국하는 데 그치지 않고, 환동해지역으로 이주하여 옥저와 동예 등을 세웠다. 옥저는 함흥 이북의 동해안 일대와 중국 동북지역 및 연해주 남부지역에 걸쳐 존재한 남옥저(혹은 동옥저)와 북옥저를 합하여 일컫는 명칭이다.

북옥저가 건국의 토대를 마련한 두만강 유역과 연해주 남부지역 일대의 원주민은 퉁구스 일파였다. 환동해지역의 신석기문화는 시기가 올라갈수록 흑룡강 하류지역과 연해주 일대의 전통이 주류를 이루고, 후기로 내려오면서 요서의 홍산문화 등이 일부 영향을 미쳤다. 이들 외에 바이칼지역에서 신석기문화를 영위한 집단도 흑룡강 수로(水路)를 통해 환동해 북부지역 일대에 영향을 미쳤다.

환동해지역의 청동문화 역시 요동이 아니라 동부 시베리아 및 흑룡강 상류지역을 통해 유입되었다. 환동해지역 일대에서 퉁구스족 혹은 고아시아족 일파가 영위한 청동문화로는 B.C. 11세기 무렵에 시작된 흑룡강 중·하류지역의 우릴문화와 연해주 일대의 얀콥스키문화 등을 들 수 있다.

우릴문화와 얀콥스키문화는 다른 계통의 문화가 아니라 동일한 갈래에 속한 집단이 영위하였다. 우릴문화와 얀콥스키문화의 담당자는 흑룡강 중·하류지역과 연해주 일대에 거주하던 퉁구스 일파였다. 우릴문화는 폴체문화로 계승되었고, 얀콥스키문화는 크로우노프카문화로 이어졌다.

한반도의 다른 지역과는 달리 함북은 얀콥스키문화를 계승한 크로우노프카문화가 영위되었다. 두만강 유역과 연해주 남부지역 일대는 B.C. 4세기를 전후하여 크로우노프카 1기문화(전기 유형)가 종식되고, 옥저와 관련된 2기문화(후기 유형)가 시작되면서 변화가 일어났다.

크로우노프카 2기문화 혹은 단결문화(團結文化)는 경질무문토기를 비롯하여 시루와 고배 및 마제석기·철제도구 등을 문화적 특징으로 하였다. 단결문화를 영위한 북옥저의 세력권은 연해주 남부와 함북 및 두만강 이북지역과 목단강 유역 등을 망라한다.

예족이 환동해지역으로 이주하여 옥저를 세운 시기는 B.C. 3세기 전후였다. 이들은 처음에는 수분하 유역을 비롯한 내륙지역에 거주하였으나, 온도가 5℃ 정도 추워진 한랭기(寒冷期)를 맞이하여 해안지역으로 이주하였다.

예족은 춥고 건조한 기후를 피해 내륙에서 연해주 남부, 함북과 강원의 해안지역으로 이주하였다. 이들의 남진은 강원 해안을 거쳐 영일만에 이르렀으며, 다른 갈래는 태백산맥을 넘어 한강 중·상류를 중심으로 영서지역까지 진출하였다.

북옥저의 기층문화였던 단결문화 혹은 크로우노프카 2기문화는 서력 기원을 전후하여 종식되었다. 크로우노프카 2기문화의 소멸은 고구려의 두만강 유역 진출과 폴체문화를 영위한 읍루의 남하라는 두 가지 이유에 의해 일어났다.

고구려는 두만강 유역 방면으로 진출하여 북옥저를 복속한 후 소금·수산물 등을 공물로 받아들이고, 부여의 배후를 견제할 수 있는 거점으로 활용하였다. 또한 고구려는 북옥저에서 생산되는 풍부한 철자원 등을 확보하기 위해 두만강 유역으로 진출하였다.

고구려의 북옥저 방면 진출은 동명왕 때부터 시작되어 대무신왕과 태조왕 때까지 지속적으로 추진되었다. 고구려의 북옥저 통치는 태조왕 때에 이르러 지방관을 파견하는 단계로 발전하였다. 북옥저는 고구려의 지배를 받으면서 토착 문화전통이 약화되었다.

그러나 고구려가 북옥저의 모든 영역을 차지한 것은 아니었고, 그 중심지에 해당되는 책성 일대를 복속하였다. 연해주 남부지역은 고구려가 아니라 읍루의 세력권에 편입되었다. 읍루는 크로우노프카 2기문화를 영위하던 옥저 계통 주민과 접촉하여 연해주 폴체문화(올가문화)를 형성하였다. 수분하 유역과 목단강 유역 및 연해주 남부지역 일대는 옥저인의 자취가 사라지고 읍루계 주민들의 생활무대가 되었다.

읍루는 목단강 유역 및 삼강평원과 연해주 남부지역까지 세력을 확대하였다. 북옥저는 그 남쪽을 고수한 상태에서 고구려의 지배를 받았다. 북옥저와 읍루는 폴체문화가 남쪽으로 확산되면서 적대관계가 조성되어 충돌이 빈번해졌다.

북옥저는 3세기 후반에 위(魏)를 대신하여 진(晉)이 중국대륙을 장악한 후 격랑 속으로 빠져 들었다. 부여 역시 285년에 모용선비의 공격을 받아 수도가 함락되고 국왕 의려(依慮)가 자살하는 등 큰 타격을 받았다. 그 와중에 부여 유민들이 옥저 방면으로 피난을 하였다. 부여의 일파가 망명한 옥저의 위치를 동해안 일대로 보기도 하지만, 두만강 유역으로 보는 것이 일반적이다.

부여 유민은 진(晉)의 도움을 받아 모용선비의 군대를 물리치고 길림지역으로 돌아가 복국(復國)하였다. 그러나 부여로 돌아가지 않고 두만강 유역에 남은 유민들은 새로운 국가를 세우게 되었다. 부여 유민들이 두만강 유역에 세운 국가를 동부여로 보고 있다. 북옥저의 원주민들은 고구려의 지배에서 벗어나 동부여에 흡수 동화되면서 역사의 장막 너머로 사라졌다.

한편 예족은 동해안을 따라 함흥평야 일대로 남하하여 남옥저를 세웠다. 동해안지역의 예계문화(濊系文化)는 청동문화를 계승한 것으로 이해하였다. 그러나 최근에 영동지역에서 조사된 후기 청동문화와 초기 철기문화의 양상은 계승관계를 이룬 것이 아니라 이질적이라는 사실이 밝혀지고 있다.

영동지역의 여자형(呂字型) 및 철자형(凸字型) 주거지, 중도식토기 등은 예족이 동북한지역을 거쳐 동해안지역으로 남하한 사실을 반증한다. 남옥저의 건국 배경은 예족의 남하 외에 B.C. 2세기 초반 이후 위만조선의 지배를 받으면서 함흥 일대가 대외교섭의 거점으로 성장한 데 있다.

함흥은 사방으로 연결되는 교통의 요충지였으며, 농산물·해산물을 비롯한 풍부한 물산이 산출되는 지역이었다. 함흥 일대는 남옥저가 건국되기 이전에 임둔의 세력권에 포함되어 있었다. 동해안지역의 토착집단이 남옥저를 세운 계기는 B.C. 128년에 이루어진 창해군의 설치였다.

창해군은 행정 중심지를 함흥 부근의 옥저성에 두었는데, 옥저라는 명칭이 등장하는 기원이 되었다. 동해안 일대의 토착사회는 창해군이 폐지된 후 한사군이 설치되면서 현도군과 임둔군의 관할 하에 놓였다. 한(漢)은 B.C. 82년에 이르러 다시 2군을 폐지하고 낙랑 동부도위를 신설하여 동해안 일대를 관할하였다.

낙랑 동부도위(東部都尉)의 행정 치소는 영흥에 위치한 불내현(不耐縣)에 자리하였다. 동부도위는 임둔군을 중심으로 설치되었으며, 현도군의 영역 중에서 부조현만이 유일하게 그 지배를 받았다. 동부도위는 부조현을 제외한 함흥 이북에서 마천령 이남지역을 포기하였다. 남옥저의 대부분 지역은 자립 상태에 놓이게 되었다.

남옥저가 낙랑에서 자립하여 독립적인 국가로 성장한 것은 A.D. 32년에 동부도위가 폐지된 이후였다. 함흥에 위치한 동부도위 관할 하에 있던 부조현이 폐지되고, 옥저(沃沮)라는 정식 국명(國名)을 가진 국가가 출현하였다.

또한 옥저의 남쪽에서는 사두매·불내 등을 중심으로 동예가 일어났다. 중국 군현의 지배가 종식되고 옥저와 동예라는 명칭을 가진 집단이 출현하여 독립적인 국가를 이루게 되었다. 이를 반영하여 『후한서(後漢書)』 동이열전에는 동옥저전과 예전(濊傳)이 별도로 입전되어 있다.

남옥저의 자립은 오래 지속되지 못하고 고구려가 동해안으로 진출하여 영향력을 행사하였다. 남옥저와 북옥저는 고구려의 지배를 받으면서 옥저라는 동일한 명칭으로 불리게 되었다. 남옥저는 단단대령의 동쪽지역에 위치하여 동옥저로 불리기도 하였다. 창해군의 치소였던 옥저성에서 기원한 명칭은 남옥저(동옥저)와 북옥저의 국명으로 확대 사용되기에 이르렀다.

고구려의 지배방식에 있어서 남옥저와 북옥저는 차이가 있었다. 고구려의 지배를 받으면서 북옥저는 토착질서가 무너지고 재지기반이 약화되었다. 고구려는 북옥저 방면은 지방관을 파견하여 지배하였지만, 남옥저는 토착수장층을 활용하여 공납을 매개로 한 간접지배를 실시하였다.

남옥저는 고구려의 지배를 받으면서 후대까지 문화전통이 유지된 채 토착 수장층이 영향력을 행사하였다.『후한서』동이열전에 동옥저전이 별도로 입전된 것과는 달리, 북옥저는 그 말미에 소략한 내용이 부기(附記)되어 있을 뿐이다.

한편 고구려의 지배를 거부하고 동해안을 따라 신라 방면으로 내려간 집단도 없지 않았다. 이들의 남하 이주 과정에서 이루어진 접촉이『삼국사기』신라본기에 기록된 낙랑 관련 사료이다. 옥저지역의 낙랑국 유민들은 경주에서 가까운 영일만 혹은 울산 방면에 머물면서 신라와 대치하였다.

이들의 수장은 동해안의 감포 혹은 울산 부근에 정착한 석탈해이다. 탈해는 옥저지방의 토착세력이 세운 낙랑국 출신이었다. 탈해집단이 경주 방면으로 진출하여 사로국의 왕권을 장악한 시기는 3세기 전반 무렵이었다.

남옥저의 남쪽에서는 동예가 발흥하여 성장하였다. 동예의 영역은 동부도위의 관할지역 중에서 부조(함흥)를 제외한 덕원·안변·영흥·문천 등의 함남 남부와 안변 등의 강원 북부 해안지역이었다. 동예의 구심점 역할은 동부도위의 치소(治所)였던 불내국의 수장이 하였으며, 그 중심지는 금야군 소라리토성 일대였다.

동예라는 명칭은 단단대령의 동쪽에 위치한 예족의 국가라는 의미를 갖고 있다. 단단대령은 낭림산맥의 고갯길인 설한령이나 황초령으로 판단된다. 동예는 성읍국가를 벗어나 연맹왕국 단계로 접어드는 과도기에 이르렀다. 불내국은 주변 소국을 통합하지 못한 상태에서 고구려의 남진 압박과 낙랑군의 정치적 간섭을 받아 성장에 부정적인 요소로 작용하였다.

동예는 후한(後漢) 말에 중국 대륙이 혼란기에 접어든 후 낙랑군이 쇠퇴하면서 고구려의 지배를 받았다. 고구려의 신대왕은 동해안 방면으로 진출하여 동예를 점령하였다. 그러나 고구려의 통치는 오래 지속되지 못하고, 동예는

3세기 중엽에 이르러 낙랑군의 지배를 다시 받게 되었다.

위(魏)는 불내후(不耐侯)의 봉작을 불내예왕(不耐濊王)으로 올려주는 등 회유책을 구사하였다. 불내예왕은 군사권과 외교권을 집중한 연맹왕국 단계의 수장의 지위에 이르지 못하였지만, 낙랑군의 후원을 받아 동해안 일대의 맹주 역할을 하였다.

낙랑군이 약화되면서 동예를 비롯한 동이제족(東夷諸族)의 대외관계는 변화가 일어났다. 동예는 낙랑군을 대신하여 요서(遼西)의 유주자사(幽州刺史)와 직접 통교하기에 이르렀다. 동예는 낙랑의 축출을 전후하여 다시 고구려의 지배를 받게 되었다.

동예의 남쪽에는 남방 예국(혹은 영동 맥국)으로 불린 별도의 집단이 존재하였다. 남방 예국의 주민들은 울진봉평비에 보이듯이 사로국 중심의 진한 사람들과 종적 갈래가 달랐다. 남방 예국의 존재는 강릉을 '예지고국(濊之古國)'으로 칭한 사료와 경북 영일에서 발견된 예백장(穢佰長)의 구리도장(銅印)을 통해 입증된다.

남방 예국은 강원 남부와 경북의 해안지역을 공간적 범위로 하였다. 동예는 고구려의 지배를 받았으며, 남방 예국은 4세기 후반에 이르러 신라의 영향력 하에 놓이게 되었다. 신라는 남방 예국의 주민을 동해안지역 진출을 위한 전위세력으로 활용하였다.

동예 역시 주민의 약탈, 가축이나 재보 획득, 물산 확보를 위해 남방 예국과 신라를 자주 공격하였다. 동예는 신라가 남방 예국으로 진출하면서 위협을 가하자, 반격의 차원에서 공격한 경우도 없지 않았다. 신라는 군대를 동원하여 동예 정벌을 꾀하였으나 국력이 미치지 못하여 실현되지 않았다.

동예와 신라의 대립은 고구려의 장수왕이 적극적인 남진정책을 추진하면서 다시 변화가 일어났다. 고구려는 동예를 앞세워 신라를 압박하였다. 고구려는 영덕 계선까지 진출하는 등 동예와 남방 예국의 대부분 지역을 차지하였다.

예맥의 한반도 중남부지역 이주와 국가형성

한반도의 청동문화는 민무늬토기의 사용 외에 마제석기의 발달, 비파형동검의 사용, 지석묘와 석관묘의 출현을 특징으로 한다. 대동강 유역과 두만강 하류지역은 팽이형토기문화와 공열토기문화가 발전하였다. 두만강 유역을 비롯한 동북지방의 공열문토기·구순각목토기·적색마연토기, 서북지방의 팽이형토기문화는 한반도 중남부지역으로 확산되어 서울의 가락동·역삼동 및 경기도 여주 흔암리 등에서 새로운 유형의 토기문화가 출현하는 계기가 되었다.

중남부지역은 B.C. 9세기를 전후한 시기에 이르면 금강 유역에서 송국리형문화가 출현한다. 송국리유형에 속하는 토기와 집자리 등의 문화양식은 충청·전라·경남지역 일대에 넓게 분포한다. 그 외에 제주도와 일본 구주지방에서도 확인되고 있다.

송국리형문화는 이주민이 토착집단을 해체하거나 흡수·동화하면서 형성된 것이 아니라, 토착집단이 북쪽에서 유입되는 선진문화를 주체적으로 수용하여 한 차원 높은 사회단계로 발전한 것이다. 인구가 증가하고 거주면적이 확대되면서 집적도가 높은 벼농사 위주로 생업형태가 변화되었다.

우월한 집단이 주변의 약한 집단을 통제하며 성읍국가로 발전하는 모습은 고인돌의 분포상태를 통해 유추된다. 지석묘와 석관묘 등에서 비파형동검 등의 위세품이 출토되는 등 국가형성의 단초가 마련되었다. 지석묘는 마한 성립 이전의 청동기사회에 토대를 둔 진국(辰國)의 기층문화로 보고 있다.

마한을 비롯한 삼한사회는 문헌을 통해 볼 때 늦어도 B.C. 3세기 이전에 출현하였다. 마한의 문화기반은 송국리유형의 청동문화가 끝나면서 등장한 점토대토기와 초기 철기문화로 이해한다. 이들 문화는 연(燕)이 능하 유역의 예맥과 요동 일대의 고조선을 복속한 시기를 전후하여 전파되었다.

초기 철기문화의 전파에 앞서 세형동검을 비롯한 거친무늬거울·이형동기들과 단면 원형의 점토대토기 등이 유입되었다. 세형동검이 조사된 지역은 비파형동검이 출토된 지역과 뚜렷하게 구분된다. 세형동검문화의 이주경로는 대릉하-심양 방면에서 바닷길을 통해 한반도 중서부 해안지역으로 직접 전파되었다. 그 외에 한반도 서북부지역이나 원산만을 경유한 육로를 이용했을 가능성도 있다.

한반도 중남부지역과 요녕 일대는 주민의 이주를 통한 문화 전파 외에 교역망이 형성되었다. 중남부지역은 B.C. 4세기를 전후하여 점토대토기의 전파와 초기 철기문화의 확산 등을 거치며 삼한사회의 형성으로 이어졌다. 요녕지방의 점토대토기문화가 파급된 이후 새로이 대두하는 사회를 중국(衆國) 혹은 진국(辰國)으로 보기도 하지만, 마한을 비롯한 삼한사회 형성의 시발점이 되었다.

점토대토기문화와 초기 철기문화의 확산에 따라 사회발전의 비약이 이루어진 것은 아니었다. 초기 철기문화를 향유한 채 지배층으로 군림한 집단 역시 요녕지역에서 이주한 세력만이 아니었다. 이주민 외에 토착집단의 수장층 일부도 포함되었다.

이주민들은 처음에는 토착문화를 영위하던 사람들과 마찰을 피하여 높은 지대에 취락을 만들어 거주하였으나, 점차 낮은 구릉지대로 내려오게 되었다. 이주민과 토착민은 점차 접촉을 늘이는 등 서로 간에 긴밀한 관계를 맺으면서 한족(韓族) 형성의 근간을 이루었다.

한족(韓族)은 송국리형문화를 영위하며 지석묘를 축조하던 토착집단이 주체가 되었다. 요녕 지방에서 이주한 집단은 토착세력을 압도하지 못한 채 오히려 흡수·동화되었다. 한반도 중남부지역의 국가형성은 능하 유역의 예맥이 요하를 건너 이주하여 국가를 세운 부여와 고구려 등과는 다른

384

모습을 띠게 되었다.

부여와 고구려를 건국한 예맥은 토착세력을 복속하면서 국가형성 단계로 나갔지만, 한반도 중남부지역으로 이주한 사람들은 삼한사회 형성의 디딤돌 역할을 수행하였다. 이들의 이주를 전후하여 삼한사회는 여러 지역에서 성읍국가가 생겨나기 시작하였다.

성읍국가 형성은 세형동검문화를 가지고 외부에서 이주한 집단이 정복적인 성격을 띠고 토착세력을 흡수·동화하는 과정을 거쳐 이루어진 것은 아니었다. 여러 지역의 지석묘에서 세형동검이 출토되듯이 토착집단이 자신들의 전통을 유지한 채 선진문물을 흡수하여 성읍국가 단계로 발전하였다. 마한의 50여 성읍국가 중에서 상당수는 구래의 청동문화 담당집단이 모체가 되어 성장하였다.

마한은 철기문화를 기반으로 하여 지역 별로 정치적 구심체가 등장하면서 소국 사이의 연맹체사회를 형성해 나갔다. 마한의 수장으로 대두한 인물이 목지국의 진왕(辰王)이며, 여러 소국과 종주·부용 관계를 토대로 낙랑과의 대외교섭에서 주도적인 역할을 하였다.

진왕의 영향력이 발휘된 것은 2세기 중반까지이며, 그 이후에는 상징성 정도만 유지되었다. 낙랑군의 약화는 진왕의 권위 상실로 이어졌고, 삼한 각지의 토착세력은 독자적인 발전을 꾀하였다. 진왕의 권위 약화와 때를 같이하여 백제와 신라가 유력한 세력으로 등장하였다.

한편 성읍국가 백제(伯濟)를 건국한 사람은 고구려에서 한반도 중부지방으로 남하한 온조였다. 백제를 건국한 시조는 온조 외에도 구이, 비류, 도모의 존재가 국내외의 여러 사서에 전해지고 있다. 이들은 백제를 건국한 특정 개인에 대한 이칭(異稱)이 아니라, 성읍국가·연맹왕국·중앙집권적 귀족국가의 토대를 마련한 인물과 관련된다.

온조는 성읍국가 백제(伯濟)를 건국하였고, 구이는 연맹왕국 백제(百濟)를 형성한 고이왕이며, 비류는 중앙집권적 귀족국가를 완성한 근초고왕의 생부이다. 도모는 부여계 주민의 시조로 인식되는 동명의 다른 명칭이다.

온조는 고구려 졸본지역의 토착세력 소노부 출신이었다. 온조는 부여에서 남하한 계루부가 태조왕 때를 전후하여 고구려 연맹체사회의 주도권을 장악하자 무리를 이끌고 남하하였다. 온조집단은 무기단식 적석총이 조영되어 있는 임진강 유역과 군사분계선 일대에 백제(伯濟)를 세웠다.

백제(伯濟)에서 벗어나 백제(百濟)로의 도약은 고이왕 때에 일어난 중국군현과의 충돌이 계기가 되었다. 중국의 역사가들은 성읍국가 백제(伯濟)를 건국한 온조를 대신하여, 연맹왕국 백제(百濟)를 세운 고이왕(구이)을 백제의 실질적인 건국자로 파악하였다.

또한 『삼국사기』 백제본기에 온조의 형으로 기록된 비류는 온조와 동시대의 사람이 아니라 후대의 인물이다. 비류는 3세기 후반 모용씨의 침입으로 인해 부여국이 타격을 받아, 그 일부 집단이 동옥저를 거쳐 한반도의 중부지역으로 진출한 이른바 정복국가의 시조이다.

비류 집단은 모용씨와의 대결에서 밀려나 함흥지역에 머물고 있다가 한강 유역으로 이동한 후 백제를 장악하여 정복왕조를 개창하였다. 백제 왕권을 둘러싸고 복잡하게 전개된 일련의 사건들은 근초고왕 때에 역사서가 편찬되면서 정리되었다. 정복집단은 자신들의 정통성과 유구성을 강조하기 위해 근초고왕의 부왕이었던 비류왕(比流王)과 동일한 인물인 비류(沸流)를 온조의 형으로 가탁하였다.

한편 남·북한강 상류지역을 비롯한 영서지역 일대에는 '말갈'이라 불린 집단이 존재하였다. 영서 말갈세력의 공간적 범위는 남·북한강 유역과 태백고원 일대가 해당된다. 이들 지역은 영서지역 일대에 남아 있는 고구려계 무기단식 적석총의 분포된 장소와 대략 일치한다.

영서지역은 먼저 두만강 유역 일대에 거주하던 예족이 남하하여 거주하였다. 이들의 이주 흔적은 영서 일대의 여러 유적에서 조사된 중도식토기, 凸자형·呂자형 주거지 등을 통해 입증된다. 예족은 동해안을 거쳐 영일만 일대까지 이주하였으며, 그 일부는 다시 태백산맥을 넘어 영서지역으로 진출하였다.

동해안 일대에 정착한 예족은 남옥저와 동예 및 남방 예국(南方 濊國)을 건국하였고, 영서지역으로 진출한 집단은 남한강 유역과 북한강 유역에 정착하여 영서예문화권(嶺西濊文化圈)을 형성하였다. 영서지역은 예족이 먼저 이주하여 정착하였고, A.D. 1세기를 전후하여 고구려 계통의 이주민들이 내려와 남·북한강 유역의 곳곳에 무기단식 적석총을 남겼다.

고구려 계통의 이주민들은 북한강 유역에 위치한 춘천 일대를 중심으로 맥국(貊國)을 세웠다. 남한강 유역 역시 제천분지 일대를 중심으로 별도의 세력권이 형성되었다. 영서 말갈은 물자와 사람 등을 약탈하기 위해 백제를 자주 침입하였다. 이에 대한 일련의 기록이 백제본기의 말갈 관련 사료이며, 말갈이 낙랑과 결합하여 백제를 침입한 3세기 중엽 이후의 사실이 온조왕 때를 중심으로 소급 정리되어 있다.

낙랑은 고구려의 남하 위협과 백제의 공세로 말미암아 영향력이 약화되자, 말갈과 연대하여 백제에 맞섰다. 이런 낙랑의 대외정책은 일시적으로 성공을 거두었다. 낙랑은 말갈과 공동 출병하여 백제의 책계왕을 전사시켰고, 다시 자객을 파견하여 분서왕을 암살하는 데 성공하였다.

그러나 말갈이 낙랑과 공동보조를 통하여 백제에 대항한 외교정책은 고구려가 군현을 축출하면서 위기에 봉착하였다. 낙랑의 축출은 말갈의 약화를 초래하였고, 백제는 기회를 틈타 말갈지역으로 진출하였다. 말갈은 군현이 축출되자 후원세력을 잃고 급격히 쇠약해져 백제에 복속되었다.

백제의 말갈 지배방식은 토착 수장층을 활용한 간접지배 방식이었다.

백제와 말갈은 주로 백제의 북쪽이나 동북쪽에서 전쟁을 치렀다. 이는 백제와 대립한 말갈이 주로 북한강 유역의 집단이었음을 의미한다. 북한강 유역의 말갈은 군현에 지리적으로 인접하여 이이제이(以夷制夷) 책략의 대상이 되기도 하였지만, 산간지대에 거주한 지정학적인 조건 때문에 백제를 침입한 면도 없지 않았다.

북한강 유역의 산록에 위치한 말갈은 부족한 생필품을 보충하기 위하여 평야지방에 자리한 집단과 교역이 필요하였다. 이들은 적대적인 관계에 있던 백제와의 교류보다는 군대를 파견하여 생활물자와 사람 등을 약탈하는 것으로 교역을 대신하였다. 북한강 유역의 말갈은 재물 약탈 등을 위해 빈번하게 백제를 침입하였다.

백제는 교통이 불편하고 산간오지에 위치하여 경제적인 가치가 빈약한 북한강 유역보다는 물산이 풍부하고 인구가 많은 비옥한 남한강 유역 경영에 주력하였다. 백제의 압력에 밀린 남한강 유역에 거주하던 말갈의 일부집단은 속리산 동쪽의 보은·옥천·영동과 경상도 상주 방면으로 이주하였다. 이들은 백제에 맞서 소백산백 일대에서 활동하였으며, 그 일부가 경주지역으로 진출하여 김씨족단(金氏族團)이 되었다.

말갈은 고구려의 남진 공략이 본격화되면서 백제의 지배에서 벗어나게 되었다. 고구려는 영서 말갈지역의 요충지에 성곽을 축조한 후 신라와 백제 공격을 위한 전진기지로 활용하였다. 영서 말갈은 예병(濊兵)이 백제 공격의 첨병으로 동원되는 등 예속이 심화되었다.

참고문헌

1. 기초 사료

『左傳』『尙書』『管子』『禮記』『竹書紀年』『國語』『淮南子』『逸周書』『大戴禮記』
『呂氏春秋』『山海經』『詩經』『水經注』『說苑』『鹽鐵論』『戰國策』『孟子』『史記』
『漢書』『後漢書』『三國志』『晉書』『宋書』『梁書』『周書』『隋書』『北史』『舊唐書』
『新唐書』『宋史』『遼史』『通典』『冊府元龜』『周易』『鹽鐵論』『遼史』『高麗史』
『三國史記』『三國遺事』『東文選』『與猶堂全書』『星湖僿說』『新撰姓氏錄』『海東繹史』
『海東繹史續』『東史綱目』『新增東國輿地勝覽』

2. 저서

1) 國文

강인구, 1984, 『삼국시대분구묘연구』, 영남대 출판부.
강인욱 외, 2008, 『고고학으로 본 옥저문화』, 동북아역사재단.
강인욱, 2009, 『춤추는 발해인』, 주류성.
공석구, 1998, 『고구려 영역확장사 연구』, 서경문화사.
과학백과사전출판사, 1983, 『고고학자료집』 6.
권오중, 1992, 『낙랑군연구』, 일조각.
김권구, 2005, 『청동기시대의 영남지역의 농경사회』, 학연문화사.
김기섭, 2000, 『백제와 근초고왕』, 학연문화사.
金富軾 著/金鍾權 譯, 1978, 『三國史記』, 대양서적.
金聖昊, 1982, 『비류백제와 일본의 국가기원』, 지문사.
金瑛河, 2002, 『韓國古代社會의 軍事와 政治』, 고려대 민족문화연구원.
김운회, 2006, 『대쥬신을 찾아서』, 해냄출판사.
김원룡, 1973, 『한국고고학개설』, 일지사.
金元龍, 1976, 『한국 문화의 기원』, 탐구당.
김정배, 1973, 『한국민족문화의 기원』, 고려대 출판부.
김정학, 1990, 『韓國上古史研究』, 범우사.
金哲埈, 1975, 『한국고대사회연구』, 일지사.
金泰植, 1993, 『가야연맹사』, 일조각.

金翰奎, 1982, 『古代中國的 世界秩序硏究』, 일조각.
김한규, 1999, 『한중관계사(1)』, 일조각.
김한규, 2004, 『요동사』, 문학과 지성사.
盧重國, 1988, 『백제정치사연구』, 일조각.
노태돈, 1999, 『고구려사연구』, 사계절.
도유호, 1960, 『원시고고학』, 과학원출판사.
리지린, 1964, 『고조선연구』, 과학원출판사.
리지린·강인숙, 1976, 『고구려역사』, 사회과학출판사.
문안식, 2002, 『백제의 영역확장과 지방통치』, 신서원.
문안식, 2003, 『한국고대사와 말갈』, 혜안.
문안식, 2006, 『백제의 흥망과 전쟁』, 혜안.
문안식, 2010, 『호남인의 기원과 문화원형』, 혜안.
민승기, 2004, 『조선의 갑옷과 무기』, 가람기획.
박순발, 2002, 『한성백제의 탄생』, 서경문화사.
박시형, 1966, 『廣開土王陵碑硏究』, 사회과학출판사.
박용안, 2001, 『한국의 제4기 환경』, 서울대출판부.
복기대, 2002, 『요서지역의 청동기시대문화연구』, 백산자료원.
사회과학원 고고연구소편, 1977, 『조선고고학개요』.
사회과학원 역사연구소, 1979, 『조선전사(3)』.
서길수, 1998, 『고구려 역사유적 답사』, 사계절.
서병국, 2004, 『펼쳐라! 고구려』, 서해문집.
선석열, 2001, 『新羅國家成立過程硏究』, 혜안.
손보기, 1982, 『상노대도의 선사시대살림』, 연세대학교.
손영종, 1990, 『고구려사(1)』, 과학백과사전종합출판사.
손영종, 2000, 『고구려사의 제문제』, 사회과학원.
손진태, 1948, 『한국민족사개설』, 을유문화사.
송호정, 2003, 『한국 고대사 속의 고조선사』, 푸른역사.
신채호, 1972, 『丹齋申采浩全集』(상), 형설출판사.
신채호, 1972, 『朝鮮上古文化史』, 단재신채호전집 상권.
오강원, 2006, 『비파형동검문화와 요령지역의 청동기문화』, 청계.
오강원, 2008, 『서단산문화와 길림지역의 청동기문화』, 학연문화사.
오영찬, 2006, 『낙랑군 연구』, 사계절.
우실하, 2007, 『동북공정 너머 요하문명론』, 소나무.
유원재, 1993, 『中國正史百濟傳硏究』, 학연문화사.
윤내현, 1994, 『고조선연구』, 지식산업사.
이강래, 1996, 『三國史記 典據論』, 민족사.
이건무, 2000, 『청동기문화』, 대원사.
이건무·조현종, 2003, 『선사유물과 유적』 한국미의 재발견1.
이기동, 1997, 『新羅社會史硏究』, 일조각.

390

이기백, 1976,『韓國史新論(개정판)』, 일조각.
이기백, 1976,『우리역사를 어떻게 볼 것인가』, 삼성문화문고.
이기백·이기동, 1982,『한국사강좌Ⅰ-고대편』, 일조각.
이기환, 2004,『고고학자 조유전의 한국사 미스터리』, 황금부엉이.
이덕일 외, 2006,『고조선은 대륙의 지배자였다』, 역사의 아침.
이도학, 1995,『백제 고대국가 연구』, 일지사.
이병도, 1976,『韓國古代史硏究』, 박영사.
이병도, 1977,『역주 삼국사기』, 을유문화사.
이성주, 2007,『청동기 철기시대 사회변동론』, 학연문화사.
이종수, 2009,『송화강유역 초기철기문화와 부여의 문화기원』, 주류성.
이종욱, 1993,『고조선사연구』, 일조각.
이현혜, 1984,『삼한사회형성과정연구』, 일조각.
이형구, 2004,『발해연안에서 찾은 한국고대문화의 비밀』, 김영사.
이형우, 2000,『新羅初期國家成長史硏究』, 영남대 출판부.
임효재, 2002,『한국의 신석기문화』, 집문당.
임효재 편저, 2005,『한국 신석기문화의 전개』, 학연문화사.
정석배, 2004,『북방유라시아대륙의 청동기문화』, 학연문화사.
정인보, 1946,『조선사연구(上)』, 서울신문사.
조법종, 2006,『고조선 고구려사 연구』, 신서원.
조선사회과학원 력사연구소, 1979,『조선전사-원시편』, 과학백과사전출판사.
조진선, 2005,『세형동검문화의 연구』, 학연문화사.
주채혁, 2008,『순록 유목제국론』, 백산자료원.
천관우, 1989,『古朝鮮史·三韓史硏究』, 일조각.
최몽룡 외, 1993,『한강유역사』, 민음사.
최몽룡 외, 2003,『시베리아의 선사고고학』, 주류성.
최성락, 1993,『한국 원삼국문화의 연구-전남지방을 중심으로』, 학연문화사.
최종규, 1995,『삼한고고학연구』, 서경문화사.
한영희, 1996,『한국민족의 기원과 형성』(上), 小花.

고든 차일드 지음/고일홍 옮김, 2011,『인류사의 사건들』, 한길사.
高久建二, 1995,『낙랑고분문화연구』, 학연문화사.
니콜라 드코스모 著/이재정 譯, 2005,『오랑캐의 탄생』, 황금가지.
데.엘. 브로댠스키 著/정석배 譯, 1996,『연해주의 고고학』, 학연문화사.
사라 M. 넬슨 저/이광표 역, 2002,『영혼의 새』, 동방미디어.
孫進己 著/임동석 역, 1992,『東北民族源流』, 동문선.
에.뻬. 샤브꾸노프 엮음/송기호·정석배 옮김, 1996,『러시아 연해주와 발해역사』, 민음사.
王健群 著/임동석 역, 1985,『廣開土王碑硏究』, 역민사.
劉莉·陳星燦, 著/심재훈 譯, 2006,『중국고대국가의 형성』, 학연문화사.
E.A. 노브고로도바 지음/이재정 옮김, 2005,『동북아시아와 카라스크문화』, 고구려연구재단.

張光直 著/윤내현 옮김, 1989, 『상문명』, 민음사.
傅樂成 著/신승하 역, 1981, 『中國通史』上, 우종사.
朱學淵 著/문성재 역주, 2009, 『진시황은 몽골어를 하는 여진족이었다』, 우리역사 연구재단.
한스-요하임 파프로트 지음/강정원 옮김, 2007, 『퉁구스족의 곰의례』, 태학사.

2) 日文

岡田英弘, 1977, 『倭國』, 中公新書.
鎌田重雄, 1966, 『秦漢政治制度の研究』, 日本學術振興會.
藤田亮策, 1948, 『朝鮮考古學研究』, 高桐書院.
武田幸男, 1989, 『高句麗と東アジア』, 岩波書店.
濱田耕作·水野淸一, 1938, 『赤峰紅山后』, 東方考古學叢書甲種 第六冊.
三上次男, 1961, 『朝鮮原始墳墓の研究』, 吉川弘文館.
三宅俊成, 1975, 『東北アジア考古學の研究』, 國書刊行會.
日野開三郎, 1988, 『東北アジア民族史』上, 三一書房.
王健群, 1984, 『好太王碑の研究』, 雄渾社.
井上秀雄, 1974, 『新羅史基礎研究』, 東出版.
池內宏, 1951, 『朝鮮史研究』 上世第一冊, 吉川弘文館.
津田左右吉, 1924, 『古事記及日本書紀の研究』, 岩波書店.
秋山進午 編, 1995, 『東北アジアの考古學研究－日中共同研究報告』, 同朋舍.
澤田勳, 1996, 『古代遊牧國家の興亡』, 東方書店.
貝塚茂樹, 1967, 『古代殷帝國』, みすず書房.

3) 中文

郭大順, 2001, 『龍出遼河源』, 百花文藝出版社.
郭錫良, 1986, 『漢字古音手冊』, 北京大學出版社.
高廣仁·邵望平, 2005, 『海岱文化與濟魯文明』, 江蘇敎育出版社.
耿鐵華·倪軍民 主編, 2000, 『高句麗歷史與文化』, 吉林文史出版社.
金毓黻, 1977, 『東北通史』, 東北國立大學.
段玉裁, 1977, 『說文解字經』, 臺灣 蘭臺書局.
譚其讓 主編, 1982, 『中國歷史地圖集1』, 中國地圖出版社.
島方男, 1958, 『殷墟卜辭研究』, 中國學研究會(東京).
佟冬 外, 1987, 『中國東北史』, 吉林大學出版社.
山東省博物館, 1981, 『大汶口文化討論文集』.
徐旭生, 1939, 『中國古史的傳說時代』, 里仁書局.
邵國田, 2004, 『敖漢文物精華』, 內蒙古文化出版社.
蘇秉琦, 1990, 『遼寧重大文化史蹟』, 遼寧美術出版社.
蘇秉琦 主編, 1994, 『中國通史』 第二卷, 上海人民出版社.

蘇秉琦, 1999, 『中國文明起源新探』, 三聯書店.

孫進己, 1987, 『東北民族源流』, 黑龍江人民出版社.

孫進己·馮永謙 編, 1988, 『東北歷史地理』 第1卷, 黑龍江人民出版社.

孫進己, 1994, 『東北民族史研究』, 中州古籍出版社.

安志敏·鄭乃武, 1966, 『雙砣子與江上－遼東前史文化的發現和研究』, 科學出版社.

楊保隆, 1988, 『渤海史入門』, 靑海人民出版社.

呂振羽, 1935, 『史前時期中國古代文化』, 北平人文書店.

葉舒憲, 2007, 『中華先祖神話探源』, 上海錦繡文化出版社.

吳恩岳斯圖, 2007, 『北方草原考古學文化研究』, 科學出版社.

王震中, 2005, 『中國古代文明的探索』, 雲南人民出版社.

王獻堂, 1985, 『炎帝氏族文化考』, 齊魯書社出版.

王孝廉譯, 1988, 『黃帝的 前說－中國古代神話研究－』, 臺北時報文化出版公司.

遼寧省文物考古研究所·赤峰市博物館, 1998, 『大南溝－後紅山文化墓地發掘報告』, 科學出版社.

魏國忠, 1995, 『東北民族史研究』 2, 中州古籍出版社.

劉國祥, 2004, 『東北文物考古論文集』, 北京科學出版社.

劉子敏, 1996, 『高句麗歷史研究』, 延邊大學出版社.

李健才, 1986, 『東北史地考略』, 吉林文史出版社.

李德山·欒凡, 2003, 『中國東北古民族發展史』, 中國社會科學出版社.

李濟, 1934, 『城子崖』, 中央研究員歷史言語研究所.

李春祥, 2004, 『高句麗與東北民族疆域研究』, 吉林文史出版社.

林幹, 1988, 『匈奴史料彙編』, 中華書局.

林惠祥, 1935, 『中國民族史』, 商務印書館.

張光直, 1986, 『考古學專題六講』, 文物出版社.

張博泉, 1985, 『東北地方史稿』, 吉林大學出版社.

田廣金·郭素新 編著, 1986, 『鄂爾多斯靑銅器』.

田廣林, 2004, 『中國東北西遼河地區的文明起源』, 中華書局.

丁山, 1960, 『商周史料考證』, 龍門聯合書局.

朱錫祿 編著, 1992, 『嘉祥漢畫像石』, 濟南.

中國科學院考古研究所, 1963, 『西安半坡』, 文物出版社.

中國社會科學院考古研究所 編著, 1983, 『中國考古學中碳14年代數据集』, 文物出版社.

中國社會科學院考古研究所 編著, 2003, 『中國考古學』 夏商卷, 中國社會科學出版社.

中國社會科學院考古研究所, 1999, 『偃師二里頭1959年～1978年考古發掘報告』, 中國大百科全書出
版社.

鄒衡, 1980, 『商周考古學論文集』, 文物出版社.

馮恩學, 1991, 「東北平底筒形罐區系統研究」, 『北方文物』 第4期.

河南省文物考古研究所, 2001, 『鄭州商城』, 文物出版社.

夏鼐, 1980, 『中國文明的起源』, 文物出版社.

夏商周斷代工程專家組, 2000, 『夏商周斷代工程1996～2000年段階成果報告』, 世界圖書出版公司.

韓建業, 2003, 『中國東北地區新石器時代文化研究』, 文物出版社.

解希恭, 2007, 『襄汾陶寺遺址硏究』, 科學出版社.

3. 연구논문 및 보고서

1) 國文

강룡남, 1996, 「단군에 대한 고구려 사람들의 리해와 숭배」, 『력사과학』 3기.
姜仁求, 1981, 「新羅 積石封土墳의 構造와 系統」, 『韓國史論』 7.
강인구, 1989, 「한강유역 백제고분의 재검토」, 『한국고고학보』 22.
姜仁求, 1991, 「초기 백제고분의 검토-건국과 관련하여-」, 『百濟硏究』 22.
강인욱, 2005, 「구계유형론과 중국 동북지방의 고고학」, 『한국고고학보』 56, 한국고고학회.
강인욱 외, 2007, 「러시아연해주 바라바쉬-3유적발굴보고」, 『연해주와 인접지역의 고고학 자료
        로 본 沃沮』, 부경대 해양문화연구소 국제학술대회.
姜鍾元, 1998, 「4세기 백제정치사연구」, 충남대 대학원 박사학위논문.
姜鍾薰, 1991, 「新羅 上古紀年의 再檢討」, 『韓國史論』 26, 서울대 국사학과.
姜鍾薰, 1995, 「『三國史記』 初期記錄에 보이는 "樂浪"의 실체」, 『三韓의 社會와 文化』, 신서원.
고재원, 1994, 「제주도 고산리 세석기 문화유적」, 제4기학회 학술대회발표회 요지.
공석구, 1991, 「고구려의 영역확장에 대한 연구」, 충남대 대학원 박사학위논문.
權五榮, 1986, 「초기백제의 성장과정에 관한 일고찰」, 『韓國史論』 15.
권오중, 1987, 「樂浪郡을 통해본 古代中國 內屬郡의 性格」, 서강대 박사학위논문.
권오중, 2000, 「창해군과 요동동부도위」, 『역사학보』 168.
權兌遠, 2003, 「古代 韓民族의 石塚文化系統」, 『道山學報』 제9집.
김경일, 1998, 「人方 관련 卜辭를 통해 고찰한 東夷 명칭의 기원」, 『중국학보』 38.
김경주, 2009, 「유구와 유물로 본 제주도 송국리문화의 수용과 전개」, 제3회 한국청동기학회
        학술대회.
金光洙, 1973, 「新羅 上古世系의 再構成 試圖」, 『東洋學』 3, 단국대학교.
金光洙, 1983, 「高句麗 古代 集權國家의 成立에 관한 硏究」, 연세대 박사학위논문.
김광수, 1993, 「부여의 '大使'職」, 『朴永錫敎授華甲紀念 韓國私學論叢』上.
김규정, 2006, 「호서·호남지역의 송국리형 주거지」, 『금강 : 송국리형 문화의 형성과 발전』,
        호남·호서고고학회 합동학술대회 발표요지.
김기섭, 1990, 「백제전기 都城에 관한 일고찰」, 『청계사학』 7.
김기섭, 1991, 「三國史記 '百濟本紀'에 보이는 靺鞨과 樂浪의 위치에 대한 재검토」, 『淸溪史學』
        8.
김기섭, 1993, 「漢城時代 백제의 王系에 대하여」, 『韓國史硏究』 83.
김기흥, 1985, 「夫祖 薉君에 대한 일고찰」, 『한국사론』 12, 서울대 국사학과.
김기흥, 1987, 「고구려의 성장과 대외무역」, 『韓國史論』 16, 서울대 국사학과.
김락기, 2007, 「5~7世紀 高句麗의 東北方 境域과 勿吉·靺鞨」, 인하대 대학원 박사학위논문.
김명진 외, 2005, 「베이지안 통계학을 이용한 한국청동기시대 전기 가락동유형의 연대고찰」,
        『한국상고사학보』 47.
김미경, 1996, 「고구려의 낙랑·대방지역 진출과 그 지배형태」, 『學林』 17.

金美炅, 2002, 「제1현도군의 위치에 대한 재검토」, 『실학사상연구』 24.

김범철, 2006, 「충남지역 송국리문화의 생계경제와 정치경제」, 『금강 : 송국리형 문화의 형성과 발전』, 호남·호서고고학회 합동학술대회 발표요지.

김병룡, 1991, 「후부여의 성립」, 『력사과학』 3기.

김상기, 1948, 「韓·貊移動考」, 『史海』 創刊號.

김상기, 1948, 「韓·濊·貊 移動考」, 『史海』 1.

김성남, 2001, 「中部地方 3~4世紀 古墳群 細部編年」, 『백제연구』 33, 충남대 백제연구소.

김성중 외, 2006, 「마지막 최대 빙하기의 온도 및 물수지 변화 수치모델연구」, 『J Korean Geophysical Society』 vol.9, No.2.

金龍善, 1980, 「高句麗 琉璃明王考」, 『歷史學報』 87.

金元龍, 1978, 「丹陽赤城의 歷史·地理的 性格」, 『史學志』 12.

金映遂, 1957, 「百濟國都의 變遷에 對하여」, 『전북대논문집』 1.

金瑛河, 1985, 「高句麗의 巡狩制」, 『歷史學報』 106.

金英熙, 1995, 「中國東北地域 新石器時代 '之'字文土器硏究」, 서울대 고고미술사학과 석사학위논문.

金龍國, 1983, 「河南慰禮城考」, 『鄕土서울』 41.

김용백, 2010, 「춘천 貊國 연구」, 강원대 대학원 박사학위논문.

金崙禹, 1993, 「河北慰禮城과 河南慰禮城考」, 『史學志』 26.

김은정, 2005, 「동북아시아의 좀돌날몸돌 연구 동향」, 『한국구석기학보』 제12호.

김일겸, 2009, 「곰 신화와 제의의 기원과 변화」, 『동북아 곰 신화와 중화주의 신화론 비판』, 동북아역사재단.

김일기, 1988, 「삼척 갈야산 출토 신라토기」, 『강원사학』 4.

김장석, 2001, 「흔암리유형 재고 : 기원과 연대」, 『영남고고학』 28.

김장석, 2002, 「이주와 전파의 고고학적 구분 : 시험적 모델의 제시」, 『한국상고사학보』 38.

金在鵬, 1976, 「百濟仇台考」, 『朝鮮學報』 78.

김재윤, 2008, 「북한과 중국 연변지구의 초기 철기시대 문화」, 『고고학으로 본 옥저문화』, 동북아역사재단.

김정배, 1968, 「예맥족에 관한 연구」, 『백산학보』 5.

김정배, 1973, 「고조선의 주민구성과 문화적 복합」, 『한국민족문화의 기원』, 고려대 출판부.

김정배, 1987, 「단군기사와 관련된 고기의 성격」, 『한국상고사의 제문제』, 한국정신문화연구원.

김정배, 1999, 「中國 東北地域의 支石墓 硏究」, 『국사관논총』 85.

김정배, 2000, 「東北亞의 琵琶形銅劍文化에 대한 綜合的 硏究」, 『國史館論叢』 88.

김정열, 2008, 「요서지역 출토 상·주 청동예기의 성격에 대하여」, 『요하유역의 초기청동기문화』, 동북아역사재단.

김정학, 1966, 「고고학상으로 본 한국민족」, 『백산학보』 1.

金廷鶴, 1981, 「서울근교의 백제유적」, 『鄕土서울』 39.

김정희, 1988, 「동아시아 支石墓의 연구」, 『崇實史學』 5.

金昌鎬, 1996, 「古新羅 積石木槨墳에 대한 몇 가지 문제」, 『碩晤 尹容鎭敎授停年退任紀念論叢』.

金哲埈, 1952, 「新羅 上代社會의 Dual Organization」, 『歷史學報』 1.

金哲埈, 1956,「高句麗·新羅 官階組織의 成立過程」,『李丙燾博士華甲記念論叢』.

金哲埈, 1962,「新羅上古世系와 그 紀年」,『歷史學報』17·18合.

金哲埈, 1982,「百濟建國考」,『百濟研究』특집호.

金澤均, 1997,「江原濊貊攷」,『江原文化史研究』2.

金顯吉, 2000,「중원문화권 제설의 검토」,『忠北學』2, 충북학연구소.

김현숙, 1984,「고구려의 解氏王과 高氏王」,『大丘史學』47.

김현숙, 1996,「고구려 지방통치체제 연구」, 경북대 박사학위논문.

나건주, 2006,「전·중기 무문토기 문화의 변천과정에 대한 고찰」, 충남대 대학원 석사학위논문.

盧明鎬, 1981,「百濟의 東明說話와 東明墓」,『歷史學研究』10.

盧重國, 1983,「解氏와 夫餘氏의 왕실교체와 초기백제의 성장」,『김철준박사화갑기념사학논총』.

盧重國, 1990,「목지국에 대한 일고찰」,『백제논총』2.

노태돈, 1990,「고조선 중심지의 변천에 대한 연구」,『한국사론』23.

노태돈, 1993,「주몽의 출자전승과 계루부의 기원」,『한국고대사논총』5.

노태돈, 1994,「高句麗의 初期王系에 대한 一考察」,『李基白先生古稀紀念論叢』上, 一潮閣.

노태돈, 1999,「고구려의 기원과 국내성 천도」,『한반도와 중국 동북3성의 역사와 문화』, 서울대
        출판부.

盧泰天, 1999,「韓國古代 冶金技術史 研究」, 한국정신문화연구원 한국학대학원 박사학위논문.

盧爀眞 외, 1998,『영월 외룡리 주거지 지석묘 발굴 보고서』, 영월군·한림대박물관.

노혁진 2004,「중도식토기의 由來에 대한 一研究」,『호남고고학보』19.

도유호, 1962,「왕검성의 위치」,『문화유산』5기.

로성철, 1993,「미송리형 단지의 변천과 그 연대에 대하여」,『조선고고연구』4.

류펑쥔, 2010,「중국 최초의 문자 골각문」,『천손문화의 첫 터전, 동북아의 상고사 문화 원류를
        찾아서』, 국학원 2010 한·중국제학술회의.

리병선, 1966,「압록강 및 송화강중상류 청동기시대의 문화와 그 주민」,『고고민속』3기.

리순진, 1965,「신암리 유적발굴 중간보고」,『고고민속』3기.

리지린, 1996,「삼국사기를 통해 본 고조선의 위치」,『력사과학』3기.

문안식, 1996,「嶺西濊文化圈의 設定과 歷史地理的 背景」,『동국사학』30.

문안식, 1996,「百濟의 對中國郡縣關係 一考察」,『전통문화연구』4.

문안식, 1997,「'三國史記' 新羅本紀에 보이는 樂浪·靺鞨史料에 관한 검토」,『전통문화연구』
        5.

문안식, 1998,「三國史記 羅·濟本紀의 靺鞨使料에 대하여」,『한국고대사연구』13.

문안식, 2000,「百濟의 領域擴張과 邊方勢力의 推移」, 동국대 대학원 박사학위논문.

문안식, 2006,「백제 한성기 北界와 東界의 변천」,『백제연구』42.

문안식, 2008,「옥저의 기원과 대외관계의 변화」,『역사학연구』32.

문안식, 2008,「삼국사기 초기기록에 보이는 낙랑의 실체에 대하여」,『전통문화논총』6.

문안식, 2011,「선진문헌에 보이는 예맥의 갈래와 문화원형」,『사학연구』103.

문창로, 2004,「신라와 낙랑의 관계」,『한국고대사연구』34.

민후기, 2008,「하상주단대공정중의 '武王克商年'과 '商代 後期 年代學'에 대한 검토와 비판」,
        『하상주단대공정』, 동북아역사재단.

박경철, 1992, 「扶餘史 展開에 關한 再認識 試論」, 『白山學報』 40.

박경철, 1996, 「고구려의 국가형성」, 고려대 박사학위논문.

박남수, 1987, 「新羅上古 金氏系의 起源과 登場」, 『慶州史學』 6.

박순발, 1989, 「한강유역 원삼국시대의 초기의 양상과 변천」, 『한국고고학보』 23.

박순발, 1993, 「우리나라 초기철기문화의 전개과정에 대한 약간의 고찰」, 『고고미술사론』 3, 충남대고고미술사학과.

박순발, 1993, 「漢江流域의 靑銅器·初期鐵器文化」, 『漢江流域史』, 민음사.

박순발, 1996, 「漢城 百濟 基層文化의 性格」, 『百濟硏究』 16.

박순발, 1998, 「전기마한의 시공간적 위치에 대하여」, 『마한사연구』, 충남대 출판부.

박순발, 1998, 「百濟國家의 形成 硏究」, 서울대 박사학위논문.

박순발, 1999, 「흔암리유형 형성과정 재검토」, 『호서고고학』 1, 호서고고학회.

박순발, 2003, 「渼沙里類型 形成考」, 『湖西考古學』 9.

박순발, 2006, 「청동기시대」, 『충청남도지』 6, 충청남도지편찬위원회.

박양진, 2002, 「한반도에서의 창동기 출현과정」, 『전환기의고고학』 I, 학연문화사.

박준형, 2001, 「'濊貊'의 形成過程과 古朝鮮」, 『學林』 22.

박진욱, 1974, 「함경남도 일대의 고대유적 조사보고」, 『고고학자료집』 4.

박진욱, 1987, 「비파형 단검문화의 발원지와 창조자에 대하여」, 『비파형 단검문화에 관한 연구』.

박찬규, 1999, 「광개토왕비문의 神話記事의 분석」, 『광개토왕비문의 신연구』, 서라벌군사연구소.

방향숙, 2005, 「古代 동아시아 冊封朝貢體制의 형과 변용」, 『연구총서』 8, 고구려연구재단.

배진영, 2002, 「周初 燕國 分封址 연구 동향」, 『中國史硏究』 15.

백홍기, 1993, 「동북아 평저토기의 연구」, 『한국상고사학보』 12.

백홍기, 1997, 「주변지역 신석기문화와의 비교」, 『한국사』 2, 국사편찬위원회.

백홍기·오건환 1997, 「중부 동해안지역 선사유적의 분포특성과 지형환경」, 『古文化』 50, 한국대학박물관협회.

변태섭, 1983, 「中原文化의 歷史的 背景」, 『考古美術』 110.

복기대, 2008, 「고고학 성과로 본 동북아시아 고대문화─환발해만 전기 청동기시대문화 중심으로─」, 『동아시아고고학』 제17집.

복기대, 2009, 「대타두문화에 대한 일고찰」, 『고문화』 61, 한국대학박물관협회.

복기대, 2009, 「소하연문화에 관하여」, 『고조선단군학』 21, 고조선단군학회.

서병국, 1974, 「鞨鞨의 韓半島 南下」, 『광운전자공과대학논문집』 3.

서영수, 1987, 「삼국시대 한중외교의 전개와 성격」, 『고대한중관계사의 연구』, 삼지원.

서영수, 1988, 「고조선의 위치와 강역」, 『한국사시민강좌』 2, 일조각.

서영수, 1998, 「대외관계사에서 본 낙랑군」, 『사학지』 31, 단국사학회.

선석열, 1996, 「『三國史記』 「新羅本紀」 上代 百濟關係記事의 檢討와 그 紀年」, 『新羅末 高麗初의 政治·社會 變動』, 신서원.

薛志强, 2006, 「중국문화의 형성과 발전에서 홍산문화가 차지하는 특수한 지위와 영향」, 『동북아 평화 정착을 위한 한·중 국제학술회의』, 국학운동시민연합 자료집.

성주탁, 1985, 「百濟城址硏究」, 동국대 박사학위논문.

손량구, 1990, 「료동지방과 서북조선에서 드러난 명도전에 대하여」, 『고고민속론문집』 12.

손영종, 1990, 「고구려 건국기년에 대한 재검토」, 『력사과학』 1.

송호정, 1997, 「초기국가」, 『한국사』 4, 국사편찬위원회.

송호정, 2005, 「대릉하유역 殷周靑銅禮器 사용집단과 箕子朝鮮」, 『한국고대사연구』 38.

송호정, 2008, 「고태산문화를 통해 본 요서와 요동의 역사·문화적 관계」, 『요하유역의 초기 청동기문화』, 동북아역사재단.

신동하, 1979, 「신라 골품제의 형성과정」, 『한국사론』 5.

신숙정, 1984, 「상노대도 조갯더미 유적의 토기 연구」, 『백산학보』 28.

심재연, 1998, 「강원지역 철기문화 연구」, 『韓國上古史學報』 29.

심재연, 1999, 「강원지역 철기문화의 성격」, 『백제연구』 30.

심재훈, 2003, 「고대 중국 이해의 상반된 시각 : 疑古와 信古 논쟁」, 『역사비평』 65.

심정보, 1983, 「백제부흥군의 주요거점에 관한 연구」, 『백제연구』 14.

안영준, 1983, 「함경남도에서 새로 알려진 고대유물」, 『고고학자료집』 6.

안재호, 2000, 「한국농경사회의 성립」, 『한국고고학보』 43.

양재영, 2004, 「고대 숙신에 관한 연구」, 『중국사연구』 32.

양재영, 2009, 「동주시기 중국 동북지역 북방민족 연구」, 『고구려의 등장과 그 주변』, 동북아역사 재단.

엄장록·정영진, 1989, 「연변의 주요한 고구려 고성에 대한 고찰-고구려의 책성을 겸하여 논함」, 『연변대학조선학국제학술토론회론문집(1)』.

嚴長錄, 1994, 「扶餘의 遺迹과 遺物에 對하여」, 『民族文化의 諸問題』, 世宗文化社.

여호규, 1992, 「高句麗 초기 那部統治體制의 성립과 운영」, 『韓國史論』 27, 서울대 국사학과.

여호규, 1995, 「3세기 후반~4세기 전반 고구려의 교통로와 지방통치조직-남도와 북도를 중심으로-」, 『한국사연구』 91.

여호규, 1996, 「고구려의 성립과 발전」, 『한국사(5)』, 국사편찬위원회.

여호규, 1997, 「1~4세기 고구려 정치체제 연구」, 서울대 박사학위논문.

여호규, 2000, 「4세기 동아시아 국제질서와 고구려 대외정책의 변화」, 『역사와 현실』 36, 한국역사 연구회.

여호규, 2002, 「高句麗 初期의 梁貊과 小水貊」, 『韓國古代史研究』 25.

여호규, 2007, 「고구려 초기 對中戰爭의 전개과정과 그 성격」, 『東北亞歷史論叢』 15.

예맥문화재연구원, 2011, 「화천 원천리 2지구 유물산포지 내 유적 발굴조사」, 학술자문회의 자료.

오강원, 1997, 「비파형동검문화 십이대영자 단계 유물 복합의 기원과 형성과정」, 『단군학연구』 16.

오강원, 2002, 「비파형동검문화의 성립과 전개과정 연구」, 한국정신문화연구원 박사학위논문.

吳江原, 2002, 「遼寧~西北韓地域 中細形銅劍에 관한 研究」, 『淸溪史學』 16·17.

오강원, 2005, 「동북아시아의 청동기문화와 요령, 그리고 한반도」, 『만주, 그 땅 사람 그리고 역사』, 고구려연구재단.

오강원, 2005, 「중국 동북지역의 청동기 제작과 용범」, 『한국청동기 제작 용범』, 숭실대학교 한국기독교박물관.

오영찬, 1996, 「낙랑군의 토착세력 재편과 지배구조」, 『한국사론』 35, 서울대 국사학과.
왕면후, 2001, 「통화 만발발자 유지에 관한 고고학적 고찰」, 『고구려연구』 12집.
王民信, 1986, 「百濟始祖'仇台'考」, 『百濟研究』 1, 충남대 백제연구소.
劉秉虎, 2006, 「요하유역에서 기원한 고대문명의 현대적 의의」, 『동북아 평화 정착을 위한 한·중 국제학술회의』, 국학운동시민연합 자료집.
윤내현, 1996, 「崔氏樂浪國興亡考」, 『김문경교수 정년퇴임기념 동아시아연구논총』.
윤무병, 1966, 「濊貊考」, 『백산학보』 1.
윤무병, 1975, 「無文土器 形式分類試攷」, 『震檀學報』 39.
윤선태, 2001, 「滄海郡과 玄菟郡 − 漢四郡의 交通路와 관련하여 −」, 충남대 백제연구소 월례발표회 발표요지문.
윤선태, 2001, 「馬韓의 辰王과 臣濆沽國 − 領西濊 지역의 歷史的 推移와 관련하여」, 『百濟研究』 34.
윤용구, 1999, 「삼한의 조공무역에 대한 일고찰」, 『歷史學報』 162.
윤형원 외, 2004, 「몽골 청동기시대 판석묘에 대하여」, 『동북아시아의 초기금속기문화』, 제31회 한국상고사학회 학술발표대회, 한국상고사학회.
이강래, 1986, 「'삼국사기'에 보이는 말갈의 군사활동」, 『영토문제연구』 2.
이강래, 2002, 「『삼국사기』의 마한 인식」, 『全南史學』 19.
이강승, 1979, 「遼寧地方의 靑銅器文化」, 『한국고고학보』 6.
이강승, 2007, 「마한사회의 형성과 문화기반」, 『백제의 기원과 건국』, 충청남도역사문화연구원.
이건무, 1992, 「한국 청동의기의 연구」, 『한국고고학보』 23.
이건무·서성훈, 1988, 『함평 초포리유적』.
이기길 외, 2008, 「장흥 신북유적의 연대에 대하여」, 『호남고고학보』 29.
이기동, 1972, 「新羅 奈勿王系의 血緣意識」, 『歷史學報』 52·53.
이기동, 1981, 「百濟 王室交代論에 대하여」, 『百濟研究』 12.
이기동, 1987, 「마한영역에서의 백제의 성장」, 『마한백제문화』 10.
이기동, 1988, 「신라의 성립과 변천」, 『한국고대사론』, 한길사.
이기동, 1990, 「百濟國의 成長과 馬韓 倂合」, 『百濟論叢』 2.
이기동, 1994, 「백제사회의 지역공동체와 국가권력」, 『百濟社會의 諸問題』, 충남대 백제연구소 제7회 백제연구 국제학술회의.
이기동, 1994, 「馬韓史의 上限과 下限」, 『文山金三龍博士古稀紀念 馬韓·百濟文化와 彌勒思想』.
이기동, 2005, 「한국민족사에서 본 부여」, 『한국고대사연구』 37.
이기백, 「고조선의 국가형성」, 『한국사시민강좌』 2, 일조각.
이남규, 1992, 「남한 초기철기문화의 일고찰」, 『한국고고학보』 13.
이도학, 1988, 「高句麗 初期王系의 再構成」, 『伽倻通信』 18.
이도학, 1990, 「백제의 기원과 국가형성에 관한 재검토」, 『한국고대국가의 형성』, 민음사.
이도학, 1991, 「方位名 夫餘國의 성립에 관한 檢討」, 『백산학보』 38.
이도학, 1991, 「백제 집권국가형성과정 연구」, 한양대 박사학위논문.
李道學, 1997, 「고대국가의 성장과 교통로」, 『국사관논총』 74.
李東熙, 1998, 「南韓地域의 高句麗系 積石塚에 대한 再考」, 『한국상고사학보』 28.

이백규, 1974, 「경기도출토 무문토기·마제석기-토기편년을 중심으로」, 『고고학』 3, 한국고고학회.

이병도, 1936, 「三韓問題의 新考察」, 『震檀學報』 6.

이상균, 2004, 「중국 북방문화 학술회의 참가기」, 『한국 선사고고학회』 뉴스레터8.

이상길, 1999, 「진주 대평 어은 1지구 발굴조사개요」, 『남강선사문화세미나요지』, 동아대박물관.

이선복, 1991, 「신석기·청동기시대 주민교체설에 대한 비판적 검토」, 『한국고대사논총』 1.

이성규, 1991, 「先秦文獻에 보이는 '東夷'의 성격」, 『한국고대사논총』 1, 한국고대사회연구소.

이성규, 1999, 「중국문명의 기원과 형성」, 『講座中國史』 1.

이성규, 2003, 「고대 중국인이 본 한민족의 원류」, 『한국사시민강좌』 32.

이성주, 2008, 「물질문화를 통해 본 고대 영동의 문화적 정체성과 그 변천」, 『고대 영동지역의 문화적 정체성의 탐구』, 강릉대 인문학연구소.

이성주, 2010, 「원삼국시대의 무문토기 전통」, 『중도식 무문토기의 전개와 성격』 제7회 매산기념강좌, 숭실대 한국기독교박물관.

이순진, 1974, 「부조예군무덤 발굴보고」, 『고고학자료집』 4, 사회과학출판사.

이영문, 1993, 「전남지방 지석묘 사회의 연구」, 한국교원대 대학원 박사학위논문.

이영식, 1994, 「加耶諸國의 外交形式」, 『新羅末 高麗初의 政治·社會變動』, 신서원.

이용범, 1966, 「고구려의 성장과 철」, 『백산학보』 1.

이용범, 1974, 「三國史記에 보이는 對外關係記事-特히 북방민족에 對하여-」, 『震檀學報』 38.

이용빈, 1999, 「백제초기의 지방통치체제 연구」, 『실학사상연구』 12.

이우태, 1997, 「신라의 성립과 발전」, 『한국사』 7.

이은창, 1967, 「대전시 괴정동 출토 일괄유물 조사약보」, 『고고미술』 제8권 9호.

이의활, 2000, 「『甲骨文合集』의 方國地理에 관한 주요卜辭 考釋」, 『중국어문학』 36, 영남중국어문학회.

이정재, 1996, 「시베리아 곰 제의, 곰 신화와 단군신화의 비교」, 『한국민속학보』 6.

이재현, 2008, 「요서지역 문명 및 초기국가 형성에 관한 연구현황과 문제점」, 『중국 동북지역 고고학 연구현황과 문제점』, 동북아역사재단.

이종선, 1989, 「후기 오르도스문화와 한국청동기문화」, 『한국상고사학보』 2.

이종수, 2005, 「동북아시아 고고학의 최근 연구 성과-송화강유역 초기철기시대 문화연구(2)」, 『선사와 고고』 22.

이종욱, 1982, 「고구려 초기의 정치적 성장과 대중국관계의 전개」, 『동아사의 비교연구』, 일조각.

이종욱, 1996, 「百濟 初期國家로서 十濟의 形成」, 『國史館論叢』 69.

이종태, 1990, 「고구려 太祖王系의 등장과 朱蒙國祖意識의 성립」, 『北岳史論』 2, 국민대 사학과.

이종태, 1998, 「百濟始祖仇台廟의 成立과 繼承」, 『韓國古代史研究』 13.

이종호, 2003, 「게르만 민족 대이동을 촉발시킨 훈족과 한민족의 親緣性에 관한 연구」, 『백산학보』 66.

이종호, 2004, 「북방 기마민족의 가야·신라로 동천에 관한 연구」, 『백산학보』 70.

이진민, 2004, 「중부지역 역삼동유형과 송국리유형의 관계에 대한 일고찰」, 『한국고고학보』 54.

이창현, 2006, 「강릉지역의 신라화 과정-고분자료를 중심으로」,『문화사학』25.

이청규, 1995, 「청동기를 통해 본 고조선」,『國史館論叢』4.

이청규, 1982, 「세형동검의 형식분류 및 그 변천과정에 대하여」,『한국고고학보』13.

이청규, 2003, 「한중교류에 대한 고고학적 접근」,『한국고대사연구』32.

이청규, 2005, 「靑銅器를 통해 본 古朝鮮과 주변사회」,『북방사논총』6.

이청규, 2009, 「요하유역 북방계 청동기의 출현」,『요하유역의 초기 청동기문화』, 동북아역
  사재단.

이해련, 2008, 「홍산문화의 연구현황과 문제점」,『중국 동북지역 고고학 연구현황과 문제점』,
  동북아역사재단.

이현혜, 1997, 「삼한의 정치와 사회」,『한국사』4, 국사편찬위원회.

이형구, 1989, 「발해연안 빗살무늬토기문화의 연구」,『한국사학』10, 정신문화연구원.

이형구, 1990, 「한국민족문화의 시베리아기원설에 대한 再考」,『동방학지』69.

이형구, 1991, 「大凌河流域의 殷末周初 靑銅器文化와 箕子 및 箕子朝鮮」,『한국상고사학보』5.

이형구, 2000, 『진주대평리 옥방5지구 선사유적』, 선문대학교 박물관.

이형구, 2008, 「요서지방의 고조선-秦開 東征 以前의 遼西地方의 箕子朝鮮」,『단군학연구』
  18.

이형우, 1993, 「新羅 初期國家 成長史 硏究」, 건국대 박사학위논문.

이형원, 2002, 「한국 청동기시대 전기 중부지역 무문토기 편년연구」, 충남대 석사학위논문.

이형원, 2005, 「송국리유형과 수석기유형의 접촉 양상」,『호서고고학』12.

이홍종, 1998, 「『三國史記』靺鞨기사의 고고학적 접근」,『韓國史學報』5.

이홍종, 2006, 「송국리문화의 전개과정과 실년대」,『금강 : 송국리형 문화의 형성과 발전』,
  호남·호서고고학회 합동학술대회 발표요지.

이홍직, 1971, 「百濟建國說話에 대한 再檢討」,『한국고대사의 연구』6.

이희관, 1989,「古新羅時代의 재갈과 積石木槨墓築造者들-新羅의 國家形成과 관련하여」,『東亞硏
  究』17.

이희준, 2007, 「홍천 외삼포리유적 조사개보」, 2007년 춘계학술대회(강원고고학회).

인천광역시, 1997, 『文鶴山城 地表調査報告書』.

임기환, 1987, 「고구려 초기의 지방통치체제」,『경희사학』14.

임기환, 1995, 「고구려 집권체제 성립과정의 연구」, 경희대 박사학위논문.

임기환, 2000, 「3세기~4세기 초 위(魏)·진(晉)의 동방정책」,『역사와 현실』36, 한국역사연구회.

임기환, 2003, 「고구려와 낙랑」,『동아시아에서의 낙랑』제5회 한국고대사학회 하계세미나
  발표문.

임병태, 1986, 「韓國無文土器의 研究」,『韓國史學』7.

임영진, 1992, 「고구려 고고학」,『국사관논총』33, 국사편찬위원회.

임영진, 1994, 「漢城時代 百濟의 建國과 漢江流域 百濟 古墳」,『百濟論叢』4.

林澐, 1997,「中國東北地域과 北아시아 草原地帶의 初期 文化交流에 對하여」,『博物館紀要』12,
  단국대 중앙박물관.

임효재, 1994, 「한일문화교류사의 새로운 발굴자료」,『東亞文化』32.

임효재·권학수, 1984, 『오산리유적』, 서울대학교 박물관.

장국종, 1985, 「고구려에서의 도로 발전」, 『력사과학』 114.

장효정, 2001, 「고구려왕의 平壤移居와 왕권강화」, 『實學思想研究』 15·16合.

전덕재, 2003, 「尼師今時期 新羅의 成長과 6部」, 『新羅文化』 21.

전영래, 1976, 「완주 상림리 출토 中國式銅劍」, 『전북유적조사보고』 5.

전영래, 1977, 「한국 청동가문화의 계보와 편년」, 『전북유적조사보고』 7.

전제헌·윤진·김근식·류정길, 1986, 『룡곡동유적』, 김일성종합대학 출판부.

정대영, 2004, 「中國 河北省北部 "玉皇廟文化" 연구」, 『문화재』 제37호, 국립문화재연구소.

정인승, 2010, 「동북아시아에서 타날문 단경호의 확산」, 『중도식 무문토기의 전개와 성격』 제7회 매산기념강좌, 숭실대 한국기독교박물관.

정징원, 1981, 『김해수가리패총』, 부산대학교박물관유적조사보고 제4집.

정징원, 1991, 「중국 동북지방의 덧무늬토기」, 『한국고고학보』 26.

조법종, 1989, 「百濟 別稱 鷹準考」, 『한국사연구』 66.

조법종, 2003, 「낙랑군의 성격문제」, 『한국고대사연구』 32.

조인성, 1991, 「4·5세기 고구려왕실의 世系認識 변화」, 『韓國古代史研究』 4.

주보돈, 1986, 「新羅中古期 村落構造에 대하여(2)-外位와 地方民 身分制」, 『경북사학』 9.

주보돈, 1989, 「蔚珍鳳坪新羅碑와 法興王代 律令」, 『한국고대사연구』 2.

주영헌, 1962, 「고구려 적석무덤에 관한 연구」, 『문화유산』 제2기.

지병목, 1987, 「高句麗 成立過程考」, 『白山學報』 34.

지병목, 2005, 「高句麗 成立期의 考古學的 背景」, 『연구총서』 1, 고구려연구재단.

지현병, 1999, 「嶺東地域의 鐵器時代 研究-住居址를 中心으로-」, 단국대 대학원 박사학위논문.

차용걸, 1981, 「위례성과 한성에 대하여(1)」, 『鄕土서울』 39.

차용걸, 1989, 「忠北地域의 百濟土器遺蹟」, 『忠北史學』 2.

차용걸, 1994, 「제1회 학술세미나 특집호 종합토론」, 『百濟論叢』 4.

채태형, 1992, 「『三國史記』의 말갈관계 기사에 대하여」, 『력사과학』 3.

천관우, 1974, 「箕子考」, 『동방학지』 15.

천관우, 1976, 「三韓의 國家形成(上)-三韓攷 제3부」, 『韓國學報』 2.

천관우, 1976, 「三國志 韓傳의 再檢討」, 『震檀學報』 41.

천관우, 1979, 「目支國考」, 『한국사연구』 24.

천관우, 1979, 「馬韓諸國의 位置試論」, 『東洋學』 9.

최몽룡·권오영, 1985, 「고고학 자료를 통해 본 백제초기의 영역고찰」, 『천관우선생환력기념 한국사학논총』.

최몽룡, 1985, 「고대국가의 성장과 무역」, 『한국고대의 국가와 사회』, 일조각.

최병현, 1981, 「古新羅 積石木槨墳 研究」, 숭전대 석사학위논문.

최병현, 1990, 「신라고분의 연구」, 숭전대 박사학위논문.

최병현, 1994, 「묘제를 통해 본 4~5세기 한국 고대사회」, 『한국고대사논총』 6, 한국고대사회연구소.

최정필, 1991, 「인류학상으로 본 한민족 기원문제에 대한 비판적 검토」, 『한국상고사』 8.

최진묵, 2008, 「고고학 자료에 기초한 하와 상 전기 연대」, 『하상주단대공정』, 동북아역사재단.

최병운, 1982, 「西紀 2世紀頃 新羅의 領域擴大」, 『全北史學』 6.

하문식, 1998, 「중국 길림지역 고인돌 연구」, 『한국상고사학보』 27.
한규철, 1988, 「肅愼·挹婁硏究」, 『백산학보』 35.
한영희, 1978, 「한반도 중서부지방의 신석기문화」, 『한국고고학보』 5.
한창균, 1992, 「고조선의 성립배경과 발전단계 시론－고고학 발굴자료와 연구성과를 중심으로」,
　　『국사관논총』 33.
許憲范, 1985, 「濊貊遷徙考」, 『民族硏究』 4.
황기덕, 1959, 「1958년 춘하기 어지돈지구 관개공사구역유적정리간략보고」, 『문화유산』 1기.
황기덕, 1963, 「두만강 유역 철기시대의 개시에 대하여」, 『고고민속』 4, 사회과학출판사.
황기덕, 1987, 「료서지방의 비파형단검문화와 그 주민」, 『비파형단검에 관한 연구』, 과학백과사
　　전출판사.
황기덕, 1990, 「비파형단검문화의 미송리류형」, 『조선고고연구』 제1호.
황철산, 1963, 「고조선의 종족에 대하여」, 『고고민속』 1기.
황철산, 1963, 「예맥(濊貊)족에 대하여(Ⅰ·Ⅱ)」, 『고고민속』 2기·3기.

A.L. 수보티나, 2008, 「한반도의 중도식 토기문화와 크로우노프카 문화의 비교」, 『고고학으로
　　본 옥저문화』, 동북아연구재단.
小田富士雄, 1982, 「越州窯靑磁를 伴出한 忠南의 百濟土器」, 『백제연구』 특집호.
秋山進午, 1994, 「中國東北地方의 初期 金石文化의 樣相」, 『古代東北아시아의 民族과 文化』, 驪江出
　　版社.

강원문화재연구소, 2005, 「춘천 천전리유적 현장설명회 자료」.
고고민속학연구소, 1957, 『궁산원시유적발굴보고』.
고고민속학연구소, 1961, 『지탑리원시유적발굴보고』.
고려대 매장문화재연구소, 2001, 『관창리 유적』.
국립김해박물관, 2005, 『전환기의 선사토기』, 김해박물관.
국립문화재연구소, 2005, 『고성 문암리유적』.
국립문화재연구소, 2008, 『흑룡강·연해주의 신비 특별전』.
국립부여박물관, 1987, 『보령 교성리 집자리－발굴조사중간보고서』, 국립부여박물관 고적조사
　　보고 제1책.
국립중앙박물관, 1979, 『松菊里』.
국립청주박물관·산업과학기술연구소, 1996, 『한국 고대 철생산유적 발굴조사』(중간 결과보고).
기전문화재연구원, 2002, 「연천 학곡제 개수공사지역내 학곡리 적석총 발굴조사」, 현장설명자
　　료.
기전문화재연구원, 2003, 「화성 발안리 마을유적」, 기안리 제철유적발굴조사 현장설명회자료.
김용간, 1959, 『강계시 공귀리 원시유적 발굴보고』, 과학출판사.
김용간, 1962, 「미송리동굴유적 발굴중간보고(1)·(2)」, 『문화유산』 1·2기.
김용간, 1964, 『금탄리원시유적발굴보고』(유적발굴보고 10집).
도유호, 1981, 『지탑리유적발굴보고』(유적발굴보고 8집).
동양대박물관, 2005, 「안동 저전리 유적 지도위원회 자료」.

문화재연구소, 1994, 『연천 삼곶리 백제적석총 발굴조사보고서』.

서울대학교 박물관, 1972~1977, 『欣岩里住居址1~5』.

서울대학교 박물관, 1990, 『仁川-蘇來, 仁川-始興고속도로 문화유적지표조사보고서』.

이건무·서성훈, 1988, 『함평 초포리유적』.

이영문·정기진, 1992, 『여수시 오림동 지석묘』, 전남대학교 박물관.

중원문화재연구원, 2007, 『안성 반제리유적』.

충북대 박물관, 1992, 『薔薇山城』.

한국문화재보호재단·영월군, 1999, 『영월 청령포 단종관련 유적 발굴조사보고서』.

한림대 박물관, 2003, 「경춘선 복선전철 제6공구 가평역사부지내 문화유적 발굴조사 지도위원회
　　　자료」.

2) 日文

剛崎敬, 1968, 「夫租薉君銀印をめぐる諸問題」, 『朝鮮學報』 46.

江坂輝彌 外, 1967, 「愛媛縣 上黑岩陰」, 『日本の洞穴遺蹟』, 日本考古學協會洞穴調査委員會.

岡村秀典, 1995, 「遼寧省阜新縣南梁石城遺跡考古測量調査」, 『東北アジアの考古學研究』, 同朋舍.

今西龍, 1933, 「新羅史通說」, 『新羅史研究』.

今西春秋, 1971, 「高句麗の城；溝漊と忽」, 『朝鮮學報』 59.

那珂通世, 1919, 「朝鮮古史考」 제13권, 『那珂通世叢書』.

大貫靜夫, 1989, 「東北亞州中的中國東北地區原始文化」, 『慶祝蘇秉琦考古五十五年論文集』, 文物出
　　　版社.

島山喜一, 1938, 「渤海東京考」, 『私學論叢』, 京城帝大文學部 文學會論纂.

稻葉岩吉(外), 1935, 「朝鮮滿洲史」, 『世界歷史大系』 11.

末松保和, 1966, 「舊三國史と三國史記」, 『靑丘史草』 2.

梅原末治, 1967, 「晉率善穢伯長銅印」, 『考古美術』 8-1·2.

武田幸男, 1981, 「牟頭婁一族と高句麗王權」, 『朝鮮學報』 99·100.

白鳥庫吉, 1970, 「夫餘國の始祖東明王の傳說に就にて」, 『白鳥庫吉全集』 5.

三品彰英, 1954, 「高句麗の五族について」, 『朝鮮學報』 6.

三上次男, 1964, 「樂浪郡の社會支配構造」, 『朝鮮學報』 30.

三上次男, 1966, 「'魚の橋'の話と北アジアの人人」, 『古代東北アジア史研究』, 吉川弘文館.

西谷正, 1969, 「朝鮮半島における初期稻作」, 『考古學研究』 16-2.

神崎勝, 1995·1996, 「夫餘の歷史に關する覺書」上·下, 『立命館文學』 542·544.

王巍, 2004, 「中國古代國家形成論綱」, 『考古學研究會50周年紀念國際シンポジウム－文化の多樣性と
　　　21世紀の考古學』.

日野開三郎, 1946, 「夫餘國考－特にその中心地の位置に就いて－」, 『史淵』 34.

田中俊明, 1994, 「高句麗の興起と玄菟郡」, 『朝鮮文化研究』 1, 東京大 朝鮮文化研究室.

田中俊明·東潮, 1995, 「積石塚の成立と發展」, 『高句麗の歷史と遺跡』, 中央公論社.

田村晃一, 1990, 「高句麗の積石塚」, 『東北アジアの考古學』, 六興出版.

田村晃一, 1982, 「高句麗積石塚の構造と分類について」, 『考古學雜誌』 62-2.

404

井上秀雄, 1976, 「朝鮮の初期國家」, 『日本文化研究所研究報告』 1.

中橋孝博, 2002, 「中國東北地域出土古人骨の形態學的研究」, 『東北アジアにおける先史文化の比較考古學的研究』, 九州大學大學院人文科學研究所.

酒井改藏, 1970, 「三國史記の地名考」, 『朝鮮學報』 54.

池內宏, 1914, 「渤海の建國者について」, 『東洋學報』 5-1.

池內宏, 1932, 「夫餘考」, 『滿鮮地理歷史研究報告』 13, 東京帝大 文學部.

池內宏, 1937, 「勿吉考」, 『滿鮮地理歷史研究報告』 第15, 東京帝大 文學部.

池內宏, 1941, 「高句麗の開國傳說と史上の事實」, 『東洋學報』 28-2.

津田左右吉, 1915, 「勿吉考」, 『滿鮮地理歷史研究報告』 第1, 東京帝大 文科大學.

秋山進午, 1953, 「中國東北地方の初期金屬文化の樣狀(上)(中)(下)」, 『考古學雜誌』 53-4, 54-1·2.

秋山進午, 1968, 「中國東北地方の初期金屬文化の樣相(上)」, 『考古學雜誌』 53卷 4號.

和田淸, 1947, 「周代の蠻貊について」, 『東洋學報』 28.

和田淸, 1951, 「玄菟郡考」, 『東方學』 1.

橫山將三郎, 1939, 「朝鮮の史前土器研究」, 『人類學·先史學講座』 9, 雄山閣.

3) 中文

賈瑩·張淑華, 1996, 「騷達山頂大棺文化所屬及年代範圍的探討」, 『博物館研究』 3.

干志耿, 1984, 「藁離文化研究」, 『民族文化』 2期.

干志耿·李殿福·陳連開, 1985, 「商族起源于幽燕說」, 『歷史研究』 第5期.

于匯歷·趙賓福·張偉, 1997, 「黑龍江省肇源縣小拉哈遺址發掘簡報」, 『北方文物』 第1期, 黑龍江省文物考古研究所·吉林大學考古學系.

江西省文物考古研究所 外, 1995, 「江西樟樹吳城商代遺址第八次發掘簡報」, 『南方文物』 1期.

江西省文物工作隊 外, 1989, 「江西萬年類型商文化遺址調查」, 『東南文化』 4·5期.

高廣仁, 2000, 「海岱區的商代文化遺存」, 『考古學報』 2期.

顧頡剛, 1934, 「古代地域的擴張」, 『禹貢半月刊』, 第1卷 第2期.

曲瑞琦·于崇源, 1982, 「瀋陽新民縣高臺山遺址」, 『考古』 2期, 瀋陽市文物管理辦公室.

孔昭宸 外, 1996, 「內蒙古自治區東·中部8100～3000aBP的植被和氣候」, 『中國氣候與海面變化及其趨勢和影響(中國歷史氣候變化)』, 山東科學技術出版社.

孔昭宸 外, 1998, 「內蒙古自治區赤峰市距今8,000～2,400年間環境考古學的初步研究」, 『大甸子-夏家店下層文化遺址與墓地發掘報告』 附錄二, 科學出版社.

郭大順, 1985, 「以遼河流域爲中心的新石器文化」, 『考古學報』 4, 科學出版社.

郭大順, 1987, 「試論魏營子類型」, 『考古學文化論集』 1, 文物出版社.

郭大順, 1987, 「豊下遺址陶器分期再認識」, 『文物與考考古論集』, 文物出版社.

郭大順, 1994, 「赤峰地區早期冶銅考古隨想」, 『內蒙古文物考古文集』, 中國大百科全書出版社.

郭大順, 1998, 「北方古文化與商文化的起源」, 『中國商文化國際學術討論會論文集』, 中國大百科全書出版社.

喬曉勤, 1992, 「關於北方遊牧文化起源的探討」, 『內蒙古文物考古』 第1～2期.

仇士華 等, 1983, 「有關所謂"夏文化"的碳14年代測定的初步報告」, 『考古』 第10期.

靳楓毅, 1982·1983, 「中國東北地區含曲刃靑銅短劍的文化遺存」(上·下), 『考古學報』 1期·4期.

靳楓毅, 1987, 「夏家店上層文化及其族屬問題」, 『考古學報』 第2期.

金牛山聯合發掘隊, 1978, 「遼寧營口金牛山舊石器文化的研究」, 『古脊椎動物與古人類』 16卷 2期.

記者, 1998, 「泥河灣盆地考古發掘獲重大成果」, 『中國文物報』 第一版.

吉林大學歷史系考古專業, 1979, 「吉林農安田家坨子遺址試掘簡報」, 『考古』 第2期.

吉林省博物館·吉林大學考古專業, 1985, 「吉林市騷達溝山頂大棺整理報告」, 『考古』 第10期.

吉林省文物考古研究所, 1989, 「吉林農安縣元寶溝新石器時代遺址發掘」, 『考古』 第12期.

吉林省文物考古研究所·吉林市博物館, 1993, 「吉林市猴石山遺址第2次發掘」, 『考古學報』 3期.

吉林省文物工作隊等, 1982, 「吉林樺甸西荒山屯靑銅短劍墓」, 『東北考古與歷史』 1期.

吉林省文物工作隊, 1985, 「吉林紋蘭黃魚圈珠山遺址淸理簡報」, 『考古』 4期.

吉林市博物館, 1988, 「吉林帽兒山漢代木槨墓」, 『遼海文物學刊』 2期.

金景芳, 1978, 「商文化起源于我國北方說」, 『中華文史論叢』 第7輯.

金岳, 1981, 「亞微罍名文考釋」, 『遼寧省考古博物館學會成立大會會刊』.

金旭東·龐志國·宋玉彬, 1991, 「吉林東豊縣西斷梁山新石器時代遺址發掘」, 『考古』 第4期, 吉林文物考
        古研究所.

金旭東, 1993, 「試論邢家店類型及其相關問題」, 『博物館研究』 2.

內蒙古考古文物研究所, 1988, 「內蒙古朱開溝遺址」, 『考古學報』 第3期.

內蒙古工作隊, 1974, 「赤峰葯王廟·夏家店遺址試掘報考」, 『考古學報』 第1期.

內蒙古文物工作隊編, 1964, 「新石器時代」, 內蒙古文物資料選集.

內蒙古自治區文化局文物工作組, 1959, 「昭鳥達盟巴林左旗細石器文化遺址」, 『考古學報』 第2期.

魯作文, 1981, 「關于夏家店上層文化與文化的幾個問題」, 『文物』 第2期.

譚英杰, 1972, 「黑龍江饒河小南山遺址試掘簡報」, 『考古』 第2期.

杜正勝, 1979, 「周代 封建的 建立」, 『歷史言語研究所集刊』 51.

董新林, 1993, 「魏營子文化初步研究」, 北京大 考古學系 碩士學位論文.

董學增, 1978, 「永吉星星哨水庫石棺墓及遺址調查」, 『考古』 第3期, 吉林城文物管理委員會·吉林城星
        星哨水庫管理處.

董學增, 1982, 「吉林東團山原始·漢·高句麗·渤海諸文化遺存調查簡報」, 『博物館研究』 1期.

董學增, 1987, 「西團山文化的東界在長廣才嶺南端威虎嶺以西的新証」, 『博物館研究』 第3期.

董學增, 1988, 「吉林蛟河八坰地靑同時代遺址及其附近"堡寨"遺迹調查」, 『遼海文物學刊』 第1期.

董學增, 1989, 「吉林蛟河縣新街·福來東古城考」, 『博物館研究』 2期.

滕海鍵, 2006, 「試論紅山文化經濟形態及其相關問題」, 『紅山文化研究』, 文物出版社.

馬德謙, 1991, 「夫餘文化的機個問題」, 『北方文物』 2期.

馬德謙, 1996, 「"發"人芻議」, 『北方文物』 2期.

莫多聞 外, 2002, 「紅山文化牛河梁遺址形成的環境背景與人地官階研究」, 『第四期研究』 2期.

孟古托力, 2003, 「孤竹國釋論」, 『中國東北邊疆研究』, 中國社會科學出版社.

蒙文通, 1998, 「南下水道交通」, 『故地甄微』, 巴蜀書社.

武國勛, 1983, 「夫餘王城新考－初期 夫餘王城的發現」, 『黑龍江文物叢刊』 4期.

武保中, 1989, 「吉林公主岭猴石古墓」, 『北方文物』 4期.

潘其風, 1989, 「我國靑銅器時代居民人種類型的分布和演變趨勢」, 『慶祝蘇秉琦考古五十五年論文集』,

文物出版社.

潘其風, 1998, 「大甸子墓地出土人骨研究的研究」, 『大甸子-夏家店下層文化遺址與墓地發掘報告』附錄一, 科學出版社.

方燕明, 2006, 「登封王城崗城址的年代及相關問題探討」, 『考古』 9期.

方殿春·魏凡, 1986, 「遼寧牛河梁紅山文化'女神廟'與積石塚群發掘簡報」, 『文物』 第8期, 遼寧省文物考古研究所.

范犁, 1993, 「'高句麗族探源'駁議」, 『高句麗研究文集』, 延邊大學出版社.

卜工, 1987, 「牛河梁祭祀遺址及紅其相關問題」, 『遼海文物學刊』 2期.

傅斯年, 1935, 「夷夏東西說」, 『慶祝蔡元培先生六十五歲論文集』, 國立中央研究員歷史語言研究所集刊外編 第1種.

傅波, 1984, 「新石器時代中國東北和中原的關係」, 『東北地方史』 第1期.

北京市文物考古隊, 1979, 「建國以來北京市考古和文物保護工作」, 『文物考古工作三十年』.

北方史地叢書, 1989, 「唐代東北已發現的高句麗城址」, 『東北歷史地理』 第2卷, 黑龍江人民出版社.

山東大學歷史系考古專業, 1992, 「山東鄒平丁公遺址第二,三次發掘簡報」, 『考古』 6期.

山東省博物館, 1981, 『大汶口文化討論文集』.

徐光冀, 1986, 「赤峰英金河, 陰河流域的石城遺址」, 『中國考古學研究』, 文物出版社.

薛虹, 1979, 「肅愼和西團山文化」, 『吉林師大學報』 1期.

石彦蒔, 1978, 「扎賚諾爾附近木質標本的炭十四年測定及其地質意義」, 『古脊椎動物與古人類學報』 16卷 2期.

邵國田, 1991, 「敖漢旗南台地趙寶溝文化遺址調查」, 『內蒙古文物考古』 第1期, 敖漢旗博物館.

蘇秉琦, 1990, 「文化與文明」, 『遼海文物學刊』 第1期.

蘇秉琦, 1994, 「華人·龍的傳人·中國人—考尋根記」, 遼寧大學出版社.

邵春花 外, 1987, 「赤柏松漢城調查」, 『博物館研究』 第3期.

孫杰, 1984, 「遼寧彰武縣平安堡遺址調查記」, 『遼寧文物』 第6期.

孫守道·徐秉琨, 1964, 「遼寧寺兒堡等地青銅短劍與大伙房石棺墓」, 『考古』 第6期.

孫秀仁, 1979, 「黑龍江歷史考古述論」上, 『社會科學戰線』 1期.

孫正甲, 1984, 「夫餘源流辨析」, 『學習與探索』 6期.

孫進己·艾生武, 1982, 「關於高句麗社會性質的幾個問題」, 『朝鮮史通譯』 第4期.

孫進己·張志立, 1986, 「濊貊文化的探索」, 『遼海文物學刊』 創刊號.

宋煥文, 1983, 「從盤龍城考古發現試探商楚關係」, 『江漢考古』 2期.

水濤, 2000, 「論甘青地區青銅器時代文化和經濟形態轉變與環境變化的關係」, 『環境考古研究』 2, 科學出版社.

辛巖, 1997, 「阜新勿歡池遺址發掘簡報」, 『遼海文物學刊』 第2期.

瀋陽古宮博物館·瀋陽市文物管理辨公室, 1975, 「瀋陽鄭家窪子的兩座青銅時代墓葬」, 『考古學報』 第1期.

瀋陽市文物管理辨公室, 1978, 「瀋陽新樂遺址試掘報告」, 『考古學報』 4期.

顔閗, 1964, 「吉林西團山遺址人骨的研究」, 『考古研究』 1期.

晏琬, 1975, 「北京遼寧出土青銅器與周初的燕」, 『考古』 5期.

安志敏, 1978, 「海拉爾的中石器遺存」, 『考古學報』 第三期.

安志民, 1979,「裵李崗磁山和仰韶」,『考古』4期.

安志民·鄭乃武, 1996,『雙砣子與崗上－遼東史前文化的發現和研究』, 中國社會科學院考古研究所, 科學出版社.

梁思永, 1959,「昂昂溪史前遺址」,『梁思永考古論文集』, 科學出版社.

楊錫璋, 1989,「商人尊北方位」,『慶祝蘇秉琦考古五十五年論文集』, 文物出版社.

楊志軍·劉曉東·李陳奇·許永杰, 1996,「平洋墓葬研究」,『北方文物』 第4期.

梁志龍, 1993,「梁貊說」,『遼海文物學刊』 第1期.

楊虎·朱延平, 1984,「內蒙古敖漢旗周家地墓地發掘簡報」,『考古』 第5期, 中國社會科學院考古研究所 內蒙古隊.

楊虎, 1994,「遼西地區新石器-靑銅竝用時代考古文化序列分期」,『文物』 5期.

楊虎·劉國祥, 1997,「興隆窪文化居室葬俗及相關問題」,『考古』 第1期.

嚴文明, 1989,「東夷文化的探索」,『文物』 9期.

嚴文明, 1994,「中國環壕聚落的演變」,『國學研究』 2卷, 北京大學出版社.

旅順博物館·遼寧省博物館(許明綱·劉俊勇), 1983,「大連連家砣頭積石墓地」,『文物』 第9期.

呂遵諤, 1958,「內蒙古赤峰紅山古蹟調查報告」,『考古學報』 第3期.

閻海, 2001,「箕子東周朝鮮探因」,『北方文物』 2期.

吳文祥·劉東生, 2001,「4000aB.P.前後降溫事件與中華文明的誕生」,『第四紀研究』 5期.

吳世恩, 2004,「關于雙方文化的兩個問題」,『北方文物』 2期.

吳汝康, 1961,「遼寧建平人類上臂骨化石」,『古脊椎動物與古人類』 3卷 4期.

吳汝祚, 1989,「北辛文化」,『中國原始文化論集』, 文物出版社.

烏恩, 1978,「關于我國北方的靑銅短劍」,『考古』 5期.

烏恩, 1985,「殷至周初的北方靑銅器」,『考古學報』 2期.

烏恩, 1994,「我國長城的考古發現與研究」,『長城國際學術研究討論會論文』, 吉林人民出版社.

王國範·張志立, 1988,「吉林白城靶山墓地發掘簡報」,『考古』 第12期, 吉林省文物考古研究所.

王萬榮, 1998,「楚苗文化官階略論」,『中南民族學院學報(哲學社會科學版)』 2期.

王綿厚, 2005,「遼河文明在中華文明形成中的歷史地位」,『高句麗與濊貊研』, 哈爾.

王明珂, 1994,「鄂爾多斯及其隣近地區專化遊牧業的起源」,『中央研究院歷史語言研究所集刊』 65-2.

王成生, 1981,「遼河流域及隣近地區短劍鋌曲刃短劍研究」,『會刊』, 遼寧省考古博物館學會成立大會 論文集.

王立新, 2007,「大山前遺址發掘資料所反映的河家店下層文化的經濟形態與環境背景」,『邊疆考古研究』 6.

王亞州, 1958,「吉林農安田家坨子遺址的發現與初步調查」,『吉林大學人文學報』 3期.

王亞注, 1960,「吉林西團山子石棺墓發掘記」,『考古』 第4期.

王彩梅, 1987,「燕國歷史遡源與夏家店下, 上層文化」,『華夏文明』 1期.

王惠德, 1990,「試論紅山諸文化陶器紋飾」,『昭烏達蒙族師專學報』 第3期.

王孝廉, 1992,「湛湛姜水－亂神蚩尤與楓木信仰」,『水與水神』, 臺北三民書局.

遼寧博物館·旅順博物館·長海縣文化館(許明綱 外), 1981,「長海縣廣鹿島大長山貝丘遺址」,『考古學 報』 第1期.

遼寧省文物幹部培訓班, 1976,「遼寧北票縣豊下遺址1972年春發掘簡報」,『考古』 第3期.

遼寧省文物考古研究所, 1986,「遼寧省牛河梁紅山文化‘女神廟’與積石冢群發掘簡報」,『文物』第8期.

遼寧省文物考古研究所, 1994,『遼東半島石棚』, 遼寧科學技術出版社.

遼寧省文物考古研究所·吉林大學考古學系, 1992,「遼寧阜新平頂山石城址發掘報告」,『考古』第5期.

遼寧省文物考古研究所·赤峰市博物館, 1998,『大南溝－後紅山文化墓地發掘報告』, 科學出版社.

遼寧省博物館, 1973,「遼寧喀左縣北洞發現殷代靑銅器」,『考古』4期.

遼寧省博物館, 1973,「凌源西八間房舊石器時代文化地點」,『古脊椎動物與古人類』11卷 2期.

遼寧省博物館文物工作隊, 1977,「遼寧朝陽魏營子西周墓和古遺址」,『考古』第5期.

遼寧省博物館·昭鳥達盟文物工作站·敖漢旗文化館, 1977,「遼寧敖漢旗小河沿三種原始文化的發見」,
　　　　『文物』12期.

遼寧省博物館·朝陽市博物館, 1986,「建平水泉遺址發掘簡報」,『遼海文物學刊』第2期.

劉景文, 1983,「西団山文化墓葬類型及發展序列」,『博物館研究』1期.

劉景文·龐志國, 1986,「吉林楡樹縣老河沈鮮卑墓郡族屬深討」,『北方文物』1期.

劉景文, 1992,「吉林長嶺縣腰井子新石器時代遺址」,『考古』第8期, 吉林省文物考古研究所.

劉觀民·徐光冀, 1981,「內蒙古東部地區靑銅時代的兩種文化」,『內蒙古文物考古』創刊號.

劉觀民, 1984,「夏家店下層文化」,『新中國的考古發現與研究』, 文物出版社.

劉觀民, 1992,「內蒙古赤峰市大甸子墓地述要」,『考古』第4期.

劉國祥 外, 2000,「內蒙古喀喇沁旗發現大型小河西文化聚落」,『中國文物報』1月 16日, 1版.

劉國祥, 2006,「西遼河流域新石器時代至早期靑銅器時代考古學文化槪論」,『遼寧師範大學學報(社會
　　　　科學版)』第1期.

劉寶山, 2003,『黃河流域史前考古與傳說時代』, 三秦出版社.

劉緒, 2001,「有關夏代年和夏文化測年的幾点看法」,『中原文物』2期.

劉子敏, 2003,「關于考"辰國"與"三韓"的探討」,『社會科學戰線』6期.

劉子敏, 2005,「"嵎夷"與"朝鮮"」,『北方文物』4期.

劉俊勇, 1982,「遼寧長海縣上馬石靑銅時代墓葬」,『考古』第6期, 旅順博物館·遼寧博物館.

劉晉祥, 1975,『敖漢旗大甸子遺址1974年試掘簡報』第2期, 中國科學院考古研究所遼寧工作隊.

劉晉祥, 1986,「大甸子墓地乙群陶器分析」,『中國考古研究』, 文物出版社.

劉俊勇, 1982,「遼寧長海縣上馬石靑銅時代墓葬」,『考古』第6期, 旅順博物館·遼寧博物館.

尹達, 1955,「關于赤峰紅山後的新石器時代遺址」,『中國新石器時代』, 三聯書店.

魏堅·富占軍, 1997,「尙都縣毛勿素遺址」,『內蒙古文物考古文集(2)』, 內蒙古文物考古研究所烏蘭察
　　　　布博物館·尙都縣文物管理所, 中國大百科全書出版社.

魏凡, 1994,「從考古學上再論東北商文化問題」,『遼寧大學學報』6期.

李家和 外, 1990,「江西萬年類型商文化研究」,『東南文化』3期.

李健才, 1982,「夫餘的疆域與王城」,『社會科學戰線』第4期.

李健才, 1985,「關于西團山文化族屬問題的探討」,『社會科學戰線』2期.

李健才, 2000,「評"箕子朝鮮傳說考"」,『高句麗歸屬問題研究』, 吉林文史出版社.

李景聃, 1947,「豫東商丘永城調查及造律臺黑孤堆曹橋三處小發掘」,『中國考古學報』第2冊.

李經漢, 1979,「試論夏家店下層文化的分期和類型」,『中國考古學會第一次年會論文集』, 文物出版社.

李恭篤, 1983,「內蒙古赤峰縣四分地東山嘴遺址試掘簡報」,『考古』第5期.

李恭篤·高美璇, 1994,『馬城子-太子河上流洞穴遺存』, 遼寧省博物考古研究所·本溪縣博物館, 文物出

　　　　版社.

李德山, 1992, 「高句麗族稱及其族屬考辨」, 『社會科學戰線』 第1期.

李伯謙, 1989, 「先商文化探索」, 『慶祝蘇秉琦考古五十五年論文集』, 文物出版社.

李伯謙, 2002, 「關于早期夏文化－從夏商周王朝更迭與考古學文化變遷的關係談起」, 『夏文化論集
　　　　（下）』.

李先登, 2000, 「夏文化與中國古代文明起源」, 『中原文物』 3期.

李水城, 2002, 「西拉木倫河流域古文化變遷及人地關係」, 『邊境考古』 1.

李宇峰·顧玉才, 1988, 「阜新査海新石器時代遺址試掘簡報」, 『遼海文物學刊』 第1期, 遼寧省博物考古
　　　　研究所.

李逸友, 1959, 「內蒙古昭烏達盟出土的靑銅器調査」, 『考古』 第6期.

李殿福, 1980, 「集安高句麗墓硏究」, 『考古學報』 第2期.

李殿福, 1985, 「漢代夫餘文化芻議」, 『北方文物』 3期.

李殿福, 1986, 「兩漢時代的高句麗及其物質文化」, 『遼海文物學刊』 第1期.

李濟·董作賓·梁思永, 1934, 『城子崖－山東歷城縣龍山鎭之黑陶文化遺址』, 國立中央硏究院歷史語言
　　　　研究所.

李振石, 1974, 「遼寧喀左縣北洞村出土的殷周靑銅器」, 『考古』 6期.

李學勤, 1990, 「北京, 遼寧出土靑銅器與周初的燕」, 『新出靑銅器硏究』, 文物出版社.

李學智, 1957, 「對於勿吉,靺鞨種族與名稱之管見(上,下)」, 『大陸雜誌』 15-6·7, 臺北.

林謙作, 1962, 「東北地方早期繩文式文化の展望」, 『考古學硏究』 第9卷　第2號.

林澐, 1980, 「中國東北系銅劍初論」, 『考古學報』 第2期.

林澐, 1985, 「論團結文化」, 『北方文物』 1期.

林澐, 1986, 「肅愼, 挹婁和沃沮」, 『遼海文物學刊』 創刊號.

林澐, 1994, 「'燕亳'和'燕亳邦'小議」, 『史學集刊』 第2期.

任愛君, 2008, 「古代西遼河流域遊牧文化起步的科學探源」, 『赤峰科學院報(漢文哲學社會科學版)』 1
　　　　期.

張立東, 1999, 「先商文化的探索歷程」, 『三代文明硏究(一)』, 科學出版社.

張立明, 1986, 「吉林泡子沿前山遺址及其相關問題」, 『北方文物』 2期.

張博泉, 1981, 「夫餘史地總說」, 『社會科學楫刊』 6期.

張博泉, 1982, 「肅愼, 燕亳考」, 『東北考古與歷史』 第1期.

張博泉, 1998, 「關于箕子朝鮮侯東遷及高麗遼東之地問題研究之我見－兼與李建才先生商討－」, 『博
　　　　物館研究』 1期.

張碧波, 2000, 「箕子探研」, 『博物館研究』 第3期.

張錫瑛, 1986, 「試論騷達溝山頂大棺整理報告」, 『考古』 10期.

張雪蓮 外, 2007, 「新砦－二里頭－二里崗文化考古年代序列的建立與完善」, 『考古』 8期.

張星德, 1991, 「紅山文化分期初探」, 『考古』 8期.

張英·張錫瑛·郭文魁·孟東風, 1982, 「大安漢書遺址發掘的主要收穫」, 『東北考古與歷史』 第1輯, 吉林
　　　　大學歷史系考古專業·吉林省博物館考古隊.

張中澍 外, 1981, 「吉林市陽屯遺址第三次發掘」, 『考古學集刊』 7.

張忠培 外, 1987, 「夏家店下層文化硏究」, 『考古學文化論文集』, 文物出版社.

張學海, 1989, 「論四十年來山東先秦考古的基本收穫」, 『海份考古』 1.

翟德芳, 1988, 「中國東北方地區靑銅短劍分群研究」, 『考古學報』 第3期.

田廣金, 1976, 「桃紅巴拉的匈奴墓」, 『考古學報』 第1期.

田廣金·郭素新, 1988, 「鄂爾多斯式靑銅器的淵源」, 『考古學報』 第3期, 中國科學院考古研究所.

翦伯贊, 1951, 「諸夏的分布與鼎鬲文化」, 『中國史論文集(一)』, 國際文化服務社.

田耘, 1987, 「西漢夫餘研究」, 『遼海文物學刊』 第2期.

甸村·新言, 1994, 「遼寧阜新縣査海遺址1987~1990年三次發掘」, 『文物』 11期.

丁貴民, 1995, 「吉林省長白縣民主遺址的調査與淸理」, 『考古』 第8期.

鄭紹宗, 1962, 「有關河北長城地域原始文化類型的討論」, 『考古』 第12期.

鄭紹宗, 1981, 「河北省戰國秦漢時期古長城和城鄣遺址」, 『中國長成遺蹟調査報告集』.

丁謙, 1915, 「烏桓鮮卑傳地理考證」, 『蓬萊軒地理學叢書』, 浙江圖書款叢書.

齊亞珍·劉素華, 1991, 「錦縣水手營子早期靑銅時代墓葬及銅柄戈」, 『遼海文物學簡』 第1期.

齊永賀, 1965, 「內蒙古哲盟科左中旗新艾力的新石器時代遺址」, 『考古』 第5期.

趙匡華, 1998, 「金屬貝幣與金屬包陰的檢測報告」, 『大甸子－夏家店下層文化遺址與墓地發掘報告』
    附錄 三, 科學出版社.

趙賓福, 1993, 「關于高台山文化若干問題的探討」, 『靑果集』, 吉林大學出版社.

趙善桐·楊虎, 1974, 「昂昂溪新石器時代遺址的調査」, 『考古』 第2期, 黑龍江省博物館.

曹定云, 1998, 「商族淵源考」, 『中國商文化國際學術討論會論文集』, 中國大百科全書出版社.

趙芝荃, 1987, 「論二里頭遺址爲夏代晚期都邑」, 『華夏考古』 2期.

趙春靑 等, 2004, 「河南新密新砦遺址發現城牆和大型建築」, 『中國文物報』 3期.

朱貴, 1960, 「遼寧十二台營子靑銅短劍墓」, 『考古學報』 第1期.

朱永剛, 1992, 「試論我國北方地區鑾柄式柱脊短劍」, 『文物』 第12期.

朱永剛, 1998, 「東北靑銅文化的發展段階與文化區系」, 『考古學報』 第2期.

朱永剛·王成生·趙賓福, 1992, 「遼寧彰武縣平安堡遺址」, 『考古學報』 第4期.

朱泓, 1989, 「河家店上層文化居民的种族類型及其相關問題」, 『遼海文物學刊』 第1期.

朱泓, 1998, 「中國東北地區的古代種族」, 『박물관기요』 13, 단국대 석주선기념박물관.

中國科學院考古研究所內蒙古工作隊, 1974, 「赤峰葯王廟·夏家店遺址試掘報告」, 『考古學報』 第1期.

中國科學院考古研究所內蒙古發掘隊, 1961, 「內蒙古赤峰藥王廟, 夏家店遺址發掘簡報」, 『文物』 第2期.

中國科學院徐考古研究所內蒙古隊(徐光冀), 1964, 「內蒙古巴林左旗富河溝文遺址發掘簡報」, 『考古』
    第1期.

中國社會科學院考古研究所(安志敏·鄭乃武), 1966, 『雙砣子與江上-遼東前史文化的發現和研究』, 科
    學出版社.

中國社會科學院考古研究所 編著, 1996, 『大甸子』, 科學出版社.

中國社會科學院考古研究所內蒙古工作隊, 1975, 「寧城南山根遺址發掘報告」, 『考古學報』 第1期.

中國社會科學院考古研究所內蒙古工作隊(楊虎·朱延平), 1984, 「內蒙古敖漢旗周家地墓地發掘簡報」,
    『考古』 第5期.

中國社會科學院考古研究所內蒙古工作隊, 1985, 「內蒙古敖漢旗興隆洼遺址發掘簡報」, 『考古』 10期.

中國社會科學院考古研究所內蒙古工作隊(楊虎·朱延平), 1987, 「內蒙古敖漢旗小山遺址」, 『考古』 第6
    期.

中國社會科學院考古研究所內蒙古工作隊(劉晉祥·朱延平), 1988, 「內蒙古敖漢旗趙寶溝一號遺址發掘簡報」, 『考古』 第1期.

中國社會科學院考古研究所內蒙古工作隊·呼倫貝爾盟民族博物館, 2001, 「內蒙古海拉爾市團結遺址的調査」, 『考古』 第5期.

中國社會科學院考古研究所內蒙古發掘隊, 1971, 「內蒙古赤峰藥王廟,夏家店遺址試掘簡報」, 『考古』 第2期.

中國社會科學院考古研究所編, 1992, 『中國考古學中碳十四年代數据集』, 文物出版社.

中國社會科學院研究所, 1996, 『双陀子與崗上』, 科學出版社.

中日考古合作研究測量組, 1997, 「遼寧省大連市金州區王山頭積石冢考古測量調査」, 『東北亞考古學研究-中日合作研究報告書』, 文物出版社.

陳家槐, 1982, 「吉林省永吉陽屯大海猛古遺址3次古發掘槪況」, 『吉林省考古學會通訊』 2.

陳國慶 外, 1992, 「金州廟山靑銅時代遺址」, 『遼海文物學刊』 1期, 吉林大學考古學系·遼寧省文物考古研究所·旅順博物館·金州博物館.

陳連開, 1981, 「唐代遼東若干地名考釋」, 『社會科學楫刊』 第3期.

陳全家·趙賓福, 1989, 「農安左家山新石器時代遺址」, 『考古學報』 第2期, 吉林大學考古敎硏室.

陳賢一, 1983, 「盤龍城商代二里崗期墓葬陶器初探」, 『中國考古學會第四次年會論文集』, 文物出版社.

集安文物保管所, 1981, 「集安發見靑銅短劍墓」, 『考古』 第5期.

集安縣文物保管所, 1984, 「集安高句麗國內城址的調査與試掘」, 『文物』 1期.

蔡至靜, 1985, 「釋"中國"」, 『內蒙古社會科學』 第3期.

鄒寶庫, 1977, 「遼陽二道河子石棺墓」, 『考古』 第5期, 遼陽市文物管理所.

鄒寶庫, 1983, 「遼陽接官廳石棺墓」, 『考古』 第1期, 瀋陽市文物管理所.

鄒衡, 1980, 「夏文化分布區域內有關夏人傳說的地望考」, 『夏商周考古學論文集』, 文物出版社.

竺可楨, 1972, 「中國近五千年來氣候變遷的初步硏究」, 『考古學報』 1期.

馮恩學, 1991, 「東北平底筒形罐區系統硏究」, 『北方文物』 第4期.

何光岳, 1984, 「祝融氏與九黎的來源與變遷-論苗族的一支主要先民」, 『學術論壇』 1期.

河南省文物研究所, 1989, 「鄭州商代二里崗期鑄銅遺址」, 『考古學集刊』 6.

夏正楷·楊曉燕, 2003, 「靑海喇家遺址史前災難事件」, 『科學通報』 11期.

夏正楷 外, 2003, 「我國中原地區3500aBP前後的異常洪水事件及其氣候背景」, 『中國科學(D)輯』 9期.

何賢武, 1987, 「試論遼西地區古代文化的發展」, 『中國考古學六次年討論文集』, 文物出版社.

韓嘉谷, 1981, 「京津地區商周時期文化發展的一點線索」, 中國考古學會 第3次年會論文集, 文物出版社.

韓康信, 1975, 「瀋陽鄭家窪子的兩具靑銅時代人骨」, 『考古學報』 第1期.

鴿子洞發掘隊, 1994, 「遼寧鴿子洞舊石器遺址發掘報告」, 『古脊椎動物與古人類』 13卷 2期.

許明綱·劉俊勇, 1981, 「旅順于家村遺址發掘簡報」, 『考古學集刊(1)』, 中國社會科學出版社.

許明綱·劉俊勇, 1983, 「大連連家砣頭積石墓地」, 『文物』 第9期, 旅順博物館·遼寧省博物館.

許明綱·劉俊勇, 1991, 「大嘴子靑銅時代遺址發掘記略」, 『遼海文物學刊』 第1期.

許成·李進增, 1993, 「東周時期的戎狄靑銅文化」, 『考古學報』 第1期.

許永杰, 2000, 「黑龍江七星河流域漢魏遺址群聚落考古計划」, 『考古』 第11期.

胡謙盈, 1980, 「試論齊家文化的普通類型及起源流」, 『考古與文物』 第3期.

華玉冰·王琮·陳國慶, 1996, 「遼寧大連市土龍積石墓地1號積石冢」, 『考古』第3期.
黑龍江省博物館·中國社會科學院考古研究所, 2006, 「黑龍江省綏濱縣蜿蜒河遺址發掘報告」, 『北方文化』第1期.

찾아보기